문해력이 화두가 되었지만, 화두가 세상을 바꾸진 못한다. 실천 없이 변화는 없다. 이 책은 한국 사회 문해력 화두의 시작이 놀랍게도 실천이었다는 점을 보여 준다. 성장의 문해력에 관심 있는 실천적 교육자와 양육자 모두에게 권한다.

— 조병영(한양대학교 국어교육과 및 대학원 러닝사이언스 학과 교수, 『읽는 인간』 저자)

곳곳에서 '문해력'이란 말을 언급하는 시대이다. 그러나 정작 진중하게 문해력을 짚어 보는 책은 흔하지 않다. 이 책은 유행을 넘어 문해력의 기초, 초기 문해력에 대해 주목한다. 엄훈 교수와 다른 저자의 연구가 한국 문해 교육의 지평을 열고 있다. 이 책은 현란한 기술을 선보이는 책이 아니다. 유행처럼 문해력을 이야기하지 않겠다는 것이 이 책의 미덕이다. 국어교육을 가르치는 교수와 현장에서 어린이를 만나는 교사의 만남이라 더 아름답다.

— 최고봉(강원 오안초등학교 교사)

3학년 학생들과 날마다 온작품 읽기를 30분 남짓 하고 있어요. 이때 책을 읽고 뜻을 제대로 헤아리기에 서툰 아이가 있어요. 그냥 읽고 글로 남길 뿐, 그 아이만을 도와줄 방법을 찾기가 어려웠어요. 이 책을 1장부터 차근차근 읽으면서 '아, 읽기 따라잡기 프로그램을 쓰면 되겠네.' 하는 생각이 들었고, 그 이론부터 실제까지 알 수 있었어요. 이렇듯 이 책은 교실에서 읽기 부진아를 만났을 때 길을 찾을 수 있게 해 줘요. 저학년 선생님, 아니 아이들 교육에 관심 있는 선생님이라면 누구든 도움이 될 거예요. 읽기를 어려워하는 자녀를 둔 학부모에게도.

— 이영근(경기 둔대초등학교 교사, 초등토론교육연구회 회장, 『글똥누기』 저자)

다른 아이들에 비해 학습을 어려워하는 아이를 보며 혹시 지능에 문제가 있나, 심리에 문제가 있나, 학습 부진으로 낙인이 찍히면 어떡하나 등 많은 걱정을 했습니다. 그러던 중 선생님과 함께한 읽기 따라잡기 프로그램은 정훈이에게 새로운 변화와 성장을 가져다주었고, 아이의 자존감이 높아지는 계기가 되었습니다. 정훈이가 선생님을 만나지 않았다면 저도 다른 부모들처럼 아이한테 맞지도 않는 학원이나 학습 방법, 교재 등 좋다는 것을 다 찾아 아이한테 적용했을지 모릅니다. 이 책이 저처럼 걱정이 되는 아이를 둔 부모님들에게 많은 도움이 되어 줄 거라 믿습니다.

— 이은정(EBS <당신의 문해력> 출연자 박정훈의 어머니)

읽기 따라잡기로 시작해요

초기 문해력 교육

초기 문해력 교육
읽기 따라잡기로 시작해요

2022년 9월 13일 초판 1쇄 펴냄
2023년 12월 8일 초판 3쇄 펴냄

지은이 엄훈·염은열·김미혜·박지희·진영준

책임편집 정세민
편집 정용준
디자인 김진운
표지 일러스트 전세진
본문조판 민들레
마케팅 김현주

펴낸이 윤철호
펴낸곳 ㈜사회평론아카데미
등록번호 2013-000247(2013년 8월 23일)
전화 02-326-1545
팩스 02-326-1626
주소 03993 서울특별시 마포구 월드컵북로6길 56
이메일 academy@sapyoung.com
홈페이지 www.sapyoung.com

ISBN 979-11-6707-073-9 03370

읽기 따라잡기로 시작해요

초기 문해력 교육

엄훈 염은열 김미혜 박지희 진영준 지음

사회평론아카데미

머리말

이 책은 한 사람의 열정과 헌신으로부터 시작되었다. 그 한 사람이 바로 엄훈이다. 십여 년 전 '학교 속 문맹자들'을 발견한 이래, 엄훈은 문해력 교육, 특히 초기 문해력 교육의 이론과 실천 방안을 끈질기게 탐구해 왔다. 그 집요한 탐구와 실천의 결과로 태어난 것이 바로 '읽기 따라잡기 프로그램'이다. 그 사이 문해력이 우리 사회의 중심 화두가 되고 공교육의 장에서 학습자 개개인의 권리 실현을 강조하게 됨에 따라 느린 학습자에 대한 초기 문해력 교육이 중요한 사회적 이슈로 떠올랐다. 읽기 따라잡기 프로그램 역시 큰 관심을 받게 되었고, 읽기 부진아를 대상으로 한 초기 문해력 교육 프로그램으로서의 위상을 인정받기 시작했다. 길이 열리고 여행이 시작되었는데 안타깝게도 2022년 현재 엄훈은 이 여정을 이어 가기 힘든 상황이다. 너무나도 숨 가쁘게 홀로 쉼 없이 달려 온 까닭에 잠시 쉬라는, 육체와 영혼의 엄중한 명령을 받았다. 사막과도 같은 공교육의 장에 엄훈이 뿌린 읽기 부진아 교육의 씨앗이 싹을 틔우고 잘 자랄 수 있도록 네 명의 공동 저자가 여정을 잠시 이어 가고자 한다. 그간 엄훈이 보여 준 열정과 헌신을 마음에 새기고 그의 빠른 쾌유와 복귀를 기원하며 길을 나선다.

네 명의 저자 중 둘은 청주교육대학교 국어교육과에 재직하고 있다. 읽기 따라잡기 프로그램이 만들어지는 과정을 가까이에서 지켜보고 프로그램과 초기 문해력 교육이 제도화되는 데 일부 참여한 직장 동료들이다. 그리고 나머지 둘은 지금도 읽기 따라잡기 수업과 교사 연수를 진행하고 있는 읽기 따라잡기 리더 교사들이다. 엄훈의 제자이자 실천 동지인 우리가 이 시점에 이심전심으로 읽기 따라잡기 프로그램을 소개하는 책을 쓰기로 한 데는 두 가지 이유가 더 있다.

첫 번째 이유는 최근 교육계의 필요 및 정책 방향과 관련된다. 초등 한글 교육이 강화되고 읽기 부진아 대상 맞춤형 교육의 필요성이 강조되는 데 반해, 이른 시기의 문해력 교육이 왜 중요하며 어떻게 접근해야 하는지에 대한 우리 사회의 이해는 부족하기만 하다. 필요와 요구에 대응할 수 있는 체계화된 교육 프로그램 또한 부족하다. 그로 인해 한글 교육이나 읽기 부진아 교육의 모든 책무를, 가뜩이나 바쁜 현장 교사들이 떠안고 있는 상황이다. 우리는 읽기 따라잡기 프로그램의 철학과 원칙, 교육 방법이 그러한 교사들에게 직접적이고 실질적인 도움을 줄 수 있다고 확신한다. 그리고 교사들의 전문성을 키움으로써 초기 문해력 교육의 긴급한 난제를 해결할 수 있다고 믿는다. 이것이 이 책을 쓰게 된 첫 번째 이유이다.

두 번째 이유는 읽기 따라잡기 프로그램의 성급한 활용을 경계하고 관련된 오해를 바로잡기 위함이다. 교사 연수 프로그램을 보면 단위 학교와 지역을 떠나 유행하는 프로그램이 있음을 금방 알아챌 수 있다. '학습자 중심'이라는 말이 유행할 때는 모든 연수 프로그램에 그 말이 들어가 있었다.

한때는 '거꾸로 수업'이, 또 한때는 '하브루타'가 유행하기도 했다. 최근에는 '프로젝트 학습'이니 '융복합 혹은 교과 통합' 등의 말이 자주 보인다. 나름의 맥락에서 어떤 지향과 철학을 담고 등장한 접근 방법이나 교육법 등이 교수 기법이나 가벼운 수식어 정도로 단기간에 소비되고 마는 것이다. 안타깝게도 한글 교육이나 읽기 부진아 교육 연수가 앞다투어 진행되면서 읽기 따라잡기 프로그램도 하나의 교수 기법으로 소개되고 실천되며 소비되는 현상이 포착된다. 하지만 우리는 읽기 따라잡기 프로그램이 당장 사용할 수 있는 기법이나 교수법으로 받아들여지거나 소비되지 않았으면 한다. 이것이 이 책을 쓰게 된 두 번째 이유이다.

물론 읽기 따라잡기 수업의 절차와 방법이 따로 있다. 그러나 무엇보다 중요한 것은 그 절차와 방법까지도 유연하게 조정할 수 있는 교사의 전문성이다. 읽기 따라잡기 프로그램에서는 아이의 눈높이에 머물 수 있는 교사의 전문성을 가장 중시한다. 아이의 읽기 발달 과정을 관찰하여 아이의 상황이나 상태를 정확하게 진단하고 그에 최적화된 교육을 실천함으로써 그 아이가 가속화된 발달을 시작해 마침내는 또래 아이들의 읽기 발달 수준을 따라잡을 수 있도록 하는 동력, 그것이 바로 읽기 따라잡기 교사의 전문성이기 때문이다. 모쪼록 이 책이 교수법 차원을 넘어, 읽기 따라잡기의 철학과 원칙, 접근 방법이 지닌 가치와 힘을 인식하는 데 도움이 되기를 바란다.

이 책은 프롤로그와 에필로그, 부록을 제외하면 모두 네 개의 부로 구성되어 있다. 각 부를 차례대로 읽어 나가도 좋지만, 독자의 관심에 따라 어느 하나를 먼저 읽어도 무방하다. '문해력'이 무엇이고 요즘 들어 강조되는 까닭은 무엇인지, 초기 문해력 교육이 기존의 한글 교육이나 기초 문식성 교육과는 어떻게 같고 다른지 궁금하다면 1부를 먼저 읽으면 된다. 우리가 글을 읽을 때 어떤 기능이나 지식이 어떻게 작동하는지, 읽기 발달의 격차가 생겨나는 까닭은 무엇인지, 읽기 부진아에 대한 접근이나 교육은 어떠해야 하는지 궁금하다면 2부부터 읽을 것을 권한다. 읽기 따라잡기 수업을 어떻게 하는지, 기존의 읽기 수업이나 읽기 부진아 지도 방법과 어떻게 다른지 알고 싶다면 3부를 먼저 읽으면 된다. 읽기 부진아들의 유형이 궁금하고 그 아이들을 지도한 교사의 생생한 경험이 듣고 싶다면 4부를 먼저 읽어도 좋다. 조금씩 서술의 초점이 다르기는 하지만, 4개 부 모두가 읽기 따라잡기 프로그램, 나아가 초기 문해력 교육을 이해하는 데 꼭 필요한 내용들로 채워져 있다. 어디에서 시작하든 어떤 순서로 읽든 상관없지만, 꼭 전체를 다 읽은 후에 책을 덮기를 바란다. 완독의 수고로움을 감당한 독자는 읽기 따라잡기 프로그램에 대한 종합적인 이해를 바탕으로 이전과는 다른 초기 문해력 교육을 실천할 수 있을 것이다.

이 책의 거의 모든 내용은 엄훈의 이전 저작과 실천에 기원을 두고 있다. 그러나 네 명의 저자들이 다시 공부하면서 거의 모든 내용을 저서의 성격에 맞게 다시 서술한 결과이기도 하다. 대표 저자와 네 명의 저자가 시차를 두고 함께 공부하고 나누고 만들어 낸 결과가 바로 이 책인 셈이다. 부족한 점이 많고 더러 오류가 있을 수 있다. 이 책의 모든 미덕은 대표 저자에게서 나온 것이고 이 책에 오류가 있다면 그것은 네 명의 저자가 과문한 탓이라는 점을 밝혀 둔다. 행간에 담긴 어리고 느린 독자에 대한 저자들의 애정을 헤아려, 너그럽게 읽어 주고 적극적으로 고쳐 주길 바란다.

감사의 말을 전할 분이 너무 많다. 엄훈이 세사를 잊고 읽기 따라잡기 프로그램의 구축에만 몰두할 수 있었던 것은 전적으로 아내이신 장효순 선생님 덕분이다. 이 자리를 빌려 각별한 감사의 말을 전한다. 지도교수가 부재한 상황에서 연수와 학업을 병행하면서 리더 교사로서 힘겹게 성장하고 있는 청주교대 대학원 '아동문학과 초기 문해력' 전공의 읽기 따라잡기 교사들에게도 감사와 격려의 말을 전한다. 마지막으로 일요일 늦은 저녁 시간에 화상으로 만나면서도 싫은 내색 한 번 하지 않고 유쾌하게 작업한 우리 자신들과 저자들만큼이나 애정을 가지고 적극적으로 책을 만들어 주신 사회평론아카데미의 정세민 선생님께도 감사의 말을 전한다.

2022년 8월

염은열, 김미혜, 박지희, 진영준 씀

차례

프롤로그

조금 늦게, 읽기를 시작하는 아이들

태어나서 처음으로 책을 만난 날을 기억하는가? 기억에 남아 있지는 않겠지만, 누군가는 태어나자마자 눈도 제대로 뜨지 못한 상태에서 분만실 한편에 놓인 태교 동화나 출산 노하우를 담은 책, 가족의 손에 들린 성경을 보았을 수 있다. 또 누군가는 속싸개에 싸여 온종일 이불 위에 누워 지낼 때부터 눈길 닿는 곳 어딘가에 책이 놓여 있는 환경에서 자랐을 수도 있다. 교육열이라면 전 세계 어느 나라의 부모와 비교해도 뒤지지 않는 한국의 부모들은 자신이 읽을 책은 사지 않아도 아이를 위한 책이라면 돈을 아끼지 않는다. 종이책과 전자책은 물론이고 두뇌와 감각을 발달시켜 준다는 촉감책부터 목욕할 때 가지고 노는 목욕책까지, 아이를 위해 온갖 책을 사들일 준비가 되어 있다. 그러니 당신을 비롯해 많은 한국인은 혼자 힘으로 글을 읽을 수 있는 능력을 갖추기 전에 이미 여러 책을 접하면서 책이 무엇에 쓰는 물건인지, 또 책이라는 물건을 어떻게 사용해야 하는지를 탐색했을 것이다. 어쩌면 책을 보자마자 궁금증을 참지 못하고 곁에 있는 어른에게 "이게 뭐예요?"라고 직접적으로 물었을 수도 있다. 만약 책이라는 물건을 처음 본 아이가 책이 무엇이냐고 물어 온다면 당신은 어떻게 답할 것인가?

***

『늑대가 들려주는 아기돼지 삼형제 이야기(The True Story of the 3 Little Pigs)』(1996)의 삽화로 잘 알려진 미국의 작가 레인 스미스(Lane Smith)는 영유아를 위한 보드북 형태의 그림책 『책이 뭐야?(It's a Little Book)』(2011)에서 아기 당나귀의 입을 빌려 책을 처음 본 아이의 호기심을 재미있게 풀어낸다. 그림책을 펼치면, 기저귀를 떼지 못한 앙증맞은 아기 당나귀와 역시 기저귀를 찬 채 책을 읽고 있는 아기 고릴라가 마주 보고 있다. 아기 당나귀는 아기 고릴라에게 "그게 뭐야?"라고 묻는다. 아기 당나귀는 차분히 답을 기다리지 못하고 자기 나름대로 책이라는 물건의 용도를 상상하면서 "앙앙 깨무는 거야?", "머리에 쓰는 거?", "슈웅 날리는 거?", "뚝딱뚝딱 집짓기?" 등등 폭풍 질문을 쏟아 낸다. 책을 앙앙 깨물어도 보고, 머리에 뒤집어쓰기도 하고, 비행기처럼 날리기도 하고, 펼쳐서 블록 위에 지붕 모양으로 올려 보기도 하면서 말이다. 그때마다 아기 고릴라는 짧지만 단호하게 "아니."라고 답을 하다가 결국 답답함을 참지 못하고 이렇게 말한다. "아니, 이건 책이야. 책은 읽는 거야."라고…. 단순하지만 참으로 명쾌한 답이다. 그렇다. 책은 읽는 것이다.

똘똘한 친구 덕분에 책이 무엇인지 알게 된 우리의 아기 당나귀는 이제 책을 읽을 수 있을까? 글쎄다. 책이라는 물건을 처음 접한 아기 당나귀가 곧바로 글자를 소리와 대응시키면서 죽죽 읽어 내려가지는 못할 것이다.

게다가 일정한 규칙에 따라 배열되어 있는 글자들의 집합체가 어떤 의미를 지니는지를 이해하기란 더더욱 어려울 것이다. 그럼 아기 당나귀는 책을 읽을 수 없을까? 글자를 읽을 수는 없겠지만 책을 읽는 것은 어쩌면 가능할지도 모른다. 어떻게? 글자만 있는 책이 아니라 그림이나 사진이 있는 책이라면, 또는 아기 고릴라 친구나 읽기에 능숙한 어른이 책을 읽어 준다면 책을 읽는 것이 불가능한 일은 아니다. 책을 읽는다는 것은 글자를 읽는 것 이상의 의미를 지니기 때문이다.

***

그렇다면 글자를 읽을 줄 모르는 어린아이들은 책을 어떻게 읽을까? 프랑스의 작가 클로드 부종(Claude Boujon)의 그림책 『아름다운 책(Un Beau Livre)』(2002)을 통해 글을 읽을 줄 모르는 아이들이 어떻게 읽기의 세계로 입문하게 되는지 살펴보자. 『아름다운 책』에는 책을 읽는 귀여운 토끼 형제가 등장한다. 형 에르네스트가 책을 읽으려고 하자, 난생처음 책을 보는 동생 빅토르가 "그게 뭐 하는 건데?"라고 묻는다. 아기 당나귀가 아기 고릴라에게 그랬던 것처럼 말이다. 이때 형의 대답이 걸작이다. "책은 읽는 거야. 글자를 모르면 그림을 보는 거고." 그리고 이렇게 권한다. "자, 형이랑 같이 한번 볼래?"라고…. 역시 뭔가를 배우기에는 친구보다 형이 낫다.

동기유발을 끝낸 둘은 책상에 앉아 그림책을 읽기 시작한다. 그런데 이 토끼 형제가 읽는 그림책의 내용이 참으로 깜찍하다. 토끼가 날개를 단 채 하늘을 날기도 하고 용을 때려눕히기도 하는, 상상만 해도 신나는 그림과 이야기에 동생 빅토르는 단숨에 매료된다. 현실에서는 작고 힘없는 토끼가 완전히 달라진 모습으로 크고 힘센 용을 거침없이 호령하는 세계를 보여 주는데 왜 아니 그렇겠는가. 그런데 잔뜩 흥분해서 책 속의 이야기에 몰입하는 빅토르에게 형 에르네스트가 일침을 놓는다. 책 속의 이야기를 그대로 믿어서는 안 되고 나름대로 판단을 하면서 읽어야 한다고…. 이내 시무룩해진 빅토르가 믿는 건 안 되지만 믿는 척하면서 재미있어하는 건 괜찮냐고 묻는다. 에르네스트는 흔쾌히 동의하고, 두 형제는 이제 믿는 척하면서 즐거운 책 읽기에 다시 빠져든다. 무려 사자를 훈련시키기도 하고 엄청나게 거대해져서는 손바닥 위에 여우를 올려놓고 놀기까지 하는 멋진 토끼 영웅들을 마음껏 응원하면서 말이다.

대략적인 줄거리를 살펴보았으니 그림책의 첫 페이지로 돌아가 보자. 『아름다운 책』의 이야기는 형 에르네스트가 책을 집에 가지고 오면서부터 시작된다. 빅토르는 형이 읽는 책을 보고 책이 뭐 하는 건지 궁금해하고 형과 함께 책을 읽으면서 책 읽기의 재미에 빠져든다. 너무나 당연한 말이지만 책이 곁에 있어야 읽는 행위를 시작할 수 있고, 책을 어떻게 읽는지 배울 수 있으며, 책이 재미있다는 사실을 알 수 있고, 또 심심할 때면 책을 찾아서 읽을 수 있다. 가족 중 누군가가 에르네스트처럼 책을 읽는 모습을 보여 주고 읽는 방법을 안내해 주기까지 한다면 더 바랄 것이 없다. 책을 쉽게 접할 수 있는 환경에서 자란 아동과 그렇지 않은 아동은 독서 경험 자체가 다를 수밖에 없다. 그리고 문해력의 뿌리(root of literacy)[1]가 자라는 유아기부터 아이들이 경험하는 문해 환경(literacy environment)의 차이는 문해력의 차이로 이어질 가능성이 크다.

1 유아기에 아이를 둘러싼 문해 환경에서 형성되는 기초적인 읽기 능력인 '발생적 문해력(emergent literacy)'을 뜻하며, 땅속에서 자라는 뿌리처럼 눈에 잘 보이지 않고 점진적으로 발달하기 때문에 '문해력의 뿌리'로 비유된다. 이에 대한 상세한 설명은 2장 51~54쪽을 참고하기 바란다.

***

제법 멋지게 책을 읽을 줄 아는 형 덕분에 동생 빅토르는 책을 처음 만난 날 책을 읽을 수 있는 기회를 얻는다. 잔뜩 호기심에 차서 책을 향해 달려드는 빅토르에게 에르네스트는 "책은 조심해서 다루는 거야!"라며 주의를 준다. 그러고는 나란히 앉아 그림책을 읽는데, 빅토르는 글자를 읽지 못한다. 혼자서도 능숙하게 책을 읽을 수 있는 에르네스트는 빅토르에게 글자를 모르면 그림을 보면 된다고 말하며 그림책을 읽는 방법을 알려 준다. 책 읽기에 대한 에르네스트의 이 설명은 성숙주의가 아닌 발생적 문해력 관점과 관련이 있다.[2] 어린아이의 읽기 발달은 무에서 유로 갑작스럽게 전환되는 것이 아니라, 책을 매개로 한 다양한 언어적 상호작용 속에서 점진적으로 이루어지는 것이다. 그래서 글을 읽지 못하는 아이들도 거듭되는 책 읽기를 통해 그림을 보면서 이야기의 흐름을 파악하고, 앞에 나온 이야기와 뒤에 나올 이야기를 연결할 수 있게 된다. 글자를 몰라도 읽을 수 있는 그림책은 유아기에 있는 아이를 문해 활동에 입문하게 하고, 관습적 읽기에 필요한 지식과 기능을 익히도록 하며, 긍정적인 독서 태도를 형성하도록 한다. 문해력의 뿌리를 키워야 하는 아이들에게 그림책이 이상적인 교재가 될 수 있는 것은 이 때문이다.

그림을 보는 것도 책 읽기의 일부임을 알게 된 빅토르는, 그림이 표현하고 있는 인물들의 행동에 대해 이야기하고 그림책 속 주인공에게 말을 걸기도 하면서 책 읽기에 빠져든다. 일상적으로 그림책을 접하고 책장을 넘

2 유아기의 문해력 발달을 설명하는 대표적인 패러다임에는 성숙주의 관점과 발생적 문해력 관점이 있다. 성숙주의 관점에 대한 상세한 설명은 6장 122~124쪽을 참고하기 바란다.

길 수 있는 환경만 마련된다면, 아이들은 글자를 정확하게 읽게 될 때까지 빅토르처럼 그림을 보면서 문해력의 뿌리를 튼튼하게 기를 수 있을 것이다. 게다가 글자를 정확하게 읽게 되더라도 그림 읽기는 끝나지 않는다. 글이 없는 그림책도 있지만 일반적으로 그림책은 글과 그림으로 구성되어 있고, 그림책에서 그림은 글을 보조하는 역할을 넘어 다양한 방식으로 글과 상호작용하면서 전체적인 이야기를 만들어 간다. 다시 말해 그림책에서 그림은 글과 함께 의미를 전달하는 기호로 작용하기 때문에 글만 읽어서는 그림책을 제대로 읽을 수 없다. 그러므로 그림책의 그림 읽기는 문해력이 발달하는 과정에서 아동이 성취해야 할 중요한 과업이면서, 그림책 자체를 제대로 읽기 위해 꼭 익혀야 하는 기능이기도 하다.

이는 또한 다양한 시각적 기호가 복합적으로 구현된 매체 텍스트(media text)를 읽고 쓸 수 있는 능력의 토대가 되기도 한다. 빅토르와 마찬가지로 글자를 읽을 줄 모르는 어린아이들은 『아름다운 책』을 읽으며 그림에 등장하는 토끼 형제의 표정이나 행동의 변화를 뒤쫓을 것이다. 그러면서 자신도 모르게 그림책 속 그림을 자세히 보고 그 의미를 이해하는 방법을 익히게 된다. 여기에 책을 읽어 주는 친절한 어른의 적절한 안내가 덧붙여진다면, 아이들은 눈으로 그림을 보고 귀로 이야기를 들으면서 그림책을 제대로 읽으려면 그림을 함께 보아야 한다는 사실을 경험적으로 알게 될 것이다. 그리고 그림책을 지속적으로 접하면서 글자를 깨친 뒤에는 점차 그림과 글을 연결 지으면서 그림책의 의미를 온전히 이해하는 독자로 성장할 것이다.

그림책을 읽는 방법을 알게 된 빅토르는 형과 이런저런 이야기를 나누면서 책을 읽어 나간다. 에르네스트는 빅토르의 반응에 귀를 기울이다가 때로는 맞장구를 치고 때로는 반응을 수정하도록 유도한다. 전문가들은 이러한 언어적 상호작용이 발생적 문해력의 발달에 매우 중요하다고 강조한다. 집에 책을 많이 두는 것보다는 그 책을 읽어 주는 것이, 책을 그냥 읽어 주기만 하는 것보다는 책을 읽으며 책과 관련한 대화를 나누는 것이 아이의 문해력 발달에 더 긍정적인 영향을 준다는 것이다. 양육자가 책을 읽어 주면 아이는 그 소리를 들으며 말소리에 대한 민감성이 높아지고, 편안하고 따뜻한 분위기에서 책을 접함으로써 읽기에 대한 동기가 증진된다. 또한 책 읽어 주기는 이야기에 대한 감각을 발달시킬 뿐만 아니라, 책을 비롯한 인쇄물의 형태와 읽기 관습에 익숙해지도록 한다. 따라서 발생적 문해력을 기르기 위해서는 능숙한 독자인 성인이 옆에서 함께 책을 읽으면서 아이와 수평적으로 상호작용하는 '함께 책 읽기(shared book reading)'[3]가 필요하다.

***

다시 귀여운 토끼 형제의 함께 책 읽기로 돌아가 보자. 에르네스트와 빅토르가 함께 책을 읽으면서 나누는 대화에는 그림책을 읽을 때 참고할 만한 중요한 정보가 간단하고도 명료하게 제시되어 있다. 에르네스트는 빅토르에게 그림책의 이야기를 무조건 믿어서는 안 되며 스스로 생각해야 한다고 말한다. 이야기 속 멋진 세상이 정말 재미있었던 빅토르는 조금 실망한 듯한 말투로 믿는 척하는 건 괜찮냐고 묻는다. 실제 세계에서 토끼는 사자

3 '함께 책 읽기'와 초기 문해력 발달의 상관관계에 대한 기존 연구 결과는 슈와넨플루겔과 냅(Schwanenflugel & Knapp, 2016/2021: 51-60)을 참고할 수 있다. 또한 앨리슨(Alison, 2015)에서는 K-2 아동의 문해력 교육을 담당하고 있는 현장 전문가가 '함께 책 읽기'에 대해 설명한 글과 영상을 제공한다.

에게 가까이 가는 것만으로도 위험에 처할 수 있다. 하물며 사자가 불타는 링을 통과하는 재주를 부리도록 연습시키는 일은 도저히 일어날 수가 없다. 그러나 책 속의 토끼는 너무나 안전하고 당당하게 그 일을 해내고 있으니, 빅토르는 이토록 신나는 책 읽기를 그만두기 싫었을 것이다. 게다가 책에 나오는 이야기는 몽땅 말도 안 되는 거짓말이라고 되뇌며 책을 읽는 것 역시 얼마나 김빠지는 일인가? 빅토르와 에르네스트는 믿는 척하면서 재미있어하는 전략으로 위기를 벗어나는데, 이 꿀팁을 빅토르가 스스로 생각해 냈다는 것도 놓쳐서는 안 될 점이다. 아이들은 누군가가 정해 주는 방법으로만 책을 읽는 것이 아니라, 자신만의 책 읽기 방법을 주도적으로 탐색하고 결정할 수 있다. 에르네스트는 빅토르가 제안한 방법을 흔쾌히 받아들이고, 두 형제는 상상력을 마음껏 발휘하면서 책장을 넘긴다. 빅토르는 책 속에 펼쳐진 세상과 자신의 거리를 적절하게 조율하면서 현실 세계를 넘어 더 나은 세계를 꿈꿀 수 있는 독자로 성장할 것이다.

그리고 멋진 독자로 성장하는 아이들의 여정에는 크고 작은 장애물도 나타날 것이다. 『아름다운 책』 속 두 형제의 눈앞에 나타난 늑대처럼 말이다. 글자를 읽을 줄 모른다는 문제도 책의 이야기를 무턱대고 믿어 버린다는 문제도 현명하게 해결해 온 빅토르와 에르네스트였다. 그럼에도 늑대에게 잡아먹히게 된 상황은 최악의 난제일 수밖에 없다. 형제가 읽은 책 속 토끼들은 늑대를 손쉽게 다루었지만, 현실에서 그런 시도를 했다가는 자칫 목숨을 잃을 수도 있다. 도와줄 이도 없고 가진 거라곤 책뿐인 상황에서 날카로운 송곳니를 드러내고 으르렁거리는 늑대를 마주치게 된 두 형제는 어떻게 되었을까? 속절없이 늑대에게 잡아먹히고 말았을까, 독서를 통해 획득한 지혜를 동원해 늑대가 거절할 수 없는 제안이라도 만들어 냈을까, 둘 중 하나라도 살아남자며 각자 줄행랑을 쳤을까? 그도 아니라면 어떤 결말을 상상할 수 있을까? 『아름다운 책』은 책이 갖는 정말 뜻밖의, 신박한 효용을 이야기하면서 마무리된다. 도대체 책이라는 물건이 지금까지 이야기한 것 이상으로 어떻게 쓸모를 발휘했는지 궁금하다면 『아름다운 책』을 구해 뒷이야기를 읽어 보길 권한다.

***

어쨌든 빅토르는 형 덕분에 너무 늦지 않게 책 읽기의 방법을 익히고, 책 읽기의 즐거움에 흠뻑 빠졌으며, 책이 가진 힘도 알게 되었다. 계속해서 책만 구할 수 있다면 두 형제의 책 읽기는 꾸준히 이어질 것이다. 그런데 만약 에르네스트가 책을 구해 오지 않았다면, 그래서 책을 읽는 빅토르의 첫 경험이 한참 뒤로 미뤄졌다면 어떻게 되었을까?

책을 처음으로 접한 날이 언제였느냐는 글머리의 질문을 다시 생각해 보자. 많지는 않겠지만 집이라는 공간에 책이 전혀 없는 아이도 있을 것이고, 초등학교에 입학하기 전까지 책을 비롯한 인쇄물을 접할 기회가 부족했던 아이도 있을 것이다. 이런 아이들은 책 읽기를 어떻게 시작하게 될까? 주변 친구들은 이미 글자를 줄줄 읽고 혼자 힘으로 읽기의 즐거움을 누리고 있는데, 또래의 아이들보다 몇 걸음 뒤처진 채로 책이라는 물건과 읽는다는 행위부터 탐색해야 하는 아이들이 이 난관을 어떻게 극복할 수 있을까? 조금 시간이 걸리더라도 나중에는 벗어날 수 있을까? 교실에서 이런 아이들을 만나게 된다면 우리는 무엇부터 해야 하며 어디까지 도와주어야 할까? 문해력의 뿌리가 덜 자란 채로 학교에 들어온 아이들이 또래 평균 수준의 아이들과 같은 책으로, 같은 속도로, 같은 교육과정에 따라 공부를 해도 괜찮은 걸까?

학교 속 문맹자들[4]의 실태를 알리고 해결 방법을 제시하고자 했던 엄훈(2012)은 읽기에 어려움을 겪으면서 학교에서 거의 잊히다시피 한 아이들의 세계로 자신을 이끈 학생 '창우'를 '앨리스의 토끼'라고 명명했다. 이 비유를 따르자면 '창우'의 뒤를 쫓다 다다르게 된 학교 속 문맹자들의 세계를 '이상한 나라'로 부를 수 있을 것이다. 동화 속에서 앨리스가 만난 흰 토끼는 회중시계를 들고 정장을 입고 등장해서는 "이런, 큰일 났군! 큰일 났어! 이러다간 늦겠는데!"를 외치면서 어디론가 급하게 달려간다. 이를 목격하고 강렬한 호기심을 느낀 앨리스는 토끼의 뒤를 쫓아가다가 이상한 나라에 떨어진다. 그렇다면 교실 속의 토끼는 어떨까? 급히 달려가던 앨리스의 토끼와 달리, 교실에서 조용히 "이런, 큰일 났군! 큰일 났어! 이러다간 늦겠는데!"를 되뇌면서 누군가가 자신을 발견해 주기를 기다리고 있었을 것이다. 그리고 우리는 어쩌면 자신을 발견해 주기를 기다리던 수많은 토끼들을 놓치고, 이제야 우리를 학교 속 문맹자들의 세계로 이끌어 줄 '앨리스의 토끼'를 만났을지도 모른다.

자꾸만 뒤를 돌아보며 자신을 따라오기를 기다리고 있는 '앨리스의 토끼'를 쫓아 이제 학교 속 문맹자들의 세계로 들어가 보자. 앨리스의 이야기는 이상한 나라를 모험하고 꿈에서 깨는 것으로 끝나지만, 우리는 되도록 학교 속 문맹자들의 세계에서 길을 잃지 않고 우리의 토끼와 함께 이상한 나라를 빠져나와 이 세계로 안전하게 돌아올 방법을 찾을 수 있기를 바란다. 학교 속 문맹자들의 세계는 꿈이 아니라 현실이기 때문이다. 더는 토끼들이 이상한 나라로 향하는 통로를 지나지 않게 하는 일, 이상한 나라에서

4 '학교 속 문맹자들'은 학교라는 울타리 안에서 읽기에 어려움을 겪고 있는 아이들을 지칭하기 위해 엄훈이 사용한 용어이며, 그의 책 제목이기도 하다.

길을 잃고 헤매지 않게 하는 일은 우리의 몫임을 잊지 말아야 할 것이다. 다행인 것은 앨리스는 혼자였지만 우리는 혼자가 아니라는 것, 학교 속 문맹자들을 돕기 위해 또 다른 앨리스들과 협력할 준비가 되어 있다는 것이다. 당신을 이상한 나라로 이끈 토끼가 누구였건, 초등학교 교실의 수많은 앨리스들이 머리를 맞대다 보면 동화 속 앨리스보다는 쉽게 이상한 나라를 빠져나올 수 있을 것이다. 당신의 토끼와 함께 말이다.

1부

초기 문해력 교육의 이해

문해력의 발달은 초기 아동기부터 노년기에 이르기까지 전 생애에 걸쳐 일어난다. 초기 아동기에는 높은 수준의 문해력을 갖추기 위한 토대가 되는 초기 문해력을 키워야 하는데, 이 시기의 아이들 사이에도 이미 격차가 존재한다. 문해력이 뒤처진 아이들이 만 8세 이전, 즉 초등학교 2학년 이전에 또래 평균 수준에 도달하지 못하면 성장하면서 계속 학습 부진을 경험할 가능성이 크다. 초기 문해력 교육은 초기 아동기에 필요한 문해력을 갖추지 못한 아이들이 더 깊은 부진에 빠지기 전에 또래들과 동일한 출발선에 설 수 있게 돕는 것을 목표로 한다. 아이들의 손을 제대로 잡아 주기 위해, 1부에서는 먼저 문해력과 초기 문해력의 개념, 문해력의 발달 과정과 초기 문해력 교육의 패러다임에 대해 살펴본다.

1장

문해력과 문해력 교육

1 문해력이란 무엇인가

읽기관의 변화와 읽기 교육의 목표

일반적으로 읽기(reading)란 문자 언어로 이루어진 텍스트[1]에 대한 독자의 의미 구성 행위를 뜻한다. 사실 읽기를 바라보는 관점은 시대와 배경 학문에 따라 발전해 왔다. 이를 간단하게 정리하면 [표 1]과 같다(노명완·박영목 외, 2008: 300).

1 텍스트(text)란 일관적이며 유기적으로 연결된 기호들의 집합체로서, 읽기 행위의 대상이 되는 글 또는 작품을 가리킨다. 좁게는 문자로 이루어진 것만을 가리키는 용어로 한정되지만, 넓게는 음성, 영상, 복합양식으로 이루어진 이해와 표현의 대상도 텍스트라고 지칭한다.

[표 1] 읽기관의 변화(노명완·박영목 외, 2008: 300)

시간의 흐름	1900년대	⟶	1990년대
배경 학문	언어학	언어학+심리학	언어학+심리학+사회학
읽기관의 변화	해독	해독+독해(의미 구성)	해독+독해(의미 구성)+사회적 실천 행위

구조주의 언어학자인 레너드 블룸필드(Leonard Bloomfield)는 읽기를 "청각 이미지와 그에 상응하는 시각 이미지의 상관관계"(Bloomfield, 1938; Harris & Hodges, 1995: 207에서 재인용)를 파악하는 것으로 규정했다. 글자와 소리를 연결하여 이해하는 해독(解讀, decoding)으로서 읽기를 바라본 것이다. 글자를 시각적 기호로 인식하고 이를 소리로 바꾸는 능력을 갖추는 것은 읽기의 세계로 들어서기 위한 첫 번째 관문이다. 즉, 해독 능력은 읽기 능력의 기초라 할 수 있다. 하지만 글자를 소리 내어 읽을 수 있다고 해서 텍스트의 의미를 온전히 이해할 수 있는 것은 아니다. 독자가 소리 내어 읽은 그 글자의 의미를 알고 텍스트와 상호작용하면서 의미를 구성할 수 있을 때, 독해(讀解, reading comprehension)가 일어나며 비로소 읽기가 이루어진다. 그래서 읽기와 해독을 동일시하는 읽기관은 읽기 연구의 발전과 함께 변화를 겪을 수밖에 없었다.

심리학, 특히 인지심리학의 영향으로 읽기에 있어서 독자의 역할이 강조되면서 읽기 개념은 독자와 텍스트의 상호작용을 포함하게 되었다. 읽기가 "인쇄되거나 쓰인 기호를 식별하고 인식하는 것"에서 나아가 "독자가 이미 가지고 있는 관련 개념들의 조작을 통해 새로운 의미를 구성하는 것을 포함"(Tinker & McCullough, 1962)하며, 독자의 사고 과정을 통해 의미가 구성되는 것이라고 이해하게 된 것이다. 또한 "쓰인 글로부터 의미를 구성하는 과정"이면서 "상호 관련되는 여러 정보원들 사이의 조정을 필요로 하는 하나의 복합적 기능"(Anderson et al., 1985), "의미를 창조하기 위해 텍스트와 상호교섭하고 텍스트에 의미를 부여하는 행위"(Galda et al., 1993)라는 읽기 개념에도 읽기를 '텍스트와 상호작용하면서 의미를 구성하는 독자의 능동적인 행위'로 보는 관점이 나타난다. 이러한 관점에 따르면 텍스트의 의미는 독자가 부여하는 것이며 독자마다 머릿속에 저장된 지식과 경험, 즉 스키마(schema)가 상이하기 때문에 동일한 텍스트를 읽더라도 독자의 반응은 다를 수 있다. 텍스트를 잘 읽기 위해서는 기호의 규약적인 의미를 알아야 하고 다양한 지식과 경험도 갖추어야 한다. 그래야 텍스트의 의미를 능동적으로 구성하고 텍스트의 숨은 의미와 의도까지 적극적으로 탐색하면서 읽는 독자가 될 수 있다.

1990년대 이후 독자와 텍스트를 둘러싼 사회문화적 맥락이 강조됨에 따라, 읽기를 언어적·심리적 행위인 동시에 사회적 행위로 보는 관점이 보편화되었다. 읽기란 "사회-심리언어학적인 상호교섭 과정"(Goodman, 1994)이라는 규정이 이를 대표한다. 독자는 고립되어 있는 개인이 아니라 특정한 맥락 속에서 살아가는 사회적 존재이고, 텍스트 또한 구체적인 사회문화적 맥락 속에서 생산되고 수용된다. 그러므로 읽기는 사회적인 실천 행위이기도 하다. 이렇듯 읽기가 해독이나 독자 개인의 심리적인 행위를 넘어서는 사회적 행위이기도 하다면, 읽기 교육 역시 사회적 의사소통 활동에 주체적으로 참여할 수 있는 독자를 길러 내는 것까지를 목표로 삼아야 할 것이다.

문해력의 이해

그렇다면 문해력(文解力)은 어떻게 이해하면 좋을까? 문해력에 대응하는 영어 'literacy'는 '교양 있는'이라는 의미의 라틴어 '리테라투스(litterátus)'에 어원을 두고 있으며, '읽고 쓸 수 있는'을 뜻하는 'literate'의 명사형이다. 이 용어에는 읽기와 쓰기를 복합적인 행위로 보는 시각이 전제되어 있다. 'literacy'에 대한 번역어로 '문식성(文識性)' 또는 '리터러시'를 사용하기도 하는데, 이 책에서는 글을 읽고 쓰는 주체의 능동성과 행위 능력을 강조하는 차원에서 '문해력'이라는 용어를 사용하기로 한다. "문해력이란 무엇인가?"라는 질문에 대해서는 다음과 같은 세 가지 대답이 가능하다.

첫째, 문해력은 읽고 쓰는 능력이다. 이것은 문해력에 대한 가장 간명하고 확실하며 실제적인 정의이다. 1951년 유네스코 교육통계표준화전문위원회(UNESCO Expert Committee on Standardization of Educational Statistics)는 일상생활에서 짧고 간단한 문장을 읽고 쓸 수 있는 것을 문해력이라고 정의한 바 있다. 문해력을 읽고 쓰는 능력이자 일상생활을 영위하는 데 필요한 실용적인 능력으로 보았던 것이다. 현재 가장 널리 통용되는 문해력의 정의는 "다양한 맥락에서 인쇄되고 쓰인 것들을 활용하여 확인하고, 이해하고, 해석하고, 창조하고, 소통하고, 계산하는 능력"(UNESCO, 2004)인데, 이 또한 읽고 쓰는 능력과 삶의 실제적인 능력 전반을 연결하고 있다.

사실 지난 반세기 동안 문해력의 개념은 놀라울 정도로 확장되어 왔다. 문해력은 문자 언어 텍스트뿐 아니라 다양한 복합양식 텍스트를 읽고 쓸 수 있는 능력까지 포괄하는 용어로도, 특정 분야에 대한 전문적 소양을 가리키는 말로도 사용되고 있다. 그러나 확장된 문해력 개념의 핵심에는 여전히 읽고 쓰는 능력이 놓여야 한다. 기본적인 읽기와 쓰기 능력을 갖추지 못한 상태에서 복잡하고 다양한 맥락에서 요구되는 문해력을 갖추는 것은 불가능에 가깝기 때문이다.

둘째, 문해력은 우리 삶 어디에나 존재하며 생존에 필수적인 능력이다. 이것은 우리가 살아가고 있는 '지금, 여기'라는 역사적 실존의 현장에서 문해력이 의미하는 바를 나타낸다. 우리는 일상생활에서 거의 본능적이다시피 글을 읽고 쓴다. 버스 창밖으로 간판이 휙휙 지나갈 때 거기에 쓰인 상호를 무의식적으로 읽고, 다음 순간 스마트폰으로 눈을 돌려 여러 뉴스 표제들을 습관적으로 훑어본다. 텔레비전을 보면서 친구들과 문자를 주고받고, SNS를 통해 수시로 일상을 공유하며, 외국 학자의 강의 영상을 자막과 함께 시청한다. 인쇄물이 넘쳐나는 현대 사회에서 글을 읽고 쓰는 것은 오랜만에 만난 두 사람이 얼굴을 마주 보면서 상대방의 기분이나 생각을 읽어내고 대화를 나누는 것만큼이나 자연스럽다. 이처럼 읽기와 쓰기는 사람들의 삶 속에 깊이 들어와 있다.

그런데 문해력이 우리 삶 구석구석에서 작동하는 필수적인 능력이 된 것은 인류 역사에 비추어 볼 때 극히 최근에 나타난 문화 현상이다. 호모 사피엔스(Homo Sapiens)는 생물학적으로 언어 사용 능력을 타고났지만, 읽고 쓰는 능력을 타고나지는 않았다. 사바나에서 창을 들고 집단 사냥을 하던 인간에게 언어적 의사소통을 통한 협력과 빠른 판단은 필요했던 반면, 사냥터에 세워진 안내판 따위를 읽을 필요는 없었기 때문이다.

인류학자들의 연구에 따르면 인류의 조상이 언어를 사용할 수 있는 조건을 갖춘 시점은 지금으로부터 약 50만 년 전이라고 한다. 이 시기 직립보행으로 인해 발성기관이 발달하고 사고력을 뒷받침하는 두뇌 용량이 증가하면서 언어 발생이 가능해졌다는 것이다. 다만 이때의 인류는 멸종했으므로 현생 인류만 놓고 본다면 언어의 역사는 호모 사피엔스가 출현한 약 20만 년 전에 시작되었다고 볼 수 있다. 또는 분명한 증거를 기준으로 할 경우, 인류의 언어 사용 시점은 구석기 시대 집단 사냥이나 협업 노동의 흔적이 발견된 10만 년 전쯤으로 추정된다. 언어가 발생한 시점을 50만 년 전으로 잡든, 20만 년 전 혹은 10만 년 전으로 잡든, 언어의 역사는 인류의 출현과 궤를 같이한다. 인간의 언어 사용 능력은 뇌의 특정 영역에 한 자리를 차지하고[localization] 있었다. 언어를 사용할 준비가 되어 있었던 것이다. 하지만 읽고 쓰는 능력은 전혀 준비되지 않았다.

언어의 역사에 비해 문해력의 역사는 매우 짧다. 문해력은 문자를 전제로 한 능력이다. 인류 최초의 문자는 쐐기 문자로 알려져 있는데, 메소포타미아의 수메르인들이 점토판에 쐐기 문자를 쓰던 시점이 약 5천 년 전이었다. 50만 년 대 5천 년, 호모 사피엔스의 출현을 기점으로 보더라도 20만 년 대 5천 년. 하지만 이것도 진실과는 거리가 멀다. 문자가 발명되었다고 해서 읽기와 쓰기가 바로 모든 인간의 삶에 파고든 것은 아니었기 때문이다. 오랫동안 문자는 소수 특수계층의 전유물이었다. 우리 민족의 문자 생활을 예로 들어 보자. 한자는 기원전 2세기경에 한반도로 유입된 이후로 19세기 말에 이르기까지 일부 지배층 사이에서 읽기와 쓰기의 수단으로 활용되었다. 그러다가 지금으로부터 570여 년 전 세종대왕이 훈민정음을 창제한 이후 문자 생활에 획기적인 전기가 마련되었다. 훈민정음의 등장으로 일반 대중들도 문자를 편리하게 활용할 수 있는 요건이 마련된 것이다. 그럼에도 이것이 곧장 읽기와 쓰기의 일상화·보편화로 이어진 것은 아니었다. 읽기와 쓰기가 사람들의 삶에 파고들어 보편적인 현상이 되기 시작한 것은 모두를 위한 교육, 즉 공교육이 시작된 100여 년 전부터이다. 그 이전에는 문해보다 문맹이 더 보편적이었다.

문자의 발명으로 인한 읽기와 쓰기의 '등장'은 문해력과 관련된 인간 삶의 실존적 조건이 변화하게 된 첫 번째 단계였다. 이 단계는 약 5천 년에 전에 시작되었지만 인류의 역사에 비추어 보면 매우 단기간에 이루어진 것이다. 그리고 두 번째 단계가 정말 말도 안 될 정도로 짧은 시간 동안 급격하게 진행된 '읽기와 쓰기의 유비쿼터스화(ubiquitization)'이다. 읽기와 쓰기가 우리의 일상 어디에나 존재하게 된 지금, 문해력은 인간의 사회문화적 삶과 수준 높은 문화생활을 위한 필수 조건으로 받아들여진다. 그러나 이 과정에서 극히 소수이기는 하지만 심각한 부적응을 겪는 사람들, 읽기에 적합하지 않은 뇌를 가진 사람들도 나타나고 있다. 하지만 읽고 쓰는 능력은 인류의 역사에서 최근 한 세기 외에는 필수적으로 요구된 적이 없었다. 그러니 이들이 겪는 어려움을 일종의 병(난독증)이나 장애(읽기 장애)로 보는 관점은 아이러니라 할 수 있다. 축구 경기에서 종료 휘슬이 울리기 직전에 지금까지 없었던 새로운 규칙을 적용하고는 그것을 따르지 못하는 선수를 탓하는 아이러니 말이다.

셋째, 문해력은 현대 시민 사회 구성원의 기본권적 능력이며, 민주주의 국가를 유지하는 기둥이다. 따라서 모든 사회 구성원이 일정한 수준의 문해력을 습득하도록 보장하는 것은 기본권의 문제이자 민주주의 사회를 유지하기 위한 조건이다. 사회 구성원 모두의 평등한 정치 참여를 전제로 하는 민주주의 사회에서 문해력은 시민으로서 갖추어야 하는 핵심적인 역량 중 하나이다. 민주시민 교육은 공공선과 공동체 의식, 인간의 존엄성과 인권, 문화 다양성과 공존, 지속 가능성과 상생, 의사소통과 민주적 의사결정, 비판적 사고와 리터러시 등을 지향점으로 삼고 있으며(장의선 외, 2020), 문해력은 시민 사회가 요구하는 다양한 역량의 기초를 이룬다.

한 사회에서 민주주의의 수준은 시민의 수준을 뛰어넘을 수 없다. 그렇기에 모든 민주 국가는 시민의 문해력 수준을 유지하고 발전시키기 위해 노력한다. 우리나라도 교육이 민주시민으로서 필요한 자질의 함양을 목표로 해야 함을 규정하고(「교육기본법」 제2조), 모든 국민이 기본적인 수준 이상으로 평등하게 교육받을 권리가 있음을 명시하고 있으며(「대한민국 헌법」 제31조 제1항), 모든 학생의 기초학력을 보장하기 위해 노력하고 있다(「기초학력 보장법」 제1조). 그리고 수해력(數解力)과 함께 기초학력의 바탕을 이루는 문해력 교육은 우리 사회 구성원의 학습권을 보장하는 방법이며, 사회가 요구하는 지식과 기능과 태도를 갖추고 자신의 기본권을 행사할 수 있는 민주적 시민을 길러 내는 토대이기도 하다. 그런 의미에서 문해력 교육은 현대 사회의 가장 중요한 공공재 중 하나이다.

"문해력이란 무엇인가?"라는 질문에 대한 이상의 세 가지 대답은 각각 문해력의 실제적 의미, 실존적 의미, 당위론적 의미를 나타낸다. 문해력의 실제적 의미는 문해력의 정체를, 실존적 의미는 우리 삶에서 문해력이 어떤 의미를 지니는지를, 당위론적 의미는 현대 민주주의 사회에서 문해력이 어떤 위상을 차지해야 하는지를 밝힌 것이다. 문해력은 인간다운 삶을 살아가는 데 필수적인 조건이다. 또한 문해력은 민주 사회의 시민들이 갖추어야 할 기본권적 능력이며 국가는 마땅히 이를 보장해야 한다. 우리 사회가 기초학력을 보장하고 학력 격차를 해소하기 위한 다양한 프로그램에 힘을 쏟고 있는 것은 이 때문이다. 공교육은 사회 구성원인 시민들에게 이러한 기본권적 능력을 길러 주기 위해 존재한다. 그렇다면 우리의 학교는 문해력 교육이라는 공공재를 적절하게 공급하고 있을까?

2 문해력 교육과 문해력 발달의 격차

문해력 교육의 의의

성장 과정에서 비교적 자연스럽게 습득되는 음성 언어 사용 능력과 달리 읽고 쓰는 능력, 즉 문해력은 학습되어야 하는 능력이다. 문해력은 현대 사회를 살아가기 위한 기본적인 능력이므로 문해력을 교육받을 기회는 누구에게나 보편적으로 보장되어야 한다. 문자 학습 기회의 불평등이 존재하는 한, 문해력 교육은 교육 소외를 해소하고 평등한 교육 기회를 제공하기 위한 보상적 교육의 기능을 수행한다(서울대학교 교육연구소, 1998: 1183). 이때 문해력 교육은 단순한 문자 해득(解得)만을 염두에 두는 것이 아니라, 문자를 사용하여 인간이 생존하고 자신이 가진 능력을 최대한 개발해 학습에 계속 참여할 수 있게 하는 데 목적이 있다. 그리고 구성원 개개인의 문해력은 사회 전체의 독서 문화와 지적 역량을 형성하기 때문에, 문해력 교육은 한 사회의 지적 수준을 높이는 역할을 담당한다. 이처럼 문해력 교육은 교육 기회의 평등을 확대하고, 개인과 사회를 성장시키며, 나아가 국가 공동체를 건강하게 만든다는 의의를 지닌다.

또한 문해력은 문맹(illiteracy)과 분리될 수 없는 개념인 만큼 문해력 교육은 문맹자가 속해 있는 사회적 맥락에 대한 이해로부터 출발해야 한다. 다시 말해 문맹은 개인의 인지적 능력 차원만으로 설명할 수 없는 빈곤과 실업, 소외 등의 사회구조적 문제와 밀접하게 연결되어 있기 때문에, 문맹의 문제는 사회구조의 맥락 속에서 해결되어야 한다(서울대학교 교육연구소, 1998: 1184). 문해력 교육이 공공재로서의 성격을 갖는 것은 이와 관련이 있다.

문해력의 발달과 격차

아동의 문해력은 읽기와 쓰기에 대한 형식적인 지도가 이루어지기 전, 음성 언어를 사용하는 시기부터 아동을 둘러싸고 있는 사회적 상호작용을 통해 발달한다. 아동의 문해력 발달은 태어나는 순간부터 문해 환경과 상호작용하며 이루어지는 지속적인 변화 과정이다(Freeman & Hatch, 1989; Teale & Sulzby, 1989). 그러나 문해력 교육이 체계적인 제도로서 실시되는 곳은 학교이다. 문제는 문해력 교육이 이루어지는 학교에도 문맹자가 있다는 점이다.

교실 수업에서 아이들이 읽고 쓰기에 심각한 어려움을 겪으면 기능적 문맹자가 된다. 기능적 문맹자(functional illiterate)란 특정한 사회적 배경 또는 삶의 맥락에서 문맹을 경험하여 자신에게 기대되는 업무를 제대로 수행하기 어려운 상태에 있는 사람을 가리키는 학술적 용어이다. 그런데 통상 학년을 기준으로 읽기 쓰기 능력이 1년 이상 뒤처지면 아이는 문맹 상태를 경험하기 시작하고, 2년 이상 뒤처지면 심각한 문맹 상태를 경험한다. 예컨대 4학년 교실에 있는 아이의 읽기 능력이 2학년 수준이라면, 이 아이는 일상적인 수업을 쫓아갈 수 없는 심각한 기능적 문맹을 경험하게 된다.

전국 모든 학교의 거의 모든 교실에 기능적 문맹을 경험하는 아이들이 존재함에도 불구하고, 이 아이들은 잘 드러나지 않는다. 그 까닭은 이중의 베일에 가려져 있기 때문이다. 먼저 아이 스스로 다양한 생존전략을 구사하면서 자신이 기능적 문맹자임을 애써 감춘다. 한편 교사는 자신의 학급에 그런 아이가 있음을 알면서도 외면한다. 문제의 두 당사자 모두 학교에서 실패만을 경험해 왔기 때문이다. 아이는 자신의 문제를 학교가 제대로 도와주지 못한다는 것을 경험적으로 안다. 교사는 아이를 도와주려고 해도 십중팔구 좌절하게 된다는 것을 안다. 아이의 부인과 교사의 무시, 이것이 학교에 엄연히 존재하는 문맹 문제를 가리는 이중의 베일이다.

그 이중의 베일을 살짝 젖히고 들어가면 학교의 민낯, '안 내면 진다' 게임이 작동하는 미끄럼틀 사회가 드러난다. 가위바위보를 할 때 손을 내지 않으면 지는 것처럼, 학교에서 아이들은 참여하지 않으면 그냥 패배해 버리는 게임을 시작해야 한다. 그런데 학교에는 이미 게임의 법칙을 익숙하게 알고 있는 아이들과 무엇을 어떻게 할지 몰라 시작조차 하지 못하는 아이들이 공존한다. 시작부터 승기를 빼앗긴 채 게임을 해야 하는 그런 아이들에게 학교는 팔다리에 잔뜩 힘을 주고 버티지 않으면 바로 미끄러지고 마는 미끄럼틀과도 같은 곳이다.

더욱 놀라운 사실은, 어떤 아이들의 문해력은 학교생활을 시작하기도 전에 더 이상 미끄러질 곳도 없는 밑바닥에 있다는 것이다. 아이들은 아주 어렸을 때부터 가정의 문해 환경에 따라 다른 속도로 문해력을 발달시키기 시작하여, 학교에 들어갈 무렵에는 이미 심각한 발달 격차를 보인다. 이는 한국만이 아니라 전 세계 모든 국가에서 나타나는 현상이다. 예컨대 라일리(Riley, 1996)는 입학 직후인 만 5세 아이들의 교실에서 5년 정도의 발달 격차가 발견된다고 보고하였다.[2] 즉, 1학년 교실의 어떤 아이가 전형적인 만 3세 수준의 읽기 능력을 보일 때, 다른 아이는 만 8세 아동의 문해력 특성을 보인다는 것이다. 한국의 교육과정은 학교에 입학할 무렵의 아이들이 동일한 출발선에 있다고 암묵적으로 전제한다. 그러나 이러한 가설은 허구이며, 특별한 교육적 개입이 없다면 아이들 개개인의 읽기 발달 특성은 학년이 올라간 후에도 그대로 유지될 가능성이 크다(엄훈, 2011).

이러한 학령기 초기의 발달 격차는 아이의 학교생활 전체에 걸쳐 학습의 성공을 제한하고 실패를 증폭한다. 특히 초등 저학년 시기 문해 학습의 실패는 그 후의 문해력 발달에 결정적인 영향을 끼친다. 푸어만과 동료들(Foorman et al., 1998)은 초등학교 1학년을 시작할 무렵 읽기 능력이 뒤처진

2 영국의 취학 연령은 9월 1일을 기준으로 만 5세이다. 따라서 영국의 1학년은 우리로 치면 유치원 수준이다.

아이가 1학년이 끝날 무렵까지 뒤처질 확률은 88%이며, 3학년이 끝날 무렵 읽기 능력이 뒤처진 아이가 9학년이 끝날 무렵까지 뒤처질 확률은 74%라고 밝혔다. 스타노비치(Stanovich, 2004)는 이른 시기에 읽기에서 높은 성취를 보인 아이는 성장한 후에도 뛰어난 읽기 능력을 보이는 반면, 3~4학년 이전에 읽기 학습에서 실패를 경험한 아이는 이후 평생 동안 읽기에 어려움을 겪는 현상을 발견하였다. 그리고 이러한 현상에 '읽기에서의 매튜 이펙트(Matthew effect)'라는 이름을 붙였다. 매튜 이펙트는 신약성경의 「마태복음(Gospel According to Matthew)」 25장 29절 "무릇 있는 자는 받아 풍족하게 되고 없는 자는 그 있는 것까지 빼앗기리라."라는 구절에서 따온 용어로, 마태 효과라고도 불린다. 문해력 영역은 일종의 빈익빈 부익부 현상인 매튜 이펙트가 전형적으로 작동하는 영역이다. 스타노비치는 읽기 발달 과정에서 작동하는 매튜 이펙트의 메커니즘을 밝힘으로써 초기 읽기 능력 격차 문제에 대한 관심을 환기하였다.

문해력 격차를 해소하기 위한 한국 공교육의 방향

읽기 능력의 격차는 교과 성적 전반의 격차로 이어질 수 있다는 점에서 더욱더 문제적이다. 초등학생의 읽기 이해력과 읽기 태도는 교과 성적과 정적인 상관관계를 지니기 때문에(정수정·최나야, 2013), 초등 저학년 시기에 또래보다 앞선 문해력을 갖춘 아이가 읽기와 쓰기는 물론 교과 성적 전반에서 높은 성취를 보일 가능성이 크다. 그러나 한국의 공교육 시스템은 문해력 격차 문제에 관한 한 불평등을 최소화하기보다 이를 확대하는 방식으로 작동하고 있다.

학교에서의 문해력 격차에 영향을 주는 주된 요인으로는 출발선의 격차와 교육과정의 기본 성격을 들 수 있는데, 이 두 요인이 어떻게 상호작용하는가에 따라 매튜 이펙트는 차단될 수도 있고 증폭될 수도 있다. 그러나 지금 한국 공교육은 학교생활이 시작되는 출발선에서의 심각한 문해력 격차를 해소할 방안을 제시하지 못하고 있으며, 교육과정 또한 기계적이고 양적이어서 문해력 격차를 완화하지 못하고 있다. 이러한 양상을 표현한 도식이 [그림 1]이다.

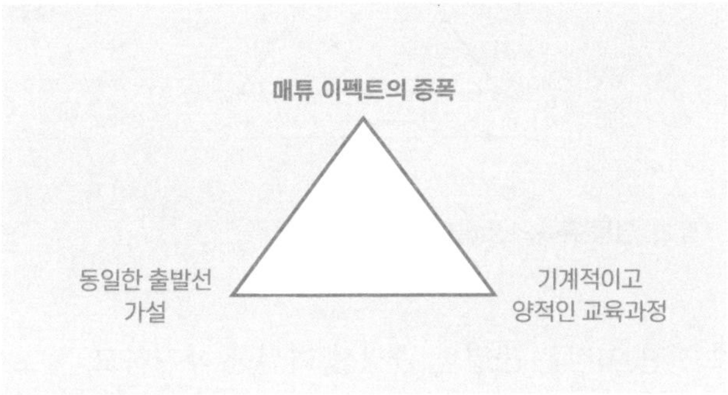

[그림 1] 한국 공교육에서 작동하는 불평등 교육의 트라이앵글

한국의 공교육은 모든 아이가 같은 출발선에 서 있다고 상정한다. 현장에 있는 교사들은 현실이 그렇지 않음을 잘 알고 있지만, 국가 수준의 교육 시스템은 동일한 출발선 가설을 암묵적으로 전제하고 있는 것이다. 또 이 전제 위에서 구성된 교육과정은 매우 기계적이며, 달성해야 할 성취기준의 수도 무척 많다. 이러한 구조에서는 매튜 이펙트가 증폭되고 불평등 교육이 이루어질 수밖에 없다.

이와 같은 불평등 교육의 트라이앵글은 문해력이 모든 아이가 마땅히 보장받아야 할 기본권적 능력이라는 인식이 부족한 데서 비롯되었다고 할 수 있다. 하지만 한국 공교육의 평등 교육 이념에 비추어 볼 때 이 트라이앵글은 정상적이지도 않고 바람직하지도 않다. 따라서 근본적인 변화를 모색해야 한다. [그림 2]는 불평등 교육의 트라이앵글에서 아래 두 꼭짓점을 전환함으로써 평등 교육의 트라이앵글을 도모할 수 있음을 보여 준다.

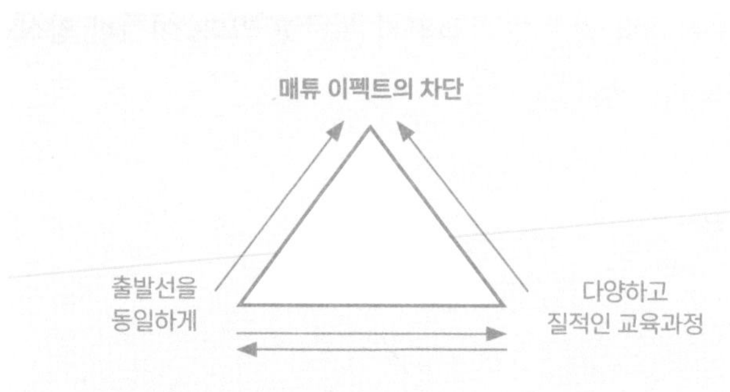

[그림 2] 평등 교육의 트라이앵글로의 전환

첫 번째 전환 지점은 동일한 출발선 가설을 폐기하고, 학교생활을 시작하는 아이들에게 동일한 출발선을 보장해 주는 것이다. 이는 도움이 필요한 아이들에게 가급적 이른 시점에 교육적 지원을 하는 조기 개입(early intervention)을 통해 실현될 수 있다. 그리고 두 번째 전환 지점은 모든 아이에게 똑같이 적용되는 기계적이고 양적인 교육과정 대신, 개별 아이들의 눈높이에 맞는 다양하고 질적인 교육과정을 제공하는 것이다. 이러한 두 가지 전환이 이루어질 때, 공교육에서 매튜 이펙트가 효과적으로 차단되고 평등 교육의 트라이앵글이 자리 잡는 엄청난 변화를 불러올 수 있다.

다행히 변화는 시작되었다. 2015 개정 국어과 교육과정에서 한글 교육이 강화되었고 이러한 기조는 2022 개정 국어과 교육과정에서도 이어질 것으로 보인다. 또한 2021년 9월 제정되어 2022년 3월 25일 시행된 「기초학력 보장법」은 학습 지원이 필요한 학생을 조기에 발견하여 지원하는 것이 학교의 책무라고 명시하고 있다. 출발선 평등 교육에 대한 논의도 활발하게 이루어지고 있다. 노원경 외(2021)는 교육의 출발선 평등을 "초등학교 저학년(1~2학년) 시기 모든 학생들이 학습을 하는 데 필요한 기초 학습 능력(읽기, 쓰기, 셈하기 등)과 긍정적인 심리·정서적 경험(유능감, 관계성, 자율성 등)을 확보할 수 있도록 지원하는 교수 학습 상황에서의 기회, 과정, 결과의 평등"으로 정의하였다. 교육의 기회와 결과를 보장하는 차원에서 나아가, 교육의 출발선에 있는 모든 학생이 일상적으로 경험하는 교수 학습 과정에서 기초 학습 능력과 긍정적 심리·정서 경험을 확보할 수 있도록 지원하려는 것이 최근 출발선 평등 논의의 양상이다. 출발선 평등을 실현하기 위한 사회적 노력은 차츰 구체화될 것으로 보이며, 문해력 교육은 이러한 변화의 중심에 놓여 있다.

2장

발생적 문해력과 초기 문해력 교육

1 읽기와 쓰기의 발달과 발생적 문해력

한 개인의 문해력이 확립되기 위해서는 학습(learning)이 필요하지만, 문해력 발달은 습득(acquisition)에서부터 시작된다. 문해력의 발달은 음성 언어의 발달과 긴밀하게 연결되어 있으며 음성 언어의 발달과 마찬가지로 형식적인 지도가 시작되기 훨씬 전부터 자연스럽게 일어난다(노명완·이차숙, 2002: 65). 그리고 읽기와 쓰기는 어느 날 갑자기 출현하는 것이 아니라 점진적으로 발달하는 양상을 보인다.

발달은 수정에서 사망에 이르기까지 개인에게 일어나는 신체적·심리적 변화를 가리키며, 보편성과 개별성을 동시에 지닌다. 발달의 보편성이란 대부분의 인간이 어느 시기에 이르면 특정한 육체적·인지적·정서적·언어적 특징을 보이는 현상을 말하고, 발달의 개별성이란 발달에 개인차가 존재함을 의미한다(최미숙 외, 2016: 423-424). 이 때문에 우리는 일정한 연령에 이른 아이들의 일반적인 발달 수준을 예측할 수 있지만, 그러한 예측에는 오차가 있을 수 있으며 개인마다 발달 속도가 다를 수 있다는 점을 이해해야 한다. 게다가 발달은 선험적 능력에 의해 결정되는 것이 아니라 학습을 비롯한 후천적 경험에 영향을 받는다. 특히 언어 발달은 자연적인 습득과 학습의 상호작용을 통해 이루어지기 때문에 적절한 시기에 학습 기회를 제공받았는지 여부에 따라 개인차가 커질 수 있다. 이를 전제로, 아래에서는 인간의 성장과 발달 과정에서 문해력이 어떻게 발달해 나가는지를 살펴보고자 한다.

읽기 발달의 단계

철(Chall, 1996)은 현대 사회에서 요구하는 높은 수준의 읽기 능력에 도달하는 데 보통 20여 년의 긴 시간이 걸린다고 보고, 읽기 능력의 발달 단계를 [표 2]와 같이 제시한 바 있다.

[표 2] 읽기 능력 발달 단계(Chall, 1996)

<table>
<tr><th>단계</th><th>단계별 특성</th><th colspan="2">시기</th></tr>
<tr><td>단계 0</td><td>읽기 이전/유사 읽기</td><td colspan="2">출생~6세 이전(유치원)</td></tr>
<tr><td>단계 1</td><td>초기 읽기와 해독</td><td colspan="2">6~7세(1~2학년)</td></tr>
<tr><td>단계 2</td><td>해독 확립과 유창성</td><td colspan="2">7~8세(2~3학년)</td></tr>
<tr><td rowspan="2">단계 3</td><td rowspan="2">새로운 것을 배우기 위한 읽기</td><td rowspan="2">9~14세(4~9학년)</td><td>3-A(4~6학년)</td></tr>
<tr><td>3-B(7~9학년)</td></tr>
<tr><td>단계 4</td><td>다양한 관점으로 읽기</td><td colspan="2">15~17세(10~12학년)</td></tr>
<tr><td>단계 5</td><td>의미의 구성과 재구성</td><td colspan="2">18세 이상(대학과 그 이후)</td></tr>
</table>

그에 따르면 읽기 발달은 읽기 전 단계부터 시작된다. 6세 이전의 아이들은 읽는 시늉을 하고 불완전한 해독을 하며, 전에 읽었던 책을 펼쳐 들고 이야기를 들려주기도 한다(단계 0). 1~2학년 때부터는 해독으로부터 시작해 읽기 능력이 본격적으로 발달한다. 이 시기 아이들은 글자와 소리의 관계를 배우고 활용하며, 익숙한 철자 패턴을 읽어 내고 간단한 텍스트를 해독한다(단계 1). 2~3학년이 되면 해독 능력이 단단하게 자리 잡으면서 간단하고 친숙한 이야기들을 점점 더 유창하게 읽게 된다(단계 2). 그리고 초등학교 고학년과 중학교를 거치면서 새로운 지식을 얻고 새로운 감정을 경험하고 새로운 태도를 학습하기 위한 읽기를 해 나간다. 이 단계의 독자들은 일반적으로 하나의 관점을 가지고 읽는다(단계 3). 이후 읽기 능력은 다양한 관점으로 읽는 단계를 거쳐 의미를 구성하고 재구성할 수 있는 단계로 발달해 나간다. 고등학생 무렵에는 다양한 관점을 가지고 설명적 텍스트와 서사 텍스트 등 다양한 주제와 장르에 걸친 복잡한 텍스트를 읽을 수 있으며(단계 4), 성인이 된 이후에는 자신의 필요와 목적에 맞게 빠르고 효과적으로 읽으며 읽기를 통해 자신의 지식을 다른 사람의 지식과 통합하고 새로운 지식을 창조할 수 있다(단계 5).

한편 천경록 외(2022)에서는 철을 비롯한 여러 연구자의 논의를 검토하고 우리나라 독자들을 대상으로 연구를 진행하여 읽기 발달 단계를 '읽기 맹아기, 읽기 입문기, 기능적 독서기, 공감적 독서기, 전략적 독서기, 비판적 독서기, 종합적 독서기, 독립적 독서기' 등 여덟 단계로 구분하였다. 또한 각각의 발달 단계별 주요 독서 양상과 특징을 [표 3]과 같이 정리하였다(천경록 외, 2022: 111).

읽기 발달의 단계와 각 단계에서 독자들이 보이는 특성에 대한 이해는 그에 맞는 교육 프로그램을 구성하는 데 도움을 준다. 예를 들어 초등학교

[표 3] 독자 발달과 읽기 발달의 단계(천경록 외, 2022: 111)

독자 발달		독서 발달	독자상	학년	주요 독서 양상	독서 자료나 지도 활동의 주요 특징
유아 독자		읽기 맹아기	잠재적 독자	~유치원	문자 인식하기, 따라 읽기	문자 지각, 해독 지각, 그림책, 글자책, 낱말카드 등 읽기
어린이 독자	전기	읽기 입문기	유창한 독자	1~2	띄어 읽기, 유창하게 읽기	소리 내어 읽기, 해독 완성, 기초 기능, 낭독, 묵독 시작
	중기	기능적 독서기	기능적 독자	2~4	사실적 읽기, 추론적 읽기	의미 중심으로 읽기, 묵독 완성, 중핵 기능, 꼼꼼히 읽기
	후기	공감적 독서기	사회적 독자	5~6	공감적 독서, 사회적 독서	정서적 반응하기, 몰입하기, 독서 토의·토론하기
청소년 독자	전기	전략적 독서기	전략적 독자	7~8	전략적 독서	목적 지향적 읽기, 점검과 조정하기
	중기	비판적 독서기	비판적 독자	9~10	비판적 독서	잠복된 의도 파악하기, 맥락 활용하기
	후기	종합적 독서기	통합적 독자	11~12	종합적 독서	다문서 읽기, 매체 자료 읽기, 신토피컬 독서[1]
성인 독자		독립적 독서기	자립적 독자	중등교육 이후	자율적 독서	학업 독서, 직업 독서, 교양 독서

1~2학년 단계의 아이들이 평균적으로 보이는 읽기의 양상은 평균보다 뒤처진 아이들을 진단하고 그들에게 필요한 중재 프로그램을 마련하는 근거가 된다.[2]

1 신토피컬 독서(syntopical reading)란 하나의 주제에 대해 여러 가지 책을 관련지어 읽고 비교함으로써, 그 주제를 심층적으로 이해하는 독서 방법을 가리킨다. 'syntopical'은 '함께, 비슷한'을 뜻하는 접두사 'syn-'과 '주제의'를 뜻하는 형용사 'topical'이 결합된 단어이다. 그래서 신토피컬 독서는 주제 통합적 독서로 불리기도 한다.

2 읽기 중재 프로그램에 대한 상세한 설명은 5장 109~110쪽을 참고하기 바란다.

초기 읽기 발달

생애 주기에 따라 읽기 발달 단계를 제시한 앞의 두 연구자들은 읽기 발달이 유아기부터 시작된다고 보았다. 그렇다면 문해력의 뿌리가 형성되는 유아기의 읽기와 쓰기는 어떤 과정을 거쳐 발달할까? 클레이(Clay, 1972: 59-63)는 유아의 읽기에 대한 연구 결과를 토대로 초기 읽기 발달 단계를 다음과 같이 구분하였다(이영자·이종숙, 1985: 370에서 재인용).

- 1단계: 글자가 이야기로 전환될 수 있음을 이해하는 단계. 이 단계에서는 책의 그림을 보고 이야기 내용과 관계없이 이야기를 만들어 내며, 자신이 쓴 것을 정확히 읽지 못하고 읽는 흉내를 낸다.
- 2단계: 구어에서는 잘 사용하지 않는 특별한 형태의 문어체 이야기를 만들어 내는 단계. (예 "여기는 ~입니다.", "엄마가 ~라고 말했습니다.")
- 3단계: 그림을 보고 적절한 문장을 생각해 내는 단계. 이 단계에서는 그림이 이야기 내용의 단서(cue)가 됨을 이해한다.
- 4단계: 책에 쓰인 문장의 대부분을 기억하는 단계. 이 단계에서는 자신이 기억한 이야기 내용과 그림의 도움을 받아서 책을 읽는다.
- 5단계: 단어의 시각적 단서를 사용하여 문장을 재구성하는 단계. 이 단계에서는 글자를 손가락으로 짚으며 읽기도 하고, 특정한 단어가 어디에 있는지 질문하기도 한다.

이 밖에 다른 여러 연구자들도 아이들이 주변 환경에서 많은 글자 및 글자로 이루어진 텍스트를 접하면서 읽기에 필요한 음운 인식(phonological awareness)[3]과 단어 재인(word recognition) 등의 기능을 익혀 나간다고 설명하고 있다.[4] 해외 연구자들의 논의를 바탕으로 우리나라 아이들의 읽기 발달을 연구한 이영자와 이종숙(1985: 380-381)은 유아기 읽기 발달 단계를 다음과 같이 제시하였다.

- 1단계: 읽기 이해 전 단계
- 2단계: 이야기 구성 능력이 없어서 "난 못 읽어요." 같은 의사 표현을 하는 단계
- 3단계: 그림을 보고 마음대로 이야기를 만드는 단계
- 4단계: 의미가 비슷하게 꾸며 말하는 단계
- 5단계: 단어나 구절을 암기하여 이야기하는 단계
- 6단계: 글자를 읽어야 한다는 것을 이해하지만 읽을 줄 몰라서 "난 못 읽어요." 같은 의사 표현을 하는 단계
- 7단계: 글자를 읽는 단계

글을 읽을 수 없는 유아는 초기에는 책 속의 그림을 단서로 삼아 이야기의 내용을 파악한다. 그리고 동일한 책을 반복해서 접하면서 책에는 정확한 문자 기호가 적혀 있고 읽을 때마다 항상 같은 소리로 변환된다는 것을

3 이 책에서 'phonological awareness'는 '음운 인식'으로, 'phonemic awareness'는 '음소 인식'으로 번역하였다. 음운과 음소에 대한 설명은 4장 89쪽을 참고하기 바란다.

4 음운 인식이란 여러 말소리를 구분하고 조작할 수 있는 인지 능력을 말한다. 이러한 능력은 한글 자모와 말소리의 대응 관계를 알고 자모를 결합해 하나의 소리 단위를 만들어 내는 능력과 연결되어 문해력의 바탕을 이룬다. 또 단어 재인이란 시각적으로 제시된 어떤 단어를 보고 이를 하나의 단어로 인식하여 그 의미를 이해하는 능력을 가리킨다. 연속적인 문장에서 단어를 정확하고 빠르게 처리하는 수준에 이르면 능숙한 독자로 발전할 수 있다. 음운 인식과 단어 재인에 대한 상세한 설명은 4장 88~94쪽을 참고하기 바란다.

인식한다. 이러한 인식을 바탕으로 책 속에 사용된 표현을 사용해 이야기를 재현할 수 있게 되며 점차 글자들에 주목한다. 그리고 글자를 읽어야 한다는 것을 알게 되면서 손으로 글자를 짚으며 읽는 시늉을 하거나 그 글자에 대해 물어보기도 한다. 이 시기에 유아는 글자를 해독할 수는 없지만 책을 접하고 책을 함께 읽는 성인과 언어적 상호작용을 하면서 읽기를 하기 위한 준비를 해 나가는 것이다.

단어 읽기의 발달

해독은 읽기 발달 과정에서 아이들이 가장 기본적으로 익혀야 하는 기능이다. 에리와 매코믹(Ehri & McCormick, 2004)은 해독 능력의 핵심을 단어 읽기라 생각하고, 20여 년에 걸쳐 단어 읽기의 발달 과정을 세밀하게 연구하였다. 이 성과를 토대로 독자들이 단어를 읽어 내는 전략을 해독(decoding), 유추(analogy), 예측(prediction), 시각(sight) 등 네 가지로 정리하고, 단어 읽기의 발달 과정을 다음과 같이 다섯 단계로 나누어 제시하였다.

- 자모 이전 단계: 문자에 대한 지식이 거의 또는 아예 없는 단계
- 부분적 자모 단계: 글자와 소리를 연결하기 시작하는 단계
- 자모 단계: 단어의 모든 글자에 주의를 기울이며 글자와 소리 사이의 관계에 대한 지식을 활용해 단어를 읽는 단계
- 통합적 자모 단계: 다양한 단어에서 나타나는 여러 자소-음소 관계들을 큰 단위로 통합해서 인식하고 이를 사용해 해독을 하기 시작하는 단계
- 자동적 자모 단계: 유창한 단어 읽기가 이루어지는 단계

단어 읽기 발달의 첫 단계인 자모 이전 단계(pre-alphabetic phase)는 보통 취학 이전 시기에 해당하며, 로고그래픽 단계(logographic stage)로도 불린다. 이 단계에서는 단어의 길이나 모양 같은 비자소적 특징에 관심을 집중하고 단어를 하나의 그림처럼 인식해 통째로 읽어 낸다. 매우 한정적인 글자 지식을 가지고 있기는 하지만, 글자가 말소리에 대응한다는 것을 깨닫지 못한다. 부분적 자모 단계(partial-alphabetic phase)에서는 자신이 알고 있는 자모 지식을 활용해 시각적으로 단어를 읽는다. 단어의 일부 글자를 보고 어떻게 읽을지 추측할 수 있지만, 체계적으로 단어를 해독하거나 소리 내어 읽지는 못하며 유추를 통한 읽기 역시 잘하지 못한다. 자모 단계(full-alphabetic phase)에서는 초기에는 한 글자 한 글자 해독하기 때문에 읽는 속도가 느리지만, 글자-소리 대응을 익힌 단어를 반복적으로 접하고 일견 단어(sight word)[5]가 늘어나면서 읽는 속도가 점점 빨라진다. 통합적 자모 단계(consolidated-alphabetic phase)는 사실상 자모 단계에서 시작된다. 철자군을 습득하면서 단어 학습뿐 아니라 단어 해독의 정확성과 속도가 개선되는 양상을 보인다. 끝으로 자동적 자모 단계(automatic-alphabetic phase)에 이르면 마주치는 대부분의 단어가 일견 단어가 되기 때문에 맥락의 유무와 상관없이 단어 대부분을 빠르고 쉽게 읽을 수 있다. 익숙한 단어는 물론 익숙하지 않은 단어도 재빨리 확인해 자동으로 해독하여 텍스트의 의미에 전적으로 집중할 수 있게 된다.

이와 같은 단어 읽기 발달 단계는 영어권 아동들의 읽기 행동에 대한 관찰을 토대로 하였다. 그런데 한글 단어 읽기의 발달 과정은 한국어의 음성

5 일견 단어란 보자마자 인식할 수 있거나 그럴 것으로 예상되는 단어를 가리킨다. 이에 대한 자세한 설명은 4장 92쪽 각주 7번을 참고할 수 있다.

학적 특성 및 표기 체계의 특성으로 인해 영어 단어 읽기의 발달 과정과 미묘한 차이를 보인다. 영어 단어 읽기의 발달 과정이 크게 '단어 읽기 → 자소 읽기 → 단어 읽기'라는 경로를 거치는 데 비해 한글 단어 읽기의 발달 과정은 '단어 읽기 → 음절 글자 읽기 → 자소 읽기 → 단어 읽기'라는 네 단계를 거치며, 한국 아동들은 다른 언어권의 아동들보다 단어 읽기에서 자소 읽기에 이르는 기간이 짧은 편이다. 또한 영어 단어 읽기 과정 중 부분적 자모 단계에서 전형적으로 나타나는 단어 분석 경로에도 분명한 차이가 있다. 영어권 아동들은 이 단계에서 단어를 초두자음(onset)과 각운(rhyme)으로 나누어 인식하면서, 초두자음에 대한 지식을 확장하여 단어를 읽는 전략을 사용한다. 반면 한국 아동들은 익숙한 음절 글자들을 먼저 읽기 시작하고, 다음 단계로 초성자음과 모음을 포함한 음절체(body)와 받침에 해당하는 말미자음(coda)을 구분하는 능력이 발달한다. 영어 단어 읽기 발달과 한글 단어 읽기 발달의 특성을 비교하면 [표 4]와 같다.

[표 4] 영어 단어 읽기 발달과 한글 단어 읽기 발달의 비교(엄훈, 2012: 275)

단어 읽기 발달 단계	영어 단어 읽기 발달 특성	한글 단어 읽기 발달 특성
자모 이전 단계	단어를 하나의 그림처럼 인식해 통째로 읽음	단어를 하나의 그림처럼 인식해 통째로 읽음
부분적 자모 단계	자소에 대한 부분적 지식(주로 초두자음)을 활용함	음절 글자를 읽기 시작함
자모 단계	글자와 소리의 대응 규칙을 익혀서 활용함	음절 글자를 해체하여 자소를 익히는데, 음절체와 말미자음을 구분하고 이어서 초성과 중성을 인식함
통합적 자모 단계	여러 자소의 덩어리와 소리의 대응 관계를 익힘	단어의 철자법을 익히며, 주로 받아쓰기를 통해 맞춤법에 익숙해짐
자동적 자모 단계	대부분의 단어를 일견 단어로 읽음	대부분의 단어를 일견 단어로 읽음

초기 쓰기 발달

쓰기의 발달도 읽기 발달과 크게 다르지 않다. 아이들의 쓰기는 아주 어릴 때부터 시도하는 그리기나 끄적거리기에서 시작된다. 어른들이 소위 '낙서'라고 부르는, 종이 위에 점을 찍고 선을 그리는 행위가 아이들에게는 본격적인 쓰기를 위한 준비 과정으로서 의미를 지니는 것이다.

아이들의 읽기 발달에 대해 탁월한 통찰을 보여 주었던 클레이는 쓰기 발달과 관련해서도 의미 있는 연구 결과를 제시하였다. 클레이(Clay, 1983; Clay, 1991)는 아이들의 쓰기 학습이 다음과 같은 여섯 가지 원리에 따라 이루어진다고 주장하였다(노명완·이차숙, 2002: 87-88에서 재인용).

- 반복의 원리(recurring principle)
- 생성의 원리(generative principle)
- 기호 개념의 원리(principle of sign concept)
- 융통성의 원리(principle of flexibility)
- 줄 맞추기와 쪽 배열의 원리(principle of linear and page arrangement)
- 띄어쓰기의 원리(principle of spaces between words)

쓰기 발달 초기에 아이들은 줄을 따라서 작은 동그라미나 선 모양을 반복적으로 그리기도 하고(반복의 원리), 알고 있거나 쓸 수 있는 낱자들을 여러 가지로 조합해서 반복적으로 쓰기도 한다(생성의 원리). 그림이나 디자인과 글자의 차이를 인식하고 종이 위에 글자를 나타내려고 애쓰며, 그림을 그려 놓고는 그 밑에 정확하지는 않지만 글자 모양을 그리고 구두로 설명을 덧붙이기도 한다(기호 개념의 원리). 글자의 기본적인 모양을 가지고 한 번도 본 적 없는 새로운 글자를 만들면서 글자와 말소리를 연결하려고 하며(융통성의 원리), 그 과정에서 창안적 글자 쓰기(invented spelling)가 나타난다. 또한 아이들은 책에서 보았던 것처럼 줄을 맞춰 왼쪽에서 오른쪽으로 글을 쓰려고 하며, 다 쓰고 나면 아랫줄로 내려 와서 다시 왼쪽에서 오른쪽으로 쓰기 시작한다(줄 맞추기와 쪽 배열의 원리). 단어와 단어 사이를 띄는 것을 알게 되고 때로는 띄어 쓰는 것이 어려워서 단어와 단어 사이에 마침표를 찍기도 한다(띄어쓰기의 원리).

한편, 우리나라 아이들을 대상으로 연구한 이영자와 이종숙(1985: 379-380)은 쓰기 발달 단계를 다음과 같이 제시하였다.

- 1단계: 끄적거리기 단계
- 2단계: 한두 개의 자형이 우연히 나타나는 단계
- 3단계: 한두 개의 자형이 의도에 따라 나타나는 단계
- 4단계: 글자의 형태가 나타나는 단계
- 5단계: 단어 쓰기 단계
- 6단계: 문장 쓰기 단계

이 연구에서도 쓰기 발달이 문자에 대한 형식적인 지도 이전에 이루어지는 그리기와 끄적거리기 활동에서 시작된다는 것을 확인할 수 있다.

이처럼 아이들은 어른들이 사용하는 글자를 정확하게 따라 쓰는 훈련을 통해서가 아니라, 글자를 끄적거리거나 낙서를 하는 경험을 통해 쓰기에 입문한다. 그런 다음 인지적 사고 과정을 통해 언어적 규칙을 깨닫고 구성하며, 소리에 대응하는 철자를 만들고 이를 일반화하여 글자를 만들어 내는 창안적 글자 쓰기를 시작한다(조선하·우남희, 2004: 317). 이러한 창안

적 글자 쓰기는 유아가 표준적 쓰기(standard spelling)[6]를 하기 이전에 이미 문자에 관한 자신의 경험을 바탕으로 능동적으로 글자를 학습하고 쓰기 능력을 발달시킨다는 사실을 보여 준다. 요컨대 유아기의 아이들은 읽기를 통해 표준적인 글자를 접하면서 일정한 형태가 모여서 글자가 만들어진다는 것을 알게 되고, 모국어의 표기법에 맞지 않는 글자를 만들어서 쓰기도 하면서 표준적 쓰기의 단계로 나아간다.

발생적 문해력

읽기 발달과 쓰기 발달이 유아기 문해 경험 속에서 자연스럽게 이루어진다는 연구 결과는 발생적 문해력이라는 개념의 등장으로 이어졌다. 이는 문해력 발달 연구에서 획기적인 전환점이었다(Clay, 1975; Goodman, 1980). 발생적 문해력 개념이 등장하기 이전, 사람들은 아이들이 읽기를 학습할 준비가 된 다음에 읽기 지도를 하는 것이 좋다는 읽기 준비도(reading readiness) 개념을 받아들였다(이차숙, 2004). 예를 들어 모펫과 워시번(Morphett & Washburne, 1931)은 지능지수가 같은 여러 연령층의 유아들에게 읽기를 가르치고 그 학습 결과를 비교해 본 후 정신연령 6.5세가 읽기 지도를 시작하기에 가장 적절한 시기라고 결론지었다. 읽기 준비도 관점에서는 아이가 읽기를 학습할 준비가 되기 전에는 색칠을 하고 종이를 자르고 선을 긋는 등 읽기에 필요한 인지적·사회적·신체적 준비를 시키는 것이 더 바람직하다고 믿었다(이차숙, 2004).

6 표준적 쓰기란 표준적인 철자법에 따라 글자를 쓰는 것으로, 관습적 쓰기(conventional spelling)라고도 한다.

반면 발생적 문해력 관점에서는 아이가 형식적인 읽기와 쓰기 학습을 하기 이전에 눈에 잘 보이지 않는 문해력의 뿌리가 형성된다고 주장한다. 문해력의 뿌리란 발생적 문해력의 은유적 개념으로 마치 씨앗이 땅속에서 싹을 틔우고 뿌리를 내리다가 어느 날 지표를 뚫고 새싹을 내미는 것처럼, 읽기 능력 또한 눈에 띄지 않는 읽기의 기초 기능들이 점진적으로 발달하다가 문자 언어를 읽고 쓰는 눈에 띄는 발달 양상으로 이어진다는 생각을 담고 있다(엄훈, 2012; Goodman, 1980). 굿맨(Goodman, 1980)은 문해력의 뿌리를 [그림 3]처럼 나타내고, 문해력의 다섯 가지 뿌리에 대한 설명을 덧붙였다.

- 첫 번째 뿌리: 상황 맥락에서의 인쇄물에 대한 인식의 발달
- 두 번째 뿌리: 연결된 담화에서의 인쇄물에 대한 인식의 발달
- 세 번째 뿌리: 쓰기의 기능과 형식의 발달
- 네 번째 뿌리: 음성 언어를 이용하여 문자 언어에 대해 이야기하기
- 다섯 번째 뿌리: 문자 언어에 대한 메타 인지적·메타 언어적 인식

[그림 3] 굿맨의 문해력의 뿌리(Goodman, 1980: 124)

아이들은 자신을 둘러싸고 있는 상황 맥락(situational contexts)에서 인쇄물의 특성을 인식한다. 이것이 문해력의 첫 번째 뿌리이다. 아이들은 표지판이나 간판, 메뉴판, 상품의 포장지, 광고와 같은 다양한 인쇄물을 일상적으로 접하면서, 그것이 특정한 방식으로 구성되어 있어서 왼쪽에서 오른쪽으로, 위에서 아래로 읽어야 함을 알게 된다. 또한 인쇄물은 메시지를 전달하는 기능을 수행한다는 것을 인식하고 색깔이나 이미지, 맥락 등의 단서를 활용해 인쇄물을 읽어 내는 능력을 보여 준다.

문해력의 두 번째 뿌리는 읽기 경험과 좀 더 직접적으로 관련된다. 아이들은 일상생활 환경에서 인쇄물을 배우는 것을 넘어 신문이나 잡지, 책처럼 내용적으로 연결된 담화(connected discourse)에서 인쇄물에 대한 인식을 발전시켜 나간다. 초기에는 그림 단서에만 초점을 맞추던 아이가 인쇄된 글에서 이야기를 읽는다는 것을 알게 되고, 지면 위에 새겨진 문자와 문장부호 같은 기호들이 글의 의미와 메시지를 전달한다는 것을 이해하기 시작한다. 일정한 방향으로 종이를 넘기면서 이해한 내용과 기억을 바탕으로 읽기를 시도하며, 경우에 따라서는 형식적 문자 지도가 이루어지기 전에 스스로 글 읽기를 깨치기도 한다.

읽기와 쓰기는 서로 맞물려 발달하지만, 아이들은 읽기와 쓰기를 서로 다른 활동으로 생각한다. 쓰기의 기능과 형식을 인식하는 것이 문해력의 세 번째 뿌리이다. 일반적으로 쓰기 행동은 읽기 행동에 뒤이어 나타난다. 앞에서 언급했듯이 이른 시기의 쓰기는 보통 끄적거리기의 형태로 나타나고, 쓰기 방향도 고정되어 있지 않아서 빈자리를 찾아 가며 쓰는 양상이 발견된다. 그렇지만 음운 체계에 대한 인식이 발달하면서 아이들은 차츰 표준적 쓰기에 익숙해진다.

지금까지 언급한 세 가지 뿌리가 문해 환경 속에서 자연스럽게 나타나는 것이라면, 네 번째와 다섯 번째 뿌리는 앞선 세 가지 뿌리를 전제로 하여 발달하는 능동적이고 메타 인지적인 기능이다. 네 번째 뿌리는 아이들이 음성 언어를 이용해 문자 언어에 대해 이야기하는 능력이다. 아이들은 '책, 글자, 낱말, 읽다, 쓰다, 이름' 등의 단어를 사용하거나 때로는 관습적이지 않은 용어들을 사용해 가족 및 또래 친구들과 문자 언어에 대해 이야기를 나눈다. 이러한 과정에서 문자 언어에 대한 인식이 발달하게 된다.

문해력의 마지막 뿌리는 문자 언어에 대한 메타 언어적 인식, 즉 언어와 사고에 대해 이야기하는 능력에 관한 것이다. 메타 언어적 능력이란 언어를 통해 언어를 이해하고 설명하고 비교하고 대조하고 범주화하는 능력을 가리킨다. 아동은 읽고 쓰는 활동에 참여하면서 이른 시기부터 메타 언어적 능력을 키워 간다. 그리고 문해력과 메타 언어적 능력은 상호작용하며 발달한다.

지금까지 살펴본 바와 같이 발생적 문해력은 아이가 태어난 후부터 학교에 들어가기 전까지, 적절하고 자연스러운 문해 환경에 노출되고 의미 있는 성인과의 비형식적 문해 활동 경험이 축적되면서 지속적으로 발달한다. 그러나 가정으로 대표되는 아이들의 문해 환경이 천차만별인 만큼 입학할 무렵의 아이들은 문해력 발달의 측면에서 결코 동일한 출발선에 서 있지 않다(엄훈, 2011). 또한 발생적 문해력은 이후의 문해력 발달에 결정적인 영향을 미친다.

2 초기 문해력 교육의 의미

문해력 교육에서 발생적 문해력의 중요성이 부각되면서 최근 함께 사용되고 있는 개념이 '초기 문해력(early literacy)'이다. 초기 문해력은 초기 아동기(early childhood), 달리 말해 유아 시기 문해력을 가리킨다. 발생적 문해력이 입학 이전 자연스러운 문해 환경 속에서 나타나는 문해력의 뿌리를 가리킨다면, 초기 문해력은 지시 대상은 거의 동일하지만 문해력의 발달 양상을 아이의 발달 과정과 결부시킨 개념이라 할 수 있다.[7] 다만 선행 연구를 검토해 보면 대부분의 연구자들이 유아 시기 문해력 발달 양상 및 문해력 교육과 관련하여 발생적 문해력보다 초기 문해력 개념을 선호하는 것으로 보인다. 이는 초기 문해력이라는 용어가 아동의 발달 단계와 일치하며, 유아 시기 가정과 교육기관에서 할 수 있는 일련의 교육적 처치를 초점화하기에 적합하기 때문이라고 판단된다.

읽기 따라잡기 프로그램에서는 초기 문해력 발달을 초기 아동기가 끝나는 초등학교 1~2학년 시기까지 완수해야 하는 과업으로 규정한다. 아이들이 1~2학년 시기에 도달해야 하는 문해력 수준이 있다고 전제하고, 이를 초기 문해력으로 보는 것이다. 그리고 학교는 아이들이 발생적 문해력을 토대로 이 과업을 완수하도록 도울 책무가 있다. 지금부터는 문해력 교육의 공공재적 성격을 염두에 두고, 초기 문해력 교육에 대해 본격적으로 살펴본다.

7 한국의 경우 「유아교육법」에서 설정하고 있는 유아 교육 시기는 만 3~5세이지만, 통상 만 0~8세를 포괄적으로 가리키기도 한다(서울대학교 교육연구소, 1998). 또한 미국의 경우 초기 문해력 교육 연구의 현황과 의미를 검토한 보고서(National Early Literacy Panel[NELP], 2008)에서 연구 대상을 만 0~5세 유아로 설정했다. 이를 종합적으로 고려할 때, 초기 문해력 개념에서 지칭하는 유아기의 기준은 출생부터 초등학교 저학년까지라 할 수 있다. 즉, 초기 문해력과 발생적 문해력이 포괄하는 대상의 범위는 거의 일치한다.

초기 문해력 발달의 시기와 특성

인간의 발달 단계는 아동기(childhood)와 성인기(adulthood)로 대별되며 아동기는 다시 초기 아동기, 중기 아동기, 청소년기라는 세 시기로 구분할 수 있다. 인간 발달의 관점에서 볼 때 문해력 발달에는 다음과 같은 네 가지 결정적인 계기가 존재한다.

- 첫 번째 계기: 아이가 살아가는 문해 환경, 즉 가정에서 문해력의 뿌리가 자라기 시작하는 시점
- 두 번째 계기: 학교에서 학습을 위한 읽기(reading to learn)가 시작되는 시점
- 세 번째 계기: 사춘기에 접어들어 양식(modes)과 내용(contents) 면에서 문해력이 획기적으로 확장되는 시점
- 네 번째 계기: 직업과 관련된 전문적 읽기가 본격화하는 시점

이 네 가지 결정적인 계기는 각각 초기 아동기 문해력, 중기 아동기 문해력, 청소년기 문해력, 그리고 성인기 문해력에 대응한다(엄훈, 2018). 이 중 초기 아동기 문해력, 즉 초기 문해력은 만 8세 이전의 초기 아동기에 이루어지는 문해력 발달 양상을 가리킨다. 한국 공교육 시스템의 측면에서 보면 유치원과 초등학교 저학년 시기의 문해력에 해당한다. 유치원 교육과정(누리과정)에서는 "읽기와 쓰기에 관심 가지기"를 내용범주의 하나로 제시하면서 비형식적 교육에 초점을 두고 있으며, 초등학교 1학년부터는 읽기와 쓰기에 대한 형식적인 지도를 교육과정에 규정하고 있다. 따라서 문해력에 관한 의도적인 교육적 상호작용을 전제로 초기 문해력 개념을 사용

할 경우, 유치원부터 초등학교 저학년 시기까지를 초기 문해력 발달 시기로 설정할 수 있다.

초기 문해력은 발생적 문해력과 시기적으로 거의 일치하지만, 두 개념을 선후의 발달 단계로 사용하는 사례도 찾을 수 있다. 푼타스와 피넬(Fountas & Pinnell, 2006)은 수준 평정 도서를 개발하기 위해 준거를 설정하는 과정에서 유치원 시기까지의 독자를 발생적 독자로, 초등 1학년 시기의 독자를 초기 독자로, 초등 2~3학년 시기의 독자를 전환적 독자로 구분하였다. 학교 교육이 시작되기 전 초기 문해력이 형성되는 시기를 발생적 문해력 시기로, 학교 교육이 시작된 후 초기 문해력이 완성되는 시기를 초기 문해력 시기로 나눈 것이다. 수준 평정 도서를 개발할 목적에서 문해력 수준을 세밀하게 나눈 것이기는 하지만, 여기에는 초등학교 시기의 독자가 더 이른 시기의 독자보다 높은 수준의 문해력을 갖추어야 한다는 전제가 깔려 있다.

한편 기능적인 측면에서 초기 문해력을 고찰해 보면, 초기 문해력은 '음운 인식의 발달, 인쇄물에 대한 인식(print awareness)[8]의 발달, 구어와 문어의 체계적인 연결'이라는 기능적인 발달 특성과 관련된다. 초기 문해력 시기에 아이들은 음운 인식의 발달과 관련해 어절, 낱말, 음절, 음절체, 말미자음, 첫소리, 가운뎃소리, 끝소리에 이르는 말소리의 단위들을 인식하고 이를 단어, 글자 및 낱글자에 체계적으로 연결할 수 있게 된다. 또 인쇄물에 대한 인식의 발달 면에서 책을 비롯한 다양한 인쇄물과 관련된 개념과 관습, 낱말 및 낱글자의 시각적 특성을 익히고 다룰 줄 알게 된다. 구어와 문어의 체계적인 연결과 관련해서는 자신의 구어와 글로 쓰인 문어를 체계적

8 인쇄물에 대한 인식이란 인쇄물의 본질과 용법에 대한 이해를 가리키며 페이지의 위아래를 찾는 방법, 페이지를 넘기는 방법, 제목과 앞뒤 표지를 식별하는 방법 등에 대한 인식이 포함된다. 이에 대한 상세한 설명은 4장 83~84쪽을 참고하기 바란다.

으로 연결해 가며 적절한 수준의 텍스트에서 능동적으로 의미를 구성할 수 있게 된다. 이러한 기능은 초기 아동기 전체를 통해 발달하며 일반적으로 초등 저학년 시기에 마무리된다.

그러므로 초등학교 저학년은 초기 문해력 교육이 시작되는 시기가 아니다. 오히려 초기 아동기 전체에 걸쳐 발달해 온 초기 문해력이 완성되는 시기라고 보는 것이 타당하다. 즉, 우리나라 교육과정에서 초등 1학년은 사실상 초기 아동기 동안 점진적으로 발달해 온 초기 문해력의 마무리이자 종착지이며, 결정적 시기이기도 하다. 교육과정에서 설정한 목표에 비추어 보아도 초등 저학년, 특히 초등 1학년은 초기 문해력에서 요구하는 기능들을 체계적이고 집중적으로 교육받는 시기이다. 또한 유치원 시기의 초기 문해력 교육이 읽기와 쓰기에 관심을 가지는 수준의 비형식적 지도에 국한되어 있는 점을 고려하면, 초기 문해력 발달의 결정적 시기는 초등학교 1학년임을 알 수 있다. 그리고 이러한 초기 문해력의 마무리이자 종착지가 얼마나 성공적인가에 따라 아동의 이후 학교생활, 나아가 일생이 좌우될 수도 있다.

그런데 한국에서는 초등 저학년 시기의 문해력을 기초 문식성(beginning literacy/fundamental literacy/basic literacy)[9]이라는 용어로 지칭하는 사례가 흔히 발견된다. 이러한 관점은 초등 저학년 시기의 문해력이 다음 단계의 문해력을 형성하는 기초이자 출발점임을 강조하는 것으로 보인다. 그러나 이 관점은 초등 저학년 시기의 문해력이 초기 아동기의 전 과정을 거쳐 발달하는 발생적 문해력 혹은 초기 문해력의 연장선상에 있으며 그 마무리 단계에 해당함을 간과하고 있다. 또 기초적인 수준의 읽기와 쓰기 능력

9 'beginning literacy'는 이경화(2006), 이경화(2007), 이경화·전제응(2007)에서, 'fundamental literacy'는 심영택(2010)에서 찾아볼 수 있다. 최근 국어과 교육과정과 학술 연구에서는 'basic literacy'가 가장 일반적으로 사용되고 있다.

을 의미하는 기초 문식성은 아동의 발달 양상을 배제한 개념이다. 기초 문식성은 인간의 발달 단계들에서 요구되는 자연스러운 과업과는 상관없이 문식성 발달의 첫 단계에서 이루어지는 기초 기능만을 초점화하기 때문에, 초기 아동기가 아니어도 이 용어를 사용할 수 있는 것이다.[10] 아울러 기초 문해의 출발선에서 이루어지는 한글 해득을 초기 문해로 지칭하는 경우도 있는데(한국독서학회, 2021), 이는 문해력 발달의 초기 단계에서 이루어지는 아동의 발달을 포괄적으로 반영하지 못한 개념으로 여기서 말하는 초기 문해력과는 전혀 다르다.

문해력의 격차와 초기 문해력 교육의 과제

초기 문해력 교육에서 주목할 지점 중 하나는 문해력의 격차가 초기 아동기부터 확연하게 드러난다는 사실이다. 이 격차는 단순히 타고난 능력의 차이를 의미하는 것이 아니다. 학령기 이전의 문해력 발달에는 가정의 문해 환경이 결정적으로 작용하며, 이러한 문해 환경은 가정의 사회경제적 배경 및 양육자의 교육 수준에 영향을 받는다. 이로 인해 만 5세 무렵 아이들은 발달 목표에 도달하는 정도 면에서 어마어마한 격차를 보인다(Entwisle & Alexander, 1993).

그리고 이 초기 격차는 아이의 학교생활 전체에 걸쳐 학습의 성공과 실

10 노년기에 기초 문식성을 습득한 사례로 최근 매스컴의 관심을 받은 '칠곡 할매들' 이야기를 들 수 있다. 한글 교육이 금지되던 일제강점기에 태어나 아동기에 한글을 배우지 못했고 이후로도 배움의 기회를 얻을 수 없었던 할머니들은 노년에 이르러 성인문해교실에서 기초적인 읽기와 쓰기를 배워 시집까지 펴내게 되었다. 할머니들의 이러한 읽기와 쓰기 학습을 설명할 때 기초 문식성이라는 용어는 쓸 수 있지만, 초기 문해력이라는 용어를 사용할 수는 없다. 초기 문해력은 초기 아동기에 요구되는 발달 과업이라는 측면에서 문해력을 정의하기 때문이다.

패에 영향을 미친다. 미국 초기문해력위원회(NELP, 2008)[11]에 따르면 미국의 4학년 학생들 중 3분의 1 이상이 학교 과제를 성공적으로 수행하기 힘든 수준에서 읽기를 하고 있으며, 특히 라틴계 학생들의 약 56%와 아프리카계 학생들의 약 60%가 이 수준에 머무르고 있다(Lee et al., 2007). 아이들의 가족 배경 및 사회문화적 자원과 문해력이 깊은 상관관계를 보이는 것이다. 한편 몇몇 연구들은 취학 전의 인지적·언어적 발달과 학습 패턴이 초등 저학년 시기의 성취와 밀접하게 관련됨을 밝혔다(Scarborough, 1998). 이는 초기 아동기의 학습 성취가 초등학교 시기에 걸쳐 유지되며 학교에서의 초기 수행에 중요한 기초가 됨을 의미한다(NELP, 2008: xiv).

태어난 순간부터 각자의 문해 환경에서 다양하게 발달해 가는 초기 문해력의 특성상, 아이들은 학교에 들어갈 무렵 이미 문해력에서 심각한 격차를 보인다. 그리고 초기 문해력 발달의 마무리 단계에 접어드는 초등 1학년 시기에 격차를 상당히 줄이지 못하면, 이어지는 문해력 발달 단계 전체에 심각한 영향을 받게 된다. 이렇듯 입학할 무렵의 아이들은 초기 문해력의 발달 양상이 누적된 상태이고 이미 그 격차가 크기 때문에, 읽기 부진 문제는 초등 고학년이 아닌 저학년 시기에 적절한 중재 프로그램을 적용함으로써 효과적으로 해결할 수 있다.

초기 문해력의 격차를 줄여야 하는 교육적 과제를 해결하기 위해서는

11 미국 초기문해력위원회(National Early Literacy Panel: NELP)는 2002년 미국 국립문해력기관(National Institute for Literacy: NIFL)이 주도하고 다수의 정부 기관이 지원하여 만든 국가 차원의 위원회이다. NELP의 목적은 초기 문해력 발달을 촉진하는 중재와 양육, 교육 실천이 무엇인지를 밝히는 것이었다. NELP는 수년간의 연구 끝에 2008년 「초기 문해력 개발(Developing Early Literacy)」이라는 제목의 보고서를 제출하였다. 이 보고서에서는 음운 인식과 문자 인식 등의 발달 양상을 근거로 초기 문해력 발달에 효과적인 교수법과 접근 방법을 제안하였는데, 이는 지금도 초기 문해력 교육에 중요한 방법이자 근거로 활용되고 있다.

'한글 교육에서 초기 문해력 교육으로'라는 관점의 전환과, 교실 수업에 적응하지 못하고 뒤처질 수밖에 없는 아이들을 위한 개별화 교육의 도입이라는 접근 방법의 전환이 필요하다. 한글 교육에서 초기 문해력 교육으로의 전환은 다음 장에서 다룰 것이므로, 개별화 교육의 도입이 필요한 이유를 언급하면서 이 장을 마무리하고자 한다.

잘 알려진 것처럼 2015 개정 국어과 교육과정의 적용과 함께 한글 교육 시수가 큰 폭으로 확대되었지만, 초기 문해력 부진을 겪는 아이들과 그렇지 않은 아이들 사이의 격차는 60시간 안팎의 교실 수업만으로 좁히기 힘들다. 그렇다고 해서 소수의 아이들을 위해 초기 문해력 교육 시수를 한없이 늘릴 수도 없는 일이다. 게다가 자음자, 모음자, 음절 글자를 차례대로 학습하는 현행 교과서의 문자 지도 방식은 아는 단어나 낱글자가 거의 없는 아이들에게 적합하지 않다. 결국 이러한 문제에 가장 효율적이고도 적극적으로 대처하는 정책은 효과적인 교실 수업과 더불어 초기 문해력 부진을 겪는 최하위 수준의 아이들에게 개별화 교육 프로그램을 제공하는 투트랙 전략을 수립하는 것이다. 이 책에서 소개하는 읽기 따라잡기 프로그램은 문해력의 문제가 심화되기 전에 개별적인 교육적 지원을 제공하여 뒤처진 아이들을 평균 수준으로 끌어올리는 접근법을 취한다.

3장

문해력 격차 해소를 위한 패러다임 전환

1 한글 교육에 관한 오해와 진실

초등학교 입학 전후로 이루어지는 문해력 교육은 흔히 우리 문자의 이름을 따서 '한글 교육'이라 불린다. 그리고 한글 교육에는 세 가지 오해가 따라다닌다. 자모 학습에서 시작하는 전통적인 한글 교육이 세종대왕의 유산이라는 오해, 읽기와 쓰기는 문자를 알고 난 후에 가능하다는 오해, 읽기 부진 아동(특히 난독증 아동)에게는 발음 중심 접근법이 해법이라는 오해이다. 이 세 가지 오해에 대해 좀 더 깊이 생각해 보자.

첫 번째 오해: 한글 교육 방법이 세종대왕으로부터 비롯되었다는 생각

아니다. 한글은 세종대왕의 유산이지만, 지금의 한글 교육은 조선 중종

때의 어문학자인 최세진의 유산이다. 현재 우리에게 전해 오는 한글 교육의 전통은 최세진이 1527년에 지은 『훈몽자회(訓蒙字會)』에서 비롯되었다. 오늘날 우리가 사용하는 한글 자모의 이름과 순서, 그에 따른 한글 자모표 또한 『훈몽자회』에 연원을 두고 있다. 그럼 최세진의 『훈몽자회』는 어떤 목적으로 만들어진 책이었을까? 사실 『훈몽자회』는 아이들에게 한글이 아닌 한자를 가르치기 위한 교재였다. 애초에 한글 교육을 염두에 두고 만들어진 책이 아니라는 말이다. 아이들에게 한자를 가르치려다 보니 한자의 음과 훈을 표기해야 하는데, 그 수단으로 차용한 것이 바로 언문(諺文)이었다.

『훈몽자회』의 첫머리에 실린 '범례'에서는 "사람들이 반절 27자라 일컫는 언문 자모[諺文字母俗所謂半切二十七字]"를 소개한다. 이 언문 자모로부터 우리가 지금 사용하는 한글 자모의 이름과 순서가 기원하였다. 그리고 한글을 자음과 모음으로 나눈 다음, 자음을 초성으로 모음을 중성으로 놓아서 가로세로로 배열하고, 이 글자들이 결합되어 구성되는 음절들을 패턴화하여 보여 주는 반절표의 전형도 여기에서 유래하였다. '가갸거겨고교구

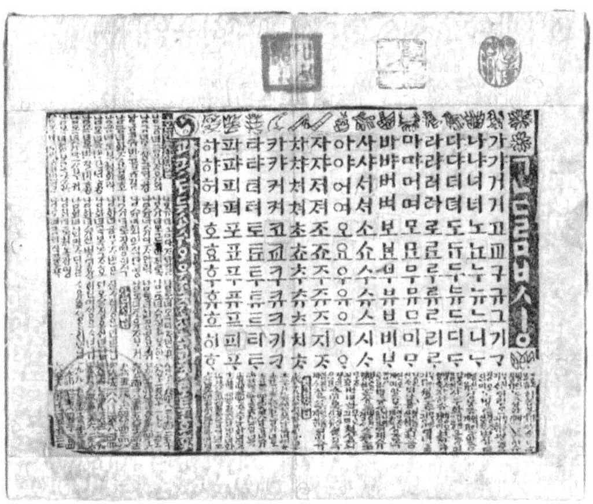

[그림 4] 언문 반절표(諺文反切表) ⓒ국립한글박물관

규그기ㄱ'가 그것이다. 그러므로 자모를 결합해 음절표를 만들어 사용하는 한글 교육의 전통은 언문을 활용해 한자음을 표기하려 했던 최세진의 유산을 이어받은 것이라 할 수 있다.

하지만 이것이 '어리석은 백성이 이르고자 하는 바가 있어도 마침내 제 뜻을 실어 펴지 못하는 사람이 많아서 새로 스물여덟 자를 만드니 사람마다 쉽게 익혀 날로 씀에 편안하게 하고자 할 따름'이라고 했던 세종대왕의 뜻에 얼마나 부합하는 일이었을까? 아이들의 한자 학습을 돕고자 했던 최세진의 의도는 언문을 활용한 한자음의 해독으로 충분히 달성될 수 있었다. 그러나 백성들이 문자를 쉽게 익혀 자신의 뜻을 자유롭게 실어 펴기를 원했던 세종대왕의 의도는 글자의 음을 해독하는 것만으로 실현되기 힘들다.

두 번째 오해: 문자를 알고 난 후에 읽기와 쓰기가 가능하다는 생각

아니다. 앞에서 살펴본 바와 같이 문자를 익히기 전에도 읽기와 쓰기는 가능하다. 이를 밝혀낸 것이 지난 세기 읽기 발달 연구에서 이룬 가장 큰 성과이다. 아이들은 글자를 모두 익히기 전에도 낱말을 읽고 쓴다. 낱말 읽기 발달 과정에서 나타나는 자모 이전 단계와 부분적 자모 단계, 그리고 쓰기 발달 단계에서 나타나는 창안적 글자 쓰기 단계를 생각해 보라. 문해력 발달 과정에서 아이들은 모방과 관찰에 의한 학습에 머무르지 않고 타고난 문제 해결자의 모습을 보여 준다. 적절한 문해 환경과 비계(scaffolding)가 제공되면 아이들은 문해력 발달의 첫 단계에서부터 읽기와 쓰기를 활용한 실제적인 의사소통을 시도한다.

세 번째 오해: 읽기 부진 아동에게는 발음 중심 접근법이 해법이라는 생각

아니다. 일반적인 아동과 마찬가지로 읽기 부진 아동도 읽기를 통한 읽기 학습을 할 수 있다. 읽기를 잘하지 못하는 아이는 읽기를 잘하는 아이에 비해 말소리를 변별해 내는 능력이 떨어진다. 말의 뜻을 구별해 주는 소리의 최소 단위인 음운을 제대로 알지 못해 낱글자들이 모여서 만들어 내는 소리를 파악하지 못하면, 해독에 어려움을 겪을 수 있는 것이다. 음운론적 결손은 없지만 읽기 속도와 처리 속도가 느린 경우에도 읽기에서 부진을 경험할 수 있다. 글자를 더듬더듬 읽어서는 글자는 정확하게 읽더라도 인지적 처리가 늦어 글을 유창하게 읽지 못하고 이로 인해 독해에 어려움을 겪게 된다(김미경 외, 2003). 그러나 글자와 소리의 관계를 먼저 익히고 난 뒤 실제적인 읽기로 넘어가는 접근법만으로는 읽기 부진을 겪는 아이들의 문제를 해결할 수 없다.

우리는 무언가를 학습할 때 잘하지 못하거나 모르는 것에 집중하는 것이 효과적이라고 생각하는 경향이 있다. 하지만 최근 뇌과학자들이 밝혀낸 사실은 모르는 것에 집중할 때보다 아는 것에 집중할 때 인간의 뇌가 더 잘 학습한다는 것이다. 읽기 기능의 한 요소인 해독도 그러하다. 해독 훈련도 실제적인 읽기 및 쓰기의 맥락에서 자연스럽게 이루어질 때 효율이 높아진다. 우리는 이를 '살아 있는 물고기 사냥'에 비유해 볼 수 있다. 아이들이 계곡에서 물놀이를 하다가 살아 있는 물고기를 보면 잡고 싶어 할 것이다. 하지만 죽은 물고기를 본다면? 아마 쳐다보지도 않을 것이다. 읽기 부진 문제를 가지고 있는 아이들에게 발음 중심의 해독 훈련은 반드시 필요하다. 하지만 발음 중심의 해독 훈련에만 집중하면 아이들은 읽기를 싫어하게 된다. 유창하게 글을 읽지 못하는 아이들도 '살아 있는 물고기'를 사냥할 능력과 권리가 있다. 읽기를 통한 읽기 학습, 쓰기를 통한 쓰기 학습 속에서 이루어지는 살아 있는 물고기 사냥, 그것이 효과적인 해독 훈련이다.

2 한글 교육에서 초기 문해력 교육으로

학교로 돌아온 한글 교육의 현실

2015 개정 교육과정이 초등학교에 본격적으로 적용되면서 한글 교육이 돌아왔다. 7차 교육과정이 적용되던 2000년에 갑자기 학교를 떠났던 한글 교육이 한 세대 가까운 세월이 흐른 후 다시 학교로 돌아온 것이다.

7차 교육과정 시기, 초등학교 1학년 국어 교과서의 수준이 갑자기 높아졌다. 이전에는 초등학교에 입학한 아이들이 1년 정도 천천히 초기 읽기 교육을 받았다. 그러나 7차 교육과정의 도입과 함께 1학년 아이들은 국어 교과서의 첫째 마당에서 번갯불에 콩 구워 먹듯 한글 자모의 원리를 학습하고, 둘째 마당부터 곧바로 줄글 읽기로 들어가는 상황에 처하게 되었다. 이러한 변화는 당시 초등학교 입학 무렵의 아이들이 초기 읽기 능력에서 전반적인 향상을 보인 것을 교육과정에 반영한 결과였다. 글을 줄줄 읽고 쓰는 아이들을 앉혀 놓고 한글 자모의 기초부터 가르치는 수업을 길게 이어가는 것은 재미도 없고 의미도 없다고 판단했을지도 모른다. 하지만 이러한 교육과정의 변화는 가정의 문해 환경이 열악한 아이들에게는 치명적이었다. 서울의 변두리 학교나 농산촌 지역의 학교들이 특히 문제였다. 까막눈 아이들을 데리고 어떻게 이런 교과서로 가르치라는 거냐며 1학년 교사들로부터 항의가 빗발쳤다.

학교가 더 이상 한글 교육을 책임지지 않는 현실에서 교사와 학부모는 각자도생하는 길밖에 없었다. 교사들은 교육과정과 아이들 사이에서 딜레마에 빠졌다. 교육과정을 따르자니 학생의 눈높이를 맞출 수 없고, 학생의 눈높이에 맞추자니 교육과정을 무시해야 했다. 하지만 교사들은 이러한 딜

레마 상황에서 갈등하다가 끝내 교육과정을 따를 수밖에 없었다. 그것이 교사의 법적인 의무이기 때문이다. 한편 학부모는 아이가 학교에 입학하자마자 학습 부진아가 되는 상황을 모면하기 위해 너도나도 사교육 시장에 의존하기 시작했다. 당연히 이 시기에 영유아 대상 한글 사교육 시장이 급격히 팽창했다.

이러한 적응의 결과, 한글을 해득한 상태에서 초등학교에 입학하는 아이들이 약 80%에 이르게 되었다. 그런데 정작 심각한 교육적 문제는 여기서 시작되었다. 교사들은 대다수의 아이들이 한글 해득을 하고 학교에 오자 더는 한글 교육을 자신의 책무로 여기지 않게 되었다. 그러면 한글 해득이 안 되는 20%가량의 아이들은 어떻게 되는 것일까? 안타깝게도 학교가 한글 교육을 외면한다면 이는 학부모의 책임으로 넘겨질 수밖에 없다. 하지만 이러한 아이들은 대부분 문해 환경이 열악하고 한글 사교육의 도움을 받을 수 없는 취약한 가정의 아이들이다. 이 아이들은 가정도 학교도 책임지지 않는 상황에서 그저 방치된다. 결국 입학할 무렵 이미 심각하게 벌어져 있던 읽기 능력의 격차는 시간이 갈수록 심화될 가능성이 크다. 공교육이 마땅히 책임져야 할 초기 문해력 교육을 학교가 제대로 수행하지 않음으로써 발생하는 이러한 현상을 '초기 문해력 교육의 빈자리 현상'이라 칭할 수 있다. 초기 문해력 교육의 빈자리 현상은 공교육에 대한 불신과 함께 확대 재생산된다.

따라서 2015 개정 교육과정에서 한글 교육이 대폭 강화된 것은 매우 바람직한 방향 전환이라 할 수 있다. 2015 개정 국어과 교육과정은 2009 개정 국어과 교육과정에 비해 한글 교육을 획기적으로 강화했다. 27시간이었던 한글 교육 시수를 무려 62시간으로 확대한 것이다. 그에 따라 2017년부터 강화된 한글 교육을 시작했으며, 2019년에는 1~2학년 한글 교육 최소

시수를 68시간으로 늘리고 1학년 1학기에 최소 51시간을 할애하도록 제도화하였다. 또 교육부나 교육청이 나서서 초기 진단 및 지도 프로그램을 제공하는 등 한글 교육을 지원하고 있다(염은열·김미혜, 2021: 198). 이러한 변화는 최근 몇 년간 학교의 읽기 교육을 두고 교육계의 성찰과 언론의 문제 제기, 그리고 국회 등 정치권에 대한 압박이 있었기에 가능했다.

그러나 '입문기 문자 지도'의 모습으로 갑자기 돌아온 한글 교육 앞에서 교사들은 당황스럽다. 일단 두 배 이상 늘어난 수업 시수에 적응하는 일부터 쉽지 않지만, 이는 시작에 불과하다. 교사들은 글을 유창하게 읽는 아이들과 겨우 자기 이름 석 자나 그릴 줄 아는 아이들이 함께 참여하는 수업을 해야 한다. 교과서가 교사들에게 제시하는 방법은 한글 자모표에 기초한 기계적이고 논리적인 접근 방법에 가깝다. 이 방법은 한글 해득이 되는 아이들에게는 따분하고, 한글 해득이 안 되는 아이들에게는 먹히지 않는 방법이다. 결국 늘어난 시수에도 불구하고 까막눈 아이들에게는 의미 있는 변화가 잘 나타나지 않는다. 게다가 교사들은 자신의 경험과 지식으로는 설명되지 않는 문제를 마주하며 인지 부조화를 경험한다. 학창 시절 상위 5% 내외의 우수한 학생이었던 교사들에게 한글 해득에서부터 어려움을 겪는 아이들은 힘겨운 과제가 되기 쉽다. 어제 분명히 익힌 것 같았던 한글 자모를 오늘은 기억하지 못하는 아이를 두고, 교사는 이 아이가 지적 장애는 아닌지 혹은 학습 장애나 난독증은 아닌지 의심하기 시작한다.

하지만 냉정하게 들여다보면 교사들이 봉착한 것은 아이들의 문제가 아니라 자신의 문제이다. 읽기 학습에 어려움을 겪는 아이들에게 적절한 도움을 줄 수 없는 전문성의 위기, 즉 초기 문해력 교육에 관한 교사 전문성의 위기에 봉착한 것이다.

한글 교육의 문제와 방향 전환의 필요성

그렇다면 어찌해야 할까? 되돌아온 한글 교육의 문제부터 찬찬히 따져 보아야 한다. 우선 한글 교육이라는 용어부터 살펴보자. 한글 교육은 '한글'을 가르친다는 말이다. 그럼 한글은 무엇인가?

- 1443년 음력 12월 세종대왕이 창제한 문자인 훈민정음, 그것을 가리키는 현대 말
- 언문, 반절 등 훈민정음을 속되게 부르던 말을 대신하여 주시경이 처음 사용했다는 현대의 용어
- 우리의 말소리에 대한 당대 최고의 언어학적 통찰을 기반으로 과학적으로 만들어진 표음문자
- "슬기로운 사람은 하루아침을 마치기도 전에, 슬기롭지 못한 이라도 열흘 안에 배울 수 있는 문자"(『훈민정음 해례본』 서문)

한글에 대한 이 설명들에서 한국인이 공유하는 문화적 오라(aura)를 걷어 내면, 객관적으로 남는 것은 '한국어의 고유한 표기 체계'라는 정의이다. 그렇다면 한글 교육은 한국어의 표기 체계, 즉 문자에 대한 교육을 가리키는 말이 된다. 읽기란 문자를 다루는 능력을 전제로 하므로 문자 지도는 읽기 교육의 중요한 요소이다. 특히 이제 막 문자 언어의 세계에 들어온 아이들에게 단어의 해독은 반드시 넘어야 할 장벽이다. 이러한 맥락에서 '초기 읽기 교육 = 입문기 문자 지도'라는 등식이 성립했으며, 바로 이 등식이 한글 교육에 관한 대표적인 프레임이다.

이 전통적인 한글 교육 프레임은 4차 교육과정 이래 국어과에서 통용

되어 왔으며, 현행 교육과정에도 반영되어 있다. 2015 개정 국어과 교육과정의 교사용 지도서 부록을 보면 "기초 문식성은 한글 해득을 중심으로 한글을 사용한 이해와 표현 능력을 포함"하며 "특히 입문기 학생은 기초 문식성을 갖추어야 주도적 학습이 가능해지고 학습의 효율성이 높아지게 된다."라고 적혀 있다. 여기서 입문기라는 용어는 기초 문식성(basic literacy)이 초등학교에 막 입학한 아이들에게 요구되는 기초 기능임을 함축한다. 그리고 한글 해득은 한국어의 표기 체계인 한글의 구성 요소들을 이해하고 이를 다룰 줄 아는 것을 의미한다. 즉, 기초 문식성이라는 새로운 용어를 사용하고 있지만 결국 기초 문식성 교육이 뜻하는 바는 한글 해득을 핵심으로 한 입문기 문자 지도임을 확인할 수 있다.

한글 교육이 표방하는 입문기 문자 지도는 최근의 읽기 교육 발전에 한참 뒤처져 있다. 입문기 문자 지도는 언어 사용의 맥락에서 벗어난 기능 지도이며, 표기 체계 학습에 치우친 파닉스(phonics) 접근법의 아류이다. 그것은 진정한 읽기 교육이 아니다. 입문기 문자 지도의 프레임을 탈출하고 싶다면 우리가 사용하는 용어부터 '한글 교육'에서 '초기 문해력 교육'으로 바꾸어야 한다. 이는 문자 교육에 치중하는 기초 문식성 교육에서 벗어나, 아이의 눈높이에 맞는 성공적이고 실제적인 문해력 경험을 통해 문해력 발달의 첫 단계인 초기 문해력을 효과적으로 구축하는 교육으로 나아가기 위한 방향 전환이다.

초기 문해력 교육으로의 패러다임 전환

한국 공교육이 전통적인 한글 교육의 프레임에서 벗어나지 못하고 있는 사이에 서구 각국, 특히 영어권의 문해력 발달 연구와 문해력 교육은 관점과 방법 면에서 획기적인 변화를 거쳤다. 문해력 발달 연구에서 중요한 관점의 전환을 이끈 것은 발생적 문해력 개념의 등장이다. 그 전까지 읽기 발달 연구를 지배했던 프레임은 성숙주의 관점에 기반한 읽기 준비도 개념이었으나, 발생적 문해력 개념이 등장한 이후 문해력 발달과 문해력 교육을 바라보는 관점이 변화하게 되었다. 적절한 문해 환경 속에서 아이들은 매우 이른 시기부터 눈에 잘 띄지 않는 문해력의 싹과 뿌리를 키운다는 사실을 인식하게 된 것이다.

그렇다면 읽기 교육 또한 발생적 문해력의 발달을 촉진하는 방향으로 전환될 필요가 있다. 이와 관련하여 문해력 발달의 첫 단계를 가리키는 대안적 개념으로 사용되는 것이 초기 문해력 개념이다. 앞서도 설명했듯이 초기 문해력은 초기 아동기인, 출생 직후부터 만 8세 무렵까지 발달하는 문해력을 가리킨다. 이를 우리 교육 시스템에 적용하면 초기 문해력이 발달하는 시기는 출생 직후부터 초등학교 저학년까지가 된다. 학교에 들어갈 무렵의 아이들은 이미 초기 문해력 발달 과정을 거쳐 왔으며, 초등 저학년이면 그것이 완성될 시점에 이른 것이다.

이러한 관점에서 보면 현행 교육과정에서 채용하고 있는 기초 문식성이라는 개념은 그동안의 문해력 발달 연구의 획기적인 전환들을 제대로 반영하지 못한 구태의연한 개념이라고 평가할 수 있다. 기초 문식성 교육은 초등 저학년이 본격적인 문해력 발달의 시작점이며, 이제 막 문자 언어의 세계에 들어온 아이들에게 '입문기 문자 지도'라는 이름으로 기초 기능들을 교육한다는 관념을 내포하고 있다. 이러한 관념은 지난 세기에 이미 용도 폐기된 성숙주의 관점과 읽기 준비도 개념에 그 맥이 닿아 있다.

한국 공교육이 놓친 문해력 교육의 또 다른 변화는 교육 방법의 전환이다. 현재 서구 각국의 읽기 교육은 대부분 연구 기반의 균형적 문해력 접근법(research based balanced literacy approach)을 표방하고 있다. 읽기 교육의 역사에는 소위 읽기 전쟁(reading war)이라고까지 불리는 유명한 논쟁이 있는데, 파닉스 접근법과 총체적 언어 접근법 간의 오래된 논쟁이 그것이다. 파닉스 접근법(phonics approach)은 말소리와 철자의 대응 패턴을 아이들에게 직접 가르치는 방법이고, 총체적 언어 접근법(whole language approach)은 아이들에게 총체적인 언어 사용 경험을 부여함으로써 읽기와 쓰기 능력을 발달시키는 방법이다.[1] 이 전쟁에서 판정승을 거둔 것은 파닉스 접근법이었으나, 최근 들어 연구 기반의 균형적 문해력 접근법이 파닉스 접근법을 대체하고 있다. 연구 기반의 균형적 문해력 접근법은 실제적인 읽기(authentic reading)의 맥락에 파닉스를 결합한 문해력 교육 방법이다. 미국의 읽기 전쟁을 종합해 정리한 것으로 인정받는 매릴린 애덤스(Marilyn Adams)는 『읽기를 시작하기(Beginning To Read)』에서 다음과 같이 주장하였다.

> 능숙한 읽기는 단일한 기능이 아니다. 그것은 기능과 지식의 총체적이고 종합적인 시스템이다. 이 시스템 안에서 시각적으로 인식되는 개별적인 단어들과 관련된 지식과 활동들은 그 자체로는 아무런 쓸모가 없다. 그것들

1 총체적 언어 접근법은 아이에게 유의미한 상황에서 듣기, 말하기, 읽기, 쓰기를 분절하지 않고 언어를 총체적으로 가르치고자 하는 방법이다. 음운이나 낱자와 같은 작은 단위부터 언어 학습을 시작하는 것을 지양하며, 의미를 지니고 있는 실제적인 담화나 텍스트에 대한 경험에서부터 학습을 시작할 때 아이가 내적 동기를 가지고 스스로 작은 단위까지 배워 나갈 수 있다고 전제한다. 그런 점에서 총체적 언어 접근법은 하향식 접근(top-down approach)에 해당한다. 총체적 언어 접근법은 아이들이 읽기에 대해 흥미를 가지고 통합적으로 언어를 배우도록 한다는 장점이 있지만, 읽기에 필수적인 음운 인식, 자소-음소 대응 등의 기능을 가르치는 데 한계가 있다는 평가를 받는다. 하향식 접근에 대한 자세한 설명은 6장 129쪽을 참고하기 바란다.

> 은 언어 이해의 지식과 활동에 의해 이끌어지고 수반될 때에만 가치가 있으며, 어떤 의미에서는 그럴 때에만 실현 가능하다. 반면 개별적인 단어 재인과 관련된 처리 과정이 적절하게 작동하지 않는다면, 그 시스템의 다른 어떤 것도 작동하지 않는다는 것 또한 사실이다.
>
> (Adams, 1990: 3)

애덤스는 실제적인 언어 사용의 맥락에서 벗어난 파닉스 접근법의 위험성을 지적하면서, 읽기를 '총체적이고 종합적인 시스템'으로 이해해야 함을 역설하고 있다.

실제적인 읽기를 강조한 사람은 애덤스뿐만이 아니다. 영어권의 초기 문해력 교육에 지대한 영향을 미친 클레이는 읽기에 대해 "메시지를 획득하는 문제 해결 활동이며, 실행하면 할수록 그 능력과 유연성이 증대되는 활동"이라고 정의하였다(Clay, 1991: 6). 이러한 읽기의 본질을 고려할 때 읽기 교육에서 읽기를 구성하는 특정한 하위 기능, 예컨대 해독 훈련이나 단어 재인 훈련에 집중하는 것은 난센스이다. 그것은 읽기가 아니기 때문이다. 자율적 읽기야말로 최고의 언어 학습 방법이라고 강조하는 스티븐 크라센(Stephen Krashen) 역시 기능 중심의 읽기 교육에 대해 "우리는 먼저 언어 기술(skill)을 학습하고 나서 이 기술을 읽기나 쓰기에 적용한다고 생각한다. 그러나 두뇌의 활동은 그렇지 않다. 오히려 의미를 위한 읽기, 우리와 관련 있는 것에 관한 읽기가 문자 언어 발달"을 촉발한다고 논평한 바 있다(Krashen, 2004/2013: 169).

결론적으로 읽기 교육은 그동안 연구자들이 밝혀낸 읽기의 본질에 충실하게 이루어져야 한다. 이것은 "읽음으로써 읽는 법을 배운다."(Krashen, 2004/2013: 165)라는 말로 표현된다. 아이를 자기 주도적인 문제 해결자로서의 독자로 길러 내려면 읽기 교육의 시초부터 '읽기를 통한 읽기 교육'을 해야 한다. 읽기를 통한 읽기 교육 과정에서 말소리와 철자의 대응 관계를 탐색하고 익히는 것, 이것이 최근 강조되는 연구 기반의 균형적 문해력 접근법의 핵심이다. 한국의 초기 문해력 교육에서는 실제적인 읽기의 맥락에 한글 교육을 하나의 하위 기능으로 결합하는 것이 이 접근법을 실현하는 길이 될 것이다.

아동기 학습자를 대상으로 하는 초기 문해력 교육은 문해력 발달의 첫 단계에서부터 실제적인 읽기와 실제적인 쓰기를 기반으로 한 교육을 지향한다. 아이들은 실제적인 목적이 있는 유의미한 의사소통 상황에서 읽기와 쓰기를 시도하기 때문이다. 또한 아이들은 눈높이에 맞는 교육 방법을 통해 최적의 학습 경험이 보장될 때 빠른 발달을 보인다. 그 교육 방법을 찾고 실천하는 주체는 연구자가 아니라, 현장에서 아이들을 직접 가르치는 교사일 수밖에 없다. 학계의 연구자들은 자신의 관심 분야에서 전문적인 첨단 지식을 산출하지만, 교육 방법 면에서 구체적인 지침을 제공하지는 못한다. 개별 아동의 읽기 발달 특성과 읽기 학습의 어려움을 파악하고 아이의 눈높이에 맞추어 최적의 학습 경험과 교육 방법을 종합적으로 디자인하는 것은 현장 교사의 몫이다. 교사 스스로가 연구자로서 역량을 갖추고 학계에서 밝혀진 읽기 관련 최신 연구 결과들을 종합적으로 검토해 실행에 반영할 수 있다면, 아이의 초기 문해력과 교사의 현장 전문성이 함께 성장할 수 있을 것이다.

2부

초기 문해력 교육의 해법, 읽기 따라잡기

2부는 성인인 우리의 기억 저편으로 사라져 버린 초기 읽기 발달의 과정, 그 과정에서 익혀야 하는 기초 기능에 대해 알아보는 것으로 출발한다. 읽기에 필요한 여러 기초 기능들을 익히는 데 걸리는 시간은 아이마다 다르고, 그로 인해 교실 안 읽기 발달의 격차가 생겨날 수밖에 없음을 확인한다. 이어 교실 안 읽기 부진의 여러 유형과 원인에 대해 알아본 후, 읽기 부진아를 대상으로 하는 우리나라 교육 정책 및 접근 방법을 비판적으로 살펴본다. 이를 바탕으로 이제 막 공교육의 장에 씨앗으로 뿌려진, 읽기 따라잡기 프로그램의 지향과 철학 등을 개괄적으로 설명한다.

4장

초기 문해력 발달의 격차 이해하기

교사나 예비교사는 후천적으로 읽기 능력을 개발한 경험자이자 성장의 주인공이다. 그러나 자신이 어떻게 지금과 같은 수준에 이르렀는지 잘 알지는 못한다. 어느 정도 읽기 능력을 갖춘 어른들은 글을 읽을 때 낱글자나 문장 등을 해독하는 데 시간을 들이지 않는다. 읽기 기능이 숙달되어 읽는 행위가 자동화됨으로써 기호인 글자를 넘어 글의 내용이나 의미에 집중할 수 있기 때문이다. 마치 숙달된 운전자가 자신이 운전을 한다는 의식 없이 주변 풍경을 즐기면서 목적지에 도착하는 것이나, 자판 입력에 능숙한 아이들이 메시지만을 생각하며 거의 무의식적으로 빠르게 자판을 두드리는 것과 유사하다. 이런 어른들이 읽기 행위가 얼마나 심오하고 복잡한 인지 행위인지, 그리고 어떤 아이들에게는 얼마나 어렵고 심각한 도전인지 헤아리기란 쉽지 않다. 또 자신들이 어떻게 지금 수준의 읽기 발달에 이르렀는지 새삼 인식하는 것도 어려운 일이다. 의식적·무의식적으로 읽기 교육이 일어났던 모든 국면과 그 각각의 국면들에서 경험한 도전과 어려움, 성취 등을 전부 떠올리는 것이 거의 불가능하기 때문이다.

따라서 문해력 교육을 실천하기 위해서는 우리가 읽을 수 있다고 해서 읽기나 읽기 발달에 대해 아는 것은 아니라는 점을 먼저 인정해야 한다. 읽기 및 읽기 발달에 관한 자신의 이해 수준을 성찰하는 것으로부터 시작하여, 읽기의 본질과 읽기 발달에 대해 다시 배우는 한편, 각 발달 단계에서 아이들이 경험하는 교육적 도전이나 어려움에 대해서도 알 필요가 있다. 초기 문해력 교사 역시 특히 저학년 시기의 아이들에게 어떤 일이 일어나는지, 각 단계에서 어떤 읽기의 어려움이 발생할 수 있는지를 반드시 이해해야 한다.

1 읽기의 여러 수준

레프 톨스토이(Lev Tolstoi)가 쓴 『안나 카레니나(Anna Karenina)』(1877)는 오늘날까지 전 세계인으로부터 사랑받고 있는 작품이다. 이 소설은 "행복한 가정은 다 엇비슷하고, 불행한 가정은 그 이유가 제각각이다."라는 문장으로 시작한다. 세계 소설사에서 가장 유명한 첫 문장으로도 꼽히는 이 글을 예로 들어 읽기의 여러 수준에 대해 살펴보자.

미국 국립읽기위원회(National Reading Panel: NRP)[1]에서는 읽기에 필요

1 NRP는 1997년 미국 정부가 의회의 요청에 따라 만든 위원회이다. 전문가들이 모여 읽기 교육의 여러 접근 방법의 효과를 평가하였고, 그 결과를 2000년 『아이들에게 읽기를 가르치기(Teaching Children to Read)』라는 보고서로 제출하였다. 이 보고서는 연방정부가 「아동낙오방지법(No Child Left Behind Act)」의 일환으로 리딩 퍼스트(Reading First) 프로그램 등의 읽기 교육 정책을 구축하는 데 중요한 근거 내지 토대가 되었다. 이 책에서 언급하거나 인용한 NRP 관련 내용은 2000년 보고서에서 가져온 것임을 밝혀 둔다.

한 다섯 가지 요소로 '음소 인식(phonemic awareness), 글자-소리 대응(phonics), 어휘(vocabulary), 유창성(fluency), 독해(comprehension)'를 꼽았다. 『안나 카레니나』의 첫 문장을 읽으려면 우선 첫 글자인 '행'이 'ㅎ'과 '애', 'ㅇ'이라는 글자소로 구성되어 있으며, 각각의 글자소가 고유한 소릿값을 지닌 음소이고, 이 음소들이 합쳐진 '행'이라는 음절이 /행/이라고 발음된다는 사실을 알아야 한다. '행복한'의 '행'뿐만 아니라 '복'과 '한', 그리고 문장에 나오는 모든 음절이 이렇게 인식되어야 한다. 그다음으로 '행사'나 '행운'의 첫 글자인 '행'과 '복사뼈'나 '복수'의 첫 글자인 '복'으로 구성된 '행복'이라는 단어를 /행복/이라고 정확하게 소리 내어 읽을 수 있어야 한다.

지면에 적혀 있는 '행복'이라는 글자를 /행복/이라는 소리로 바꾸었다면, 이제 그 소리를 듣고 이것이 자신이 자주 듣거나 말했던 '행복'임을 알아채야 한다. 아이가 /행복/이라고 정확하게 읽을 줄 알아야 함과 동시에 아이의 머릿속 심성 어휘집(mental lexicon)에 '행복'이라는 단어가 자리하고 있어야 하는 것이다. 이처럼 시각적으로 제시된 단어를 부호화하는 과정을 통해 말소리로 바꾸고, 자신의 머릿속에 있는 여러 어휘 목록 중에서 그 말소리에 해당하는 어휘를 탐색하여 이에 맞는 의미로 연결 짓는 것을 이른바 '단어 재인'이라 한다(Schwanenflugel & Knapp, 2016/2021: 53).

여기서 끝이 아니다. '행복'을 비롯하여 전체 문장에 쓰인 모든 단어의 뜻을 알고 있다 하더라도, '행복'이라는 단어 혹은 그것이 속한 문장을 한 덩어리로 유창하게 읽지 못한다면 의미를 파악하기 어렵다. /해애애애애앵보오오옥/이라고 아주 느리게 읽는다거나, /행∨복∨한∨가∨정∨은∨다∨엇∨비∨슷∨하∨고∨불∨행∨한∨가∨정∨은∨그∨이∨유∨가∨제∨각∨각∨이∨다/라고 한 글자 한 글자씩 짚어 가며 읽을 경우 단어나 문장의 의미를 파악하기가 쉽지 않다. 너무 느리지도 너무 빠르지도 않게 소리 내서 읽을 수 있어야만 시각적으로 제시된 단어나 문장을 우리가 말하고 들었던 단어나 문장의 소리로 인식할 수 있기 때문이다. 음소 인식과 글자-소리 대응, 단어 재인 혹은 어휘력, 유창성까지 갖추었을 때 우리는 아이가 글을 읽을 줄 안다고 말한다.

그러나 음소 인식과 글자-소리 대응에 어려움이 없고, 단어의 뜻을 알고 있으며, 어느 정도 유창하게 읽을 수 있게 되었다고 해서 문장의 뜻을 이해할 수 있는 것은 아니다. 문장을 유창하게 읽었다는 것이 그 문장을 이해했다는 증거가 되지는 못한다. 어쩌면 본격적인 읽기는 이때부터 시작된다고도 할 수 있다. 어떤 사람은 『안나 카레리나』의 첫 문장을 그저 물리적으로 읽어 내는 수준에 머물 수도 있고, 또 어떤 사람은 그 문장에서 삶의 진리를 깨닫고 소설의 주제를 짐작해 낼 수도 있다. 물론 쉰 살쯤의 톨스토이가 이 문장을 쓴 이유를 온전하게 파악하기란 불가능할 것이다. 다만 독자 각자가 자신의 직간접적인 경험을 바탕으로 소설이라는 맥락 속에서 이 문장을 나름대로 해석하고 이해할 뿐이다. 그 이해의 깊이와 폭은 천차만별일 수밖에 없는데, 아이와 성인 독자 간에만 그러한 것이 아니라 성인 독자들 간에도 차이가 난다.

그 차이가 바로 읽기 수준의 차이이고, 읽기 수준의 차이는 읽기 능력 및 발달의 차이와 다름없다. 학교급이나 나이 등에 따라 평균적인 발달 수준을 가정해 볼 수는 있겠지만 잊지 말아야 할 것은 평균에 가려진, 양극단까지 분포해 있는 읽기 수준의 다양성과 간극이다. 이러한 읽기 수준의 차이는 학교급이나 학년을 떠나 교실에도 존재한다. 우리가 관심을 두고 있는 저학년 교실에서는 음소 인식과 글자-소리 대응, 어휘, 유창성, 그리고 독해의 전 단계에 걸쳐 다양한 차이가 나는 아이들이 함께 생활하고 있다.

교사라면 누구나 학생들이 교육을 통해 깊이 있는 이해, 즉 '독해'에 이르기를 희망한다. 언젠가 우리 아이들이 "행복한 가정은 다 엇비슷하고, 불행한 가정은 그 이유가 제각각이다."로 시작되는 위대한 소설을 읽으면서 행복이란 무엇인지, 가정의 행복과 불행이란 무엇인지, 또 가족구성원으로서 나는 어떻게 살아갈 것인지 등을 고민하기를 바란다. 나아가 인간 삶의 보편적 조건과 자신의 정체성 등에 대해 성찰하고 통찰력을 얻게 되기를 기대한다. 동시에 우리 아이들이 장차 톨스토이처럼 각자 자신의 자리에서 다른 사람들에게 의미와 울림을 주는 문장이나 텍스트를 생산해 내는 수준에 이르기를 원한다.

그러나 그 모든 지향이나 바람은 기본적인 읽기 기능(음소 인식과 글자-소리 대응, 어휘 및 유창성 등)이 전제되었을 때 실현 가능하다. NRP에서도 다섯 가지 읽기 요소와 별도로 '읽기의 기본 기능(foundational reading skill)'을 규정하고 있는데, 여기에는 음소 인식과 글자-소리 대응, 유창성, 인쇄물에 대한 인식 등이 포함된다. 읽기의 기본 기능은 넓은 의미에서 해독 능력이라 할 수 있다. 물론 글자를 모르는 아이라도 시각적 단서나 맥락적 단서를 활용하여 그림책을 읽을 수 있는 것처럼, 해독 능력이 갖춰진 후에 독해가 가능한 것은 아니며 실제로는 독해 활동을 통해 해독 능력을 기르는 것이 효과적이다. 그러나 해독에 어려움을 겪는 사람이 글을 깊이 있게 읽어 내기는 사실상 어렵다. 이러한 이유에서 해독과 관련된 기능을 기본 기능이라고 부르는 것이다. 문해력 교육을 본격적으로 시작하는 초등학교 저학년의 경우 해독과 독해를 아우르는 읽기 능력의 발달을 도모하지만, 그중에서도 특히 해독 능력을 길러 주는 데 교육의 초점을 둔다.

2 격차를 불러오는 읽기 기능 톺아보기

사전적 정의에 근거하여 해독을 좁게 해석하면 '문자 패턴을 말소리로 풀어내는 것'을 뜻한다. 해독은 영어로 'decoding'인데, '반대의'라는 뜻을 나타내는 접두사 'de-'와 '기호화하다'라는 뜻의 'code'가 결합된 단어로 이 역시 기호를 풀어낸다는 뜻이다. 하지만 일반적으로 해독은 문자 패턴을 말소리로 풀어내는 것에 국한되지 않는다. 해독의 결과는 단어의 의미를 아는 단어 재인으로 나타나기 때문에, 해독 능력이 있다는 말은 보통 인쇄된 단어를 읽고 그 의미를 파악할 수 있다는 의미로 받아들여진다. 문자 패턴을 말소리로 풀어내면서 그 말소리의 의미를 떠올리지 않는 것이 오히려 부자연스럽기 때문이다. 따라서 해독이라는 용어는 단어 재인까지를 포함하는 넓은 의미로 통용되는 경우가 많다.

교육심리학의 창시자 에드워드 손다이크(Edward Thorndike)는 읽기가 "매우 정교한 절차"라고 말한 바 있다(Thorndike, 1917). 이 말은 독해의 과정은 물론이고 해독의 과정에도 그대로 적용된다. 해독 역시 매우 정교한 여러 세부 절차들을 거쳐야 하며, 각각의 단계에서 갖추어야 할 지식과 기능이 있고, 그것을 가능하게 하는 인지적 조건이나 상태 등이 전제되어야 한다. 이후에 설명할 인쇄물에 대한 인식과 문자 인식, 음운 인식, 단어 재인, 유창성 등이 바로 그것이다. 이러한 지식 및 기능들은 읽기 과정에서 독립적으로 작동하는 것이 아니라 서로 얽혀서 함께 작동하고 함께 발달하는데, 여기서는 각각을 구분하여 살펴보려 한다. 이는 해독의 정교한 절차를 이해하는 동시에 발달에 차이가 생기는 지점에 주목하기 위함이다.

인쇄물에 대한 인식

인쇄물에 대한 인식은 인쇄물이 무엇이고 어떻게 작동하는지를 아는 것이다. 구체적으로 말하면 인쇄물이 음성 기호인 말을 옮겨 놓은 시각 기호라는 점과 인쇄물 역시 의미나 메시지를 전달한다는 사실을 인식하는 것을 뜻한다. 그리고 인쇄물의 다양한 형식 및 기능에 대한 이해와 책에 대한 인식 등도 인쇄물에 대한 인식에 포함된다. 인쇄물의 다양한 형식 및 기능에 대한 이해란 메뉴판이나 광고, 신문, 생일 카드, 그림책 등이 서로 다른 역할을 하는 인쇄물임을 아는 것이다. 그리고 책에 대한 인식이란 책을 읽지는 못해도 책의 앞면과 뒷면, 본문을 구별하고, 책에 있는 공백과 그림과 글자를 구별하며, 책을 오른쪽에서 왼쪽 등 일정한 방향에 따라 읽어야 한다는 것을 알고, 자모와 숫자, 구두점 등을 구별하는 등 책을 다룰 수 있는 정도와 관련된다.

인쇄물에 대한 인식은 발생적 문해력과 초기 문해력 발달에 매우 중요한 역할을 한다(Clay, 1993a, 2000). 굿맨이 말한 문해력의 다섯 뿌리 중 두 가지가 인쇄물에 대한 인식과 관련된다.[2] 상황 맥락에서의 인쇄물에 대한 인식과 연결된 담화에서의 인쇄물에 대한 인식이 그것이다. 전자는 로고나 포장지, 안내글, 메뉴판 등 일상적으로 만나는 인쇄물 경험이, 후자는 순서대로 적힌 레시피나 이야기가 전개되는 그림책 등 내용이 연결되는 인쇄물을 읽은 경험이 인쇄물에 대한 인식을 촉진함을 뜻한다. 다시 말해 인쇄물에 대한 인식은 일상적인 텍스트, 그리고 연결된 담화로 된 텍스트를 접하는 경험을 통해 발달한다. 그런데 이러한 경험에는 인쇄물에 노출되는 빈

2 이에 대한 상세한 설명은 2장 52~53쪽을 참고하기 바란다.

도뿐만 아니라 부모 등 주변 사람들이 인쇄물을 다루는 모습을 보는 것, 그들에게 인쇄물에 대한 설명을 듣는 것, 그들과 인쇄물에 대해 이야기를 나누는 것과 같은 질적인 부분도 중요하게 포함된다.

가정의 경제적 수준이나 그와 관련된 문해 환경이 제각각이기 때문에 입학 전 인쇄물에 대한 노출 정도 및 경험의 질, 어른과의 상호작용 경험 역시 아이마다 다를 수밖에 없다. 그런데 이는 앞으로 배우게 될 문자 인식, 음운 인식, 단어 재인, 유창성 등의 발달과도 밀접하게 관련된다. 그런 점에서 초등학교에 들어오는 아이들의 인쇄물에 대한 인식의 차이는 다른 기능이나 인식의 차이와 연결되어 있는 경우가 많으며, 장차 읽기 발달 전반의 차이로 이어질 가능성이 높다.

문자 인식

문자(alphabet)와 낱자(letter)[3]는 일상에서 구분 없이 사용되지만 학술적으로는 구별되는 개념이다. 문자는 자음과 모음의 체계를 일컫는 용어이며, 낱자는 문자의 한 단위로서 소리에 대응하는 쓰인 상징(written or printed symbol), 즉 개별 자음과 모음을 일컫는다. 'ㄱ'과 'ㅏ' 등이 낱자이고 이

3 'letter'의 번역어는 낱자, 낱글자, 글자 등 다양하다. 글자라는 말은 일상에서 낱자나 문자는 물론이고 음절과 단어에 이르기까지 시각 기호 전반을 칭하는 말로 범용되기 때문에, 정확한 지시를 위해 여기서는 'letter'를 낱글자, 줄여서 '낱자'라고 번역했다. 『표준국어대사전』에서는 '낱자'를 "음소 문자 체계에 쓰이는 낱낱의 글자"로, '낱글자'를 "한 언어의 문자 체계에서 음소를 표시하는 최소의 변별적 단위로서의 문자 혹은 문자 결합"이라고 정의한다. 또 낱자의 동의어로 자모를, 낱글자의 동의어로 자소를 제시하고 있다. 그러나 여기서는 자음과 모음이 곧 글자를 구성하는 가장 작은 단위인 자소라는 점에서, 낱글자와 낱자를 구분하지 않고 'letter'의 번역어로 사용하고자 한다.

러한 자음과 모음의 체계가 바로 문자이다. 구체적으로 보면 문자 인식은 아이들이 낱자를 인식하는 것(낱자 인식), 낱자의 이름을 아는 것(낱자 이름 알기), 낱자를 읽을 수 있는 것(낱자 소릿값 알기), 낱자를 쓸 수 있는 것(낱자 쓰기) 등의 하위 요소로 구성된다.

낱자 인식은 낱자가 그림이나 도표, 숫자와 구분되는 기호임을 아는 것에서부터 출발하여, 낱자별 변별성(distinctiveness)에 주목해 개별 낱자들을 식별할 수 있는 능력이다. 예를 들면 글자가 아닌 '△'(세모)와 낱자인 'ㅁ'(미음)을 구분하고, 낱자 중에서도 'ㄴ'과 'ㄹ'을 구분하는 능력이다. 낱자마다 다른 낱자와 구별되는 특징이 있기는 하지만, 어린아이들이 그 차이를 식별하기는 쉽지 않다. 선의 길이와 꺾임 등에 주목해 서로 다른 문자 기호임을 아는 데 걸리는 시간은 아이마다 다르다. 사물의 시각적 이미지를 기억하여 저장하고 되살려 내는 시각 기억이 전제되어야 하고, 단기 기억이나 작업 기억이 장기 기억으로 전환되는 인지 처리 과정을 거쳐야 하기 때문이다.

낱자 이름 알기는 맥락 없이 무작위로 제시되는 낱자의 이름을 말할 수 있는 능력이다. 예를 들어 'ㄱ', 'ㄴ', 'ㅏ', 'ㅑ'의 이름이 '기역', '니은', '아', '야'임을 아는 것이다. 낱자의 이름을 정확히 말할 수 있는 것이 읽기 능력 발달에 어떻게 관여하는지는 정확하게 밝혀진 바가 없다. 그러나 NELP 등 여러 기관과 학자들의 연구는 낱자 이름에 대한 지식이 이후의 문해력 발달과 상관관계가 있음을 확인시켜 주었다.

낱자 소릿값 알기는 맥락 없이 무작위로 제시되는 낱자를 소리 내어 발음할 수 있는 능력이다. 예를 들면 'ㄱ'을 /ㄱ/으로 소리 내어 읽을 줄 알고, '사자'와 '사슴'의 'ㅅ'을 모두 /ㅅ/으로 발음할 수 있는 것이다. 이는 낱자의 시각적 특성과 청각적 특성을 통합하는, 다시 말해 낱자의 철자적 특성(orthographic feature)과 그에 상응하는 구어의 음운적 특성(phonological feature)을 통합하는 간단치 않은 능력이다(Schwanenflugel & Knapp, 2016/2021: 105).

낱자 쓰기는 그 자체로 아이의 문자 인식 수준을 드러내는 기능이며, 동시에 낱자 인식과 낱자 이름 알기, 낱자 소릿값 알기에 도움이 되는 활동이다. 어린아이들은 자모나 낱자를 창의적으로 만들어 써 보는 활동, 즉 창안적 글자 쓰기를 통해 문자의 원리를 배운다고 한다. 낱자들을 자유롭게 쓰고 글자를 만들어 보면서 낱자 인식을 포함한 문자 인식이 발달한다는 것이다. 그러므로 초기 문해력 발달을 위해서는 낱자를 정확하게 쓰는 훈련뿐만 아니라, 낱자를 가지고 놀거나 다양한 낱자를 상상하여 새롭게 만들어 써 보는 활동이 꼭 필요하다.

이상으로 문자 인식이 낱자 인식과 낱자 이름 알기, 낱자 소릿값 알기, 낱자 쓰기 등의 하위 요소로 구성되어 있음을 확인하였다. 누구나 이러한 지식 및 기능을 익혀야 해독이 가능하다. 문제는 이를 익히는 속도가 교실에 있는 아이들의 수만큼이나 다양하다는 사실이다. 게다가 문자 인식을 익히는 데 특별한 어려움을 겪는 아이들도 존재한다. 일반적으로 문자 인식을 어려워 하는 아이는 그렇지 않은 아이에 비해 낮은 수준의 단어 인식과 이해 능력을 보인다(Vellutino, 2003/2007: 90).

여기서 기억해야 할 사실이 두 가지 더 있다. 첫째, 문자 인식의 어려움을 개인의 문제로 보기보다 사회문화적 관점에서 접근해야 한다는 것이다. 문자 인식은 문해력의 뿌리가 형성되기 시작하는 발생적 문해력의 시기에 생겨난다는 점에서 가정 및 사회의 문해 환경이 중요한 변인이 된다. 문자로 된 인쇄물이나 문자에 얼마나 많이 노출되었는가, 그에 대해 부모를 포함한 어른들과 얼마나 많은 그리고 질 높은 상호작용을 하였는가에 따라 문자 인식의 발달이 결정된다.

아이들은 태어나면서부터 문자에 노출된다. 냉장고에 붙어 있는 메모지의 문자, 핸드폰이나 텔레비전 화면의 문자, 자주 보는 간판의 문자 등 다양한 문자에 둘러싸여 살아간다. 그리고 주변의 어른들이 아이에게 이러한 문자들을 읽어 주거나, 읽는 모습을 보여 주거나, 읽는 방법을 알려 주거나, 그 내용에 대해 아이와 대화를 나눌 수 있을 것이다. 그러면서 아이는 문자가 특별한 이미지이자 기호임을 어렴풋이 인식하기 시작하고, 발달이 빠른 아이는 어느새 문자를 식별하고 쓸 수 있게 되기도 한다. 즉, 아이들은 문자에 대한 노출 빈도 및 상호작용 양상에 따라 서로 다른 출발선에서 문자 인식을 시작한다.

둘째, 낱자 인식, 낱자 이름 알기, 낱자 소릿값 알기, 낱자 쓰기 기능의 습득은 순차적으로 일어나지 않으며, 문법적 체계에 따라 일정한 방향으로 진행되지도 않는다는 것이다. 학교에서는 자음을 먼저 가르치고 모음을 가르친다. 여러 읽기 중재 프로그램에서는 모음을 먼저 가르치고 자음을 가르친다. 하지만 아이들은 자음과 모음을 나누어 '이것 다음에 저것' 하는 식으로 문자를 인식하지 않는다. 자음과 모음을 그 순서에 따라 익히는 것도 아니다. 문자 인식의 발달은 매우 개인적이며, 따라서 주관적인 특성을 보인다. 문해 환경 속에서 아이가 어떤 문자에 자주 노출되었는지, 아이의 관심사가 무엇인지에 따라 달라지는 것이다. 예를 들어 '하윤'이라는 이름의 아이는 자음의 첫 낱자인 'ㄱ'보다 자신의 이름에 있는 'ㅎ'을 먼저 배울 수 있다. 장난감 블록을 좋아하는 아이는 '레고'에 사용된 문자를 더 잘 배우곤 한다. 그래서 읽기 따라잡기에서는 문해력의 뿌리를 살피는 한편, 문법 체계나 논리적 순서에 따라 일률적으로 가르치기보다는 아이의 관심과 친숙도 등을 파악하여 그 아이에게 맞는 개별화된 문자 교육을 시도한다.

음운 인식

청각적 음운 인식

청각적 음운 인식은 문자 학습 이전에 갖추어야 하는 구어 소리에 대한 인식이다. 대부분의 모어 화자가 매우 이른 시기에 습득하는 언어 능력이기도 하다. 청각적 음운 인식이 읽기 발달에 필요한 기능이라는 사실은, 읽기 발달의 어려움이 구어 발달의 문제에서 비롯되었거나 적어도 관련이 있음을 의미한다. 일찍이 NRP(2000)는 아이들의 초기 음운 인식, 즉 청각 언어 내에서 소리를 구별하는 능력이 문해력 발달에 중요하다는 점을 언급한 바 있다. NELP(2008)에서는 한 걸음 더 나아가 음운 인식이 문해력 발달의 중요한 예측 인자임을 밝혔다.

청각적 음운 인식이란 소리를 듣고 분별하는 능력뿐만 아니라, 음성으로 제시되는 구어 단어의 소리 구조를 이해하고 그 지식을 활용하는 능력을 일컫는다. 이는 구어 단어가 운, 강세가 있거나 없는 음절, 개별적인 음소와 같은 소리 단위로 구성됨을 아는 것을 포함한다.[4] 예를 들어 '사자'라는 말을 들었을 때 이 말이 '사'와 '자'라는 음절, 더 작게는 'ㅅ', 'ㅏ', 'ㅈ', 'ㅏ'라는 소리 단위로 구성되어 있음을 이해하고, 특정한 상황에서 발화된 /사자/라는 말의 발음·어조·강세가 적절한지 판단하며, 적절한 발음·어조·강세로 /사자/라고 말할 수 있는 능력이 청각적 음운 인식이다. 아이는 말(구어)을 먼저 배운 다음 문자를 배우기 때문에, 구어의 소리에 대한 청각적인 정보처리 과정을 거치는 청각적 음운 인식이 문자 학습 이전에 발달되어야 한다.

4 이러한 능력은 언어의 소리 체계를 조절하고 분석할 수 있는 메타 언어적 능력에 해당한다.

한편, 엄격하게 따지자면 음운 인식과 음소 인식은 구별된다.[5] 음소 인식은 음운 인식의 하위 기능으로, 소리가 나는 가장 작은 단위인 음소에 대한 인식을 뜻한다. 예를 들어 발음된 /사자/라는 말이 'ㅅ'과 'ㅏ', 'ㅈ'과 'ㅏ'라는 소리 단위, 즉 음소로 구성된다는 것을 알고 /ㅅ/과 /ㄱ/의 소리를 구분함으로써 /사자/라는 말과 /가자/라는 말을 구별할 수 있는 능력이다. 이러한 음소 인식을 포함한 청각적 음운 인식은 소리를 청각적으로 식별하여 기억한 후 필요한 경우 회상할 수 있는 능력이라는 점에서 단기 청각 기억은 물론이고 장기 기억 등 여러 인지 처리 과정을 필요로 한다.

청각적 음운 인식은 대개 아이가 태어나 말을 듣고 배우기 시작하면서 자연스럽게 생겨나고 발달한다. 따라서 문자 인식과 마찬가지로 저학년에 진입한 아이들의 음운 인식 역시 문해 환경의 차이로 인해 출발선에서부터 차이가 난다. 또한 자신의 이름이나 의미 있는 단어, 자주 노출된 단어 등에 사용된 음운에 대한 인식이 먼저 그리고 잘 발달한다.

초기 문자 인식의 여러 문제들은 사실 구어 발달의 문제, 구체적으로는 음운 인식의 문제일 수 있다. 'ㅅ'과 'ㅈ'을 구별하여 읽거나 쓰지 못하는 아이가 있을 때, 우리는 흔히 낱자 인식 능력을 길러 주기 위해 두 낱자를 반복해서 읽거나 쓰게 한다. 그러나 그러한 교육적 처치 이전에 혹시 아이가 /ㅅ/과 /ㅈ/의 소릿값을 구별하지 못하는 것은 아닌지 살펴야 하며, 만약 그렇다면 읽고 쓰는 교육이 아니라 듣고 말하는 교육을 병행하여 음운 인식 능력을 길러 주어야 한다.

5 음운은 음소뿐만 아니라 장단이나 억양 등 뜻을 구별해 주는 비분절 음운인 운소까지를 아우르는 개념이다. 그런데 구어 소통 상황과 달리, 문어 해독을 배우는 단계에서는 운소를 제외한 음소와 자소의 대응이 중요한 문제로 부각된다. 이러한 이유로 읽기 교육 현장에서는 음운과 음소를 구분하지 않고 사용하기도 한다.

자소-음소 대응

자소는 낱자의 다른 이름으로, 소리를 구별해 주는 최소 단위인 음소에 대응하여 붙여졌다. 그래서 자소-음소 대응은 낱자-소리 대응 혹은 글자-소리 대응이라고 불리기도 한다. 자소-음소 대응은 구어 활동을 통해 획득한 청각적 음운 인식과 시각적 글자 체계를 연결 짓고 통합하는 능력이라는 점에서 시청각적 음운 인식이라고 부를 수 있다.

글자 모양과 소리 대응에 관한 지식을 습득하는 과정이 곧 해독의 주요 과정이라 말할 정도로, 초기 문해력 발달에서 자소-음소 대응은 상당히 중요하다. 자소-음소 대응 같은 음운 처리 능력이 뛰어난 아동은 초기 읽기 검사에서 높은 성취를 보이고 발달 속도 또한 빠르다(김희진·김동일, 2009: 123-147). 반면 읽기에 어려움을 겪는 아이들은 읽기 영역 중 주로 이 부분에서 가장 큰 어려움을 보인다고 한다(Grossen, 1997). 그리고 중재의 시기가 이를수록 그 효과가 크기 때문에 대부분의 초기 문해력 교육 프로그램은 자소-음소 대응 교육을 주요 내용으로 포함한다. 초기 문해력 교육에서 빠지지 않고 언급되는 파닉스도 사실은 글자와 소리의 대응 관계를 배우는 체계적인 교수법이라 할 수 있다.[6]

음운 인식이 전제되어야 한다고 해서 자소-음소 대응이 문자 인식과 음운 인식에 이어 순차적으로 발달하거나 학습되는 것은 아니다. 자소-음소 대응을 완료해야만 뒤에 나올 단어 재인이나 유창성을 습득할 수 있는 것도 아니다. 이러한 지식 또는 기능은 해독의 정교한 절차를 상세하게 설명

6 우리나라에서 파닉스는 글자-소리 대응을 가르치는 교수법을 지칭하며, 흔히 발음 중심 교수법이라고 번역된다. 그러나 NRP에서는 파닉스가 교수법이 아닌 읽기의 기능 중 글자-소리 대응을 일컫는 말로 사용되고, 'decoding'과 거의 동의어로 간주된다. 이러한 사실은 자소-음소 대응이 해독 과정에서 매우 중요한 기능이자 지식임을 알려 준다.

하기 위해 편의상 구분한 것일 뿐, 실제로는 복잡하게 얽혀 있다. 그래서 선후가 바뀌기도 하고 서로 영향을 주고받으면서 함께 발달하기도 한다. 문자 인식 자체에 낱자의 소릿값에 대한 인식이 포함되어 있고, 자소-음소 대응 인식이 발달하면서 문자 인식이나 음운 인식 또한 정교화되고 발달하며, 유창성을 훈련하는 과정에서 자소-음소 대응 능력이 길러지기도 하는 것이다.

영어 학습자의 음운 인식 능력이 초등학교 1학년 즈음에 생기는 데 반해(Crowder & Wagner, 1992; 김동일 외, 2018: 28에서 재인용), 우리나라 아이들은 만 4세에 자소 인식이 생겨나기 시작하여 초등학교 2학년 무렵에는 약 91%의 아이들에게서 자소-음소 대응 인식이 생겨난다고 한다(김희진, 2009; 윤혜경, 1997a, 1997b). 73~78개월, 대략 만 6세부터 자소-음소 대응 인식이 급격히 발달하여 만 7세경에는 약 77%의 아이들이 자소-음소 대응 인식을 획득한다는 연구(안성우·허민정, 2011)도 있다. 이처럼 우리나라 아이들의 경우 읽기의 바탕이 되는 자소-음소 대응(시청각적 음운 인식)이 상대적으로 빨리 발달하는데, 이는 한글의 특성과 관련된다. 한글은 자음과 모음을 순서대로 나열하여 글자를 구성하는 문자로, 영어와 달리 음절을 옆으로 풀어쓰지 않고 하나의 단위로 묶어서 표기하기 때문에 음절로 나누기가 용이하다. 또 음소 규칙도 비교적 단순하고 규칙적인 편이다. 여기서 한 가지 예외는 '받침'이다. 한글은 그 특성상 CVCC(자음+모음+자음+자음) 음절 구조가 존재하지 않아 음운적으로 두 개의 자음 소리를 동시에 낼 수 없다(김성규·정승철, 2015). 그래서 하나의 받침소리로만 결정되는 겹받침(예 '닭'은 /닥/으로 발음, '값'은 /갑/으로 발음)의 경우 글자의 모양을 소리와 연결하여 인식하는 데 약간의 어려움이 발생할 수 있다. 이러한 겹받침을 자소-음소 대응 규칙으로 설명하거나 학습하려면, 겹받침을 자주 접

함으로써 시각적인 형태에 익숙해지는 전략을 취할 수밖에 없다.[7]

음운 인식의 어려움은 특히 뒤에서 다룰 난독증 아이들이 겪는 대표적인 어려움 중 하나이다. 자소-음소 대응이 가능하려면 시각 처리 체계와 청각 처리 체계가 협력하여 동시에 작용해야 하는데, 난독증을 가진 아이들은 뇌의 문제로 인해 그러한 협력과 작동이 잘 되지 않는다. 그러나 음운 인식의 어려움은 난독증 아이들만이 아니라 일반 아이들도 읽기 발달 과정에서 경험하는 일반적인 문제이다. 그렇기에 음운 인식은 누구나 넘어서야 할 발달 과업이라 할 수 있다.

단어 재인(자소-음소-의미 대응)

자소와 음소는 글자와 소리의 가장 작은 단위로, 그 자체로는 뜻을 가지지 않는다. 'ㄱ'이라는 자소와 /ㄱ/이라는 음소는 뜻을 구별해 주는 언어 단위일 뿐, 자소와 음소가 바로 의미와 대응하지는 않는 것이다. 이러한 점에서 '자소-음소-의미 대응'이라는 말은 자소들로 구성된 단어를 소리로 풀어냄으로써 그 단어의 의미를 이해하는 능력을 일컫는다. 문해력 교육에서는 자소-음소-의미 대응을 흔히 단어 재인이라고 한다. 그럼에도 여기에서 굳이 자소-음소-의미 대응이라는 용어를 함께 언급한 것은 앞서 설명한 자소-음소 대응이 결국 의미 파악을 위한 것임을 명확하게

7 자주 접함으로써 시각적인 형태에 익숙해지는 전략은, 자주 접해서 시각적인 형태와 의미를 바로 연결 지을 수 있게 된 일견 단어를 떠올리게 한다. 일견 단어란 보자마자 자동적으로, 다시 말해 자소-음소 대응 과정을 거칠 새도 없이 곧바로 인식 가능한 단어를 말한다. 일견 단어가 많으면 글을 읽을 때 부담감이 줄어들고 자신감이 높아진다. 읽기의 속도와 정확성 및 유창성 등도 향상된다. 그래서 초기 문해력 교육에서는 노출 빈도를 높임으로써 일견 단어의 목록을 늘려 주기 위해 노력하는데, 겹받침 역시 이와 같은 방법으로 익숙해지도록 해야 한다.

함과 동시에, 우리에게는 자동화된 단어 재인이 문자 인식이나 음운 인식, 자소-음소 대응 등 여러 하위 기능과 사고가 작동한 결과임을 드러내기 위함이다.

좀 더 자세히 설명하면 단어 재인은 구어와 문어 전반에 걸쳐 있는 능력으로, 말소리(청각적 형태)나 문자(시각적 형태)로 들어오는 정보를 출발점으로 삼아 청자 혹은 독자의 머릿속에 저장되어 있는 어휘집에서 해당 단어의 의미를 끄집어내는 것이다.[8] 즉, 단어 재인은 자소-음소 대응 과정과 머릿속 심성 어휘집에서 의미를 끄집어내는 과정이라는 두 개의 과정으로 구성된다. 아이가 '사자'라는 단어를 보거나 듣고 이를 /사자/라고 읽었다면 자소-음소 대응에 성공했다고 볼 수 있다. 그러나 /사자/라고 읽었다고 해서 아이가 사자를 안다고 판단할 수는 없다. 아이의 머릿속이나 마음속 어딘가에 '사자'라는 단어가 자리하고 있어야 그 의미를 자소 및 음소와 대응할 수 있다. 심성 어휘집에 '사자'라는 단어가 없는 아이는 /사자/라고 읽을 수는 있지만, 자신이 읽은 음성 기호가 특정한 동물을 뜻한다는 것을 알지 못한다.

심성 어휘집 혹은 어휘 목록이 존재한다는 사실은 어휘 능력이 문자를 익히기 전 구어 의사소통을 통해 발달한다는 뜻이기도 하다. 이는 아동의 읽기 문제가 어휘 발달을 포함한 구어 발달의 문제와 관련되어 있음을 시사한다. 또한 단어 재인의 문제가 아이 개인의 지능이나 노력 여부에 달려 있는 것이 아니라, 아이가 경험해 온 문해 환경에서 비롯된 문제라는 사실을 알려 준다. 따라서 아이가 단어 재인에 성공하여 단어의 의미까지 파악

8 단어 재인은 그 출발점에 따라 문자 기호에서 출발하는 시각적 단어 재인과 말소리 기호에서 출발하는 청각적 단어 재인으로 구분된다.

하도록 하기 위해서는 아이의 어휘집을 풍성하게 해 줄 수 있는 환경을 조성하고 그 속에서 적절한 상호작용을 해야 한다.

유창성

읽기 유창성이란 글을 빠르고 정확하면서도 적절한 의미 단위로 띄어 읽을 수 있는 능력으로(NRP, 2000) 자동성, 정확성, 표현성을 포함한다. 자동성(automaticity)이란 인지적 노력을 거의 들이지 않고 글을 빠르게 해독할 수 있는 능력을, 정확성(accuracy)이란 글에 있는 단어를 올바르게 해독할 수 있는 능력을, 표현성(prosody)이란 글에 감정을 실으면서 적절한 의미 단위로 띄어 읽을 수 있는 능력을 가리킨다(천경록 외, 2022: 103).

읽기에 어려움을 겪는 아이들은 단어나 문장을 유창하게 읽지 못하는 경우가 대부분이다. 또 문자 인식이나 음운 인식, 단어 재인 등의 문제가 있을 때도 의식적으로 한 자 한 자 띄어 읽는다거나 특정 낱자나 음절을 빼고 읽는 등 유창하게 읽지 못하는 양상을 보인다. 그러므로 유창성은 읽기 기능에 문제가 있음을 보여 주는 징후이자, 그 자체로 발달해야 할 기능이라고 할 수 있다.

유창성이 중요한 이유는 유창성이 해독의 단계에서 독해의 단계로 넘어가는 다리 역할을 한다는 데 있다(Pikulski & Chard, 2005). 자동성, 정확성, 표현성 중에서 자동성은 해독에 지나치게 많은 인지적 에너지를 소모하지 않고 의미를 이해하는 단어 재인의 고리 역할을 한다. 그리고 표현성은 문장 안에 명시적으로 드러나지 않은 정보를 유추하게 함으로써 텍스트의 의미를 더 깊이 이해하도록 돕는다(Rasiniski, 2012). 흔히 읽기 유창성은 문자를 빠르게 해독하는 능력으로 오해되곤 하지만, 단순히 해독의 자동화

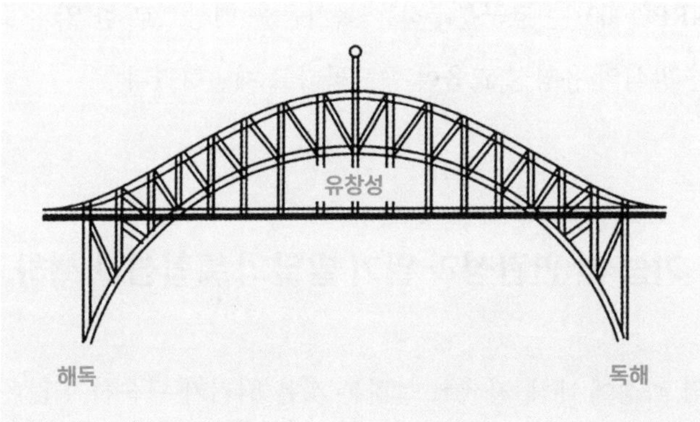

[그림 5] 읽기 유창성: 해독과 독해 사이의 다리

에만 초점을 맞춘 '빠르게 읽기'는 의미 이해에 주의를 기울이지 않는 습관을 형성시킬 수 있다. 낱자나 음절, 단어를 정확하게 알면 유창성이 저절로 생겨난다는 것도 널리 퍼져 있는 오해 중 하나이다. 한 글자 한 글자를 또박또박 읽는 훈련을 통해 글자나 단어, 문장을 정확하게 읽을 수 있다고 해서 유창성이 길러지는 것은 아니다. 오히려 해독 행위 자체에 집중함으로써 독해로 나아가는 데 어려움을 겪게 될 가능성이 크다.

유창성은 해독과 이해를 동시에 추구하는 읽기 활동을 통해 길러질 수 있다. NRP(2000)는 해독 능력을 갖추기 전부터 읽기가 가능하며, 아이의 수준이 어떠하든 읽기를 통해 유창성을 기를 수 있다고 보았다. 그러면서 유창성을 향상하는 가장 좋은 방법으로 '안내에 따라 반복적으로 소리 내어 읽기(guided repeated oral reading)'를 추천하였다. 이 방법은 교사가 아이의 수준에 맞는 텍스트를 선정하여 일종의 모범적인 읽기(model fluent reading)를 반복하여 보여 주고 따라하게 하는 방식이다. 이때의 반복적인 읽기는 읽기 속도를 높이기 위한 것이 아니라, 아이가 구어 읽기에 몰입하여 청중으로서 의미와 만족감을 발견하기 위한 것이어야 한다(Rasiniski, 2012).

덧붙여 NRP(2000)는 고군분투하는 독자들을 대상으로 한 읽기 교육에서도 이러한 방식의 유창성 교육이 중요하다고 제언하였다.

3 기능 간 연관성과 읽기 발달의 통합성 이해하기

해독의 과정에 대해 자세히 살펴본 것은 읽기가 단순하지 않은 행위임을 환기하기 위함이다. 해독에는 여러 세부 기능과 지식이 관여하고 복잡한 사고 작용이 수반된다. 그만큼 읽기 문제나 어려움이 생겨날 수 있는 지점이 많다. 이에 따라 교실 안 아이들의 읽기 문제는 다양하게 나타나며, 읽기 수준 또한 모두 다르다.

해독을 익히는 것은 읽기 발달의 일반적인 과정이다. 이 말은 곧 해독이 누구나 익혀야 하는 능력임을 의미한다. 나아가 읽기에 어려움을 겪는 아이들에 대한 교육도 일반교육의 범주 안에 있음을 뜻한다. 특수교육 대상으로 판정된 난독증 아이들을 위한 교육적 처치 역시 읽기 일반교육의 범위에서 벗어나는 특별한 것이 아니라는 말이다. 북미의 읽기 중재 교육 프로그램을 살펴보면 일반 읽기 교육 프로그램과 비교해 내용 면에서 차이가 나지 않는다. 미국 국가연구자문위원회(National Research Council)의 보고서에서도 중재 교육이 일반 읽기 교육과 내용 면에서 다를 이유가 없으며, 읽기 부진 학생의 균형적 읽기 발달을 총체적으로 고려해야 한다고 분명히 밝히고 있다(Snow et al., 1998; 이영아·최숙기, 2011: 46에서 재인용). 읽기 따라잡기 프로그램도 현재는 읽기 부진 학생들을 대상으로 활용되고 있지만, 일반 교실에서 일반 학생들에게도 적용 가능한 효과적이고 체계적인 초기 문해력 교육 프로그램 중 하나이다.

한편, 해독은 누구나 익혀야 하는 능력이지만 해독에 필요한 하위 지식이나 기능을 획득하는 데 걸리는 시간은 아이마다 다르다. 이 점이 매우 중요하다. 읽기를 연구하는 학자들은 중재 교육에서 읽기 교육의 특정한 부분만 지나치게 강조하기보다는, 읽기 부진 학생의 유형에 따라 부진한 영역의 지도 시간과 강도를 달리해야 한다고 말한다. 다시 말해 교육의 내용은 동일하게 하되 그 명시성과 강도를 높여야 한다는 것이다. 실제로 부진 요소에 대한 명시적 학습과 교육 시간의 증가, 소집단 혹은 개별 지도를 통한 교육 강도의 증가는 읽기에 어려움을 겪는 아이들을 대상으로 하는 중재 교육의 주된 특징이다(Foorman & Torgesen, 2001; Wharton-McDonald, 2011; 이영아·최숙기, 2011: 46에서 재인용).

아울러 해독과 관련된 여러 하위 지식이나 기능 등이 서로 영향을 주고받으면서 발달한다는 점을 기억해야 한다. 페르페티 등(Perfetti et al., 1987)에 따르면 문자 인식, 음운 인식, 단어 재인 등은 상호적으로 관련된 읽기의 하위 기능이며, 각각에 대한 긍정적인 경험 및 한 가지 능력의 획득이 다른 능력의 획득을 도와준다는 것을 보여 주는 연구는 무수히 많다. 이러한 사실은 특정한 읽기 문제가 발생했을 때, 그 문제에만 초점을 맞추어 대증적 접근을 하기보다 총체적 관점에서 접근할 필요가 있음을 알려 준다.

예를 들어 글자를 모르는 아이에게 글자 쓰기만 훈련하는 것은 효과적이지 않을 뿐더러 부정적인 읽기 태도만 형성할 수 있다. 글자를 모르는 아이들도 글자를 비슷하게 그려 보거나 새로 만들어 써 보는 등 글자 쓰기를 시도하곤 하는데, 이러한 활동을 통해서도 글자에 대한 인식이나 글자 쓰기 기능이 발달한다. 심지어 글자를 모르는 아이가 그림이나 맥락 정보 등을 활용해 내용을 짐작하거나 상상하면서 책 읽기를 즐기기도 한다. 이러한 읽기 활동 역시 아이의 읽기 발달에 긍정적인 영향을 미친다. 음운 인식에 문제가 있는 아이도 마찬가지이다. 이 아이에게도 음운 인식만 훈련시킬 것이 아니라, 단어 재인이나 유창성 훈련 등을 포함한 읽기 활동을 다양하게 시도해야 한다. 읽기 따라잡기 프로그램은 발달 단계에서 뒤처지는 기능이나 능력을 길러 주기 위해 문제가 되는 영역의 지도 시간과 강도 및 지도 내용의 명시성을 강화하기는 하지만, 그와 동시에 수준에 맞는 적절한 텍스트를 선정하여 읽기를 통한 읽기 교육이라는 총체적 접근을 시도한다.

5장

읽기 부진: 실존적 이해와 통합적 접근

1 읽기 장애, 난독증, 읽기 부진?

교실에 읽기 발달이 상당히 느린 아이가 있다고 가정해 보자. 이 아이는 자신의 읽기 발달이 또래 친구들보다 뒤처진다는 것을 알고 있으며, 그래서인지 읽기를 기피하고 국어 수업을 매우 싫어한다. 교사가 수업 시간에 별도의 과제나 피드백을 주고 따로 시간을 내서 개별화 지도를 하기도 하지만, 아이의 상황은 전혀 나아지지 않는다. 그런데 슬프게도 반에는 이 아이 외에 스무 명가량의 다른 아이들이 있고, 교사는 반 전체를 대상으로 읽기 진도를 나가야 한다. 어려움에 처한 아이를 어떻게 할 것인가. 그리고 아이만큼이나 곤란함에 처한 교사를 어떻게 할 것인가. 이러한 아이와 교사를 어떻게 지원해야 할 것인가.

이 상황에서 교사가 빠지기 쉬운 유혹은 읽기 발달이 느린 아이를 특별

교육이 필요한 읽기 장애아나 읽기 부진아 혹은 난독증 아이로 진단하는 것이다. 즉, 아이를 일반적이지 않다고 정의함으로써 일반교육을 담당해 온 자신의 부족함을 감추려는, 의도하지 않은 방어기제가 발동할 수 있다. 하지만 아이를 특별교육 대상으로 진단해 버리면 아이가 어떤 어려움을 겪고 있는지, 그 원인이 무엇인지 깊이 헤아릴 수 없다는 문제가 발생한다. 그러니 섣불리 진단을 내릴 수도 없고, 내 능력 밖에 있는 아이를 교실에 그대로 둘 수도 없다. 물론 이 아이는 읽기 장애아이거나 난독증 아이일 수도 있다. 그렇다면 대체 읽기 장애, 난독증, 읽기 부진을 가진 아이들은 어떤 아이들일까? 어떤 아이들에게 그런 이름이 붙여지는 것일까? 교사인 나는 그 아이들을 어떻게 바라보며 초기 문해력 교육을 시작해야 할까?

읽기 문제(reading problems)와 읽기 곤란(reading difficulties)은 모두 읽기와 관련된 제반 문제나 어려움을 폭넓게 지칭하는 용어로서, 학술 용어 혹은 전문 용어라고 보기 어렵다. 이 용어들은 의미의 폭이 넓고 유연하기 때문에 이 책에서도 일반적인 읽기 관련 문제를 지칭하는 용어로 사용하고자 한다. 이와 달리 읽기 장애(reading disabilities), 난독증(dyslexia), 읽기 부진(reading delays)은 특정 증상을 지칭하는 보다 전문적인 용어로, 연구와 교육의 장에서 오랫동안 사용되어 왔다. 이 세 가지는 대체로 아이들이 입학하여 학교 교육을 받기 시작하면서 드러나기 때문에, 초기 문해력 발달 시기에 특히 많이 언급되는 문제들이다.

그런데 사실상 읽기 장애, 난독증, 읽기 부진을 뚜렷하게 구분하는 것은 어려운 일이며, 아동이 보이는 읽기 문제를 셋 중 어느 하나로 진단하는 것 또한 쉽지 않다. 여기에서는 읽기 부진이라는 용어를 택하여 그 아래에 읽기 장애나 난독증을 가진 아이들, 그리고 교실에서 읽기에 어려움을 겪는 다양한 수준의 아이들을 모두 포괄할 것이다.[1] 다만 읽기 문제의 다양한 양상과 심급 혹은 스펙트럼을 파악하기 위하여 아래에서는 세 개념에 대해 개략적으로 살펴보고자 한다.

읽기 장애

읽기 장애는 학습 장애의 한 유형으로, 장애라는 말에서 짐작할 수 있듯이 읽기 과정에서 겪는 모종의 어려움에 주목한 개념이다. 보통 신체적, 정서적 혹은 지능적으로 장애가 없음에도 어떤 개인적인 특성이나 이유로 인해 읽기에 어려움을 겪을 때 읽기 장애로 판정한다. 읽기 장애 아동은 음운 인식 및 처리, 유창성, 독해 등 다양한 국면에서 어려움을 호소하곤 한다.

읽기 장애 여부를 판단할 때는 현재의 읽기 성취 수준과 잠재적 지적 능력 사이에 기준 이상의 차이가 있는지를 우선적으로 살핀다. 흔히 통용되는 방식으로는 학년 수준의 차이를 비교하는 방식(1.5~2.5 학년 이상)과, 잠재 능력과 성취 수준을 표준점수화해서 그 차이를 비교하는 방식(1~2 표준편차 이상)이 있다(김동일 외 2003; 김동일, 1998). 이러한 진단 방식은 능력-성취 불일치 모델에 따른 것인데, 중재-반응 모델을 중시하는 최근에는 이러한 격차 기준보다는 처치 저항(treatment resistance)을 기준으로 읽기 장애를 규정하는 경향이 있다.[2] 처치 저항이란 효과적인 교육적 처치에도 불구하고 기대하는 반응을 보이지 않는 정도를 가리키는 개념이다. 처치 저

....

1 이러한 개념 정의는 국어교육 분야의 연구 경향과도 일맥상통하는데, 2000년부터 2009년 사이에 국어교육 분야에서 발표된 읽기 부진 관련 논문들을 보면 57.7%가 '읽기 부진'이라는 용어를 사용하고 있다(이수진, 2020: 156-161).

2 능력-성취 불일치 모델과 중재-반응 모델에 대한 상세한 설명은 이 장의 108~110쪽을 참고하기 바란다.

항을 기준으로 하면 읽기 장애아는 효과성이 입증된 교육적 개입에 대하여 상대적으로 반응성이 떨어지는 아동이라 할 수 있다(Spear-Swerling, 2004). 즉, 대부분의 아이들에게 효과적이라고 입증된 교육 프로그램을 투입했으나 지속적으로 읽기에 어려움을 겪는 경우를 읽기 장애로 본다.

난독증

난독증은 지능이 정상이고 듣고 말하는 데 어려움이 없지만, 철자를 인지하지 못하거나 단어를 정확하고 유창하게 읽지 못하는 증상을 뜻한다. 그 증상의 정도는 가벼운 수준부터 심각한 수준까지 다양하다. 교사나 학부모는 읽기에 어려움을 겪는 아이들을 보며 너무 쉽게 난독증으로 의심하는 경향이 있다. 그러나 난독증은 그처럼 가볍게 진단하고 판단할 문제가 아니다.

난독증은 읽기 문제를 신경의학적 관점에서 접근한다. 난독증, 즉 'dyslexia'라는 용어도 1887년 독일의 안과의사인 루돌프 베를린(Rudolf Berlin)이 인쇄된 단어를 읽는 데 어려움이 있거나 두통을 호소하는 환자들을 기술하기 위해 처음 사용한 용어이다. 'dyslexia'는 '아닌, 악화, 불량, 곤란, 어려움'을 의미하는 그리스어 'dys'와 '언어, 단어, 읽기'를 의미하는 그리스어 'lexia'가 합쳐진 단어로, '열등한 언어(poor language)' 또는 '잘못 읽는 것(faulty reading)'을 뜻한다(김용욱 외, 2015: 214, 216).

난독증은 눈으로 들어온 시각 영상이나 귀로 들어온 청각 영상을 언어로 전환하는 뇌 영역의 구조적·기능적 이상과 관련이 있다고 알려져 있다. 뇌의 좌반구에는 읽기와 관련된 신경 시스템이 존재하는데, 그중에서 특히 시각피질과 청각피질로부터 전달된 언어 정보를 해석하여 입력하는 베르

니케 영역(Wernicke's area)과 언어중추에서 출력을 담당하는 브로카 영역(Broca's area)의 문제 때문에 난독증이 나타난다는 것이다. 이처럼 난독증은 뇌신경계의 이상으로 인해 발생하지만, 치료가 가능하며 일찍 치료할수록 결과가 좋다. 치료가 늦어진 경우에도 언어 기능을 어느 정도는 학습할 수 있다.

난독증을 가진 사람들을 돕기 위해 설립된 오턴난독증협회(Orton Dyslexia Society, 현 국제난독증협회)가 1994년 채택한 난독증에 대한 정의는 다음과 같다.

> 난독증은 언어의 습득과 언어적 정보처리를 방해하는 장애로서, 신경학적인 기반과 종종 언어의 습득과 처리에 장애가 있는 가족력(家族歷)을 갖고 있다. 심각성의 정도는 다양하지만, 이는 읽기, 쓰기, 철자, 필기 및 때로는 산술에서 음운론적(phonological) 정보처리를 포함하는 수용적 언어 혹은 표현적 언어에서 어려움으로 나타난다. 난독증은 학구열의 부족이나 감각기관의 손상, 부적절한 지도 방법이나 환경적 기회, 혹은 어떠한 제한적 조건의 결과는 아니지만 이러한 상태와 동시에 발생한다. 비록 난독증이 평생 지속할지라도 적시에 적절한 치료 방법을 이용하면 성공적으로 개선되는 경우를 많이 볼 수 있다.
>
> (Stowe, 2000/2020: 23에서 재인용)

이 정의는 신경의학적 기제나 양상에 주목하는 오늘날의 정의와 달리, 난독증을 보다 넓은 맥락에서 이해할 수 있게 해 준다. 난독증의 원인 및 증상과 함께 난독증이 여러 개인적·환경적 요인들과 함께 발생한다는 점, 개선을 위해서는 적시에 적절한 치료 방법을 이용해야 한다는 점을 분명하게 언급하고 있기 때문이다. 이 정의를 초등학교 저학년 교실의 난독증 아이에게 대입해 보자. 그 아이는 언어 습득과 처리, 특히 음운론적 처리에 문제가 있어 읽기에 어려움을 겪고 있을 것이다. 또한 학구열의 부족 등 다른 증상이나 상태, 혹은 부정적인 태도를 보일 가능성이 크다. 그러나 가급적 빨리 개입하여 적절한 지원을 한다면 성공적으로 개선될 수 있을 것이다.

문제는 적절한 치료 방법 혹은 적절한 지원이 무엇인가 하는 것이다. 그 답의 실마리 역시 인용한 정의 안에 있다. 이 정의에 따르면 난독증 아이에 대한 지원은 신경의학적 접근이나 음운론적 정보처리 연습을 넘어서는 것이어야 한다. 이는 곧 병원이나 전문기관뿐 아니라 학교에서도 제반 여건을 잘 조성하고 적절한 방법을 찾아 아이들의 관심과 열정을 일깨운다면 난독증의 개선이 가능하다는 뜻이기도 하다. 최근 조사(정하은 외, 2022)에서는 난독증 아이를 둔 학부모 상당수(61.8%)가 학교 교사의 상담 및 학습지도가 매우 필요하다고 응답했다고 한다. 사실 병원이나 전문기관의 교육방법도 우리가 교실에서 가르치는 읽기 방법과 본질적으로 다르지 않다. 그렇다면 이제 일반 교실에서 교사가 난독증 아이들을 위해 어떤 정서적·환경적 지원을 제공해야 할지, 그리고 이 아이들을 어떻게 교육할 것인지를 본격적으로 고민해야 한다.

읽기 부진

읽기 부진이란 말 그대로 읽기 발달이 늦어지는 경우를 일컫는다. 읽기 부진아(delayed reader)는 '정상적 읽기 활동을 수행할 잠재력이 있으나 해당 연령이나 학년 수준보다 낮은 읽기 성취를 보이는 학습자'(최숙기, 2017: 38)라고 정의된다. 다시 말해 지능에 문제가 없음에도 읽기 능력이 정상적인 읽기 발달 수준보다 늦어지는 경우를 읽기 부진이라 하며, 이때 '늦음'을 판단하는 기준은 일반적으로 학년이다. 천경록(1999)은 기초 기능기(초등 3, 4학년)로부터 또래 아이들에 비해 읽기 능력 발달이 1년 이상 지연된 경우를 교정 읽기의 대상으로, 2년 이상 지연된 경우를 치료 읽기의 대상으로 구분하였다. 스패츠(Spache, 1981)는 시간이 지남에 따라 누적되는 읽기 부진의 특성을 고려하여 초등 1~3학년에서는 1년 이상 뒤처진 상태, 4~6학년에서는 2년 이상 뒤처진 상태, 7학년 이상에서는 3년 이상 뒤처진 상태를 심각한 읽기 부진으로 정의하였다. 요약하면 정상 지능을 가진 아이가 원인이 무엇이든 간에 또래 발달 수준보다 1년 이상 뒤처진 현상을 읽기 부진이라고 정의하고, 그러한 아이를 읽기 부진아로 진단한다.

학문적 혹은 의학적 관점에서 형성된 읽기 장애나 난독증과 달리, 읽기 부진이라는 개념은 교육 실천의 장에서 등장하였다. 또한 읽기 부진은 상대적 비교를 전제로 한 개념이기에 교실 안에는 늘상 읽기 부진아가 존재할 수밖에 없다. 이러한 이유로 일각에서는 읽기 장애나 난독증 아동을 특수교육 대상으로, 읽기 부진 아동을 일반교육 대상으로 구분하기도 한다. 그러나 이 구분은 실제로 쉽지 않을뿐더러 교육적으로 바람직하지도 않다. 읽기 장애아나 난독증 아이, 읽기 부진아에 대한 교육적 처치가 그리 다르지 않기 때문이다.

읽기 부진은 교육 현장에서 규정된 개념인 만큼 읽기 장애나 난독증에 비해 그 정의가 다소 모호한 측면이 있다. 그런데 이 점이 오히려 학습자가 지닌 읽기 문제를 더 포괄적이고 덜 병리적으로 바라보게 해 준다. 우선 읽기 부진이라는 개념은 일반교사가 다루기 어려운 중증의 읽기 장애를 제외한 가벼운 읽기 장애와 환경적 또는 교육적 요인으로 인한 읽기 곤란을 포괄할 수 있을 정도로 외연이 넓다. 또한 장애나 질병이라는 선입견을 심어 주지 않는다는 점에서 교육적으로도 적절하다.

초등학교 교실에는 특수한 도움을 필요로 하는 아이부터 소소한 어려움을 겪고 있는 아이, 읽기에 문제가 없는 아이에 이르기까지 다양한 아이들이 있다. 이러한 교실에서 교사는 읽기에 곤란함을 겪거나 읽기 능력이 상대적으로 뒤떨어지는 아이에 주목하고, 그 아이를 난독증이나 읽기 장애로 판정하기에 앞서 그가 지닌 읽기 문제를 정확하게 파악하기 위해 노력해야 한다. 나아가 그 아이가 곤란함에서 벗어날 수 있도록 모종의 교육 활동을 기획하고 실천해야 한다. 읽기 부진은 어떤 선입견이나 판단 없이 상대적으로 뒤처지거나 느린 아이에게 주목하도록 하고, 아이의 읽기 문제를 정확히 진단한 후 그에 대한 교육적 처치를 고민하게 한다. 이것이 이 책에서 읽기 문제를 아우르는 용어로 읽기 부진을 사용하는 이유이다.

그 밖의 문제들

읽기 부진, 읽기 장애, 난독증은 모두 읽기 기능의 장애나 미발달에 초점을 맞춘다. 자음과 모음의 소리를 아는 것, 자음과 모음을 변별하는 것, 음절이나 단어를 식별하는 것 등 읽기에 요구되는 기능이 발달하지 않았거나 문제가 있는 경우에만 주목하는 것이다. 그러나 읽기의 문제나 어려움은 읽기 기능 외에 다른 이유로도 발생할 수 있다.

예컨대 시각 장애인이나 청각 장애인은 읽기 기능 발달에 문제가 없더라도 읽기 학습에 어려움을 겪을 수 있다. 이 경우 어려움을 유발하는 근본적인 원인이 시각이나 청각의 문제이기 때문에 우선은 그 문제의 양상을 파악해야 한다. 수어나 점자를 배워야 하는 정도가 아니라면, 소리를 크게 하거나 글자 크기를 키우는 등 가능한 방법으로 시각적 혹은 청각적 문제를 넘어서게 도움으로써 아이가 읽기에서 겪는 어려움을 완화할 수 있다. 따라서 읽기 학습에 어려움을 겪는 아동이 있다면, 읽기 부진이나 읽기 장애, 난독증으로 진단하기 전에 시각이나 청각에 문제가 있는 것은 아닌지 살펴보아야 한다.

한편 읽기 지체(reading retardation) 역시 읽기 부진이나 읽기 장애, 난독증의 범위에 포함되지 않는 읽기 문제이다. 언뜻 보기에 읽기 부진과 잘 구별되지 않지만, 읽기 지체는 읽기 기능의 문제가 아니라 지적 장애(mental retardation) 혹은 문화 결핍(cultural deprivation)이 원인이 되어 발생하는 문제이다. 지적 장애로 인한 읽기 지체 아동은 읽기 외에 여러 가지 문제를 겪고 있을 가능성이 크며, 읽기 교육 차원 이상의 의학적 접근이 필요하다. 문화 결핍으로 인한 읽기 지체 아동 역시 사회문화적 자원을 제공하는 등의 다른 접근이 필요하다.

시청각 장애로 인한 읽기의 어려움이나 읽기 지체와 달리, 읽기 부진이나 읽기 장애, 난독증은 읽기라는 고등 정신 기능이 작동하는 과정의 어디에선가 문제가 발생한 경우를 가리키며, 읽기 기능을 길러 주기 위한 여러 교육적 처치를 통해 극복 또는 개선이 가능하다. 교육적 처지에 앞서 교육의 장에서 읽기 부진 아이들을 어떻게 이해하고 어떻게 접근할 것인가에 대해 좀 더 살펴보자.

2 실존적·개별적 이해와 통합적 접근의 필요성

저성취 아이가 아니라 중재의 대상으로

국내외에 다양한 읽기 부진 판별 방법이 있지만, 학교 현장에서는 주로 학업 성취 수준을 비교하여 읽기 부진 학생을 선별하고 있다. 학업 성취 수준이 낮은 저성취 아이들은 전국 단위로 실시하는 학업성취도 평가나 학교 단위로 이루어지는 시험에서 저절로 '드러난다'. 물론 저성취 아이들은 대부분 읽기 발달 수준도 또래보다 낮기 때문에 많은 교사가 그렇게 선별된 혹은 드러난 아이들에게 주목할 수밖에 없다. 그러나 이와 같은 평가는 읽기 성취기준에 대한 정보를 제공하기는 하지만, 부진의 원인을 파악할 수 있을 만큼 실제적인 정보를 제공해 주지는 못한다(이영아·최숙기, 2011: 5). 아이를 가려내고 전반적인 상황을 파악하는 데 도움이 될 뿐이다.

학업성취도 평가보다 구체적인 방법은 학습 장애를 판별하는 도구를 이용하는 것이다. 읽기 장애는 학습 장애의 하나로 분류되기 때문에 학습 장애 판별 도구로 읽기 부진 여부를 판단할 수 있다. 현재 우리나라에서 가장 많이 사용되는 학습 장애 선발 모형[3]은 능력-성취 불일치(IQ-achievement discrepancy) 모델이다. 이 모델은 지능과 학업 사이에 높은 상관관계가 있으리라는 가정하에, 정상 지능임에도 기대 수준의 성취를 하지 못하는 아이들을 학습 장애로 규정한다. 그런데 이 모델은 능력과 성취 간에 큰 격차가 나타나야 비로소 문제가 드러나기 때문에 실패를 기다리는(wait to

3 전통적인 학습 장애 선발 모형에 대한 설명은 여승수(2018)를 참고하였다. 여승수(2018)에는 여러 모델들에 대한 이론적 이해와 그에 대한 선행 연구 검토, 새로 개발한 검사 도구를 학교 현장에 적용한 사례까지 포함되어 있다.

fail) 모델이라는 비판을 받는다. 또 불일치에 대한 해석이 모호하고, 아이가 어떤 구체적인 어려움을 겪고 있는지 파악하거나 학생의 변화와 성장을 평가하는 데 적절하지 않다는 근본적인 문제가 있다. 그런 이유에서인지 이 모델의 타당성을 증명하는 연구도 적은 편이다(여승수, 2018: 22-24).

능력-성취 불일치 모델의 대안으로 미국에서 등장한 것이 중재-반응(Response to Intervention: RTI) 모델이다. RTI 모델은 학습 장애 판별 도구로 등장하였으나, 학습 장애는 물론이고 읽기 부진 정책 및 교육의 패러다임까지 바꾼 모델이다. RTI 모델은 다양하게 정의되지만 어떤 정의든 '중재(intervention)'[4]와 '반응(response)'이라는 두 가지 개념에서 출발한다. 효과적인 '중재'에도 불구하고 유의미한 '반응'이 일어나지 않는 아이를 학습 장애나 읽기 부진으로 보는 것이 RTI 모델의 기본 관점이다. RTI 모델은 장애나 부진으로 판단하기 전에 효과적인 중재, 즉 체계적인 읽기 교육을 실천한다는 점에서 실패를 기다리는 것이 아니라 조기에 개입하여 실패나 좌절을 예방하려는(catch before they fall) 모델이라 할 수 있다. 이 모델은 아이를 가르치면서 정확한 상태나 어려움을 진단하며, 중재의 과정과 결과로부터 얻은 자료에 근거하여 이후의 교육 계획을 세우기 때문에 근거에 기반한 교육이 가능하다는 장점이 있다.

최근 우리나라에도 '중재'라는 단어가 붙은 읽기 부진 지원 프로그램이 많아졌다. 예방적 성격을 지니는 RTI 모델의 철학과 지향을 받아들인 결과

....

4 『표준국어대사전』에 따르면 중재(仲裁)는 "분쟁에 끼어들어 쌍방을 화해시킴"을 뜻한다. 이러한 사전적 정의는 읽기 지원 프로그램의 특성과는 다소 거리가 있다. 그래서 이 책에서 소개할 읽기 따라잡기에서는 조기 개입 프로그램으로서의 책무성을 강조하는 취지를 살리고자 'intervention'을 '개입'이라고 번역하였다. 다만 중재라는 말이 특수교육의 장이나 읽기 부진아 지원 프로그램에서 널리 사용되고 있으므로, 이 책에서도 필요한 경우 중재라는 용어를 사용하였다.

라는 점에서 진일보한 면이 있으나, 그렇다고 우리나라의 중재 프로그램들을 '선별-진단-단계적 교수 및 중재 제공'이 결합·순환하는 RTI 모델이라고 보기는 어렵다. 효과적인 중재를 먼저 한 다음에 그에 대한 반응을 살펴 진단하고, 진단한 자료에 근거하여 중재하는 체계를 갖춘 프로그램은 아직까지 찾아보기 힘들다. 중재 프로그램이라고는 하지만, 학업성취도 평가 등 능력-성취 모델에 따른 도구를 활용하여 읽기 부진 아이를 판별한 후 그러한 아이를 지원하는 프로그램인 경우가 대부분이다. 그에 반해 이 책에서 소개할 읽기 따라잡기는 RTI 모델에 속한다고 할 수 있으며, 읽기 따라잡기의 출발점이 된 '리딩 리커버리'는 지금도 RTI 프로그램의 하나로 북미에서 활발하게 활용되고 있다.

읽기 부진이라는 말을 넘어

읽기 부진아와 비슷한 개념으로 외국에서 많이 사용되는 용어가 'struggling reader'인데, 번역하면 '고군분투하는 독자' 정도가 된다. 느린 독자(slow reader), 수준 낮은 독자(low reader), 장애 독자(disabled reader), 위험군 독자(at-risk reader) 등과 함께 읽기 문제를 지닌 아이들을 지칭하며, '나아지기 위해 노력하는 독자'라는 의미를 담고 있다. 이 용어는 부진의 원인을 개인에게 돌리고 부정적인 꼬리표를 남기는 교정 독자(remedial reader) 혹은 나쁜 독자(bad reader) 등의 용어를 대체하기 위해 등장하였다. 그러나 이 용어도 읽기 부진아가 나아지기 위해 노력해야 하는 결핍된 존재 혹은 정상적인 수준에 도달하지 못한 존재라는 관점을 전제하고 있다. 그런 이유에서 '고군분투하는 독자'는 부진의 원인을 개인에게 돌리고 개인을 열등한 존재로 규정하는 관점에 당의정을 입힌 용어일 뿐이라는 비판을 받기도 한다(Brooks & Frankel, 2018).[5] 텍스트나 읽기 상황에 따라 누구든 읽기 어려움을 경험할 수 있다는 사실(Alvermann, 2001)을 간과하고, 읽기 발달이 뒤처진 독자에게 부정적 낙인을 찍는다는 근본적인 회의도 있다.

이 책에서 사용하는 읽기 부진이라는 용어도 '고군분투하는 독자'라는 용어에 쏟아졌던 비판으로부터 자유롭지 못하다. 읽기 부진 역시 상대적인 비교를 통해 몇몇 아이들을 또래들로부터 구별하여 지칭하는 이름이기 때문이다. 읽기 부진이라는 말이 누구나 겪는 읽기의 일반적인 어려움을 과장하여 인식하게 하거나 구별을 넘어 차별의 단어가 되는 것을 경계하기 위해 이 용어에도 한계가 있음을 미리 밝혀 둔다.

교실에서 읽기 부진아는 그저 곤란함에 처해 있는 실존적 존재이다. 단지 교사의 도움이 더 필요한 아이일 뿐이다. 아이는 특수교육의 도움을 받아야 하는 심각한 읽기 장애아일 수 있다. 하지만 당장은 이 아이가 읽기 장애아인지, 난독증 아이인지 판단할 수 없다. 시각이나 청각에 문제가 있는지, 환경적 요인에 의한 읽기 지체인지도 판단할 수 없다. 아이에게 읽기 장애 판정이 내려져 특수교육의 대상이 되기 전까지는 학급 교사가 이 아이를 담당해야 한다. 중요한 것은 아이가 읽기 장애라는 판정을 받았다 하더라도 교사는 그 판정이 정확한지, 교육적으로 의미 있는 결정인지 묻고 또 물어야 한다는 점이다. 특수교육 대상자로서 아이가 받을 수 있는 교육적 지원은 그리 특수한 것이 아니기 때문이다. 읽기 장애아가 받는 교육적 지원은 일반적인 교실에서 보통의 교사가 일대일로 제공할 수 있는 교육적 지원의 테두리 안에 있다. 그리고 적절한 지원을 통해 장애를 극복하면 아이 역시 일반적인 교육과정을 다시 따라갈 수 있다.

5 읽기 부진 아이들을 지칭하는 용어에 대한 검토는 이수진(2020)을 참고하여 정리하였다.

렌(Wren, 2005)은 쌍발 제트 비행기의 비유를 들어 심각한 읽기 어려움도 극복 가능하다고 하였다. 읽기 능력은 음운론적 처리 기능과 자동화된 명명 기능이라는 두 개의 제트 엔진을 단 비행기와 같은데,[6] 비행 중에 엔진 하나가 고장 나더라도 다른 하나로 무사히 비행을 마칠 수 있다는 것이다. 심지어 두 개의 엔진 모두에 문제가 있는 경우에도 하나의 엔진이 정상적인 기능을 회복하게 되면 비행이 불가능하지 않다고 한다. 여기서 우리는 아이가 겪고 있는 읽기의 문제나 상태를 정확하게 이해하고 효과적인 교육적 처치를 하는 것도 중요하지만, 심각한 어려움을 겪고 있는 아이라 하더라도 적절한 개입을 통해 개선될 수 있다는 낙관을 끝까지 버리지 않는 것 또한 중요함을 알 수 있다.

독자 프로파일 만들기: 흔하지만 특별한 아이들

중재의 대상이 되는 읽기 부진의 정도는 특수교육이 필요한 심각한 수준에서 가벼운 곤란함에 이르기까지 다양하며, 그 원인 또한 단일하지 않다. 최근 난독증에 대한 연구가 활발해지면서 난독증 아이와 가난한 독자(poor reader)를 구별하는 논의가 등장하였다(UK Essays, 2018). 가난한 독자는 인지적·사회적·문화적 자원의 결핍에서 기인한 읽기 부진에 주목한 개념이다. 겉으로 드러나는 읽기 문제나 증상은 동일하지만, 가난한 독자는

6 읽기 부진 아이들의 70~80%가 음운론적 결손을, 10~15%가 명명 속도의 결손을, 10~15%가 이해 결손을 보인다고 한다. 이 중 해독의 문제와 관련되는 것이 음운론적 결손과 명명 속도의 결손이다. 음운론적 결손은 글자-소리 대응 등 음운론적 처리 기능의 문제로 인해 단어 재인이 정확하고 유창하게 되지 않는 것이다. 명명 속도의 결손은 음운론적 인식 능력은 뛰어나지만 단어를 재인하고 대상을 떠올리는 속도가 느려서 의미를 파악하지 못하고 오히려 음운론적 해독에만 매달리는 현상을 말한다.

자원이 부족하여 문해력 발달이 뒤처지는 경우인 반면 난독증 아이는 뇌 신경의 문제가 원인이라는 점에서 차이가 있다. 드러난 현상만 봐서는 교실에 있는 하위 20% 아이들이 난독증인지 가난한 독자인지 판단하기 어렵다. 사실 이들 중 대부분은 난독증 아이가 아니라 단지 독자로서 '가난할' 뿐이다.

'정원 다양성 읽기 장애'(Stanovich, 1988; 590-604) 혹은 '정원 다양성 읽기 부진'이라는 개념은 이러한 읽기 부진의 다양한 양상을 이해하는 데 유용하다. 정원 다양성(garden-variety)은 특별하지도 눈에 띄지도 않는 여러 종의 식물들이 모여 있는 정원의 모습에서 유래한 말로, 적절한 번역어를 찾기 어렵지만 '평범한(ordinary)'이나 '흔한(commonplace)'과 유사한 의미로 사용된다. 정원 다양성 읽기 부진 개념은 우리 교실과 일상에 특별하지 않은, 소소한 읽기 어려움을 겪는 아이들이 존재함을 드러낸다. 세상에는 심각한 읽기 부진을 겪는 몇몇 특별한 아이와 다수의 정상적인 아이들이 있는 것이 아니라, 다양한 읽기 수준을 가진 아이들이 공존하고 있다는 관점을 반영한 개념인 것이다.

최근에는 정원 다양성 읽기 부진아와 난독증을 구분할 명확한 근거가 없다는 점을 들어, 이러한 개념 구분이 오히려 일시적으로 읽기에 어려움을 겪는 아이를 불필요하게 난독증으로 낙인찍는다거나 진정한 어려움에 처한 아이에게 정확한 진단과 적절한 교육을 제공하지 못하게 만든다는 우려가 제기되기도 하였다(UK Essays, 2018). 물론 심각한 수준의 읽기 부진과 소소한 수준의 읽기 부진을 가르는 명확한 기준은 없다. 기준이 명확하지 않기 때문에 구분 자체가 쉽지 않고, 어렵사리 구분했다 하더라도 적절하지 않을 수 있다. 그러나 정원 다양성 읽기 부진이라는 개념은 마치 영국 정원처럼, 우리 교실에도 신경의학적 문제로 인해 읽기에 어려움을 겪는 난독증 아이부터 소소한 어려움을 겪는 가난한 독자까지 다양한 아이들이 어울려 살아가고 있음을 환기해 준다. 또한 교실 안 독자 생태계를 그려 볼 수 있게 하고, 읽기의 어려움이 누구나 흔히 경험할 수 있는 문제임을 일깨워 준다.

어떠어떠한 용어로 읽기 부진을 구분하는 것보다 중요한 것은 읽기 부진의 양상을 정확하게 진단하여 그에 맞는 개별화된 처치를 하는 것이다. 정원 다양성 읽기 부진을 비롯하여 읽기 장애나 난독증도 교육을 통해 개선될 수 있다. 그런 점에서 모든 읽기 문제는 결국 진단과 중재 혹은 교육의 문제로 수렴되어야 한다.

이와 더불어 정원에 있는 식물들이 소소하고 특별할 것 없어도 모두 다른 종에 속하듯이, 아이 한 명 한 명 또한 고유한 특성을 지니고 있다는 것을 잊지 말아야 한다. 교실에서 아이들이 겪는 읽기의 어려움은 흔하고 특별한 일이 아니지만, 아이들 각각은 고유하고 특별한 존재이다. 아이들은 모두 각기 다른 문해 환경에서 성장했고 지금도 저마다의 생태계 안에서 살아가는 개별 독자이다. 그러나 저성취 아이들을 가려내는 지금까지의 진단 방법이나 개입 방식은 개별 독자의 고유한 특성에 주목하지 않은 채, 이들이 겪는 읽기 문제를 일반화하거나 읽기 부진 집단의 문제로 간주하는 경향이 있었다.

아이들이 각자 다른 환경에서 성장한 개별 독자임을 강조하며 등장한 것이 바로 독자 프로파일(reader profile), 즉 독자 특성이라는 개념이다(Aaron et al., 1999; Carr et al., 1990; Clay, 1993b; Daneman, 1991; Spear-Swerling, 2004; 이영아·최숙기, 2011: 11에서 재인용). 독자 프로파일이란 읽기에 필요한 지식, 기능, 전략 등과 관련하여 아이가 가지고 있는 고유한 특성을 의미한다. 효과적인 중재를 위해서는 아이가 지닌 독자로서의 고유한 특성 및 문해 환경을 파악할 필요가 있다. 독자 특성을 구체적으로 파악할수록 그에 근거하여 아이에게 보다 적합한 중재 혹은 교육을 실천할 수 있기 때문이다. 독자 특성을 파악하기 위한 진단 도구가 중요한 이유이다.

그런데 앞서 언급한 학업성취도 평가나 학습 장애 진단 도구, 심지어 읽기 문제를 진단하기 위해 만들어진 평가 도구도 독자 특성을 파악하는 데 명백한 한계가 있다. 2017년 한국교육과정평가원에서 한글 미해득 학생의 보정을 위한 사정 평가 도구로서 개발·보급한 '찬찬한글 진단 도구'를 예로 살펴보자. [표 5]에는 찬찬한글 진단 도구의 문항 구성과 기준 등이 제시되어 있다. 표에 나타나 있듯이 진단 도구의 평가는 모음과 자음, 받침 없는 글자 및 단어로부터 출발하여 복잡한 모음, 대표받침, 복잡한 받침, 받침 있

[표 5] 찬찬한글 진단 도구의 문항 구성(이승미 외, 2017: 8)

평가 항목	문항 수	기준	진단	한글 해득 수준
모음	10	각 항목 모두 정반응이면 도달	한글 미해득 수준	한글 학습이 진행되는 과정으로, 받침 있는 글자 또는 단어를 읽지 못하는 수준
자음	19			
받침 없는 글자	14			
받침 없는 단어	10			
복잡한 모음	10			
대표받침	7		초보적 한글 해득 수준	받침 있는 글자나 단어를 읽을 수 있지만, 끝소리 받침 규칙을 적용하지는 못하는 수준
복잡한 받침	7		한글 해득 완성 수준(초급)	복잡한 받침까지 모두 읽을 수 있는 수준
받침 있는 단어	10		한글 해득 완성 수준(중급)	받침 있는 단어까지 모두 읽을 수 있는 수준
듣고 쓰기(받아쓰기)	5	4점 이상이면 도달	한글 해득 완성 수준(고급)	쓰기까지 도달한 수준

는 단어, 듣고 쓰기 순으로 진행된다. 그리고 성취 결과에 따라 한글 미해득 수준, 초보적 한글 해득 수준, 한글 해득 완성 수준(초급, 중급, 고급)을 판정한다. 찬찬한글 진단 도구는 기존의 학업성취도 평가나 학습 장애 진단 도구에 비해 체계적인 측면이 있다. 그러나 읽기 부진의 구체적인 양상과 원인에 대한 정보를 제공하지는 못한다. 예를 들어 어떤 아이가 받침 없는 글자를 읽지 못한다는 판정을 받았다고 하자. 이 진단 도구는 아이의 한글 해득 수준을 평가할 수는 있지만, 아이가 시각적 정보를 처리하는 과정에 문제가 있는지, 글자를 기억하는 기억력에 문제가 있는지, 구어 발달에 문제가 있는지 등을 알려 주지는 않는다. 이렇듯 아이가 겪는 읽기 부진의 원인을 판단할 수 없기 때문에 진단이 내려진 후에도 적극적인 중재나 교육을 본격화하기 어렵다. 결국 이 아이는 자신의 특성이나 독자로서 가지고 있는 자원과는 무관하게, 같은 판정을 받은 다른 친구들과 동일한 방법으로 받침 없는 글자 쓰기 연습을 하게 될 것이다.

읽기 따라잡기 프로그램은 아이 한 명 한 명을 중심에 두는 개별화된 중재 프로그램이다. 자체 개발한 진단 도구를 활용하여 일단 읽기 부진 아이를 가려내지만, 본격적인 중재 수업을 시작하기 전에 '아이의 눈높이에서 머무르는' 단계를 설정하고 있다. 이 단계는 수업을 진행하면서 동시에 아이를 파악하는 단계로, 독자 프로파일을 만들어 가는 과정이라고 할 수 있다. 읽기 따라잡기 프로그램에서는 중재와 진단이 동시에 이루어지는 이 단계를 거쳐 독자 특성을 파악해야만 그 특성에 근거하여 다음 단계인 패턴화된 수업을 시작할 수 있다.

패턴화된 수업도 일반적인 절차가 있으나 형식적이고 일률적으로 진행되지는 않는다. 원칙과 일반적인 흐름을 따르되, 교사가 아이의 눈높이에서 머무르면서 수집한 정보에 근거하여 적절한 교육 자료와 방법 등을 다시 결정하고 구체화한다. 교사는 패턴화된 수업을 진행하는 동안에도 아이에 대한 진단과 교육을 병행 혹은 순환하면서 아이에게 더 나은 중재 방법을 계속해서 찾아내고 실천한다. 그 과정에서 독자 프로파일이 지속적으로 보완된다.

이처럼 읽기 따라잡기 수업에서 교사는 아이를 지속적으로 진단하고 중재하면서 독자 프로파일을 만들어야 한다. 또 수시로 성찰하고 의사결정을 하면서 최적의 방법을 찾아 실천해야 한다. 아이의 읽기 발달과 관련된 여러 요인들을 정확하게 알고 있는 것도 필요하다. 그런 점에서 읽기 따라잡기는 교사의 전문성이 중시되는 프로그램이자 근거에 기반한 프로그램이며, 무엇보다도 독자 특성을 고려하는 개별화된 중재 프로그램이라 할 수 있다.

6장

읽기 부진아 교육의 지향과 문제적 현실

1 조기 예방 교육으로의 전환

교육의 출발선 평등을 위한 교수 학습 지원 체계를 구축하려는 움직임이 본격화되고 있다(노원경 외, 2021). 취학 기회의 평등에서 시작한 평등 개념이 모든 학생이 도달해야 할 성취기준 혹은 결과의 평등으로 확장되었고, 최근에는 출발선의 평등 개념으로까지 진화한 까닭이다. 하지만 [그림 6]에서 볼 수 있듯 아직까지 우리나라 교육 정책은 기회의 평등과 결과의 평등 개념에 입각해 있는 것이 현실이다.

우리나라는 기회의 평등을 위한 교육복지 관련 지원 정책과 결과의 평등을 위한 기초학력 관련 지원 정책을 운영하고 있다. 이 중 읽기 부진 아이와 유관한 기초학력 지원 정책을 살펴보면, 세 단계의 안전망을 설정하고 단계별 지원 방안을 제시하고 있다. 1단계는 교실 내 지원, 2단계는 두드림

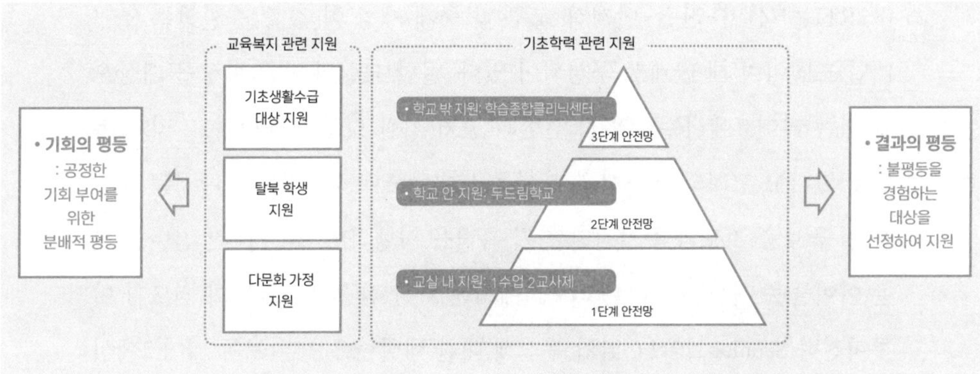

[그림 6] 교육에서의 평등을 위한 그간의 정책적 지원들 (노원경 외, 2021: 41)

학교 등 학교 안 지원, 3단계는 학교 밖 학습종합클리닉센터와 연계한 지원이다.

그런데 평등을 미래에 성취해야 할 이상이나 결과가 아니라 현재의 출발점이자 조건으로 보는 출발선의 평등 개념이 부각되기 시작되면서 우리나라 기초학력 지원 정책도 달라지고 있다. 기초학력 지원 정책은 2012년에 본격적으로 시작되었는데, 2017년부터 출발선의 평등을 강조함에 따라 예방적 차원의 정책으로 진화한 것이다. 2013년 교육부에서 발표된 계획안을 보면 초등학교 3학년 이후 기초학력 미달 여부를 확인하는 평가를 실시하고, 기초학력이 부족한 학생들이 발견되면 이후 보정 지도를 통해 진도를 따라갈 수 있도록 도와주게 되어 있다(교육부, 2013). 그러다 2017년부터는 예방 차원의 지원을 강화하기 위해 교육 격차가 커지기 전에 조기 개입하는 방식으로 전환하여 초등학교 1~2학년을 대상으로 한 집중 지원 정책을 펼치기 시작한다(교육부, 2017a, 2017b, 2019).

예방 차원으로 패러다임을 전환한 것이나 기초학력 관련 지원 대상을 세 단계로 설정한 것은 미국의 RTI 모델과 티어(tier) 구분을 떠올리게 한다. RTI는 '선별-진단-단계적 교수 및 중재 제공'이 결합·순환하는 조기 개입 모델이며 세 단계로 구성되어 있다. 일반 교실의 모든 학생을 대상으로 하는 티어 1에서는 보편적 선별과 증거 기반 교수를 제공하고, 읽기 부진이 있다고 고려되는 위험군 학생들을 대상으로 하는 티어 2에서는 소그룹 집중 보충 지도와 주기적인 진전 측정을 시행하며, 읽기 부진 진단을 받은 아이들을 대상으로 하는 티어 3에서는 가장 집중적인 개별화 지도가 이루어진다(Scanlon, 2011). 읽기 부진에 대한 세밀한 진단은 보통 티어 2에서도 진전을 보이지 않는 학생들을 대상으로 실시되며, 티어 3에 속하는 아이들은 정규 시간 안에 풀아웃(pull-out) 방식[1]으로 읽기 전문가의 교육을 받는다. 티어 3에 속한 아이라도 중재 활동을 통해 읽기 부진이 개선되면 바로 티어 2로 옮겨 간다.

우리나라 기초학력 지원 정책과 미국의 RTI 모델 모두 초기 문해력 격차를 줄이기 위한 조기 개입을 원칙으로 하고, 교실을 넘어선 지원과 교육을 실천하여 교실 안 아이를 지원한다는 공통점이 있다. 그러나 우리나라의 기초학력 지원 정책과 RTI 모델의 철학이 동일하다고 보기는 어렵다. 우리나라 기초학력 지원 정책은 여전히 능력-성취 불일치 모델에 근거를 두고 있으며 진단 이후에 적극적인 중재 활동이 일어난다. 즉, 예방 차원에서 체계적인 교육을 실천하면서 어려움을 겪는 아이들을 선별하고 아이에 대한 자료를 근거로 다시 체계적인 교육을 기획·실천하는 RTI 모델과 차이가 있다. 평등의 개념을 확장함으로써 조기 개입을 통해 출발선에서의 불평등을 개선하고자 노력하고는 있지만, 아직까지는 RTI 모델처럼 국가

1 정규 수업 시간에 해당 학생을 교실에서 데리고 나와(pull out) 별도의 공간에서 수업하는 방식을 말한다. 방과 후에 따로 시간을 마련하여 일대일로 교육하는 방식과 구별된다.

차원의 선별과 진단, 단계적 교수 및 중재 제공이 결합된 읽기 부진아 교육 프로그램은 없다고 할 수 있다.

물론 부분적인 도입 혹은 시도는 있다. 1998년 기초학습기능평가체제(Basic Academic Skills Assessment: BASA)가 소개되어 사용되면서 RTI의 세 단계에 따라 위험군 학생들을 선별하여 지원 중이며 그 성과가 보고되고 있다(김동일, 2021; 김동일 외, 2021). 또 2019년 교육부가 '한 아이도 놓치지 않겠다'고 선언한 이래(교육부, 2019), 2022년 현재 교육부는 물론이고 지방 교육청들에서도 예방 차원에서 체계적인 진단과 교육을 실천하려 하고 있다.[2] 이런 상황에서 읽기 따라잡기 역시 선별과 진단, 단계적 교수 및 중재 제공이 결합된 체계적인 읽기 부진아 교육 프로그램으로 자리 잡기 위해 노력하고 있다.

이렇듯 체계적인 중재 프로그램을 찾아보기는 어렵지만, 읽기 부진아를 위한 중재나 교육이 부재한 것은 아니다. 한글 교육이 강화되면서 교실 안과 밖에서 읽기 부진 아이를 지원하기 위한 교육이 활발하게 실천되고 있다. 읽기 부진아 교육 프로그램인 읽기 따라잡기를 소개하기에 앞서, 학교의 읽기 부진아 교육이 어떻게 이루어지고 있는지 살펴보자.

2 읽기 유창성 지원 시스템을 개발한 강원도교육청을 비롯하여, 경상북도교육청 등 여러 교육청에서 읽기 부진 아이를 위한 지원 시스템 및 교육 프로그램의 개발 및 운영을 추진하고 있다.

2 읽기 부진아 교육의 문제적 현실

방치와 외면, 소극적 개입의 문화: 성숙주의 관점

지금까지 학교 현장을 지배해 온 읽기에 대한 해묵은 관점은 문자를 사용하는 능력이 읽기의 기초 기능이며 초등학교 입학 이후에 본격적인 읽기 지도가 시작된다는 생각이다. 이러한 생각은 아동이 읽기를 가장 효과적으로 배울 수 있는 적절한 시기가 있으며, 그 시기를 기다려 읽기를 가르치면 특별한 노력 없이도 자연스럽게 읽기를 배울 수 있다는 생각으로 이어진다. 이러한 관점을 성숙주의 관점(이차숙, 1992)이라고 한다. 성숙주의(maturation) 관점은 누구나 준비가 되면, 다시 말해 어느 정도 성숙되면 자연스럽게 읽기 발달이 일어난다는 생각으로, 읽기 준비도라는 개념과도 밀접하게 관련된다.

사실 느린 학습자로서 고전했던 경험이 없는 대부분의 어른 독자가 성숙주의 관점을 가지고 있다. 어른들은 대개 자신이 '특별한 노력 없이' 혹은 '별다른 어려움 없이' 읽을 수 있게 된 것처럼, 아이들도 학교 교육을 충실히 따라가다 보면 어느 순간 글자를 깨치고 글을 읽을 수 있게 된다고 믿는다. 초기 문해력 교육과 무관한 일반인들이 그와 같은 믿음을 가지고 있는 것은 아무런 문제가 없다. 그러나 교사나 학부모, 읽기 교육 담당자나 정책 입안자 등이 아이가 학교에서 국어 수업을 잘 들으면 자연스럽게 글을 읽게 된다고 생각하는 것은 큰 문제다. 이러한 생각은 읽기 발달이 늦거나 읽기에 어려움을 겪는 아이를 문제아 또는 정상적인 읽기 발달 과정을 따라가지 못하는 아이로 간주하게끔 하기 때문이다.

우리가 잘 의식하지 못하지만 성숙주의 관점은 널리 퍼져 있다. 교사들은 읽기에 어려움을 겪는 아이들을 정상적인 능력을 지닌 아이들과 끊임없이 비교하는 경향이 있다. 그리고 그 어려움이나 결손의 원인을 아이 개인에게서 찾으려 한다. 엄밀하게 따지면 읽기 부진이라는 개념 자체도 아동의 읽기 능력 수준을 가리킨다기보다 정상적인 그룹과의 차이를 비교하는 개념이다. 정상적인 그룹과 차이가 나는 읽기 부진아의 경우 '정상적인' 교육 방법으로는 읽기 능력을 향상시킬 수 없기 때문에 교사들은 그들을 내버려 두거나 특수교육의 영역에서 다루어 주기를 희망한다. 그래서 때로는 교사들이 읽기에 어려움을 겪는 아이들을 지원하고 통합하는 대신 방치하거나 배제하기도 한다(홍유진, 2007). 우리 교실 안에 엄연히 존재하는, 읽기를 위해 고군분투하는 아이를 정상 범주에서 벗어나는 존재로 규정함으로써 그 아이에게 적절한 교육적 지원을 제공하지 않는 것이다.

이처럼 성숙주의 관점은 우리의 의식 깊숙이 자리하고 있을 뿐만 아니라, 국어과 교육과정과 관련해서도 큰 영향력을 미치고 있다. RTI 정책을 운영 중인 미국은 물론이고, 다른 나라의 교육과정과 대비해 봐도 그 사실을 확인할 수 있다. 예컨대 뉴질랜드의 경우 입학 후 완충기를 두어 저학년 아이들 사이에 존재하는 개인차를 조기에 극복 혹은 조정하는 정책을 펴고 있다. 뉴질랜드에서는 만 5세에 초등학교에 입학하는데, 그때부터 3학년이 될 때까지 18~36개월 동안 개별적인 지도를 통해 읽기 발달이 느린 아동들을 지원한다. 그 결과 3학년에 들어가는 시점에는 대부분의 아이들이 보통 정도의 성취 수준에 도달하게 된다(Clay, 2005: 30).

반면 우리나라는 국가 수준 교육과정과 그에 기반해 만들어진 교과서를 중심으로, 초등학교 1학년 시기에 일률적인 방식으로 한글에 대한 형식적인 교육을 시작한다. 개별화된 방식보다는 중간 수준 학급 구성원의 눈높이에 맞추어 일제식 수업으로 진행되며, 수업이 끝나면 학생들이 해당 내용을 학습했다고 간주한다. 이러한 관념에 입각한 수업 관행이 자리하는 한, 우리 학교는 변형된 성숙주의 관점의 온상이라는 비판을 면하기 어렵다. 조기 책임 교육을 내세우면서 균형적 접근을 표방하고 있는 현재의 교육과정조차 초등학교 1학년 시기에 문자에 대한 형식적인 학습을 시작해 1학년이 끝날 무렵이면 아동의 해독 능력이 어느 정도 완성될 것이라는 낙관적인 가정을 전제로 하고 있기 때문이다. 이렇게 말로는 맞춤형 교육 혹은 수준별 교육을 강조하지만, 실상 우리 교실에서는 일률적이고 평균적인 수준의 교육이 이루어짐으로써 읽기 부진 학생들이 소외되고 방치되는 결과가 나타나고 있다.

중재 내용과 방법의 문제: 행동주의적 접근

우리나라 읽기 부진 중재 프로그램은 현재 학교에서 이루어지는 한글 교육의 패러다임 안에 있다. 이것 자체는 문제가 없다. 읽기 중재 프로그램 역시 일반적인 읽기 교육과 비교해 강도 및 명시성, 지속 시간 등에서 차이가 있을 뿐이지 그 내용이 크게 다르지는 않기 때문이다. 진짜 문제는 학교 교육의 내용과 방법이 적절하지 않을 때 발생한다.

그런 점에서 우리 학교의 한글 교육이 초기 문해력 교육에 얼마나 효과적이었는지를 질문할 필요가 있다. 안타깝게도 선뜻 효과적이었다는 답을 할 수가 없다. 초기 문해력 교육은 1부에서 살핀 것처럼 '한글 교육, 입문기 문자 지도, 기초 문식성 교육'이라는 말에 갇혀 여러 문제점과 한계를 노출해 왔다. 오히려 교실에서 이루어진 한글 교육이 읽기 부진 아이들을 만들어 내고, 어려움을 겪는 아이들을 소외시켰다고도 볼 수 있다. 그런데 읽기 부진 아이들을 위한 중재 활동 또한 그러한 교육 패러다임에 따라 전개되면서 읽기 부진 아이들이 이중으로 소외되고 좌절하는 상황이 연출되고 있다.

학교에서의 한글 교육이 어떻게 진행되고 있으며 어떤 문제가 있는지 좀 더 자세히 알아보자. 먼저 초등학교 1학년 한글 교육의 내용 혹은 내용 체계를 보면, 현재 1학년 국어 교실에서는 '낱말 → 자모 → 음절 → 문장' 순서로 초기 문해력 교육을 실시하고 있다. 국어 교과서에 낱말 단위의 접근을 하는 단원, 자음을 가르치는 단원, 모음을 가르치는 단원, 그리고 받침을 가르치는 단원을 두어 단계별로 교육하고 있는 것이다. 교과서 순서대로라면 아이들은 익숙한 통글자 읽기를 한 후에, 자음자 14개의 형태와 이름, 소릿값을 모두 익히고 또 써 보아야 한다. 그다음 모음자 10개의 형태와 이름, 소릿값을 익힌 다음 써 보는 활동을 하고, 이어 그렇게 익힌 자음자와 모음자를 가지고 음절 글자를 구성하는 법을 학습한다. 그다음에 문장을 익힌다.

학습할 내용을 논리적 순서에 따라 배치했다는 점과 문자 중심의 교육에 초점을 두었다는 점이 특징적이다. 교과서의 내용 제시 순서는 아이들이 자소 중에서 자음자에 먼저 익숙해지는 경향이 있고, 받침 글자를 다루는 데 어려움을 느낀다는 연구 결과에 근거한다. 나름대로 연구 결과에 기반을 두고 있지만, 이러한 논리적 접근이 초기 문해력 교육에 적절한지는 의문이다. 여기에는 '아이'가 빠져 있다. 아이 대신 교육 내용이, 아이의 발달 양상 대신 한글이라는 문자 체계의 논리적 순서가 자리하고 있다.

아이들은 자음자의 세트를 모두 익힌 다음 모음자의 세트를 모두 익히고, 그런 다음 음절 글자의 구성 방식을 익히는 방식으로 학습하지 않는다. 아이들은 자신에게 익숙하거나 중요한 낱말들을 먼저 익히고, 그 낱말들을 구성하고 있는 말소리와 그 말소리를 표기하는 자소들을 하나씩 배워 나간다. 이것이 자연스러운 읽기 학습 과정이다. 초기 문해력 교육은 아이들의 자연스러운 학습 과정에 부합해야 한다. 그렇지 않으면 한글 책임 교육을 강조하고 한글 교육 시수를 획기적으로 늘린다 해도 문자 인식에 어려움을 겪는 아이들, 수업을 통해 초기 문해력을 완성하는 단계로 나아가지 못하는 아이들이 생길 수밖에 없다. 이 점에서 현재의 학교 교육은 '이미 알고 있는 아이들은 더 확실히 알게 되지만, 모르는 아이들은 모르는 채로 넘어가는' 초기 문해력 교육의 빈자리 현상을 촉발할 가능성이 높다. 늘어난 한글 교육이 오히려 읽기 부진을 유발하거나 심화하는 원인이 될 수도 있는 것이다.

읽기 부진 아이에 대한 교육도 위에서 설명한 일반 교실 내 한글 교육과 다르지 않다. 각각의 교육 내용을 가르치고 배우는 데 걸리는 시간을 길게 설정할 뿐, 교육 내용과 방법은 유사하다. 찬찬한글 등 여러 중재 프로그램의 경우 모음을 먼저 익힌 후 자음을 익히는 등 자모 학습의 순서에는 차이가 있지만, 작은 단위에서 큰 단위로 나아가는 논리적 순서에 따라 학습이 진행된다는 점은 마찬가지이다. 그 순서를 따르되, 자음자(혹은 모음자)의 형태와 이름, 소릿값을 익히는 데 어려움을 겪는다면 그 수준에 더 오래 머물러 더 많이 연습하게 하는 식이다. 그렇게 더 오랜 시간을 들여 자음자(혹은 모음자)를 익히고 나면 다음으로 모음자(혹은 자음자)를 익힌다. 자모를 다 익힌 후에 음절을 배우고 단어와 문장을 배우는 활동으로 나아간다. 문자를 익히기 전까지 읽기나 쓰기가 제한되는 것은 물론이다. 읽기 부진 중재 프로그램에서도 아이가 중심이 되기보다 교육 내용의 체계성과 논리적 순서 및 절차가 우선시되고 있다. 이로 인해 읽기 부진 개선을 위한 노력이 이미 교실 수업으로부터 소외되고 상처받은 아이들을 치유해 주기는커녕 소외와 상처를 키우는 의도하지 않은 결과를 초래하고 있다.

다음으로 한글 교육 및 읽기 부진아 교육 방법에 대해 살펴보자. 자모를 배우고 음절을 배우고 단어와 문장을 배우는 과정은 반복 연습을 통해 이루어진다. 낱자를 노출하고 써 보게 하는 식의 훈련을 반복하여 낱자 인식을 길러 주는 것이다. 이는 '자극(stimulus)-반응(response)'과 '반복'을 특징으로 하는 행동주의 철학에 근거를 둔 접근이다. 행동주의에서 강조하는 반복 훈련은 인간 행위와 학습을 단순화한다는 비판을 받기는 하지만, 기능을 익히는 데는 필수적이다. 운전 기능을 예로 들면 주행하는 방법을 알고 있더라도 부단한 연습을 통해 기능을 익혀야만, 즉 그 기능을 몸에 탑재해야만 초보자 딱지를 떼고 능숙하게 운전을 할 수 있다. 문자 인식이나 음운 인식, 단어 재인 등 해독에 필요한 기능 역시 반복 연습을 해야 자동화되고, 자동화되었을 때 유창하게 읽을 수 있다.

그러나 반복과 연습 중심의 단계적 문자 지도는 교사의 교육적 의도와 달리 읽기 부진아들에게 매우 폭력적으로 다가올 수 있다. 한글 읽기가 가능한 아이들에게 반복 훈련은 자신의 읽기 능력을 확인하는 일이 된다. 그래서 글자를 소리로 바꾸는 해독 학습을 명시적으로, 반복해서 수행하는 데서 재미와 성취를 느낄 수 있다. 하지만 아직 한글 읽기가 어렵거나 불가능한 아이들은 사정이 다르다. 자신의 이름 외에는 아는 단어와 낱글자가 거의 없는 아이들에게 자음자의 세트, 모음자의 세트, 음절 글자의 구성 방법을 차례대로 학습하는 일은 길고도 험난한 여정이다. 그 여정에서 아이들은 실제 삶과 무관한, 오직 학습만을 위한 반복 훈련을 하게 된다. 그러면서 아이들은 재미와 성취가 아닌 극복하기 힘들 정도의 커다란 어려움과 좌절감을 경험할 수 있다. 게다가 'drill and kill'이라는 말이 있듯이 지루한 반복 훈련으로 인해 읽기와 읽기 수업에 대한 부정적인 태도가 형성되기 쉽다.

현재 우리나라에서 운영 중인 읽기 중재 프로그램은 반복 훈련이 중심이 되는 상향식 접근이 대부분이다. 하향식 접근이 있기는 하지만 개별적·산발적으로 실천되는 경우가 많아 표준화된 프로그램이나 일반화된 중재 모델로 발전한 사례는 찾아보기 어렵다. 상향식 접근은 작은 단위에서 점차 큰 단위로 진행하면서 단계적으로 교육하는 접근으로, 다음 단계로 넘어가기 위해 반복 훈련을 한다. 한글의 경우 발음 지도가 필수적인 음운 인식이나 자소-음소 대응 교육에서 주로 상향식 접근을 적용하며, 앞서 예로 들었던 찬찬한글 역시 상향식 접근을 따르고 있다. 발음 중심 교수법, 즉 파닉스는 상향식 접근의 대표적인 방법이다.

발음 중심 교수법은 글자와 소리의 대응 관계를 체계적으로 지도하여 글자를 음독하는 것을 목적으로 한다(Adams, 1990; Ehri, 2005; 문연희·박용한, 2020: 173에서 재인용). 구체적으로는 단어가 음절로 나뉘고 음절이 음소로 나뉠 수 있음을 인식하고, 음절이나 음소를 변별·합성·탈락·첨가·분절·대치해 보는 활동을 통해 글자-소리 대응을 익힌다. 이러한 발음 중심 교수법은 통글자 교수법보다 효과적이고(Grossen, 1997), 사회경제적 지위가 낮거나 읽기 장애 위험이 있는 다양한 연령의 학생에게 도움이 되며(Ehri et al., 2001: 393), 종단 연구 결과 단어 인지나 읽기 이해력 발달에 효과적임이 드러났다(Johnston et al., 2012; 김효숙, 2018: 230에서 재인용). 국내에서도 발음 중심 교수법을 적용하여 한글의 구조를 체계적으로 지도했을 때 발음의 규칙성을 지도하기 쉬웠고 새로운 낱말 읽기에 대한 학습 전이력도 높았다(김인순 외, 2009).

발음 중심 교수법은 효과성이 어느 정도 입증되었기 때문에 우리나라 초기 문해력 교육에서도 중요한 위상을 차지하고 있다. 그러나 발음 중심 교육법이 읽기 부진 프로그램의 일부가 될 수는 있어도 전부가 될 수는 없다. 읽기 부진 프로그램은 읽기의 전 과정을 아우르는 거시적인 관점에서 아이의 발달을 도모하는 총체적 접근을 시도해야 하고, 발음 중심 교수법은 그 가운데 일정한 몫을 담당하는 것이 마땅하다. 사실 발음 중심 교수법은 지나치게 분석적이고 논리적인 방법이다. 또한 읽기와 쓰기에 대한 강조와 무의미한 반복 훈련은 학습자에게 지루함을 주고, 소외되고 상처받은 아이들을 더욱 힘들게 하며, 읽기에 대한 부정적인 태도를 형성할 수 있다. 더 큰 문제는 여러 기능과 지식이 복합적으로 작동하는 읽기 발달의 과정을 단순화함으로써 초기 문해력 발달에 도움이 되지 않을 수 있다는 점이다.

상향식 접근과 대비되는 것이 하향식 접근이다. 발음 중심 교수법이 탈맥락적 상황에서 글자의 최소 단위를 인식하고 식별하는 데 초점을 두어 반복적인 연습을 강조한다면, 의미 중심 접근이라고도 불리는 하향식 접근은 구체적인 텍스트나 사용 맥락을 중시한다. 하향식 접근은 한글이라는 문자 체계가 아닌 아이에 주목한 접근이다. 아이의 생활과 밀착된 단어나 전래동화, 그림책 등 맥락이 있는 텍스트를 활용한 중재 프로그램의 성과를 보고하는 논문들이 적지 않은데, 이 연구들이 의미 중심 혹은 하향식 접근을 취하고 있다고 할 수 있다. 그림책 등을 통해 읽기를 배우는 하향식 접근은 자소-음소 대응을 훈련할 수 있을 뿐만 아니라, 읽기에 관여하는 여러 기능이나 지식에 아이를 자연스럽게 노출함으로써 읽기 전략을 활용·개발하는 계기를 제공할 수 있다. 발음 중심 교수법보다 읽기 부진 아이들의 흥미와 참여를 끌어낼 수 있다는 것도 장점이다.

하향식 접근의 효용을 보고하는 사례는 많지만, 이러한 사례들을 표준화·일반화된 중재 절차나 방법으로 구체화한 프로그램은 찾아보기 어렵다. 아직은 교사나 연구자 개인의 관심과 상황, 열정에 따라 실천한 사례 연구가 대부분이다. 그런가 하면 음운 인식조차 되지 않는 학생들에게는 하향식 접근이 효과적이라고 보기 어렵다(이옥섭, 2000; 이차숙, 2003). 그러므로 상향식이냐 하향식이냐를 따지기에 앞서 교육 내용이 아닌 아이를 우선하는, 유의미한 맥락 안에서 필요한 경우에 반복 훈련을 재미있게 할 수 있는 새로운 읽기 중재 프로그램이 필요하다. 그것을 만들어 내는 일이 우리 사회에 주어진 숙제라 하겠다.

미국의 읽기 중재 프로그램은 다음 세 가지 요소를 중요하게 생각한다. 질 높은 수업, 주기적 평가, 자료 기반 의사결정이 바로 그것이다(Brown-Chidsey & Steege, 2011/2016에서 재인용). 그리고 이 세 요소를 고려한 여러 중재 프로그램이 국가가 만든 플랫폼에 공개되어 있으며, 자료 수집을 위한 평가 및 진단 도구 역시 국가 차원에서 관리되고 있다. 교육정보센터(What Works Clearinghouse: WWC)나 국가RTI센터(National Center on Response to Intervention: NCRTI) 등에 관련 정보가 탑재되어 있고, 진단 평가의 타당도와 신뢰도에 대해서는 국가집중중재센터(National Center on Intensive Intervention: NCII)가 주기적으로 평가하고 있다. 미국과 견주어 볼 때 우리나라는 실천 전통이나 연구가 부족하고, 아직까지는 개별 학교를 넘어선 지역 교육청이나 국가 차원의 체계적이면서도 유연한 관리 시스템이 마련되어 있다고 보기 어렵다. 플랫폼을 갖춘다 하더라도 탑재할 만한 실효성 있는 읽기 중재 프로그램이 부족한 형편이다. 이것이 우리가 미국에서 제도화되어 운영 중인 리딩 리커버리에 주목한 이유이며, 읽기 따라잡기 프로그램을 소개하는 이유이다.

7장

리딩 리커버리에서 답을 찾다

1 리딩 리커버리의 시작

영어권 국가들에서는 학교에서의 초기 문해력 교육 프로그램이 다양하게 시도되어 왔다. 그중 우수한 프로그램으로 공인되고 확산된 것이 '리딩 리커버리(Reading Recovery)'이다(What Works Clearinghouse[WWC], 2007). 리딩 리커버리 프로그램은 뉴질랜드의 발달심리학자 마리 클레이(Marie Clay)가 개발하였다. 읽기 부진 문제를 이른 시기에 발견하고 처치하는 조기 개입의 필요성에 주목한 클레이는 1976년부터 3년 동안 동료 연구자들과 함께 관련 교육 실험과 연구를 수행하였다. 그리고 읽기에 어려움을 지닌 교실 속 아이들을 지원하여 일반적인 수준으로 끌어올리기 위한 프로그램을 고안하였다. 리딩 리커버리라 칭해진 이 프로그램은 1978년 오클랜드의 48개 학교로 퍼져 나갔고, 1983년에는 뉴질랜드의 국가 정책이 되었다.

사실 리딩 리커버리의 기원은 더 이전으로 거슬러 올라간다. 클레이는 1966년 오클랜드 대학교에서 「발생적 읽기 행동(Emergent Reading Behaviour)」이라는 박사학위논문을 쓸 때 이미 100명이 넘는 개별 아동들의 읽기 행동에 대한 사례 연구를 축적하였다. 클레이는 모든 발달 수준을 아우르는 개별 아동들의 읽기 발달 과정을 관찰하고 기록하였으며, 이를 토대로 읽기 부진아를 돕기 위해 무엇을 해야 할지 고민하고 나름의 답을 찾게 되었다.

이후 클레이는 교사들이 아동의 읽기와 쓰기 행동을 체계적으로 관찰할 수 있도록 도와주면서 뉴질랜드 교사들의 리더로 성장하였다. 그녀는 아동 개인의 읽기 행동에 대한 면밀한 관찰을 근간으로 하는 독특한 평가 방법을 활용하여, 교사들이 만 6세 아동의 읽기 발달 평가를 수행할 수 있도록 전국적인 규모에서 교사 트레이닝을 진행하였다. 참여한 교사들은 저학년 아이의 읽기 발달 과정과 행동을 알게 되었고, 특정한 아이들에게 개별적인 교육적 지원이 필요하다는 것을 깨달았다. 이어 어떻게 지원할 것인가에 대한 답을 찾는 과정에서 개별화 교육의 철학과 내용, 방법 등을 구체화하였다. 20년이 넘는 세월 동안 수많은 개별 아동들을 관찰하고 지도하면서 현장 교사들을 트레이닝하고 그들과 함께 현장의 문제를 해결해 가는 실행 연구를 지속한 결과, 1976년 리딩 리커버리가 세상에 모습을 드러낸 것이다(Gaffney & Askew, 2012).

뉴질랜드의 리딩 리커버리는 현재 영어권 국가들(호주, 미국, 캐나다, 영국 등)에 도입되어 시행되고 있으며, 스페인어권 및 프랑스어권에서도 운영되고 있다. 특히 오하이오 주립대학교에 본부를 둔 북미 리딩 리커버리 위원회의 리딩 리커버리 프로그램은 그 역사가 40년이 넘었으며 지금도 체계적이고 효과적으로 관리되는 모델로 꼽힌다.

2 북미 리딩 리커버리의 특징과 시사점

북미 리딩 리커버리는 1982년 오하이오 주립대학교 교수진이 뉴질랜드의 국제 학술대회에서 클레이를 만나면서 시작되었다. 1984년 가을에는 미국 최초의 리딩 리커버리 교육자 양성 과정이 개설되었는데, 이 과정을 시작하기 위해 클레이가 오하이오 주립대학교를 방문하였다. 이 양성 과정은 교사 양성 과정과 교사 리더 양성 과정이 동시에 진행되는 매우 집중적인 코스였다. 이 과정에 참여한 사람들은 놀랄 만한 전문성 신장을 보여 주었고, 이후 북미 리딩 리커버리가 발전하는 씨앗이 되었다.

오하이오 주립대학교는 리딩 리커버리의 평가와 연구를 위해 1986년에 국가자료평가센터(National Data Evaluation Center: NDEC)[1]를 설립하였다. 프로그램의 효과성이 입증되자 리딩 리커버리에 대한 요구가 증대되었고, 1987년에는 미국 교육부가 오하이오를 넘어 리딩 리커버리를 확대하는 프로젝트를 시작하였다. 첫 10년 사이에 19개의 대학 트레이닝 센터(UTCs)가 설립되었으며, 대학 트레이너가 리딩 리커버리 교사 리더를 훈련시키고, 리딩 리커버리 교사 리더가 리딩 리커버리 교사를 훈련시키는 체계적인 양성 시스템도 갖추어졌다. 1988년에는 스페인어권을 위한 리딩 리커버리 프로그램인 'Descubriendo la Lectura'가 시작되었다. 캐나다에서는 1988년 리딩 리커버리 교사 트레이닝이 마련되었고, 1993년 캐나다 리딩 리커버리 위원회(Canadian Institute of Reading Recovery)가 개관하였으며, 프랑스어권을 위한 리딩 리커버리 프로그램이 시작되었다.

1993년에는 리딩 리커버리의 질 관리, 양적 확대, 효과적인 리터러시

1 NDEC는 후에 국제자료평가센터(International Data Evaluation Center: IDEC)로 명칭을 변경하였다.

교육 강화, 그리고 연구 및 교사 교육 지원을 목표로 북미 리딩 리커버리 위원회(Reading Recovery Council of North America: RRCNA)가 설립된다. RRCNA는 연방정부의 읽기 교육 지원 사업이 점점 정치적인 성격을 띠게 되면서 그 역할이 더 중요해졌다. 2007년 리딩 리커버리는 초보 읽기(beginning reading) 부분 24개 프로그램 중 철자법, 유창성, 이해, 일반적 읽기 성취의 네 영역 모두에서 유일하게 긍정적 효과를 인정받았으며(WWC, 2007) 그 결과가 지금까지 유지되고 있다.

이러한 긍정적인 평가 결과에 힘입어 2010년에는 교육부의 지원금을 받아 미국 전역으로 프로그램을 확대할 수 있었다. 1984년부터 2022년 현재까지 미국에서만 5만 명이 넘는 리딩 리커버리 교사들이 230만 명 이상의 아이들에게 리딩 리커버리 수업을 하였으며,[2] 이 프로그램을 통해 75%의 학생들이 학급 평균 수준의 읽기 능력에 도달하였다. 회복 학생들의 60~80%가 이후 추가적인 지원이 필요하지 않았다는 등 개입의 장기 효과를 긍정하는 연구(McGee, 2006; May et al., 2016)가 대부분이지만, 최근 이에 의문을 제기하는 보고서가 미국교육연구협회(American Educational Research Association: AERA)에 제출되면서 미국 내에서 리딩 리커버리의 효과에 대한 논란이 제기되기도 하였다.[3]

2 RRCNA 웹사이트에는 230만 명이라고 나와 있지만 실제로는 더 많을 것으로 예상된다. 미국 내 여러 매체의 보도자료에 따르면 2022년 현재 미국 내 41개 주 2,000개 이상의 학교에서 리딩 리커버리를 초기 문해력 교육 프로그램으로 선택했으며, 지금까지 240만 명 이상의 초등학교 1학년 학생들이 리딩 리커버리 교육을 받았다고 한다.

3 AERA 보고서를 작성한 연구자를 포함하여 많은 연구자들이 보고서의 연구 방법에 대해 우려를 표명하였으며(May et al., 2022), 보고서가 리딩 리커버리에 대한 부정적인 평가로 이어지는 것을 경계하였다. 영국에서는 회복 후 중재 효과가 여전히 유지되었다는 보고가 있었고(Reading Recovery Europe, 2022), 뉴질랜드에서도 국가 정책으로 자리 잡아 여전히 그 효과를 입증하고 있다. 다음 웹사이트에서 리딩 리커버리의 장기 효과에 대한 연구 목록과 함께 AERA 보고서가

이러한 논란의 중심에는 교사의 전문성을 중시하고 일대일 개별화 교육을 실시하며 자료와 근거에 기반하여 수업을 진행함으로써 발생하는 비용 문제가 자리하고 있다. 리딩 리커버리가 상대적으로 비용이 많이 드는 프로그램인 것은 사실이나, 이는 한 아이가 장차 살아가는 데 꼭 필요한 읽을 권리와 읽을 능력을 회복하는 데 드는 비용이라는 점을 기억할 필요가 있다. 한편 리딩 리커버리 역시 지난 40여 년간 지켜 온 원칙과 철학을 견지하면서도, 코로나 이후 달라진 정치경제적 상황과 문해 환경에 유연하게 대응하고 진화하기 위한 과제를 감당해야 한다.

이제 구체적으로 북미 리딩 리커버리 프로그램이 어떤 중재 프로그램인지 살펴볼 차례이다. [표 6]은 RRCNA의 웹사이트(https://readingrecovery.org)를 참고하여 북미 리딩 리커버리 프로그램의 내용을 정리한 것이다. 리딩 리커버리 수업은 읽기 능력이 최하위인 초등 1학년 아이들을 대상으로 진행되며 일대일 맞춤형 개별화 교육을 원칙으로 한다. 대개 학급 담임교사가 도움이 필요한 아이들을 의뢰하면 사전 테스트 후 학부모의 동의 절차를 거쳐 시작된다. 수업은 풀아웃 방식으로, 전문적인 훈련을 통해 자격을 받은 교사가 정규 수업 시간 내에 아이를 교실에서 데리고 나와 별도의 공간에서 30분간 수업을 진행한다. 모든 수업이 글자와 소리의 관계(자소-음소 대응)에 대한 학습을 포함하고, 인쇄물을 통한 이해와 문제 해결 과정 안에서 진행된다. 익숙한 책을 읽고 새로운 책 읽기에 도전하는 활동 속에서 여러 도구를 활용해 글자와 소리의 관계를 익히는 식이다. 이 모든 과정은 교사에 의해 관찰되고 기록된다. 아이들은 12~20주 동안 텍스트의 수

탑재된 링크를 확인할 수 있다. https://www.cresp.udel.edu/research-project/efficacy-follow-study-long-term-effects-reading-recovery-i3-scale

[표 6] 북미 리딩 리커버리 개요

항목	내용	
목표	가속화된 읽기 발달을 통해 아이들이 가능한 한 빨리 또래를 따라잡고 성취 격차를 좁히며 추가적인 도움 없이 교실 수업을 받을 수 있도록 하는 것	
대상	초등학교 1학년 아이들 중 읽기 능력 최하위 20%	
주체	전문적인 훈련을 받은 리딩 리커버리 교사	
기간	매일 30분씩 12~20주 동안	
원칙	일대일 맞춤형 개별화 교육	
방식	풀아웃 방식	
내용 구성	원칙	① 모든 수업은 글자와 소리의 관계에 대한 학습을 포함함 ② 인쇄물을 통한 이해와 문제 해결을 장려함
	내용	음소 인식, 파닉스, 철자법, 이해력 및 유창성
활동 구성	익숙한 책 읽기, 어제 읽은 새로운 책 읽기 및 러닝 레코드,[4] 자석 글자 등을 이용하여 글자 및/또는 단어와 놀기, 이야기 쓰기, 잘라 낸 이야기 조합하기, 새로운 책 읽기 등	
중재 후	가속화된 발달이 일어난 아이 → 즉각 중단, 티어 이동	
	20주 뒤에도 기대치에 못 미친 아이 → 모니터링과 추가 지원	
	20주 뒤에도 진척이 없는 아이 → 추가 평가 및 계획 수립, 추가 조치 시작	

준을 달리하면서 이와 같은 교육을 받는다. 중간이나 20주 후에 아이가 가속화된(accelerated) 발달을 보여 또래 수준으로 회복되면 프로그램을 중단한다. 그리고 아이는 일반 교실로 돌아가 또래 아이들과 함께 일반교육을 받는다. 만약 20주 뒤에도 기대치에 미치지 못한다면 다시 모니터링을 하고 추가 지원을 하며, 20주 동안 전혀 진척이 없다면 전문가와 협의하여 중재 계획을 다시 수립하고 다른 프로그램에 의뢰한다.

4 러닝 레코드(running record)는 교사가 학생들의 읽기 과정을 관찰하면서 빠르게 기록한 것이다.

지금까지 살펴본 것을 종합하면 리딩 리커버리는 ① 초기 문해력 발달이 본격화되는 1학년 아이들을 대상으로 하는 예방 차원의 조기 개입 프로그램, ② 아이를 중심에 두는 일대일 맞춤형 개별화 교육, ③ 아이에 대한 관찰 및 진단을 바탕으로 인쇄물의 수준과 문제 해결 상황을 구체화하여 정해진 30분을 유연하게 운영할 수 있는, 교사의 전문성이 중시되는 중재 프로그램, ④ 자소-음소 대응 훈련을 넘어 다양한 방식의 읽기 활동을 통한 교육이라고 요약할 수 있다.

리딩 리커버리의 가장 큰 특징이자 장점은 리딩 리커버리 교사의 전문성을 향상하기 위한 체계적인 연수 및 훈련 과정이다. 엄훈(2015)의 관찰 보고에 따르면 리딩 리커버리 교사 연수는 1년(두 학기, 학기당 15주)에 걸쳐 진행된다. 그 기간 동안 리딩 리커버리 교사는 자신의 학교에서 매일 30분씩 4~5명의 학생들을 가르치고, 주 1회 3시간 연수에 참여하며, 1년에 3회 이상 BTG 시연[5]을 한다. 리딩 리커버리는 여기에 덧붙여 2단계 트레이닝 시스템도 운영하고 있다. 1단계에서는 공인된 리딩 리커버리 교사 리더가 12명 이하의 리딩 리커버리 교사 지원자들을 현장에서 훈련시키고, 2단계에서는 대학의 리딩 리커버리 트레이너가 어느 정도 경험이 있고 능력이 입증된 리딩 리커버리 교사들을 대상으로 교사 리더를 양성한다. 리딩 리커버리 교사와 교사 리더 자격의 부여 및 갱신 또한 철저하게 관리되고 있다(Reading Recovery Council of North America[RRCNA], 2012). 결국 리딩 리커버리의 효과는 교사들의 전문성에서 나온 것임을 알 수 있다.

리딩 리커버리의 또 다른 특징은 탄탄한 콘텐츠이다. 여러 콘텐츠가 리

5 BTG(behind the glass) 시연이란 안에서는 밖이 안 보이는 유리로 가로막힌 공간 안쪽에서 교사가 학생과 일대일 교육을 진행하고, 바깥쪽에서는 연구 참여자들이 교사와 학생의 상호작용을 지켜보면서 토의하는 방식의 시연을 일컫는다.

딩 리커버리 교사들이 전문성을 발휘하도록 돕는데, 대표적인 것이 평가 도구인 관찰 조사[6]와 다양한 수준의 텍스트이다. 리딩 리커버리에서는 관찰 조사를 사용하여 아이의 읽기와 쓰기 행위를 주의 깊게 관찰하고 평가한 뒤 교수법을 결정한다. 이를 위해 교사들은 아이들 각각의 강점과 혼란을 평가하고 관찰 조사를 관리·채점·해석하는 것과 관련된 광범위한 훈련을 받는다. 교사들은 관찰 조사 외에도 일일 기록이나 주간 기록 등의 방법을 익힘으로써, 아이의 읽기 발달 상태와 진전 과정을 포착하여 그에 맞는 교육을 계획하고 운영해야 한다.

또한 교사들은 이러한 관찰과 진단에 근거하여 아이의 수준에 맞는 인쇄물, 즉 텍스트를 선정해야 하는데 이를 위한 지원 체계도 잘 갖추어져 있다. 리딩 리커버리에서는 체계적으로 세분화된 다양한 수준의 텍스트를 개발하여 지원한다. 그래서 교사들은 레벨 1에서 레벨 24 정도까지의 책들을 정리해 두고 그때그때 뽑아서 수업 활동에 활용할 수 있다. 이와 관련하여 오하이오 주립대학교가 설립한 비영리 단체 '킵북스(Keep Books)'는 학교와 가정에서 부담 없이 활용할 수 있도록 저렴한 가격의 교육용 텍스트를 개발·보급하고 있기도 하다.

나라마다 교육 제도나 학교 문화, 교사 양성 과정, 교실 수업 여건 등이 다르기 때문에 뉴질랜드에서 시작되어 북미로 퍼진 리딩 리커버리 프로그램을 우리 교실에 바로 적용하는 것은 위험하고 가능하지도 않다. 다만 리딩 리커버리의 출발이자 핵심이 되는 지향, 곧 '조기 개입을 통한 예방이라는 뚜렷한 원칙을 가지고 전문성을 갖춘 교사가 체계적이면서도 유연하게

6 여기에서 말하는 관찰 조사는 클레이가 개발한 '초기 문해력 성취에 관한 관찰 조사(An Observation Survey of Early Literacy Achievement)'를 말한다. 이 관찰 조사는 NCII에서 신뢰성과 유효성이 입증된 선별 도구로 평가 받아 NCRTI에 탑재되어 있다.

아이 한 명 한 명에게 맞는 교육을 실천하는 것'은 초기 문해력 교육 및 읽기 부진아 교육을 본격화하고 있는 우리에게 시사하는 바가 적지 않다. 덧붙여 이러한 지향을 실현하기 위해 40여 년간 고군분투하면서 확인한 방법과 성과들 역시 좋은 참고자료이자 출발점이 될 수 있다. 그렇다면 이제 리딩 리커버리로부터 시작한 읽기 따라잡기 프로그램이 어떻게 만들어졌는지, 그 특징과 방향은 무엇인지 확인해 보도록 하자.

8장

한국판 리딩 리커버리, 읽기 따라잡기 프로그램

1 읽기 따라잡기의 개요

읽기 따라잡기 프로그램의 등장

한국판 리딩 리커버리가 '읽기 따라잡기'라는 명칭을 가지게 된 까닭은 리딩 리커버리가 상표 등록이 된 프로그램이라는 사실과 관련이 있다. 리딩 리커버리와 그 번역어인 읽기 회복이라는 명칭은 사용이 불가능했기 때문에, 리딩 리커버리의 철학을 공유하면서도 우리 프로그램의 성격을 살릴 수 있는 고유한 명칭이 필요했다. 이때 주목한 것이 '가속화된 발달을 통한 평균적인 발달 수준 따라잡기'라는 프로그램의 목표였다. 이른 시기에 평균적인 읽기 발달 수준을 따라잡게 하겠다는 목표 의식을 반영한 명칭으로 '읽기 따라잡기'가 적절하다고 판단하였다.

현재의 읽기 따라잡기 프로그램을 이해하려면 개략적이나마 이 프로그램을 체계화하기 위해 어떤 노력과 시도들이 있었는지 통시적으로 살필 필요가 있다. 읽기 따라잡기 프로그램은 청주교육대학교 엄훈 교수가 주도적으로 시작하고 구성하였다. 엄훈은 2004년 『학교 속의 문맹자들』이라는 책을 통해 읽을 수는 있지만 의미를 파악하지 못하는 아이들에 대해 보고하고 교육적 개입의 필요성을 제기하였다. 엄훈은 그와 관련된 실행 연구를 수행하던 중 2012년 8월부터 2013년 7월까지 미국의 리딩 리커버리 프로그램을 참여관찰할 기회를 얻었다. 관찰 후 국내에 돌아와 제안한 초기 문해력 프로그램이 바로 읽기 따라잡기이다. 읽기 따라잡기 프로그램은 청주교육대학교 교육연구원이 진행한 교사 전문성 개발 체제 구축 연구(2008~2017)의 마지막 단계 프로젝트 중 하나로 선정되어 학내 구성원들이 동참하게 되면서 보다 구체화되고 발전하였다.

읽기 따라잡기 연수 및 교육은 2015년 1학기 전주에서 30시간의 기초과정 연수가 진행된 이래, 청주는 물론이고 인근 세종과 충남, 멀리는 전남과 울산 등으로 확산되었다. 프로그램을 위한 여러 도구와 자료 등이 개발된 것도 이즈음이다. 연수와 교육에 필요한 '읽기 따라잡기를 위한 가이드라인'이 제작되었으며, 프로그램을 적용하는 데 핵심적인 도구인 표준화 검사 도구(엄훈·정종성, 2016; 정종성·엄훈, 2018)도 개발되었다. 또 수준 평정 그림책 제작을 위한 연구(엄훈 외, 2016)를 진행하여 2017년 한정판 그림책 시리즈를 발간하였으며, 연수를 거치면서 수정·보완하여 2018년 14개 수준 48권으로 구성된 수준 평정 그림책 시리즈 '책 발자국 K-2'(2018)를 발간해 활용하고 있다.

2019년은 교사 전문성을 안정적이고 지속적으로 향상하기 위한 여러 제도와 시스템이 만들어지고 연수 또한 가장 활발하게 전개된 해이다.

2019년 2월 청주교육대학교 교육대학원에 아동문학 트랙과 초기 문해력 트랙으로 구성된 '아동문학과 초기 문해력 전공'이 신설되었으며, 기본 연수를 마친 파견 교사들이 초기 문해력 트랙에서 교사 리더로서 성장을 시작하였다.[1] 그리고 이들을 파견한 여러 교육청과 협약을 체결하여 지역 연수를 활발하게 진행하였다. 3월에는 청주교육대학교 교육연구원 안에 문해력지원센터가 개원하였으며, 8월에는 『초기 문해력 교육』이라는 학술잡지를 발간하기에 이르렀다.[2] 2022년 현재 읽기 따라잡기 프로그램은 전국 각지에서 이루어지고 있다.

읽기 따라잡기 프로그램의 지향 및 특징

읽기 따라잡기 연수가 빠르게 확산되고 교사 전문성 신장을 위한 여러 제도가 비교적 단기간에 마련될 수 있었던 것은 한글 교육을 포함한 초기 문해력 교육을 제대로 하고 싶어 하는 교사들의 열망 혹은 현장의 요구가 높았기 때문이다. 또 읽기 따라잡기 연수에 참여한 교사들이 읽기에 곤란함을 겪는 아이들을 지도하면서 읽기 따라잡기 프로그램의 효과를 체감했기 때문이기도 하다. 대체 어떤 프로그램이기에 참여한 교사들을 이토록 매료시켰을까? 다음 장에서 자세히 소개하겠지만, 지금까지 기술한 내용으로 바탕으로 읽기 따라잡기가 지향하는 바를 개괄하면 다음과 같다.

1 엄훈은 '저학년 담당 교사 → 읽기 따라잡기 교사 → 읽기 따라잡기 교사 리더 → 대학 트레이너'로 이어지는 교사 전문성 개발 단계를 설정하고, 안정적인 교사 양성 및 재교육 시스템을 만들고자 하였다. 그 첫걸음이 석사 과정을 개설하여 읽기 따라잡기 교사 리더를 길러 내는 일이었다.

2 읽기 따라잡기 프로그램의 등장 배경과 발전 과정 및 특징, 도전 및 과제 등에 대한 자세한 논의는 염은열·김미혜(2021)를 참고할 수 있다.

초기 문해력 발달을 지향한다

읽기 따라잡기는 초등학교 1~2학년 아이들을 대상으로 한다. 초기 문해력 교육은 향후 읽기나 쓰기를 위한 기초 교육이 아니라, 초기 아동기에 완성되어야 하는 문해력을 길러 주기 위한 교육이어야 한다. 문자를 먼저 익힌 후에 읽기나 쓰기가 가능하다는 생각을 거부하며, 초등학교 1~2학년 아이들 역시 읽을 때 읽기에 관여하는 기능과 지식, 전략을 활용하면서 나름의 복잡한 인지 과정을 경험한다는 점에 주목한다.

출발선의 차이를 인정하며 조기 개입하여 따라잡기를 지향한다

아이들은 문해 환경의 차이로 인해 각기 다른 문해력의 뿌리를 가진 채 학교에 온다. 읽기 따라잡기는 아이들이 서로 다른 출발선에서 본격적인 문해력 교육을 받게 된다는 사실을 인정하는 것으로부터 시작한다. 또 매튜 이펙트, 즉 출발선에서의 격차가 시간이 지날수록 심화된다는 사실에도 주목한다. 그래서 조기에 개입하여 하위 20%에 속하는 읽기 부진 아이들에게 개별화 교육을 실천함으로써 그 아이들이 1~2학년 평균 수준에 도달할 수 있도록 지원한다.

아이로부터 출발한다

읽기 따라잡기의 첫 번째 원칙이 바로 "아이로부터 출발하라"이다. 읽기 따라잡기는 교육 내용의 논리적 순서나 체계보다 아이의 읽기 경험, 나아가 자모나 단어, 글 등에 대한 아이의 주관적인 경험을 우선하고 여기에 귀를 기울인다. 또한 섣불리 진단하지 않고 아이가 겪는 문제나 어려움을 파악하여 독자 프로파일을 만들며, 그 과정에서 아이에게 최적화된 개별화 교육을 실천하고자 노력한다. 읽기 따라잡기는 총 60~100회 중 초기 10회 정도를 '아이의 눈높이에서 머무르기' 단계로 설정하고 있다.

증거에 기반한 교육을 지향한다

읽기 따라잡기는 익숙한 관행이나 문화에 따라 교육하는 대신, 근거나 증거에 기반하여 교육한다. 읽기 따라잡기는 아이에 대해 관찰한 내용을 바탕으로 교육 계획을 수립하고 실천한다. 또한 읽기 기능·지식·전략, 읽기 행위, 읽기 발달 등에 대한 이론을 바탕으로 중재 계획을 세워 실천한다. 아이를 관찰한 내용과 읽기 교육에 관한 이론적 지식이 실행의 근거이자 증거가 되는 셈이다. 읽기 따라잡기 수업의 과정과 성과에 대해서도 성찰하는데, 그 성찰 내용 역시 다음 실천의 근거이자 증거가 된다. 이처럼 읽기 따라잡기는 중재 프로그램이 종결될 때까지 관찰과 학습, 끊임없는 성찰을 통해 아이에게 최적화된 방법을 찾아내고자 노력한다.

총체적 접근을 지향한다

읽기 따라잡기는 문자를 먼저 익힌 후에 읽기를 시도하거나, 읽기를 먼저 가르친 후에 쓰기를 가르치지 않는다. 읽고 쓰는 활동을 통해 해독 능력(문자 인식, 음운 인식, 단어 재인, 유창성)과 독해 및 쓰기 능력의 발달을 도모한다. 읽기가 여러 하위 기능 및 지식 등이 복잡하게 영향을 주고받으며 작동하고 발달한다는 점에 주목한 것이다. 그래서 교사의 안내에 따라 아이가 자신의 관심과 수준에 맞는 자료를 읽고 쓰면서 읽는 방법과 쓰는 방법을 배우도록 한다. 이때 교사는 발음 중심 교육법 등의 상향식 방법이나 하향식 방법 중 하나만을 고집하지 않는다. 하나의 방법만으로는 아이의 특성에 맞춘 개별화 교육을 할 수도, 읽기의 전반적인 발달을 촉진할 수도 없기 때문이다.

교사 전문성을 필요로 한다

뉴질랜드나 북미 리딩 리커버리의 성공 비결이 교사 전문성에 있듯이, 우리나라 읽기 따라잡기 프로그램의 성패 역시 교사 전문성에 달려 있다. 진단과 중재를 동시에 실천할 수 있는 전문성, 증거에 기반하여 실천할 수 있는 전문성 등 교사의 앎과 그로부터 나온 실행 능력이 중요한 것이다. 그래서 "아이로부터 출발하라"라는 첫 번째 원칙과 짝이 되는 두 번째 원칙을 "교사를 세워라"로 정했다.

지금까지 설명한 여섯 가지 지향 및 특징을 지닌 읽기 따라잡기 프로그램의 개요를 제시하면 [표 7]과 같다.

[표 7] 읽기 따라잡기 프로그램 개요

항목	내용	
원칙	① 아이로부터 출발하라 ② 교사를 세워라	
횟수	1일 30분씩 60~100회 정도	
구성	아이의 눈높이에서 머무르기 (10회)	발달적 관점에서 아이의 읽기 발달 정도 알아보기
	패턴화된 수업 (50~90회)	1단계: 익숙한 책 읽기(7분 내외) 2단계: 읽기 과정 분석(3분 내외) 3단계: 낱말·글자·말소리 탐색(5분 내외) 4단계: 문장 쓰기(10분 내외) 5단계: 새로운 책 읽기(5분 내외)
기타	일상 수업 기록지 작성, 읽기 정확도 86% 이상 지속 시 다음 단계로 올라감	

2 한국 공교육이라는 사막에 떨어진 씨앗, 읽기 따라잡기

브렌다 기버슨(Brenda Guiberson)이 글을 쓰고 메건 로이드(Megan Lloyd)가 그림을 그린 『선인장 호텔(Cactus Hotel)』(1995)은 미국 애리조나 남부 사막지대에서 자라는 사구아로(saguaro) 선인장의 이야기이다. 사구아로 선인장이 자라는 사막지대는 연평균 강수량이 100mm에 불과하다. 하지만 사구아로 선인장으로 인해 이곳은 딱따구리, 사막쥐, 전갈과 개미 등이 살아가는 생명력 넘치는 생태계로 변한다.

뜨겁고 메마른 사막에서의 어느 날, 키 큰 사구아로 선인장에서 빨간 열매 하나가 떨어진다. 지나가던 사막쥐가 그 열매를 먹는다. 그리고 사막쥐의 수염에 붙은 씨앗 하나가 나무 밑에 떨어진다. 이 선인장 씨앗은 무사히 싹을 틔우지만 아주 천천히 자란다. 10년이 지나 엄마 손 한 뼘 크기가 되고, 25년이 지나 다섯 살 어린이의 키만큼 큰다. 시간이 흘러 50년 후 이 선인장은 엄마 키의 두 배가 되고 꽃이 피고 열매가 달린다. 그때부터 이 선인장 호텔에 딱따구리, 올빼미, 흰줄비둘기와 같은 손님들이 찾아온다. 150년이 지나 아빠 키의 열 배가 넘고 가지도 일곱 개나 생긴 선인장은 더 이상 자라지 않는다. 이곳에서 새들은 알을 낳고 사막쥐는 새끼를 기른다.

200년이 지날 무렵 선인장은 그만 거센 바람에 쓰러지고 만다. 『선인장 호텔』의 놀라운 장면은 그다음에 펼쳐진다. 선인장 호텔이 쓰러지고 그마저도 말라비틀어져 더는 사막 동물들에게 삶의 터전이 되지 못할 때, 작가는 쓰러져 부서진 선인장 너머로 드넓게 펼쳐진 사구아로 선인장 숲을 와이드앵글로 보여 준다. 사구아로 선인장의 작은 씨앗이 천천히 자라나 사막 동물들의 천국인 선인장 호텔이 되었고, 그 선인장의 열매가 뜨겁고 메마른 사막에 널리 퍼져 광활한 선인장 숲을 이룬 것이다. 사구아로 선인장이 사는 사막지대는 한국 공교육의 생태계와 흡사하다. 그곳에 읽기 따라잡기라는 씨앗이 떨어졌다.

우리나라는 모든 아이에게 "능력에 따라 균등하게 교육을 받을 권리"(「대한민국 헌법」 제31조 제1항)를 보장하고 있다. 그러나 한국 공교육은 메마른 사막과 다를 바 없다. 한국 공교육에는 개별화 교육이라는 문화적 DNA가 없으며, 아이 한 명 한 명의 눈높이에 맞추어 개별화 교육을 실행할 전문성도 확립되어 있지 않다. 그러한 교육적 시도를 한 적이 없으므로 이를 뒷받침할 제도적 장치도 거의 없다. 그런 까닭에 개별화 교육을 시도하는 교사들은 주변의 의아한 시선을 받아 가며 방과 후 시간에 외롭게 자신의 열정을 쏟아부을 뿐이다.

이는 리딩 리커버리가 창시되고 확산된 서구 영어권 국가들과 결정적으로 다른 환경이다. 리딩 리커버리가 시작된 뉴질랜드만 하더라도 이미 1970년대 후반에 최저 수준의 읽기 부진아에 대한 개별화 조기 개입의 필요성을 인식했으며, 미국의 경우 2004년 이후 특수교육과 일반교육을 아우르는 RTI 모델이 일반화되었다. 반면 개별화 교육이라는 문화적 DNA가 없고 초기 문해력 교육의 전문성도 확립되지 않은 한국의 교육 생태계는 초기 문해력 개별화 교육과 이를 위한 교사 전문성 훈련이라는 새로운 시도를 낯설고 메마른 시선으로 바라보고 있다. 다음은 그 대표적인 반응들이다.

"개별화 교육이요? 그거 특수교육에서 하는 것 아니에요?"

최저 수준의 읽기 부진아들에게 일대일 개별화 교육이 필요하다는 주장을 하면, 개별화 교육은 특수교육에서 하는 일이 아니냐는 반응이 돌아온다. 이러한 사고방식은 교실 수업이라는 일반적인 교육 방법이 통하지 않는 아이들은 곧 특수교육의 대상이라는 이분법적 사고와 행동으로 이어진다. 2015~2016년에 개별화 지도를 하면서 만난 초등학교 1학년 수민의 사례가 이를 잘 보여 준다. 수민의 경우 담임교사가 어머니에게 특수학급 입급을 권했다고 한다. 그러나 수민은 읽기 발달이 많이 뒤처져 있었을 뿐 특정한 장애를 지닌 학생이 아니었고, 수민에게 필요한 것은 특수학급이 아니라 개별화 지도였다. 실제로 수민은 개별화 수업으로 평균적인 읽기 수준을 회복하였다. 수민의 어머니는 이렇게 말했다. "우리 아이는 장애 아동이 아니라고 제가 담임 선생님을 설득했어요." 읽기 부진아의 부모에게 특수학급 입급을 권하는 행동은 교실 수업 외의 수업 전문성을 경험한 적 없는 교사들이 일반적으로 보이는 반응이다.

특수교육 대상자가 아닌 학생들에 대한 개별화 지도의 필요성을 인정하는 교사 혹은 교육 당국자들도, 실제 상황에 직면하면 그것이 교사가 할 수 있고 해야 하는 일이라는 점을 쉽게 받아들이지 않는다. 이들은 이렇게 말한다. "일대일 교육이요? 그거 이미 하고 있어요. 위(wee) 센터에서 보조교사 선생님들이 일대일 지도를 하고 있어요." "수업 시간에 일대일 상호작용이 필요한 아이들을 위해 1교실 2교사제가 적용되고 있어요." 이들은 일대일 개별화 교육이 높은 수준의 전문성과 경험을 요하는 프로그램임을 인정하지 않는다. 하지만 이것이 얼마나 자가당착적인 책임 회피인가. 교사 자신이 도와주지 못하는 아이의 읽기 문제를 다른 사람에게, 때로는 교사보다 전문성이 떨어지는 보조교사에게 떠넘기면서 그런 일은 교사가 할 일이 아니라고 부인하는 셈이기 때문이다. 최근 전문성을 갖춘 읽기 전담교사가 투입되기 시작한 것은 고무적인 일이지만, 담임교사 역시 개별화 지도를 할 수 있는 전문성을 갖추어야 한다.

"이렇게 좋은 연수의 수강 인원을 왜 제한하죠?"

"전달 연수면 충분하지 않을까요?"

읽기 따라잡기 연수에 대해 일부 교육 정책 결정자들이 지속적으로 제기하는 불만은 "이렇게 좋은 연수를 왜 더 많은 사람이 들을 수 있게 하지 않느냐"라는 것이다. 읽기 따라잡기 연수의 참여 인원이 기본 과정의 경우 20명 이내, 전문가 과정의 경우 15명 이내로 제한되어 있는 것과 관련된 불만이다. 이런 반응을 보이는 이들은 초기 문해력 교육 전문성이 현장의 실천적인 경험에 대한 성찰로부터 신장되는 매우 높은 수준의 전문성임을 납득하지 못한다. 초기 문해력의 발달 및 교육에 관한 전문적 지식은 구체적인 실천 사례에 접목되고 적용될 때에만 살아 있는 지식이 된다. 이를 위해서는 집단적인 사례 탐구와 개별적인 수업 현장 컨설팅이 필수적이다. 따라서 읽기 따라잡기 연수는 참여자들의 상호작용을 극대화하는 라운드 테이블 방식으로 진행된다. 이러한 방식의 전문성 개발은 참여자가 15명이 넘을 경우 효율성이 떨어진다.

실제로 미국의 리딩 리커버리는 교사 연수 규모를 8~12명으로 규정하고 있다. 참여자들은 연수 기간에 3회 이상 BTG 시연을 하고 4회 이상 현장 방문 컨설팅을 받게 되어 있는데, 이 정도의 가이드라인을 소화하려면 매 세션에서 평균 2회의 BTG 연수가 이루어져야 한다. 한 사람의 교사 리더가 운영을 책임지는 연수에서 참여자가 12명이 넘으면 이러한 가이드라인을 준수하기가 사실상 불가능하다(RRCNA, 2015). 읽기 따라잡기 프로그램의 경우 참여자들에게 기본 과정에서는 동영상 촬영 수업 나누기를, 전문가 과정에서는 현장 수업 컨설팅 기반의 수업 나누기를 요구한다. 기본 과정 참여자를 20명으로 여유 있게 설정한 것은 전문가 과정으로 넘어갈 때 발생하는 자연스러운 감소를 고려한 것이다.

초기 문해력 교육 전문성에 대한 낮은 기대감은 읽기 따라잡기 연수가 전달 연수 방식으로 소화될 수 있을 거라는 생각으로 이어진다.[3] 그래서 전문가 과정을 마친 교사들에게 "전달 연수면 충분하지 않을까요?"라면서 지역별 전달 연수를 요구한다. 하지만 읽기 따라잡기 연수를 이수한 교사들이 획득한 전문성은 읽기 부진 아동에 대한 개별화 교육 전문성이지, 교사 연수를 위한 전문성이 아니다. 읽기 따라잡기 교사 연수를 책임지고 진행하기 위해서는 읽기 따라잡기 교사 리더 과정을 이수해야 한다.

머리로 아는 것과 몸으로 실천하는 것은 다른 차원의 문제이다. 지구와 더불어 사는 방법을 알고 있어도 일상은 반생태적일 수 있듯이, 자기 주도적 학습을 해야 한다고 말하면서도 그렇게 하고 있지는 못하듯이, 아이의 눈높이에 머물러야 한다는 것을 알아도 실제로 아이의 눈높이에 머무르는 것은 쉽지 않다. 교육 내용과 교사 자신을 중심에 두는 수업 관행을 벗어 버리려면, 의식적으로 아이를 중심에 두는 수업을 거듭하면서 성찰하고 다시 실행하는 탈학습(de-learning)의 과정을 반드시 거쳐야 한다. 실천 지식 혹은 방법적 지식은 '배움[學]'의 대상이 아니라 '익힘[習]'의 대상이기 때문이다. 초기 문해력 교육의 전문성은 머리로 이해하는 차원을 넘어 몸으로 실천할 수 있도록 익히는 것이 필수적이며, 이는 수업 시연 등의 실천과 그에 대해 성찰하고 나누는 경험을 포함한 연수를 통해 체득될 수 있다.

3 많은 교육 정책 입안자들이 효율적인 전문성 신장 방안이라고 믿는 전달 연수는 사실 초등교육의 전문성을 낮잡아 보는 뿌리 깊은 관념의 발로이다. 한국의 초등 교사 양성 제도는 1890년대부터 1960년대까지 유지된 사범학교 제도에서 기원한다. 사범학교는 초등학교(당시에는 소학교 혹은 국민학교)를 졸업한 학생들이 입학하여 초등 교사 양성 과정을 밟는 학교였다. 초등학교 졸업 수준의 학력을 지닌 사람이라면 일정한 과정을 거친 후 초등교육을 담당할 수 있다는 과거의 사고방식이 지금까지도 유지되고 있는 것이다.

"풀아웃 방식이요? 그거 학생이 교육받을 권리를 침해하는 것 아닌가요?"

초기 문해력 개별화 교육의 제도적 정착은 전문성을 갖춘 교사가 교육과정의 테두리 안에서 개별화 교육을 하는 것이다. 이것이 가능하려면 개별화 지도를 전담하는 교사가 배치되어야 하며, 방과 후 시간이 아닌 정규 수업 시간에 지도가 이루어져야 한다. 교육과정 안에 개별화 수업 시간을 확보하는 풀아웃 방식이 그것이다.

하지만 풀아웃 방식의 수업 운영을 제안하면 십중팔구 다음과 같은 반응이 돌아온다. "학생이 교육받을 권리를 침해하는 것 아닌가요?" "학부모가 동의하지 않을 거예요." 풀아웃 방식의 개별화 수업은 오히려 교실 수업이 먹히지 않는 아이들에게 교육받을 권리를 보장해 주기 위한 것이다. 또한 풀아웃 방식에 대해 학부모들이 보일 수 있는 부정적 반응은 한국 공교육의 전문성에 대한 불신에서 초래된 것이라 할 수 있다.

이상의 세 가지 반응은 한국 공교육의 현주소를 보여 준다. 한국 공교육의 생태계는 교실 수업에 국한된 교육적 상상력, 교사 전문성에 대한 낮은 기대, 공교육에 대한 불신감이 기저에 깔려 있다. 생태계의 차이는 그곳에서 자라는 식물의 종을 결정한다. 민들레는 비가 충분히 내리는 온대의 풀밭에서 자란다. 선인장은 메마르고 뜨거운 사막지대에서 자란다. 읽기 따라잡기는 사구아로 선인장을 닮았다. 사막 같은 한국 공교육의 생태계에서 생존해야 하기 때문이다. 먼 훗날에는 한국에서도 사구아로 선인장의 기적이 일어날까? 알 수 없는 일이다. 하지만 씨앗은 이미 뿌려졌다. 뿌리를 내렸고 작은 싹도 돋았다. 이 선인장 싹의 미래는 무엇일까?

3부

읽기 따라잡기 프로그램 운영의 실제

사막에 뿌려진 선인장 씨앗이 튼튼히 뿌리를 내리고 건강하게 자라 선인장 숲을 이루길 바라며, 현장의 수많은 교사들은 메마른 사막과 같은 한국 공교육의 생태계에서 지금도 고군분투 중이다. 3부에서는 아직 손바닥보다도 작게 자라 있을 선인장, 그 자그마한 그늘 아래에서 우리 아이들이 쉬며 성장할 수 있는 환경을 만들어 줄 접근법과 지도 원리 그리고 구체적인 방법들을 실제 수업 사례를 통해 소개하고자 한다.

9장

읽기 따라잡기 접근법과 지도 원리

읽기 따라잡기는 아이들의 초기 문해력 발달 시기를 놓치지 않고 조기에 개입하여 가속화된 발달을 촉진하기 위해 만들어진 프로그램이다. 읽기 따라잡기는 발생적 문해력에 기반한 초기 아동기 문해력의 특성을 고려하고 읽기와 쓰기에 대한 균형적 접근을 추구한다. 읽기 따라잡기 프로그램의 운영 방법을 알아보기 전에, 그 접근법과 지도 원리에 대해 자세히 살펴보자.

1 읽기 따라잡기 접근법

읽기 따라잡기는 지금까지 밝혀진 문해력 교육의 본질을 반영하여 '연구 기반의 균형적 문해력 접근법'을 지향한다. 이 접근법은 존 에드윈 카우언(John Edwin Cowen)이 『초기 읽기 교육에 관한 균형적 접근법(A Balanced

Approach to Beginning Reading Instruction)』(2003)에서 아이들에게 읽는 법을 가르칠 때 편향되지 않은 접근법을 취해야 한다며 제시한 균형적 문해력 접근법에 기초한다. 그에 따르면 균형적 문해력 접근법이란 의미, 이해, 즐거움을 위해 읽기를 배우는 것을 목적으로 하는 연구 및 평가 기반의 접근법이자 종합적·통합적·역동적 접근법이다. 균형적 문해력 접근법은 교사와 전문가가 해독, 어휘, 독해, 동기, 사회문화적 습득에 대해 적절하게 지도하고, 발달 수준에 따라 개별적으로 평가된 아이들의 문해 관련 요구에 부응할 수 있게 해 준다(Cowen, 2003: 10).

균형적 문해력은 지도 요소가 매우 광범위하다.[1] 여기에는 해독 기능 발달, 일견 단어 및 풍부한 어휘 발전, 구체적 이해 기능 습득, 사회문화적 맥락 내에서 이루어지는 읽기 등이 포함된다. 또한 읽기와 쓰기, 의미 및 통

1 카우언(Cowen, 2003)은 균형적 문해력 읽기 프로그램이 제공해야 할 핵심 요소로 다음의 열다섯 가지를 제시하였다.

① 아이들이 즐길 수 있는 실제적이고 진정한 문학 작품
② 매일 이루어지는 포괄적이고 실제적인 쓰기 과정 프로그램
③ 실제적인 읽기 및 쓰기 활동의 맥락 속에서 학습하는 언어 지식 및 파닉스 기능
④ 이해를 동반한 텍스트 읽기를 가능하게 하는 세 가지 단서 체계를 활용한 교차점검 전략
⑤ 단어 재인과 읽기 이해를 도와주는 메타 인지, 자기 모니터링, 수정, 스캐폴딩 전략들
⑥ 고등 사고 기능을 신장하기 위한 학습 전략을 개발할 기회
⑦ 독립적 수준 및 교수적 수준에서 이루어지는 학생의 연속적인 발달에 대한 계속적인 평가
⑧ 음운 인식 발달을 포함하는 스토리텔링, 받아쓰기, 그리고 다른 듣기 활동
⑨ 교과서뿐 아니라 상업적으로 출판된 다양한 책들을 활용하는 교과 통합적 읽기 접근
⑩ 함께 읽기, 안내된 읽기, 독립적 읽기, 그리고 특히 읽기 부진아들을 위한 일대일 지도
⑪ 주어진 과제에 집중하는 읽기, 쓰기, 그리고 관련 언어 지식 활동에 집중할 시간
⑫ 언어 지식의 모든 영역에서 이루어지는 탐구와 발견을 위한 읽기/학습 센터
⑬ 언어적으로 풍부한 환경을 개발하고 유지할 기회
⑭ 학생들의 다양한 요구에 부응하고, 듣기·말하기·읽기·쓰기·보기를 즐겁게 경험할 수 있도록 잘 갖추어진 교실
⑮ 아이들의 문해력 발달에 대한 계속적인 가족 참여의 촉진

사론적 맥락 단서 사용, 자기 점검 및 자기 조절, 유창성·속도·정확성을 가지고 읽는 것 등도 지도 요소로 삼는다. 이 지도 요소들은 모두 읽기를 통한 읽기 교육과 밀접하게 관련된다는 특성이 있다. 이와 같은 균형적 문해력 접근법의 특성을 반영하여 읽기 따라잡기 역시 '읽기가 아닌 것으로 읽기 교육을 하려고 하지 마라'를 핵심 원칙의 하나로 제시한다. 그리고 이 핵심 원칙을 지켜 나가는 방법으로 읽기 따라잡기 교사에게 읽기가 무엇인지를 끝없이 고찰할 것을 강조한다.

균형적 문해력 접근법에서 '균형'은 단순히 지도 요소들을 똑같은 비율로 처방한다는 의미가 아니다. 마치 레시피처럼 이것 두 컵, 저것 두 컵을 섞어 모든 아이에게 맞는 하나의 방법을 도출하려는 접근법이 아닌 것이다. 균형적 문해력 접근법은 아이의 발달 특성에 기반하여 아이의 필요에 따라 광범위한 지도 요소들을 매끄럽게 가르치는, 매우 정교하게 조직된 접근법이다. 그러므로 읽기 따라잡기 교사는 아이의 강점과 약점을 잘 알아야 하며, 이에 근거하여 아이가 광범위한 지도 요소들을 종합적으로 학습할 수 있는 방법을 고안해야 한다. 그리고 아이가 어린 독자, 작가, 사상가, 의사소통가가 되어 더 역동적으로 학습할 수 있게 도와야 한다.

스피걸(Spiegel, 1998)은 균형적 문해력 접근법의 특징을 '연구 기반, 정보에 근거한 의사결정자로서의 교사, 문해에 대한 종합적 관점'이라는 세 가지로 정리하였다. 읽기 따라잡기를 창안한 엄훈은 이 중 연구 기반이라는 특징에 주목하여 읽기 따라잡기 접근법을 '연구 기반의 균형적 문해력 접근법'으로 명명하였다. 그러면서 이 접근법을 실현하기 위해서는 교사가 연구와 실천을 연결하는 '교사 연구자'가 되어야 한다고 강조하였다(엄훈, 2019b). 교사 연구자로서 읽기 따라잡기 교사는 아이의 읽기 능력을 더 잘 이해하기 위해 노력하고, 무엇을 언제 어떻게 개입해야 하는지 탐색한다. 그리고 그 과정을 일상 수업 기록지와 읽기 과정 분석 기록지에 기록하고 분석하면서 매우 정교하고 조직화된 수업을 수행한다. 나아가 탐색·기록·분석을 통해 산출한 정보들을 아이의 자기 주도성에 기반한 안내된 읽기 활동과 실제성에 기반한 안내된 쓰기 활동에 활용함으로써 아이의 문해력 발달을 촉진한다. 읽기 따라잡기 교사의 이러한 연구자적 관점은 아이에 대한 이해도를 높이고 아이의 균형 잡힌 문해력 발달을 가속화하는 힘이다. 연구 기반의 균형적 문해력 접근법이 읽기 따라잡기 프로그램에서 구현되는 장면은 10장에서 자세히 살펴볼 것이다.

2 읽기 따라잡기 지도 원리

아이로부터 출발하기

읽기 따라잡기 프로그램의 첫 번째 원칙은 '아이로부터 출발하라'이다. 아이로부터 출발할 때 진정한 의미의 가르침과 배움이 공존할 수 있기 때문에, 이 원칙은 읽기 따라잡기 수업 운영의 대전제이며 지도 원리이다. 읽기 따라잡기는 아이가 할 수 있는 것을 가지고 그 아이에게 적합한 방식으로 수업을 전개함으로써 아이의 근접발달영역(zone of proximal development: ZPD)을 관통하고 유의미한 상호작용을 촉발하여 가속화된 발달을 촉진하고자 한다.

'아이로부터 출발하기'는 아이를 마주하는 첫 수업부터 시작된다. 처음에 교사는 이 원리를 염두에 두고 매 수업에 적용하고자 노력한다. 하지만 수업을 해 나갈수록 점점 가르치는 일에 몰두하기 쉽다. 그렇게 아이보다 아이가 해야 하는 학습에 집중하다 보면, 결국 아이로부터 출발하는 수업이 아닌 교육 내용이나 학습 목표에서 출발하는 수업을 하게 된다. 특히 수업 전에 학습 목표나 성취기준을 설정하고 그에 따라 교육 내용을 설계하는 것이 익숙한 교사들에게는 이 지도 원리를 지켜 나가는 일이 쉽지 않다. 실제로 읽기 따라잡기 교사들도 아이로부터 출발한다는 지도 원리를 유지하면서 수업을 하는 것이 가장 어려운 일이라고 말한다. 그럼에도 아이의 읽기 발달을 촉진하기 위해 이 원리를 지켜야 한다는 점에 대해서는 공감한다.

읽기 따라잡기 수업을 할 때 아이와의 상호작용에 문제가 생기거나 아이에게 가속화된 발달이 일어나지 않아 고민하는 교사들이 많다. 읽기 따라잡기에서는 이에 대한 해결책으로 '아이로부터 출발했는가?'라는 물음을 교사 자신에게 던져 보길 권한다. 아이가 해야만 하는 것보다 아이가 할 수 있는 것에서 출발해야 긴밀한 상호작용을 기반으로 가속화된 발달을 촉진할 수 있기 때문이다. 이러한 '아이로부터 출발하기' 지도 원리는 읽기 따라잡기 수업에서 '실제성의 원리'와 '최적화의 원리'로 구체화된다.

실제성의 원리

읽기 따라잡기 수업은 읽기와 쓰기의 본질 및 그 관계성에 주목하여, 실제성에 기반한 문해력 교육을 추구한다.

읽기를 통한 읽기 교육, 쓰기를 통한 쓰기 교육

굿맨(Goodman, 1996)에 따르면 사람들은 읽기가 무엇인지 이해하고자 할 때 글자, 글자-소리 관계, 단어에 주목하는 경향이 있다고 한다. 그러나 그는 독자와 작가가 의미를 구성하는 방법에 주목해야 실제적인 읽기를 이해할 수 있다고 말한다. 왜냐하면 텍스트는 글자와 단어의 집합 이상이기 때문이다. 텍스트를 쓴다는 것은 단순히 글자와 단어를 나열하는 것이 아니라, 작가의 언어가 작동하면서 의미를 구성하는 과정이다. 또 텍스트를 읽는다는 것은 독자의 언어가 작동하면서 의미가 구성되는 과정으로, 여기에는 작가와 독자의 복잡한 사고 과정이 포함된다. 이러한 읽기와 쓰기의 본질에 비추어 볼 때 읽기를 구성하는 특정한 하위 기능, 이를테면 해독 훈련이나 단어 재인 훈련에 집중하는 교육은 읽기와 쓰기의 본질과 거리가 멀고 아이들에게 실제적인 읽기와 쓰기 기회를 제공하지 못할 가능성이 크다.

읽기 따라잡기 교사는 아이의 수준을 파악할 때도, 아이에게 활동을 제공할 때도 실제성을 고려한다. 우선 교사는 실제적인 읽기와 쓰기 상황에서 아이의 수준을 파악한다. 읽기 따라잡기 교사는 아이와 함께 읽고 쓰면서 아이가 할 수 있는 것을 목록화하고, 실제적인 읽기와 쓰기 상황에서 아이가 보이는 반응 및 교사와 상호작용하는 방식을 기록하며, 이를 통해 아이의 발달 특성에 대해 파악한다. 또한 교사는 아이가 실제적인 맥락 속에서 읽고 쓰도록 독려한다. 아이가 교사의 도움을 받아 자신의 수준에 맞는 책을 자기 주도적으로 읽고, 스스로 메시지를 구성하여 단어나 글로 표현해 보는 것과 같은 실제적인 활동 기회와 학습 경험을 제공한다.

읽기는 쓰기로, 쓰기는 읽기로

많은 사람들이 읽기와 쓰기를 별개의 학습 영역으로 간주하고 분리해서 생각한다. 또는 읽기가 된 다음에야 쓰기가 가능하며, 읽기가 잘 되지 않으면 쓰기도 잘하지 못할 것이라고 가정한다. 읽지 못하는 아이가 쓰기를 하면 매우 이례적으로 여기는 것이 그 예이다. 교사들도 종종 그러하다. 읽기와 쓰기 모두를 어려워하는 아이를 만나면 쓰기 수업을 뒤로 미루거나 제외하곤 한다. 이는 읽기 발달이 일어난 이후에 쓰기가 발달한다고 보거나 읽기와 쓰기를 별개의 과목으로 생각하는 데서 비롯된 행동이다. 하지만 읽기와 쓰기는 문자 언어를 서로 다른 방식으로 학습하는 것일 뿐, 매우 상보적인 관계를 맺고 있다. 비유하자면 읽기와 쓰기는 우리 두 손과 같다. 오른손이 왼손을 돕고 왼손이 오른손을 도울 때 손이 제 역할을 더 잘할 수 있듯이, 읽기에서 아는 것을 쓰기에서 의미 있게 활용하고 쓰기에서 아는 것을 읽기에서 유용하게 활용할 때 우리는 더 잘 읽을 수 있다.

읽기 따라잡기에서는 모든 아이가 날마다 책을 읽고 문장을 쓴다. 매일의 읽기는 글자, 글자군, 단어의 빠른 재인을 가능하게 하고 읽기 속도를 높인다. 그리고 이는 쓰기에서 아이디어를 문장으로 빠르게 구조화하고 쓰기 유창성을 높이는 데 도움을 준다. 아이는 매일 익숙한 책과 새로운 책을 읽으며 다양한 정보 및 언어 구조에 대한 지식을 습득하고 도출하면서 의미 구성의 깊이를 더한다. 그 과정에서 아이는 텍스트에 담긴 정보를 다루는 방식에 대한 통제력을 획득하고 스스로 확장하는 법을 학습하게 된다. 읽기를 통해 학습한 일련의 것들은 문어의 어법과 구조를 능숙하게 다룰 수 있게 하고, 쓰기 문제 해결 활동에 확장되어 사용된다.

또한 매일의 쓰기는 음소의 순서, 글자의 순서와 형태, 구어와 문어 사이의 연결에 관심을 기울이게 한다. 아이는 쓰기 활동을 하며 자신이 쓰기를 원하는 단어에 포함된 소리를 듣고 표기하는 방법을 배운다. 이때 습득된 지식은 읽기에서 단어 재인의 자원으로 활용된다. 특히 읽기 따라잡기에서 쓰기는 문장 단위로 이루어지는데, 문장 단위의 쓰기는 표기를 넘어선 작문이다. 작문은 통사적 복잡성과 아이디어를 정교히 결합하는 의미 구성 활동을 전제한다. 따라서 이와 같은 쓰기 활동은 읽기 유창성을 높임은 물론, 의미 구성의 깊이를 더하는 데 큰 도움을 준다.

여기서 잠깐 | 통제력

읽기 따라잡기에서 '통제력(control)'이란 문해 활동에 필요한 다양한 정보를 탐색하고 활용하고 실행하는 자기 조절 능력이자, 글자 또는 텍스트의 방향성 규칙, 언어 구조나 문법, 음운 인식, 글자 식별, 구어, 어휘, 교수 학습 언어, 상호작용 등을 조절하는 힘을 뜻한다. 통제력을 지닌 아이들은 문해 활동을 하면서 '무엇에 주의를 기울여야 하는가?', '그 단위가 글자인가 아니면 단어인가?', '글이 한 행인가 아니면 두 행이 될 수 있는가?' 등에 대해 생각한다.

일반적으로 아이들은 인쇄물 탐색 과정과 초기 쓰기 행위를 통해 학습에 대한 기초적인 통제력을 자연스럽게 획득한다. 하지만 문해 활동이 결핍되어 통제력을 획득하지 못하거나 부적절한 경험을 함으로써 잘못된 통제력을 획득한 아이의 경우 이후의 학습에 어려움을 겪곤 한다. 그렇다면 교사가 아이의 통제력을 길러 주려면 어떻게 해야 할까? 아이의 주의를 포착하고, 아이가 인식하고 있는 것을 알아차리고, 분명하게 시범을 보이고, 빠른 재인을 격려해야 한다.

구어 발달이 느린 아이들은 문해력 발달이 더딘 경우가 많다. 그래서 많은 교사들이 구어에 대한 통제력을 단시간에 확장할 수 있는 지름길을 찾는다. 아쉽게도 그러한 지름길은 없지만, 읽기 따라잡기 교사가 활용 가능한 최선의 방법은 있다. 바로 수업 시간 혹은 수업 전후에 아이와 대화를 나누는 것이다. 이 대화에서 아이가 한 가장 긴 발화를 적어 두고, 여기에 사용된 어휘와 구조, 문법에 대한 아이의 통제력을 가늠해 본다. 그리고 이를 쓰기에 활용한다면 문어에 대한 아이의 통제력을 향상할 수 있을 것이다.

읽기 따라잡기에서 통제력은 모든 수업 과정의 모든 성취 수준에서 가장 중요한 부분이다. 아이가 통제력을 지닐 때 교실 수업 상황에서 독립적으로 읽고 쓸 수 있기 때문이다. 그러므로 아이가 자신이 할 줄 아는 것에 대해 더 많은 통제력을 갖도록 도와주는 것은 읽기 따라잡기 교사가 꼭 해야 하는 일이다.

출처: Clay, M. M.(2016), *Literacy Lessons Designed for Individuals*(2nd ed.), Heinemann.

읽기 따라잡기 교사는 읽기와 쓰기의 상보적 관계, 즉 읽기와 쓰기는 따로 배울 때보다 함께 배울 때 더 효과적이라는 사실을 인지하고 매번 읽기와 쓰기 활동을 동시에 수행한다. 그리고 아이가 읽기에서 알고 있는 것을 쓰기에 사용하고, 쓰기에서 알고 있는 것을 읽기에 사용하도록 독려한다. 읽기 따라잡기 교사와 함께하는 매일의 읽기와 쓰기는 아이들이 과제를 더 잘 이해하고, 의미를 구성하는 법을 배우며, 교실이라는 실제적인 상황에서 더 잘 읽고 쓸 수 있는 방법들을 익히도록 촉진한다.

최적화의 원리

읽기 따라잡기 수업은 '한 번에 한 아이씩' 지도하는 개별화된 맞춤형 집중 지도 프로그램이다. 읽기 따라잡기 교사는 아이의 발달 특성을 고려하여 아이가 자기 주도적으로 읽기에 참여하고 자신의 삶과 연계된 쓰기 활동을 이어 나가도록 독려한다.

개별화된 맞춤형 집중 지도

읽기 따라잡기는 아이에게 최적의 학습 방식을 제공할 수 있는 개별화된 맞춤형 집중 지도를 강조한다. 읽기와 쓰기 학습 과제에 극단적으로 다르게 반응하는 아이들과 학습하는 상황에서, 1명의 교사가 1명의 학생을 가르치는 것이 가장 실용적인 방법이라고 보기 때문이다. 물론 교사가 매일 30분씩 일대일로 수업하는 방식이 한 번에 여러 명의 아이를 지도하는 방식보다 비효율적이라고 생각할 수 있다. 하지만 읽기 따라잡기 프로그램은 최하위 수준의 성취도를 보이는 2명 이상의 아이들을 한꺼번에 가르치는 것이 더 비효율적임을 확신한다. 최하위 수준의 아이들이 평균 수준을 따라잡을 수만 있다면, 하루에 30분씩 몇 주간 이루어지는 개별화 수업의 비용은 비싼 편이 아니다. 따라서 읽기 따라잡기 프로그램은 교사가 최하위 수준의 아이를 개별적으로 가르치면서 아이의 제한된 반응 레퍼토리를 다루고 아이의 발달에 최적화된 수업을 제공하여 아이가 최대한 빨리 정상 발달 궤도로 진입하게 하는 데 목표를 둔다.

현재 우리 교육 현장에서 시행되는 소그룹 형태의 읽기 부진 학생 지도 장면을 떠올려 보자. 소그룹을 위한 수업을 하려면 교사가 책을 고르고 어려운 점을 파악하고 내용을 설명할 때, 소그룹의 평균적 필요와 요구를 고려할 수밖에 없다. 결국 교사는 개인이 무엇을 필요로 하는지와는 상관없이 학습 내용이나 방법을 절충한 수업을 모두에게 똑같이 제공하게 된다. 그러다 보면 소그룹 내에서 또 최하위 수준의 아이가 생기고, 그 아이는 다시금 낙오를 경험한다. 다만 소그룹 형태의 수업에 효과적인 학생 그룹도 존재하며, 해당 그룹 아이들의 발달을 관찰하고 그에 맞는 지원을 제공한다면 소그룹 형태의 문해력 수업도 가능할 것이다.

읽기 따라잡기 교사는 개별화된 맞춤형 수업을 위해 아이의 현재 수준과 발달 경로를 면밀하게 추적한다. 즉, 아이가 주어진 문제를 어떻게 분석하는지, 새로운 학습에 어떤 노력을 기울이는지, 자신의 강점을 어떻게 사용하는지, 교사가 시범을 보일 때 어떤 결론을 내리는지 등을 주의 깊게 살핀다. 이 과정을 통해 아이의 발달 수준과 경로가 추적되었다면, 아이에게 주어진 과제의 해결 방안을 스스로 찾을 수 있는 기회를 제공하고 독려한다. 그리고 문제 해결에 대한 복잡성과 속도를 높이고 아이가 자기 주도적으로 읽고 쓸 수 있는 경험을 제공함으로써 발달 속도를 높이는 집중 지도를 전개한다.

아이의 자기 주도성에 기반한 안내된 읽기

초기 문해력 발달 과정에 있는 아이가 책을 읽는 방식에는 크게 두 가지가 있다. 하나는 부모나 교사가 일방적으로 책을 읽어 주거나 아이와 함께 읽는 '읽어 주기' 방식이다. 이 방식은 읽기의 주된 책임이 부모나 교사에게 있다. 다른 하나는 아이가 부모나 교사와 상호작용하며 읽기 문제를 자기 주도적으로 해결하면서 읽는 '안내된 읽기' 방식이다. 이 방식은 읽기의 주된 책임이 아이에게 있다. 안내된 읽기가 성공적으로 이루어지려면 아이의 자기 주도성과 부모 또는 교사의 면밀한 교수적 상호작용이 전제되어야 하며, 아이의 읽기 수준에 맞는 책을 선정해야 한다.

안내된 읽기는 소그룹 단위로도, 일대일로도 가능하다. 소그룹 단위의 안내된 읽기는 부모 또는 교사와 아이의 동료 집단이 함께하는 방식이다. 반면 일대일의 안내된 읽기는 개별화 수업 방식이다. 읽기 따라잡기는 일대일의 안내된 읽기 방식을 추구하며, 이를 '아이의 자기 주도성에 기반한 안내된 읽기'라고 칭한다.

아이의 자기 주도성에 기반한 안내된 읽기는 교수적 수준과 독립적 수준[2]에서 이루어진다. 모르는 단어나 표현이 너무 많은 좌절적 수준의 텍스트로는 아이가 자기 주도성을 발휘하면서 읽기를 수행하기가 어렵고 학습

2 읽기 따라잡기는 아이의 읽기 정확도에 따라 읽기 수행 수준을 세 가지로 판별한다. 아이의 읽기 정확도가 86% 미만이면 좌절적 수준, 86% 이상 93% 미만이면 교수적 수준, 93% 이상이면 독립적 수준이다. 좌절적 수준은 아이가 텍스트를 읽는 데 자주 어려움을 호소하거나 도움을 요청하는 수준이다. 그 결과 교사가 빈번하게 개입하게 되어 읽기의 주도성이 교사에게 있을 때가 많다. 교수적 수준은 아이가 텍스트의 내용을 상당 부분 이해할 수 있으나 약간의 도움이 필요한 수준이다. 이 경우 아이의 주도성을 훼손하지 않으면서 안내된 읽기가 가능하다. 독립적 수준은 아이가 텍스트 이해를 문제없이 해내는 수준으로, 아이가 주도성을 가지고 자연스럽게 읽는 것이 가능하다.

효과도 떨어지기 때문이다(Swanborn & de Glopper, 1999)[3]. 수업에서 사용하는 텍스트가 교수적 수준이나 독립적 수준일 때, 아이가 주도적으로 내용을 이해하고 어휘 및 읽기 기능을 학습할 여지가 생긴다. 교수적 수준에서의 자기 주도적 읽기는 새로운 읽기 기능을 빠르게 습득하는 기회를 제공한다. 독립적 수준에서의 자기 주도적 읽기는 읽기 유창성을 확립하고 이미 습득한 읽기 기능을 자동화하는 데 기여한다. 이는 아이에게 성공적인 읽기 경험을 지속적으로 제공하고, 아이가 독자로서 긍정적인 읽기 태도를 형성하도록 돕는다.

무엇보다도 아이의 자기 주도성에 기반한 안내된 읽기는 자기 확장적이면서 문제 해결적인 읽기 과정이라는 점에서 읽기 발달을 가속화하는 핵심적인 지도 원리라 할 수 있다. 읽기 따라잡기는 개별화 교육 프로그램으로서 자기 주도성에 기반한 일대일의 안내된 읽기를 통해 학습의 주도권을 아이에게 이양하며, 아이가 자기 주도적으로 문해력을 발달해 나갈 수 있게 한다.

실제성에 기반한 안내된 쓰기

읽기 따라잡기는 실제성에 기반한 안내된 쓰기를 추구한다. 이는 교사와 학생 간의 촉진 활동이 가장 활발하게 일어날 수 있는 쓰기 교육 방법으로, 아이가 스스로 선택하고 구성한 단어와 문장을 교사의 도움을 받아 가

3 스완본과 더글로퍼(Swanborn & de Glopper, 1999)에 따르면, 아이는 글에서 접하는 새로운 단어들 중 11~22% 정도를 학습한다고 한다. 그런데 글 속에 모르는 단어나 표현이 너무 많으면 새로운 단어를 학습할 확률이 큰 폭으로 줄어든다. 150개 단어 중에서 모르는 단어가 1개일 때 그 한 단어를 배울 확률은 30%이며, 연속되는 10개 단어 중에서 모르는 단어가 1개일 때는 7%로 감소하는 것으로 추정된다. 이 때문에 읽기 따라잡기는 아이가 독립적 수준과 교수적 수준에서 읽을 수 있는 텍스트를 제공한다.

며 완성하는 문장 쓰기 활동을 뜻한다. 앞서 서술한 바와 같이 문장 쓰기는 단순한 표기가 아니라 작문이며, 작문은 필자의 실제적인 의미 구성 활동이 전제되어야 가능하다. 그래서 읽기 따라잡기는 문장 쓰기를 위한 아이디어 산출부터 구조화와 표기에 이르기까지 아이의 주도성을 높이는 것을 강조한다. 아이가 자기 주도적으로 참여할 때 실제적인 맥락에서의 쓰기 활동이 이루어질 수 있기 때문이다.

읽기 따라잡기 교사는 아이와의 대화를 통해 아이가 쓰고 싶어 하는 것을 말하도록 북돋고, 아이의 아이디어를 약간 정교화하거나 최소한의 수정만 해 주는 안내된 쓰기 활동을 전개한다. 교사의 안내가 아이의 실제성을 벗어나는 수준에서 일어날 경우, 아이의 주도성이 상실되고 그 문장이 아이에게 더 이상 유의미하지 않을 수 있다. 또 읽기 따라잡기 교사는 아이가 구성한 메시지를 글로 쓰는 과정에서 단어 속의 소리를 듣고 표기하는 활동을 안내하며 완성된 문장을 재구성하는 경험을 제공한다. 실제성에 기반한 안내된 쓰기는 아이가 더 풍부한 이야기를 쓰도록 자극하고, 이전에 성공적으로 쓰거나 학습한 구절들을 환기하며 더 복잡한 구조로 발전시키는 것을 돕는다.

읽기에 어려움을 겪는 아이들을 만나면 교사들은 무엇을 가르쳐야 할지 고민한다. 그리고 언제 어디에서 시작해야 할지, 얼마만큼 지도가 필요할지, 어떤 방법을 사용할지, 어떤 교재와 텍스트가 효과적일지 등을 스스로에게 끊임없이 묻는다. 이 질문의 발화자는 교사이지만, 해답은 문해력의 본질과 아이에게서 찾을 수 있을 것이다. 따라서 읽기 따라잡기는 연구 기반의 균형적 문해력 접근법을 통해 광범위하고 복잡한 문해력의 지도 요소들을 분석하고, 개별 아이의 발달 특성에서 출발하는 수업을 구안하여 아이의 균형적 문해력 발달을 추구한다. 이와 같은 읽기 따라잡기 수업은 아이의 개별성과 주도성을 최대한 보장하며 아이의 발달 특성에 맞춘 최적화된 상호작용을 가능하게 한다.

다만 읽기 따라잡기 수업은 한 아이로부터 출발하여 균형을 유지하는 수업이기 때문에, 어떤 아이에게 최적인 학습 방식이 다른 아이에게는 적절하지 않을 수 있다. 읽기 따라잡기 프로그램을 실행하는 교사들은 새로운 사례의 아이를 만날 때마다 자신이 예측하는 반응을 보여 주길 기대하기보다 '이 아이는 어떤 반응을 보일까?'를 궁금해한다. 아이마다 가지고 있는 특성과 균형점이 다르다는 것을 인지하고 이를 받아들일 수 있는 유연성을 가지고 있기 때문이다. 읽기 따라잡기 교사들이 가진 유연성은 만나는 아이마다 새로운 방식으로 대화하고 새로운 수업을 설계하여 운영하는 바탕이 된다.

10장

읽기 따라잡기 프로그램의 운영

읽기 따라잡기 프로그램은 교실 수업 상황에서 관찰 평가를 실시하고 개별적인 초기 문해력 검사를 통해 지도 대상자를 판별하여 60~100회의 수업을 진행한다. 그리고 수업이 종료될 시기에 다시 관찰 평가를 통해 학급 평균 수준에서 교실 수업에 참여하는지를 확인하고 초기 문해력 검사 결과를 분석하여 프로그램 종료 여부와 그 시점을 정한다. 이 장에서는 이와 같은 일련의 읽기 따라잡기 프로그램 과정을 자세하게 소개하고자 한다.

1 지도 대상자 판별

읽기 따라잡기는 학급 하위 20%의 읽기 부진 학생을 대상으로 하는 개별화 교육 프로그램이다. 이와 같이 지도 대상 그룹이 매우 명확하고 일대일 맞춤형으로 진행된다는 특성상, 읽기 따라잡기 프로그램은 대상자를 판별할 때 단순 지필 평가 방식을 지양하고 대상자의 특성 및 성취도에 대한 질적 분석과 양적 분석을 병행한다.

지도 대상자를 판별하는 절차는 다음과 같다. 우선 읽기 따라잡기 교사가 담임교사와 함께 교실 수업 속 아이의 모습을 면밀히 관찰하고 기록한다. 그다음 담임교사와 면담을 진행한 뒤 유의미한 내용을 정리한다. 이렇게 교실 수업 관찰과 담임교사 면담에서 얻은 자료를 토대로 예비 지도 대상자를 선정한다. 이어 예비 지도 대상자에게 초기 문해력 검사를 실시하고, 그 아이의 문해력 발달 정도와 동 학령기의 초기 문해력 검사 규준을 비교하여 지도 대상자를 확정한다.

지도 대상자가 되었다는 것은 읽기 따라잡기를 가장 효과적으로 적용할 수 있는 아이로 선별되었다는 의미가 아니다. 그보다는 읽기 따라잡기 프로그램을 가장 필요로 하는 아이로 판별되었음을 의미한다. 왜냐하면 읽기 따라잡기는 학급에서 성취도가 가장 낮은 아이에게 도움을 주기 위한 프로그램이기 때문이다.

관찰 평가

담임교사는 학년 초 아이의 초기 문해력 발달 정도를 다양한 상황에서 관찰하게 된다. 1학년의 경우 학년 초에 해당하는 3월은 입학 초기 적응 기간이다. 그래서 별도의 학습이 진행되지는 않지만, 아주 기본적인 문해 활동은 이루어진다. 일반적으로 1학년 교실에서는 입학식을 치르고 난 후 관계 형성 프로그램을 운영한다. 아이는 담임교사 및 반 친구들과 자기소개 시간을 가지며 관계 형성의 첫발을 디딘다. 이때 아이들은 책상에 자신의 이름을 써 놓기도 하고, 자기 이름이 들어간 짤막한 글을 쓰기도 한다. 이 과정에서 담임교사는 아이들의 초기 문해력 발달 정도를 파악할 수 있다. 아이들 중에는 자신의 이름을 아주 반듯하게 쓰는 아이도 있지만, 그림을 그리듯 쓰거나 일정한 방향 없이 쓰거나 자기 이름이 아닌 다른 친구의 이름은 잘 읽지 못하는 아이도 있다. 담임교사는 후자의 아이들을 더 주의 깊게 관찰하게 될 것이다.

또 이 기간에는 관계 형성 프로그램과 더불어 아이들에게 학교의 여러 시설을 소개하고 학교생활 규칙을 안내하는 시간을 갖는다. 여기에서도 아이들의 문해력 발달 정도를 파악할 수 있다. 어떤 아이는 담임교사가 소개하는 내용을 술술 읽겠지만, 어떤 아이는 그 내용을 이해하고 기억하기 어려워할 것이다. 이때도 담임교사는 후자의 아이를 관심 있게 지켜볼 계획을 세우게 된다.

2학년 교실에서 담임교사는 지도 대상 아이를 더 빨리 발견할 수 있다. 전 학년도 담임교사에게 아이들의 특성을 미리 들을 수 있을 뿐 아니라, 1학년에 비해 학급 내 아이들이 좀 더 확실하게 비교되기 때문이다. 학년 초라고 해도 2학년이 된 아이들은 대부분 주어진 문장을 읽고 자신의 생각을 문장으로 쓸 수 있다. 간혹 읽기에 오류가 발생하거나 낱말을 소리 나는 대로 쓰기도 하지만, 이 정도의 초기 문해력 발달 수준이라면 학습 활동을 따라가는 데 큰 무리가 없다. 반면 이와 같은 수준에 도달하지 못한 아이는 학습 활동에 무기력한 모습을 보이거나 참여를 거부하곤 한다. 담임교사는 이러한 아이에게 더 관심을 기울이게 될 것이다.

읽기 따라잡기 교사는 담임교사가 주의 깊게 살피게 되는 아이를 교실 수업 상황에서 관찰하여 초기 문해력 발달 수준을 파악한다. 그리고 지도 대상자라고 예측되면 초기 문해력 검사를 실시한다. 이는 아이의 초기 문해력 발달 수준을 더욱 면밀하게 파악하여 읽기 따라잡기 프로그램의 적용 여부와 그 시점을 결정하기 위함이다.

초기 문해력 검사

읽기 따라잡기에서 사용하는 초기 문해력 검사 도구는 엄훈과 정종성이 개발한 '초기 문해력 측정을 위한 간편 읽기 검사 도구'이다. 이 도구는 우리나라 저학년 아이들의 문해력 발달 특성에 맞게 1학년용(엄훈·정종성, 2016)과 2학년용(정종성·엄훈, 2018)으로 구분되어 있다. 1학년용은 '자모 이름 대기(40문항), 단어 읽기(24문항), 읽기 유창성(200음절), 단어 받아쓰기(10문항)'의 네 가지 소검사를 실시한다. 2학년용은 '음절 글자 읽기(49문항), 구절 읽기(12문항), 읽기 유창성(200음절), 문장 받아쓰기(4문항)'의 네 가지 소검사를 실시한다. 두 학년의 소검사는 [표 8]과 같이 계열화되어 있어서 저학년 아이들의 문해력 발달 양상을 종합적이고 상호보완적으로 측정하는 데 도움이 된다.

또한 초기 문해력 검사는 각 학년을 상반기와 하반기로 나누어 총 다섯 가지 규준을 제공한다. 1학년용의 경우 학령기의 특성을 고려하여 상반기

[표 8] 초기 문해력 검사 도구의 학년 계열성

1학년용		2학년용
자모 이름 대기	➜	음절 글자 읽기
단어 읽기	➜	구절 읽기
읽기 유창성	➜	읽기 유창성
단어 받아쓰기	➜	문장 받아쓰기

에는 Pre-I 규준과 I-1 규준을, 하반기에는 I-2 규준을 제공한다. 2학년용은 상반기에는 II-1 규준을, 하반기에는 II-2 규준을 제공한다.[1]

초기 문해력 검사는 교사가 아이와 일대일로 시행한다. 아이의 반응 속도나 양상에 따라 다르지만 검사는 평균 10분 정도 소요된다. 읽기 따라잡기 교사는 검사 시 아이의 정반응과 오반응을 모두 기록하고, 검사 장면을 녹음 또는 녹화한다. 검사가 종료된 후 기록한 결과를 기준에 따라 채점하고 원점수를 산출해 검사 규준과 비교하여 아이의 문해력 발달 수준을 파악한다. 그리고 검사 기록지에 작성된 아이의 정반응과 오반응 양상을 질적으로 분석하여 아이의 문해력 발달 양상을 더욱 세밀하게 알아본다. 녹음 또는 녹화된 자료는 기록의 오류를 파악하거나 아이의 반응 양상을 분석할 때 참고자료로 활용한다. 이렇게 문해력 발달 정도를 양적·질적으로 측정한 뒤 객관화하는 작업을 거쳐 최종적으로 지도 대상자를 판별한다.

지도 대상자를 판별했다면 이제 읽기 따라잡기 프로그램을 시작할 차례이다. 앞서 설명했듯이 읽기 따라잡기 프로그램은 아이의 눈높이에서 머무르기와 패턴화된 수업으로 운영된다. 이어지는 절에서는 연꽃님과 한사랑의 사례를 통해 읽기 따라잡기 프로그램의 실행 방법을 구체적으로 소개할 것이다. 연꽃님과 한사랑은 P교사가 2021년 청주의 S초등학교에서 1학년 담임교사로 재직하며 만난 아이들이다.[2]

1 초기 문해력 검사 도구에 대한 자세한 설명은 부록 2를 참고하기 바란다.

2 사례에 등장하는 연꽃님과 한사랑, 그리고 이 아이들이 언급하는 인물의 이름은 모두 가명임을 밝혀 둔다. 아울러 사랑하는 제자 꽃님과 사랑, 그리고 우리 교육의 발전을 위해 사례 공유를 허락해 주신 두 아이의 부모님께 감사의 마음을 전한다.

연꽃님

연꽃님은 2학기가 시작될 무렵 전학을 왔다. 꽃님은 자기의 이름 외에는 읽고 쓸 수 있는 것이 없다며 학습에 어려움을 토로했다. 꽃님은 교실 수업에서 무기력한 모습을 보였고, 학습에 두려움을 갖고 있었다. 그리고 자신이 읽고 쓰지 못하는 것을 친구들이 알게 될까 봐 전전긍긍했다. 담임인 P교사는 꽃님의 어려움이 시간이 갈수록 심화되어 학습뿐 아니라 학교생활 전반에까지 부정적인 영향을 미칠까 걱정되었고, 최대한 빨리 꽃님과 읽기 따라잡기 수업을 해야겠다고 판단했다.

초기 문해력 검사(I-2 규준) 결과, 꽃님은 자모 이름 대기(구분점수 2)를 제외하고 구분점수가 모두 1이었다. 그래서 1학기부터 개별화 수업을 하던 아이의 수업을 서둘러 종료하고 2021년 11월 1일 꽃님의 수업을 시작하였다. 별다른 일정이 없는 한 매일 읽기 따라잡기 수업을 했지만, 늦은 시작으로 인해 2022년 1월 6일(종업식)까지 총 32회(초기 문해력 검사 2회 포함)밖에 진행하지 못하고 꽃님이 막 가속화된 발달을 보이던 시점에 종료하게 되었다.

읽기 따라잡기 수업을 한 후, 꽃님은 단조롭지만 종종 스스로 문장을 구성할 수 있게 되었다. 꽃님의 문해력은 음절체와 말미자음을 분리하여 지각하고, 소리와 글자를 연결할 수 있는 수준까지 발달하였다. 하지만 소리보다 글자 형태를 기억하는 방법에 의존하던 이전의 학습 경험을 완전히 버리지는 못했다. 그래서 소리를 먼저 활용하기보다 글자를 떠올리려는 경우가 많았다.

2022년 3월 현재 연꽃님은 개별화 지도가 조금 더 필요한 상황으로 판단된다. 더 빠른 시기에 개입하지 못하고, 가속화된 발달이 일어나 교실 수업에서도 학습력이 발현되고 있는 시점에 읽기 따라잡기 수업을 종료하게 되어 아쉬움이 많이 남는 사례이다.

한사랑

한사랑은 입학 첫날부터 P교사의 눈에 들어온 아이였다. 사랑은 발음이 많이 부정확하고 읽고 쓰는 데 어려움이 있었다. 또한 학습에 대한 두려움이 컸으며 계속해서 "난 못해."라고 말하거나 책상에 엎드려 있는 등 무기력한 모습을 보였다.

입학 2개월 후에 실시한 초기 문해력 검사(Pre-I 규준) 결과, 사랑은 전 영역에서 구분점수가 1이었다. P교사는 사랑의 읽기 발달 수준이 매우 낮다고 판단하여 사랑에게 읽기 따라잡기 수업을 제안하였다. 이때 아이가 아버지에게 "선생님이랑 하는 공부는 무서운 거야?"하고 물어보았다고 한다. 사랑이 읽고 쓰는 일을 얼마나 두려워했는지를 알 수 있는 일화이다. 여름 방학 기간을 제외하고 2021년 4월 6일부터 2021년 11월 9일까지 총 66회(초기 문해력 검사 2회 포함)를 진행하였다.

P교사는 처음에 사랑과 대화하기가 어려웠다. 코로나19로 인해 마스크를 쓰고 수업해야 했던 상황도 있지만, 마스크 안에서 흘러나오는 아이의 말소리가 다른 아이들에 비해 매우 불분명했기 때문이다. P교사는 사랑의 말소리 감각을 키우기 위해 여러 가지 말놀이와 말소리 탐구 활동을 진행했다. 수업이 40회를 넘어서는 지점부터 사랑은 교실 수업에서 평균 수준을 따라잡기 시작했다. 그러나 불분명한 발음은 여전히 쓰기 발달을 저해하는 요소였다.

P교사는 사랑의 발음 문제를 완벽히 해결할 때까지 수업을 진행하고 싶었지만, 읽기 따라잡기 수업이 더 시급한 꽃님이 전학을 오게 되어 66회로 프로그램을 종료하였다. 기초학력 전담교사가 있었다면 2명의 아이를 나누어 지도할 수 있었을 것이다. 한사랑은 지금도 학급에서 평균 이상의 학습 능력을 보이며 아주 잘 적응하고 있다. 사랑의 사례는 말소리를 다루는 부분에서 주로 소개하고자 한다.

2 아이의 눈높이에서 머무르기

읽기 따라잡기 프로그램은 '아이로부터 출발하기'를 지도 원리로 삼는다. 아이로부터 출발한다는 인식의 틀을 갖고 학습 부진 학생을 만났을 때, 교사가 처음 하게 되는 일은 아이의 눈높이에서 머물러 아이가 할 수 있는 것이 무엇인지, 아이의 출발점이 어디인지를 알아보는 것이다. 읽기 따라잡기는 이때 교사가 가지는 관점을 '발달적 관점'이라고 한다. 발달적 관점은 진단적 관점과 배치되는 관점이다. 진단적 관점이 아이의 읽기 문제를 정확하게 포착하여 치료하려는 관점이라면, 발달적 관점은 아이의 행동을 일정 기간 비형식적인 상황에서 면밀히 관찰하고 아이의 학습 자산을 찾으며 현재 아이의 발달 면을 살펴보려는 관점이다.

이 두 관점을 자세히 비교하면 [표 9]와 같다. 진단적 관점은 읽기에 어려움을 호소하는 아이의 반응을 몇 가지 증상으로 분류한다. 즉, 읽기 문제

[표 9] 진단적 관점과 발달적 관점

진단적 관점	발달적 관점
아이의 읽기 문제를 몇 가지 증상으로 분류하고 진단함	아이의 행동을 면밀히 관찰하여 아이가 할 줄 아는 것을 포착함
표준화된 형식적 테스트를 통해 아이의 문제를 확인함	일정 기간 비형식적이고 면밀한 관찰을 통해 아이의 출발점을 찾음
읽기 문제를 질병이나 장애로 봄	읽기 문제를 발달의 문제로 봄
문제 해결의 전문성이 의사나 특수교육 전문가에게 있다고 봄	문제 해결의 전문성이 교사에게 있다고 봄
아이의 문제 영역을 집중적으로 훈련하고 사전·사후 테스트에 의존함	읽기를 통한 읽기 교육과 쓰기를 통한 쓰기 교육을 관찰하여 발달 면을 기록함
결손형 모델: 못하는 것에 초점을 둠	자산형 모델: 할 수 있는 것에 초점을 둠

를 난독증과 같은 질병으로 보거나 학습 장애 또는 읽기 장애로 판단한다. 그리고 이 문제를 해결하기 위해 의사나 특수교육 전문가를 찾는다. 아이의 부족한 부분에 초점을 맞추어 진단 검사를 실시하고, 집중 훈련을 통해 결손을 제거하려 하며, 사전·사후 테스트에 의존해 문제 해결의 결과를 분석한다. 반면 발달적 관점은 읽기 문제를 발달 측면에서 바라보며, 문제 해결의 전문성이 교사에게 있다고 본다. 학습 활동도 아이가 일상에서 자기 주도적으로 할 수 있는 것에서 출발하여 아이의 발달을 촉진하는 방향으로 전개된다.

읽기 따라잡기 프로그램은 발달적 관점에서 아이의 출발점을 찾기 위해 초기 10회를 아이의 눈높이를 찾고, 아이의 눈높이에 머무르며, 아이를 면밀하게 관찰하는 기간으로 설정하고 있다. 이 기간이 '아이의 눈높이에서 머무르기' 단계이다. 읽기 따라잡기 교사는 이 기간 동안 비형식적인 문해 활동이나 대화를 통해 아이의 발달 면을 포착한다. 이때 중요한 것은 교사가 아이를 가르치려 들지 않아야 한다는 것이다. 아마 가르치지 않는 것은 교사로서 가장 힘든 일 중 하나겠지만, 교사가 무언가를 가르치는 대신 그저 아이의 눈높이에 머물러야만 아이를 면밀하게 관찰할 수 있다. 교사가 가르치려 들수록 아이는 자신의 발달 면을 그대로 보여 주지 않는다. 아이는 자기가 주도적으로 탐험할 수 있을 때 자신의 발달 면을 드러낸다. 그래서 읽기 따라잡기에서는 이 기간에 교사가 아이의 눈높이에서 머무르며 아이와 관계를 형성하고 아이가 자기 주도적으로 탐험에 나설 수 있게 도와주는 안내자 역할을 할 것을 강조한다.

아이의 문해력 발달 수준을 파악하기 위해서는 읽기와 쓰기 활동에 참여하는 아이의 반응을 분석해야 한다. 읽기 따라잡기에서는 다양한 차원과 방법으로 아이의 발달 면을 포착하고 분석한다. 우선 텍스트를 바라보는 아이의 시선을 살핀다. 텍스트를 바라보는 아이의 시선을 면밀하게 관찰하면, 아이가 문자 언어 처리의 방향성을 인식하고 있는지 알 수 있다. 또 비형식적 대화를 통해 아이의 가정 문해 환경과 구어 발달 정도, 말소리 감각, 문장 구성력 등을 분석한다. 그리고 아이가 문해 활동에 참여하면서 드러내는 글자 지식, 일견 단어, 유창성, 통사 감각, 맥락적 추론 능력, 구어와 문어의 대응, 소리와 글자의 연결, 읽기에 대한 개념, 책의 표지·제목·쪽·글·낱말·문장에 대한 인식 등 문해력 처리와 관련된 기초 개념에 관해 정보를 수집하고 분석한다.

더불어 아이가 텍스트 및 교사와 어떻게 상호작용하는지도 분석할 필요가 있다. 텍스트와의 상호작용이란 아이가 그림책을 읽으며 하는 혼잣말, 표정, 행동 등을 말한다. 어떤 아이는 단 한마디 말도 없이 그저 텍스트를 읽기도 하고, 어떤 아이는 그림책에 등장하는 인물에 대해 평가하거나 자신의 경험담과 연관 지어 말하기도 한다. 또는 교사가 경험하지 못한 아주 낯선 방식으로 텍스트와 상호작용하는 아이도 있다. 이와 같은 반응은 아이가 그림책을 혼자 읽을 때뿐만 아니라 교사와 함께 읽을 때 나타나기도 하고, 혼자 읽을 때와 함께 읽을 때 보이는 양상이 달라지기도 한다. 아이가 텍스트와 어떻게 상호작용하는지를 살피면 아이의 문해 경험 정도를 파악할 수 있고, 아이가 사용하는 읽기 단서와 전략, 이해 정도를 분석할 수 있다. 그리고 아이가 읽기에 대해 어떻게 생각하고 있는지도 분석 가능하다.

읽기 따라잡기는 개별화된 맞춤형 프로그램으로, 수업에서 교사와 아이의 상호작용이 매우 긴밀하게 이루어진다. 가속화된 발달을 위해서는 교사가 아이의 상호작용 방식을 파악해 아이에게 맞는 방식으로 상호작용해야 한다. 또 학습에 효과적인 상호작용 방법을 아이에게 가르치는 것도 읽기 따라잡기 교사가 해야 하는 중요한 일이다. 읽기 따라잡기 교사는 아이의 상호작용 방식을 살핀 후 가장 효과적인 방식을 찾아 강화하는 한편, 학습에 방해가 되는 상호작용이 있다면 이를 어떻게 제거할지 계획한다.

이 시기에 읽기 따라잡기 교사가 주의를 기울여 살펴야 할 것이 있다. 바로 아이의 문제 해결 처리 체계이다. 즉, 읽고 쓰는 활동을 통해 아이가 알고 있고 할 수 있는 것이 무엇인지, 아이가 어떤 학습 전략을 주로 사용하고 어떤 학습 전략에 반응하는지, 문해 처리에 관한 통제력은 어떠한지, 교사의 시범을 얼마나 모방하거나 협력하는지, 어느 정도로 유연한 사고를 하는지, 문해력 처리 체계인 자기 확장 시스템이 얼마나 구축되어 있는지, 간섭 현상의 빈도는 어떠한지, 학습 좌절에 대한 회복력은 어떠한지, 어떤 방어 기제를 가지고 있는지 등을 분석함으로써 아이의 특성을 이해하고 아이의 출발점을 찾는다.

읽기 따라잡기 교사는 이와 같은 일련의 관찰과 분석 내용을 꼼꼼하게 기록하고, 그 기록을 토대로 아이의 입장에서 반응을 해석하고 가설을 세운다. 그리고 발달적 관점에서 아이의 발달 양상과 그 수준을 분석하여, 이를 앞으로의 수업을 설계하고 실행하는 데 적극적으로 활용한다. 다양한 차원에서 아이에 대한 자료를 수집하고 면밀하게 분석하는 과정을 거치다 보면 교사는 '잘 읽음, 못 읽음' 또는 '맞음, 틀림'과 같은 이분법적 분석을 뛰어넘어 아이가 할 수 있는 것에 대해 더 잘 알게 된다. 아이가 할 수 있는 것에 대한 정보를 많이 수집할수록 아이의 출발점을 더욱 명확하게 설정할 수 있을 것이다.

읽기 따라잡기는 교사가 사용한 교수 방법 자체의 옳고 그름을 평가하는 것이 프로그램 운영에 도움이 되지 않는다고 본다. 교사가 가장 좋은 방법이라고 판단해 아이에게 적용했을지라도, 아이가 교사의 기대와 일치하지 않는 반응을 보일 수 있다. 이는 아이의 반응이 잘못되었거나 방법이 틀

여기서 잠깐 | **자기 확장 시스템**

아이들은 읽기와 쓰기를 학습하면서 글자 지식, 소릿값, 다양한 어휘를 머릿속에 데이터베이스 형태로 구축한다. 이 데이터베이스들은 중첩되기도 하고 상호 점검이 이루어지기도 한다. 그리고 아이는 자신의 데이터베이스를 읽고 쓰는 활동에 다시 활용하여 텍스트에 제시된 수많은 정보들을 빠른 속도로 선택하고 처리하는 효과적인 방법들을 구성한다. 아이는 지속적으로 읽고 쓰며 텍스트 속 정보를 다루는 다양한 방식에 대한 통제력을 획득하고, 스스로 확장하는 법을 학습하는 문해력 처리 체계를 구축하기 시작한다. 이것이 자기 확장 시스템(self-extending processing system)이다. 우리가 흔히 말하는 메타 인지와 유사한 개념이라고 할 수 있다.

그렇다면 자기 확장 시스템은 어떻게 만들어질까? 문해 활동에 필요한 자기 확장 시스템을 교사가 설계하고 이를 반복적으로 훈련시킨다면 자기 확장 시스템이 구축될까? 아쉽게도 이는 잘못된 접근이다. 자기 확장 시스템은 타인에 의해 만들어질 수 없다. 문해 활동에 필요한 자기 확장 시스템은 문해 활동을 통해서, 즉 아이가 해결할 수 있는 문해 활동에 자기 주도적으로 참여할 때 형성된다. 따라서 읽기 따라잡기 교사는 문해 활동에 필요한 자기 확장 시스템을 구축하기 위해 아이의 자기 주도성에 기반한 안내된 읽기와 실제성에 기반한 안내된 쓰기 활동을 제시하고, 그 과정에서 아이가 자기 모니터링과 자기 수정, 자기 정보 탐색 및 활용, 서로 다른 차원의 정보 점검 등의 기회를 가질 수 있도록 촉진한다.

출처: Clay, M. M.(2016), *Literacy Lessons Designed for Individuals*(2nd ed.), Heinemann.

렸기 때문이 아니라, 교사가 적용한 방법이 그 아이에게 적절하지 않았기 때문이다. 그러므로 읽기 따라잡기 교사는 자신이 적용한 교수 방법 자체보다 아이의 반응에 주목하여 향후 수업의 운영 방향 및 방법, 도달 목표 등을 설정해야 한다.

읽기 따라잡기 교사가 발달적 관점을 기반으로 아이를 관찰하고 분석하는 과정에서 주목해야 할 핵심 요소는 확신, 안정, 유연성, 발견, 유창성이다. 이 다섯 가지 요소에 대해 하나씩 살펴보자. 첫째, 아이와 교사 모두 할 수 있다는 확신을 가지고 활동에 임해야 한다. 아이의 눈높이에서 머무르기 기간에도 교사는 아이와 함께 읽고 쓰는 작업을 한다. 이러한 활동은 아이에게 자신이 진짜 읽고 쓰고 있다는 느낌을 주고, 앞으로 발달할 수 있다는 확신을 줄 것이다. 아이의 눈높이에서 머무르기 기간이 끝날 무렵에는 아이의 발달 가능성을 교사는 물론 아이 자신도 느낄 수 있어야 한다. 아이가 자신이 얻게 된 것이 아주 작은 양의 지식일지라도 이를 활용하여 새로운 지식을 쌓아 갈 수 있음을 확신하는 것이 중요하다. 이러한 확신은 아이가 다음 단계의 본격적인 수업을 시작할 준비가 되었다는 의미이기도 하다.

둘째, 아이와 교사 모두 아이가 현재 알고 있고 할 수 있는 것을 찾음으로써 앞으로의 발달 가능성에 대한 심리적 안정성을 확보해야 한다. 학습 부진에 처해 있는 아이도, 이 아이를 마주하는 교사도 사실 불안하고 초조하다. 이러한 불안감과 초조함에서 벗어나야 한다. 이는 목표를 기준으로 아이의 부족한 면만 찾는 것이 아니라, 아이가 가진 발달적 요소들에 대한 가치를 아이 자신과 교사가 인정하게 될 때 가능하다. 그래서 이 기간에는 아이가 현재 알고 있고 할 수 있는 것이 무엇인지 찾을 필요가 있다.

셋째, 아이와 교사 모두 활동에 유연성을 확보해야 한다. 교사는 계획한 대로 되지 않는다고 불안해하지 말고, 아이의 반응과 발달에 맞춰 활동을 이어 가며 수업 실행의 유연성을 키워야 한다. 그리고 아이가 새로운 학습으로 나아가는 데 도움이 되는 자료들을 제공하고, 학습에서 성공을 경험할 수 있게 독려하며, 아이가 할 줄 아는 모든 것을 강화하려고 노력해야 한다. 이를 통해 아이는 교사와의 새로운 상호작용 방식을 경험하고, 성공적인 학습을 위해 자신에게 유용한 상호작용 방식을 개발할 기회를 갖게 된다. 이러한 경험과 기회는 아이가 다양한 학습 활동에 유연하게 참여할 수 있는 힘을 키워 준다.

넷째, 교사는 아이가 알고 있는 것과 아이가 반응하는 방식을 발견하는 데 초점을 두어야 한다. 아이가 알고 있는 것은 앞으로의 학습에 씨앗이 된다. 그러므로 교사는 아이의 학습 자산과 발달적 요소들을 면밀히 기록해야 한다. 나아가 아이 스스로도 자신이 알고 있는 것을 발견하는 기쁨을 경험할 필요가 있다. 학습 부진 학생은 자신의 학습 자산이 무엇인지 잘 인지하지 못하는 경우가 많다. 아이는 자신이 알고 있다는 사실조차 몰랐던 것들을 발견하면서 자신의 학습 자산을 인지하고 뿌듯함을 느낄 수 있다. 아이와 교사가 함께 읽고 쓰는 상호작용을 할 때 아이는 올바른 읽기와 쓰기가 무엇인지 알게 되고, 교사는 아이에게 맞는 상호작용 방식을 발견할 수 있다. 따라서 아이의 눈높이에서 머무르기 기간에도 비형식적이지만 아이를 읽고 쓰는 활동에 참여시켜야 하며, 대화를 기반으로 아이와 상호작용해야 한다.

다섯째, 교사는 아이가 알고 있는 매우 작은 것에서 유창성을 확립할 수 있게 해야 한다. 이때의 유창성은 무언가를 새롭게 익히고 확장한다는 개념이 아니다. 아이가 이미 할 수 있는 것을 더 잘할 수 있게 한다는 뜻이다. 예를 들어 아이가 자신의 이름을 쓸 수 있다면, 조금 더 바르게 쓰게 하는 정도이다. 교사는 다양한 도구나 방식으로 아이가 아는 것을 복습하게 하고 아이의 노력을 칭찬한다. 또 아이와 함께 활동하면서 아이가 자신이 알고 있는 것에 확신을 가지도록 독려하고, 자신이 할 수 있는 것을 명확하게 드러낼 기회를 제공한다. 이 과정을 통해 아이는 자신이 알고 있는 것에서 유창성을 확보하게 될 것이다.

아이의 눈높이에서 머무르기 기간에 이 다섯 가지 핵심 요소를 실현하고 발달적 관점에서 아이를 관찰하기 위해서는 어떻게 해야 할까? 9장의 읽기 따라잡기 지도 원리에서 강조했듯이 아이를 읽기와 쓰기에 참여시켜야 한다. 아이를 읽기와 쓰기에 참여시킬 때, 지필 평가와는 차원이 다른 새로운 읽기나 쓰기 행동이 나타나기 때문이다.

우선 아이가 읽기에 참여할 수 있도록 '아이와 함께 책 읽기'를 시도해 보길 권한다. 읽기 따라잡기에서 사용하는 텍스트는 그림책이다. 아이가 좋아할 만한 또는 아이가 읽고 싶어 하는 시중의 그림책이나, 아이들의 읽기 발달을 고려해 만든 수준 평정 그림책을 사용할 수 있다. 아이에게 책을 주며 읽어 보라고 할 수도 있겠지만, 아이에게 부담이 될 만한 책이라면 교사가 읽어 주거나 아이와 함께 읽는다. 아이와 규칙을 정해 읽기에 참여하도록 유도하거나, 아이가 원하면 언제든 읽기를 시도할 수 있는 기회를 주어도 좋다. 어떤 책을 읽을지, 어떻게 읽기 활동을 할지는 아이에 따라 다르다. 아울러 책을 읽는 동안 아이와 대화하며 읽기 이해도를 파악해 볼 수도 있다. 이때 교사가 문제를 내고 아이가 답을 맞히는 방식이 아니라, 일상적인 대화를 기반으로 아이의 반응을 살펴야 한다. 그 반응이 아이의 읽기 발달 면을 보여 주기 때문이다.

읽기 따라잡기 수업을 시작할 때 많은 교사들이 아이가 읽기에 참여할 수 있는 책을 찾을 수 없어 고민한다. 그런 경우 '아이와 함께 책 만들기'를 권한다. 책 만들기는 자연스럽게 아이를 읽기와 쓰기 활동에 참여시키며, 아이가 자신의 학습 자산을 탐색하고 자신의 발달 면을 표출하게 한다. 교사의 도움을 통해 아이가 완성한 책은 세상 어떤 책보다 아이에게 소중하다. 책 만들기를 끝낸 아이들은 이구동성으로 "이 책 수업 끝나면 내가 가져가나요?"라고 말한다. 읽고 쓰지 못해 아무것도 할 수 없었던 자신이 만든 책이니 아이에게 얼마나 소중하게 느껴질지 짐작될 것이다. 책 만들기

여기서 잠깐 | 수준 평정 그림책

수준 평정 그림책이란 아이의 읽기 능력이 발달하는 과정과 양상을 반영하여 만든 평정 기준에 따라, 연속적이고 정교하게 수준을 부여한 그림책을 말한다. 그림책은 글과 그림이 상호보완적으로 독자의 의미 구성 과정을 매개하는 텍스트이다. 글 또는 그림 어느 한쪽에 치우친 읽기로는 그림책이 담고 있는 의미를 제대로 구성할 수 없다. 그림책의 이러한 특징은 초기 문해력 발달에 매우 중요한 의미를 지닌다.

초기 문해력 시기의 아이들은 아직 경험과 지식이 부족하여 다양한 단서를 활용하는 교차점검 전략을 능숙하게 활용하지 못하는데, 그림책은 어린 독자들이 이 교차점검 전략을 구사할 수 있는 발판을 제공한다. 또 그림책은 책 읽기의 첫 단계에서부터 자기 주도적인 문제 해결적 읽기를 수행할 가능성을 높인다. 즉, 초기 문해력 교육에서 그림책을 활용하는 것은 해독 능력이 아직 완성되지 않은 아이에게 문해력 교육의 첫 시기부터 읽기를 통한 읽기 교육을 제공할 수 있다. 이와 같은 까닭으로 읽기 따라잡기는 아이의 읽기 발달 과정과 양상을 반영한 평정 기준에 따라 그림책을 수준 평정하여 수업에 활용한다.

수준 평정 그림책은 아이의 읽기 발달 수준에 맞는 적절한 읽기 텍스트를 시행착오 없이 연속적으로 선택할 수 있도록 도와준다. 아이의 발달은 분절적인 단계로 이루어지지 않는다. 특히 초기 문해력 시기의 아이들은 매우 미묘하고 복잡하게 발달한다. 이때 교사가 정교하게 수준 평정된 그림책의 도움을 받지 못하면 교육적으로 의미 있는 근접발달영역(ZPD)을 벗어나 지도에 어려움을 겪는다. 수준 평정 그림책이 개발되기 전에는 경험이 많은 교사들도 아이에게 읽힐 만한 책이 없거나 A학생에게 읽혔던 책이 비슷한 수준의 B학생에게는 효과적이지 않을 때가 있다며 지도에 어려움을 토로하곤 했다.

읽기 따라잡기는 아이의 가속화된 발달을 추구하는 단기 집중 프로그램이기 때문에 시행착오를 줄이는 것이 무엇보다 중요하다. 연속적이고 정교한 수준 평정 그림책을 활용한 초기 문해력 교육은 아이의 근접발달영역에 접근할 가능성을 높이며, 교수적 차원에서의 시행착오를 줄이고, 아이의 문해력 발달 양상을 세밀하게 관찰하고 포착할 기회를 제공한다.

출처: 엄훈(2018), 『초기 문해력 교육을 위한 수준 평정 그림책의 활용』, 교육공동체벗.

[그림 7] 함께 책 읽기

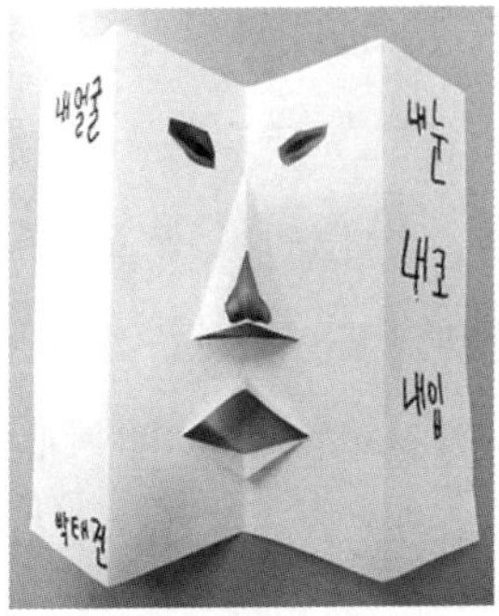

[그림 8] 함께 책 만들기

를 할 때 교사는 안내자 역할을 할 수도 있고, 직접적인 도움을 줄 수도 있다. 읽기 따라잡기에서 말하는 책 만들기는 북아트처럼 예쁜 책 만들기가 아니며, 아이의 문해력 발달 면을 살펴보고 아이를 문해 활동에 참여시키는 데 목적을 둔다. 따라서 화려하고 완성도 높은 책보다는 편안하고 쉬운 책을 만드는 것이 활동의 본질에 부합한다. 교사는 아이에게 부담을 주지 않는 선에서 활동이 이루어져야 함을 명심해야 한다.

읽기 따라잡기 사례 발표에서 충북 지역의 한 초등학교 3학년 담임교사가 아이와 책 만들기를 한 경험을 들려주었다. 담임교사에 따르면 아이는 초등학교 3학년이지만 쓸 줄 아는 게 별로 없고, 특히 받침 있는 낱말은 읽거나 쓸 줄 모른다고 단정 짓고 있었다고 한다. 그런데 어느 날 자기가 좋아하는 애니메이션인 〈베이블레이드 버스트 초제트〉에 대해 이야기를 시작하더니 '베이블레이드 초제트 마지막회'를 단숨에 써서 보여 주더라는 것이다. 교사는 자신이 예측하지 못한 반응을 보고 너무 놀랐다고 한다. 이렇듯 읽기와 쓰기에 아이를 참여시킨다면, 아이는 새로운 행동을 보이며 자신의 발달 면을 교사에게 드러낼 것이다.

아이의 눈높이에서 머무르기는 특정한 하나의 활동이라기보다 아이를 바라보는 관점이자 인식의 틀에 가깝다. 아이의 입장과 아이의 발달 면에 초점을 두는 것이 가장 중요하기 때문이다. 읽기 따라잡기는 프로그램 운영 초반뿐 아니라 그 이후에도 지금 지도하는 아이에 대해 제대로 알고 싶을 때, 또는 무엇을 해도 아이가 발달을 보이지 않을 때, 아이의 눈높이에서 머무르기를 다시 시작해 보길 권한다.

다음은 아이의 눈높이에서 머무르기 수업의 사례와 그 분석 내용이다. 앞으로 단계별로 사례와 분석 내용을 제시하여 읽기 따라잡기 수업에 대한 이해를 돕고자 한다.

수업 사례

아이의 눈높이에서 머무르기

일시/회차	2021.11.01.(월) 연꽃님 1회차 수업

수업 첫날 학생용 책상 네 개를 사각형으로 붙여 놓고, P교사는 꽃님의 오른쪽에 나란히 앉았다. 책상에는 색연필, 사인펜, 보드마카, 보드마카 지우개, 스케치북, 가위, 풀, 자석 글자, 미니 보드, 소리 상자, 메시지 상자, 둥근 자석(20개), 말마디 막대(7개), 소리 단추(3개)를 놓아 두었다.
읽기 따라잡기 수업을 하게 된 소감에 대해 꽃님과 이야기를 나누었다. 그런 다음 꽃님에게 필요한 학습 도구를 주고, 문장 쓰기를 하는 스케치북에 이름을 써 보기를 권했다. P교사가 먼저 자신의 가족을 소개하고 꽃님에게 가족 소개를 부탁했다. 꽃님은 가족 소개를 어떻게 하는지 물었고, 교사가 시범을 보였다. 그 시범에 맞추어 꽃님은 자신의 가족을 소개했다.

P교사 여기에 가족들이 집에서 무엇을 하는지 선생님한테 그림으로 소개해 줄 수 있을까?

〔중략 - 꽃님이 그림을 그리며 가족 소개를 한 후 대화를 나눔〕

P교사 오빠 이름이 뭐였지, 꽃님아?

연꽃님 오빠? '연제국'. 두 글자면 '제국'.

P교사 여기다 한 번 적어 줄까? '연제국' 오빠 이름 적어 줄 수 있는 만큼 적어 줄 수 있어? 모르면 선생님한테 물으면 도와줄 수 있어.

연꽃님 (스케치북 앞표지를 펼쳐 그곳에 적힌 자기 이름을 가리키며) '연제국' 할 때 '연'이 저랑 똑같은 '연'이에요.

P교사 그렇지, 그렇지. 맞아.

연꽃님 여기예요? 여기?

P교사 응. 오빠 이름 적어.

연꽃님 ('연'을 단번에 적고 멈춤) '재'가 뭐지? '재'가 기억 안 나요.

P교사 기억이 안 나? 혹시 이런 '제'인가?

연꽃님 '재국'은 기억하는데 '재'가 기억 안 나요.

P교사 (스케치북에 '제국', '재국' 두 가지를 써 줌) '제국'? 이런 '제'인가? 아니면 '재국'? 어떤 거야?

연꽃님 음….

P교사 이건가? 이건가?

연꽃님 ('재'를 가리키며) 이거.

P교사 엄마 이름 쓸 줄 알아?

연꽃님 엄마 이름은 못 쓰고, '엄마', '아빠'는 쓸 수 있어요. ('엄마', '아빠'라고 씀)

P교사 아이쿠, 잘 썼네. 엄마 이름은 입으로 말할 수 있어? 엄마 이름은 뭐야?

연꽃님 네. '고정원'.

P교사 아빠는?

연꽃님 '연태종', 두 글자는 '태종'.

분석

상호작용 아이가 교사의 물음에 적절하게 답하며, 반응 속도도 빠른 편임. 이해하지 못했거나 잘 듣지 못했을 때 교사에게 다시 확인하거나 되물을 수 있음. 교사가 요구하는 활동을 실행할 수 있으며, 교사의 시범을 모니터링하고 모방할 수 있음. 다만 모방이 매우 정교하지는 않음. 자신이 알고 있는 것을 적극적으로 교사에게 보이며 교사와의 상호작용에 개방적임.

학습 자산 자기 이름을 모두 오류 없이 썼으며, 획순에 맞추어 잘 썼고, 자형도 또래 친구들과 비슷한 수준으로 보임. 쓰기 속도가 빠른 편이며 획의 굵기나 크기가 일정함. 글자 쓰기의 방향성이 확립되어 있음. 자신이 쓸 수 있는 것과 쓸 수 없는 것을 명확하게 구분할 수 있음. 음절 글자를 분리할 수 있음. 동일한 음절 글자를 분리하고 합성할 수 있으며 글자 수를 알고 있음. 글자를 소리와 관계 지어 인식하기보다 형태적 접근을 통해 기억하고, 그 자료를 인출하는 방식으로 학습하고 있는 것으로 파악됨. 쓸 수 있는 낱말은 '연꽃님, 엄마, 아빠'이고, 다양한 상황에서도 읽고 쓸 수 있는 음절 글자는 '연'으로 파악됨.

구어 발달 'ㅅ, ㅌ, ㄸ'의 발음에서 다소 혀 짧은 소리가 나지만 각각의 말소리를 구분해 들을 수 있음. 교사의 말을 듣고 이해할 수 있으며 자신의 생각을 문장으로 말할 수 있음. 다만 자신의 생각을 말하는 문장의 어절 수가 대체로 3어절을 넘지 않음. 말소리를 다룰 수 있을 것으로 예상되나, 아직 소리를 바탕으로 한 문제 해결적 접근을 하지는 못하는 것으로 파악됨.

문제 해결력 교사의 확산적인 질문에 반응하며, 자신이 가지고 있는 데이터베이스를 활용해 문제 상황을 해결하는 자기 확장 시스템을 가지고 있음. 그러나 원리를 기반으로 한 확장보다는 직관에 의한 확장 시스템을 가지고 있는 것으로 생각됨.

3 패턴화된 수업

아이의 눈높이에서 머무르기 기간이 끝나면 패턴화된 개별화 수업이 시작된다. 패턴화된 수업은 아이의 눈높이에서 머무르기와 동일하게 30분 동안 진행되며, 총 50~90회 정도 이루어진다.

패턴화된 수업은 30분의 시간을 짜임새 있게 활용하여 학습자의 발달을 촉진하는 데 최적화된 절차로 구성되어 있다. 이러한 절차는 학습자가 목표 의식을 가지고 활동에 임하게 하며, 다음 학습을 할 준비가 되도록 돕는다. 그런 점에서 패턴화된 수업은 교수 전략이면서 동시에 학습 전략이라고 할 수 있다. 물론 아이의 특성과 발달에 맞게 수업 절차를 변경할 수는 있으나, 교사는 이를 매우 신중히 고민하여 적용해야 한다.

읽기 따라잡기의 패턴화된 수업을 간략히 설명하면 [그림 9]와 같다. 가장 먼저 교사와 학생은 익숙한 책을 읽고(1단계), 직전 회기 수업에서 소개한 새로운 책으로 읽기 과정 분석을 한다(2단계). 교사는 익숙한 책 읽기와

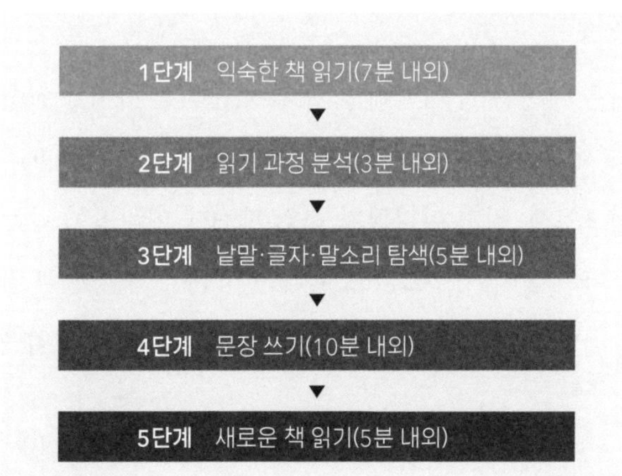

[그림 9] 패턴화된 수업의 기본 절차

읽기 과정 분석에 사용된 책에 대해 지도 내용을 선별하고, 낱말에 담긴 몇 가지 요소들을 아이에게 가르친다(3단계). 그런 다음 아이는 교사의 안내와 도움을 받아 가며 한 문장 정도의 메시지를 만들고 작성한 후, 그 문장을 재구성한다(4단계). 마지막으로 교사는 새로운 책을 소개하고, 아이는 그 책을 도전적으로 읽는다(5단계). 새롭게 읽은 책은 이어지는 다음 수업 회기에서 읽기 과정 분석 대상이 되고, 읽기 과정 분석 결과 아이가 교사의 도움을 받아 자기 주도적으로 읽을 수 있다고 판단된 책은 다음 수업의 익숙한 책 목록에 추가된다. 이렇듯 패턴화된 수업의 각 단계는 분절적이라기보다 통합적이고 유기적으로 연결되어 있다.

패턴화된 수업을 전개할 때도 교사는 연구 기반의 균형적 문해력 접근법을 견지해야 한다. 앞서 서술했듯이 읽기와 쓰기는 다른 행위이지만 완전히 분리될 수 없으며 서로 균형을 맞추어야 아이의 문해력 발달을 촉진할 수 있기 때문이다.

1단계 익숙한 책 읽기

익숙한 책은 이전 수업 시간에 읽기 과정 분석을 마치고 교수적 수준(읽기 정확도 86% 이상~93% 미만)이나 독립적 수준(읽기 정확도 93% 이상)이라고 판별된 책으로서, 읽기 따라잡기 수업 패턴에 따라 3회 이상 접한 책이다.[3] 그 책을 아이가 자기 주도적으로 읽는 시간이 익숙한 책 읽기이다. 아이는 자신이 이미 편안하게 읽고 있는 책을 다시 읽으며 수업을 시작한다.

3 익숙한 책이 되는 과정을 예로 들면, '10회차 새로운 책 → 11회차 읽기 과정 분석 대상 책(교수적 또는 독립적 수준 판별) → 12회차 익숙한 책'과 같다. 따라서 익숙한 책은 패턴화된 수업에서 3회 이상 접한 책이다.

누군가는 이미 읽을 수 있는 익숙한 책을 가지고 학습을 시작하는 것에 의문을 표할지도 모른다. 그러나 우리가 만나는 최저 수준의 아이들에게 익숙한 책 읽기는 알고 있는 학습 내용을 단순히 반복하는 것과는 차원이 다른 효과를 불러일으킬 수 있다.

익숙한 책을 읽으며 수업을 시작하는 것은 아이가 독자로서의 느낌을 가질 기회를 제공하기 위함이다. 아이는 익숙한 책을 유창하게 읽음으로써 텍스트를 읽어 내는 데 필요한 읽기 단서들을 활용한다. 이 과정을 통해 아이는 읽기의 기능과 전략들을 능숙하게 구사할 수 있게 된다. 그리고 읽기의 기능과 전략들이 능숙해질수록 아이의 읽기 유창성은 빠르게 발달한다.

익숙한 책 읽기는 읽기의 태도 면에서도 중요한 변화를 불러온다. 교사들은 흔히 아이가 여러 차례 읽은 책을 지루해할 것이라고 생각하지만, 학습 부진 학생에게 익숙한 책 읽기는 지루함이 아닌 성공적인 읽기 경험을 제공함으로써 성취감을 부여한다. 이러한 성취감은 학습 활동의 몰입도를 증대시키며 가속화된 발달을 촉진하는 힘이 된다. 요컨대 익숙한 책 읽기를 통한 성공적인 읽기 경험은 복잡한 읽기 과정을 연습하게 하고, 읽기에 관한 문제 해결력을 확장해 문해력을 발달시킬 가능성을 높인다.

익숙한 책 읽기 단계에서 교사는 아이의 자기 주도적인 읽기 활동을 지지하고 촉진해야 한다. 구체적으로는 아이가 다양한 읽기 단서들을 활용하고 이 단서들을 교차점검하면서 자기 주도적으로 읽기에 참여하도록 도와야 한다. 그리고 아이가 텍스트의 맥락에 빨려 들어가 그 맥락에서 추론하며 책을 읽을 수 있도록 촉진해야 한다. 읽기 단서의 활용은 읽기 기능 및 전략에 능숙해지게 하고, 맥락을 활용한 추론적 읽기는 어휘력을 향상시켜 읽기 발달의 가속화를 일으킬 수 있다. 아이는 이렇게 자기 주도적으로 읽기 활동을 하면서 텍스트의 맥락을 이해하고 이야기 전체를 구성하는 능력

여기서 잠깐 | **읽기 단서 체계**

굿맨(Goodman, 1996)은 사람들이 처음 보는 텍스트를 읽을 때, 읽는 모습은 다 다르지만 모두 세 가지 단서를 사용해 의미를 구성하며 읽기를 수행한다는 사실을 발견하였다. 의미를 구성하는 이 세 가지 단서는 '의미, 통사, 글자와 소리의 신호 체계'이다. 읽기 따라잡기에서는 이 세 가지 단서를 '읽기 단서 체계'라고 지칭하며, 의미는 '의미적 단서(meaning)', 통사(어휘-문법)는 '통사적 단서(structure)', 글자와 소리의 신호 체계는 '시각적 단서(visual information)'라고 용어를 정리해 사용하고 있다.

- 의미적 단서(M): 맥락 정보와 배경지식(예 배경지식, 삽화/그림 등)
- 통사적 단서(S): 언어 구조(감각)에 대한 지식(예 문법적 요소, 관용적 표현 등)
- 시각적 단서(V): 글자와 소리 대응에 관한 지식(예 낱글자, 말소리 등)

또 독자들은 읽기 단서 체계를 복합적으로 활용해 텍스트의 의미를 읽어 내는데, 이를 교차점검이라고 한다. 교차점검은 문해력 발달 초기에 나타나며, 아이가 읽기 문제를 만족스럽게 해결하지 못할 때 일어나는 행동이다.

교차점검은 단계적으로 발달하지 않으며 그 경로가 명확하게 드러나지 않기 때문에 자세히 서술하기가 불가능하다. 그러나 교사가 아이를 관찰하다 보면, 아이가 읽기 단서들을 교차점검하고 있음을 직감할 때가 있다. [그림 10]은 교사가 아이의 교차점검을 촉진하는 사례를 보여 준다.

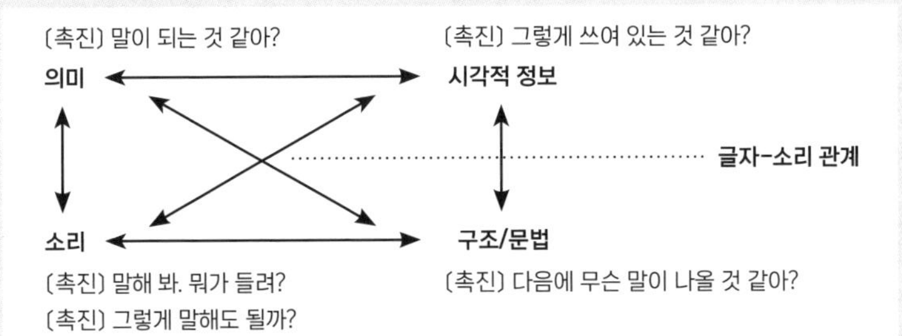

[그림 10] 읽기 단서 체계를 활용한 교차점검과 교사의 촉진

출처: 엄훈(2018), 『초기 문해력 교육을 위한 수준 평정 그림책의 활용』, 교육공동체벗.

을 갖게 된다. 아이가 수다쟁이가 되었다면 이러한 읽기 발달을 보이고 있다고 생각해도 좋다. 읽기를 회피하려는 수다가 아니라, 책에 등장하는 인물에 대한 생각과 느낌, 텍스트의 맥락과 관련된 이야기, 잘 읽는 것이 무엇인지에 관한 이야기 등을 늘어놓는 수다는 긍정적으로 평가할 수 있다. 텍스트와 함께하는 아이의 수다는 자기 모니터링의 결과이며, 어휘의 확장과 읽기의 유창성을 발달시키는 힘이 된다.

익숙한 책 읽기는 보통 한 번의 수업에서 3권 정도의 수준 평정 그림책을 읽으며, 7분 내외의 시간이 소요된다. 이는 물론 아이의 읽기 발달 수준에 따라 달라질 수 있다. 아이가 수준 평정 그림책 BFL 0~1을 독립적 또는 교수적 수준으로 읽는다면 대체로 3~5권 정도 읽을 것이고, BFL 0~1을 좌절적 수준으로 읽는다면 3권 미만으로 읽게 될 것이다.[4] 아이의 읽기 수준이 높아져서 BFL 6을 넘어서면 그림책에 있는 텍스트의 양이 좀 더 많다. 이때는 아이의 읽기 유창성 정도에 따라 1~3권 정도의 익숙한 책을 읽는다. 교사는 아이가 내일도 읽고 싶은 마음이 들도록 읽을 책의 권수를 적절하게 제시해야 한다. 읽기 따라잡기는 오늘 완벽하게 읽는 것을 목표로 하지 않는다. 우리 아이들이 독자로서 그리고 필자로서 내일도 읽고 싶고 내일도 쓰고 싶게 만드는 것을 지향한다.

아이가 텍스트를 모두 외워 버려서 학습할 요소가 없는 책은 익숙한 책 읽기 목록에서 삭제한다. 이러한 책은 아이의 이름을 적어 가정으로 보내기도 한다. 다음은 익숙한 책 읽기 수업의 사례와 그 분석 내용이다. 수업 사례에서 꽃님이 그림책의 텍스트를 읽는 부분은 굵은 글씨로 표시하였다.

4 BFL이란 'Book Footprint Level'의 약자로, 수준 평정 그림책 시리즈인 '책 발자국 K-2'에서 그림책의 수준을 구분하기 위해 사용한 단위이다. BFL의 기준에 대한 자세한 설명은 부록 3을 참고하기 바란다.

수업 사례

패턴화된 수업 1단계 익숙한 책 읽기

일시/회차 2021.12.17.(금) 연꽃님 20회차 수업
익숙한 책 읽기 목록 『좋아요』(BFL 1), 『마트』(BFL 0), 『바다』(BFL 1), 『따라쟁이』(BFL 1)

P교사 (『좋아요』 책을 꽃님에게 건네며) 멋지게 읽어 주세요.

연꽃님 (표지를 넘기다가) 아! 제목 안 읽었구나? (다시 표지를 보다가 자석 글자와 미니 보드를 가리키며) 오늘 이거 할 거죠?

P교사 네, 할 거예요.

연꽃님 예~ 이거 재미있어. (제목을 곁눈질로 슬쩍 보고 책을 넘기려 하며 말소리를 약간 흐릿하게) **좋아요.**

P교사 조금 더 정확하게 읽어 줄까요?

연꽃님 (글자를 손가락으로 가리키며 음절별로 띄어 읽음) **좋아요.** (표지를 넘기고 속표지 제목을 조금 더 자연스럽게 읽음) **좋아요.** (책 주인공의 모습을 흉내 내며 기분 좋아하는 표정을 지음) 이히히히.

P교사 (아이를 바라보며 웃음)

연꽃님 **나는 나무가 좋아요.** (나무를 안듯이 두 팔을 둥글게 하고 좋아하는 표정을 지으며) 음…. 이상해. 나뭇잎도 없는데 (책장을 넘기며) 꽃 나는 꽃을 좋아해. **나는 나비가 좋아요. 나는 사과가 좋아 좋아요. 나는 우리가 좋아요.**

P교사 음….

연꽃님 **우리가**

P교사 우리가 좋아요. 맞아요. (아이의 얼굴을 마주 보며) 선생님도 우리가 좋아요.

연꽃님 (선생님을 마주 보며) 꽃님이도 책이 좋아요.

P교사 꽃님이도 책이 좋아요? 와~ 멋지다.

연꽃님 집에 있는 책은 싫고, 이 책이 더 마음에 들어요.

분석

자기 모니터링 이전 수업에서는 제목을 읽을 때도 있었지만 생략하는 경우도 있었음. 오늘은 스스로 자기 행동을 모니터링하며 책 제목을 읽지 않은 자신을 발견하고 스스로 책 제목을 읽음.

읽기 단서를 활용한 교차점검 정확하게 읽어 달라는 교사의 지시에 어절 단위로 손가락 짚기를 하고 시각적 단서를 확인하며 정확하게 읽음. 학습 초기 꽃님은 익숙한 책에서 말소리와 의미적 단서로 텍스트를 외워 읽었음. 그래서 이전 수업들에서는 어절 단위의 손가락 짚기 학습 전략을 활용하여 말소리와 시각적 단서를 연결할 수 있도록 여러 차례 지도하였음. 정확하게 읽어 달라는 교사의 지시에 꽃님은 이전 수업에서 배웠던 학습 전략을 잘 활용하였음.

의미 구성 책 내용에 대한 자신의 생각과 느낌을 말하고 주인공의 모습이나 느낌을 몸으로 흉내 냄. 그리고 화자의 생각에 의문을 제기하기도 함. 책을 읽으며 계속 이야기하고 몸을 움직이지만 모두 텍스트와 관련된 것이었음. 이를 통해 텍스트에 맥락적으로 접근하고 있음을 파악할 수 있음. 해독의 장벽이 낮은 익숙한 책을 읽으면서 말소리와 글자의 대응을 경험하고 의미를 구성하고 있음.

통제력 마지막 문장에서 '우리가'를 다시 한번 반복한 것은 이전 수업에서 꽃님이 '우리가'보다 '우리 모두가'가 알맞은 것 같다고 말한 것과 연관시켜 볼 수 있음. 꽃님에게는 '우리가'보다 '우리 모두가'가 통사적으로 익숙한 듯함. 그래서 이전 수업에서 '우리 모두가'라고 읽은 후, 글자를 확인하고 '우리가'라고 수정했었음. 하지만 오늘은 수정 과정 없이 '우리가'로 한 번에 해독하는 데 성공함. 이는 해독 능력의 향상이라기보다 자기 모니터링과 통제력을 발휘한 것으로 생각됨. 꽃님은 '우리가'라고 해독하고 나서 이전의 통사적 감각과 대치됨을 느꼈겠지만, 글자를 다시 확인하며 '우리가'를 반복해 읽어 확인한 것으로 보임. 앞으로 자기 모니터링과 통제력을 어떻게 발휘하는지 더 지켜볼 필요가 있음.

총평 꽃님은 익숙한 책 읽기를 통해 해독과 의미 구성 모두에 성공하는 읽기 경험을 하였음. 기존 교실 수업에서 꽃님은 자발적으로 움직이거나 자신을 표현하는 모습을 보이지 않았으나, 이 수업에서는 그러한 모습을 보임. 또한 아이가 자신이 읽고 있는 책이 좋다고 말하는 것이 교사에게 매우 긍정적으로 와닿았음. 아이가 읽은 수준 평정 그림책은 화려한 색감이나 이야기를 담고 있지는 않으나, 아이는 이 책을 통해 성공적인 읽기 경험을 하면서 수준 평정 그림책이 좋아진 것으로 파악됨.

2단계 읽기 과정 분석

읽기 과정 분석은 전날 새로운 책으로 소개하고 읽었던 책을 다시 읽는 활동으로, 일상적인 읽기 행동 평가라고 할 수 있다. 이 활동은 아이가 자신이 아는 것을 보여 주고, 이제 막 익숙해지기 시작한 텍스트를 기반으로 새로운 학습을 공고히 할 기회를 제공한다. 이 단계에서 교사는 아이가 자기 주도적으로 읽는 과정을 집중적으로 관찰·기록하고, 아이의 읽기 수준과 읽기 행동 특성, 정보처리 과정 등을 분석해 중점 지도 요소를 추출하며, 앞으로의 수업을 디자인하는 데 참고할 만한 지표를 수집한다. 연구 기반의 균형적 문해력 접근을 추구하는 읽기 따라잡기에서 읽기 과정 분석은 보다 체계적인 수업 전개를 위한 주요 절차이며, 교사의 높은 전문성을 요구한다.

읽기 과정 분석은 지난 시간에 새로운 책으로 접한 책 1권을 대상으로 하며 보통 3분 내외의 시간이 소요되는데, 아이가 읽는 그림책의 수준에 따라 소요 시간은 달라질 수 있다. 직전 수업에서 새로운 책으로 접한 책을 읽기 과정 분석 대상으로 삼는 까닭은 책에 대한 선행 지식의 영향을 최소화하기 위함이다. 즉, 책에 대한 탐색이 전혀 이루어지지 않았거나 반대로 책을 여러 번 읽어 본 경험이 있다면 아이의 읽기 수행 수준을 정확하게 측정하기 어렵기 때문이다. 읽기 과정 분석에서 교사가 지켜야 할 기본 원칙을 정리하면 다음과 같다.

- 읽기 중 교사의 개입은 최소화한다.
- 어절 단위로 기록하고 분석한다.
- 아이가 사용한 읽기 단서에 대해서만 오류와 자기 수정의 정보 유형을 분석한다.
- 자기 수정은 수정 전 오반응과 수정 후 정반응 모두에 대해 읽기 정보 유형을 분석한다.

읽기 따라잡기에서는 교사의 중립적인 관찰 태도와 최소한의 개입을 강조한다. 이것이 교사와 학생 모두에게 긍정적이기 때문이다. 아이는 독립성을 가지고 읽기에 참여하면서 텍스트에 대한 문제 해결 활동에 익숙해진다. 즉, 문해와 관련한 정보 탐색, 읽기 단서 활용, 자기 모니터링과 자기 수정에 더욱 집중하게 된다. 그리고 조금은 낯선 텍스트를 읽으면서 새로운 읽기 전략을 사용하는 데 자신감을 가질 수 있다. 이러한 문제 해결 활동은 문해력 발달 초기에 있는 아이가 성공적인 읽기로 나아가기 위해 꼭 필요한 기능이다. 또한 교사는 개입을 최소화함으로써 읽기 중인 아이를 관찰하는 일에 집중할 수 있다. 이를 통해 아이의 문자 언어 처리 방향, 구어와 문어의 대응과 의미 구성 방식, 오류 발견 및 자기 수정 양상, 읽기 단서 활용과 교차점검 방식을 점검하고, 아이가 다양한 정보를 종합적으로 활용하여 읽기 문제를 해결하는지 등을 파악할 수 있다.

여기서 잠깐 | 자기 모니터링과 자기 수정

오류 없이 성공적인 읽기를 수행하는 사람들은 자신의 읽기를 쉼 없이 점검한다. 눈으로 텍스트를 보고 해독하면서 자신이 글자를 잘 보았는지, 잘못 읽은 부분은 없는지, 텍스트가 어떤 의미이며 말이 되는지 등을 스스로 질문하고 스스로 답한다. 읽기를 하고 있는 자신을 점검하는 이 과정이 바로 '자기 모니터링(self-monitoring)'이다.

교사가 아이의 자기 모니터링을 알아차리는 일은 매우 중요하다. 자기 모니터링은 모든 읽기와 쓰기에서 요구되는 일반적인 절차이며, 교사가 다음에 가르칠 것을 결정하는 지표로 작용할 수 있기 때문이다. 교사는 아이의 자기 모니터링을 촉진하기 위해 "(문장의 처음과 끝을 가리키며) 다시 한번 읽어 볼래?", "잘못 읽은 부분이 있는데 찾아볼래?", "잘 읽은 것 같니?", "어때?", "지금 ○○라고 했는데 잘 읽은 것 같아?" 등의 질문을 사용할 수 있다.

한편, 자신이 만든 오류를 인식하고 고치는 행동을 '자기 수정(self-correcting)'이라고 한다. 자기 수정은 아이가 잘못된 것을 인식하고 해결책을 모색하며 자신의 자원을 떠올리고 스스로 수정을 수행했다는 점에서 읽기 발달에 큰 의미를 가진다.

읽기 따라잡기는 교수의 목적을 단순히 지식의 항목을 축적하는 것에 두지 않는다. 그보다는 아이가 읽고 쓰는 문제를 해결하는 데 필요한 전략적 행동들을 연결 짓는 머릿속 네트워크를 구성하도록 돕고자 한다. 그래서 읽기 따라잡기 교사는 아이의 자기 수정 시간을 허용하고 독립적으로 문제를 해결할 수 있는 기회를 제공해 자기 모니터링과 자기 수정을 발달시킨다. 그리고 아이의 근접한 실수, 추정, 부정확한 반응 등을 암묵적으로 받아들이며 모든 순간 정확한 반응을 고집하지 않는다. 아이가 스스로 무언가 잘못되었음을 자기 모니터링을 통해 발견했고, 그 해결책을 찾기 위해 자신이 가진 정보들을 스스로 활용하는 네트워크를 구성하였기 때문이다.

출처: Clay, M. M.(2016), *Literacy Lessons Designed for Individuals*(2nd ed.), Heinemann.

읽기 과정 분석은 교사가 아이의 읽기 과정에서 포착되는 오단서를 기록하고 이를 코딩한 후, 이 자료들을 토대로 아이의 읽기 수행 수준과 읽기 특성을 분석하고 해석하는 일련의 과정이다. 이와 같은 읽기 과정 분석은 [그림 11]과 같이 읽기 중과 읽기 후로 나누어 시행된다.

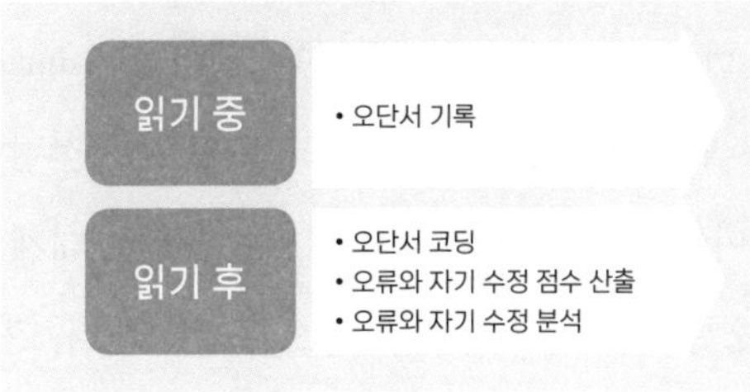

[그림 11] 읽기 과정 분석 절차

읽기 중 읽기 과정 분석

아이의 읽기 반응에 대한 기록은 아이가 텍스트를 읽는 활동과 동시에 실시한다. 읽기 따라잡기 교사는 아이가 텍스트를 읽으며 만들어 내는 모든 반응을 '읽기 과정 분석 기록지'에 수기로 기록한다. 이는 매우 빠르고 분명하게 이루어진다. 수업 중 읽기 과정 분석에 소요되는 시간은 텍스트의 양, 아이의 읽기 수행 수준 및 유창성에 따라 달라진다. 텍스트 분량이 적은 BFL 0~5 정도의 수준 평정 그림책을 아이가 독립적 또는 교수적 수준으로 읽는 경우에는 3분 미만이며, 아이의 읽기 속도가 느리면 5분 정도 걸리기도 한다. 또 아이의 읽기 발달 수준이 BFL 6을 넘어 텍스트가 길어지고, 아이가 독립적 또는 교수적 수준이지만 유창성이 다소 부족할 경우에는 10분 넘게 소요되기도 한다.[5]

5 읽기 따라잡기에서 수준 평정 그림책 BFL 0은 아이의 읽기 반응을 분석할 수는 있어도 읽기 수

오단서 기록: 읽기 과정 분석은 어절 단위를 기본으로 기록한다. 아이가 정확하게 읽은 어절에는 체크 기호(✔)로 표시한다. 생략, 대체, 추가, 반복, 자기 수정과 같은 읽기 반응 또한 기록하는데, 이를 오단서 기록이라고 한다. 읽기 따라잡기에서 '오류(error/mistake)'가 아닌 '오단서(miscue)'라는 용어를 사용하는 까닭은 능숙한 독자가 텍스트를 소리 내어 읽을 때도 정반응이 아닌 읽기 현상들을 보이기 때문이다. 굿맨(Goodman, 1965)은 독자의 모든 오반응을 오류라는 용어로 지칭하는 것은 부적절하다고 보았다. 읽기 따라잡기도 이에 근거하여 아이가 보이는 '생략, 대체, 추가, 반복, 시도, 자기 수정'을 오류가 아닌 오단서 유형으로 분석한다. 그리고 아이가 읽으면서 만들어 내는 오단서 외에 교사의 개입으로 나타나는 변화인 '말해 주기'와 '재시도 요구'도 오단서 유형에 포함하여 기록한다. 이 두 오단서 유형은 읽기 과정 분석에서 허용되는 최소한의 교사 개입이기도 하다. [표 10]은 읽기 과정 분석을 기록할 때 사용하는 부호들을 보여 준다.

[표 10] 읽기 과정 분석의 기록 부호

부호	내용	부호	내용
✔	정반응	—	생략
R	반복(repetition)	⌒	구간 반복
SC	자기 수정(self correction)	A	도움 요청(appeal for help)
TA	재시도 요구(try again)	T	말해 주기(told)

행 수준을 판별하지는 않는다. 그 이유는 첫째, 텍스트의 어절 수가 매우 적어 한두 어절만 오류가 발생해도 좌절적 수준으로 판별되기 때문이다. 둘째, 이 수준의 책을 목표로 읽는 아이들은 읽고 쓸 수 있는 단어나 글자가 없는 경우가 대부분으로 즐겁게 책을 읽는 데 초점을 두기 때문이다.

[그림 12]는 '책 발자국 K-2'의 『내 동생』(BFL 4)을 읽는 아이의 실제 읽기 행동과 교사의 촉진을 보여 준다. 그리고 [그림 13]은 이에 대한 오단서 기록 사례이다.

텍스트 (『내 동생』)	학생의 1차 읽기 행동	교사의 촉진	학생의 2차 읽기 행동
넌 아직 학교 오면 안 돼.	→ 너 아직 학교에 오면 안 돼.	→ (문장의 처음과 끝을 손가락으로 가리키며) 다시 읽어 볼래?	→ 넌 아직 학교 오면 안 돼.

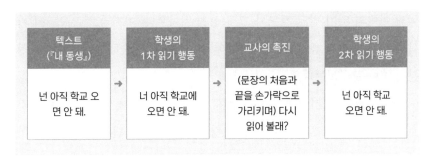

[그림 12] 학생의 실제 읽기 행동과 교사의 촉진

교사의 촉진에 따른 학생의 2차 읽기 행동 기록	SC	✔	SC	✔	✔	✔	TA
학생의 1차 읽기 행동 기록	너	✔	학교에	✔	✔	✔	
텍스트 (읽기 종료 후 작성)	넌		학교				

[그림 13] 읽기 과정 분석 오단서 기록 사례

아이의 읽기가 끝나면 수업 중 읽기 과정 분석 기록도 종료된다. 읽기 따라잡기 교사는 이 과정을 마치는 즉시 아이의 읽기 발달을 가속화하는 데 가장 도움이 되는 요소가 무엇일까를 고민하며 중점 지도 요소를 선택한다. 이 중점 지도 요소는 패턴화된 수업 3단계 낱말·글자·말소리 탐색에서 지도될 수 있다.

읽기 후 읽기 과정 분석

수업을 마친 후, 읽기 따라잡기 교사는 수업 중 기록한 읽기 과정 분석지를 면밀하게 분석한다. 우선 오단서 기록을 토대로 오류 수와 자기 수정 수를 세며 오단서 코딩을 한다. 그 다음 오단서 기록과 코딩을 분석하고 해석해 아이의 읽기 발달 정도와 그 양상을 알아본다. 마지막으로 오단서 기록과 코딩 결과를 통찰하고 이에 대해 메타적으로 진술해 본 뒤 읽기 과정 분석을 마무리 짓는다.

오단서 코딩: 읽기 따라잡기 수업이 끝나면 읽기 중에 기록하지 못한 정보들을 채워 넣고, 오단서에 대한 코딩을 실행한다. 오단서 코딩은 오류와 자기 수정 사례를 표시한 다음, 여기에 활용된 읽기 단서 유형을 분석하는 과정이다. [그림 14]는 『내 동생』을 읽은 아이의 오단서 코딩 사례이다.

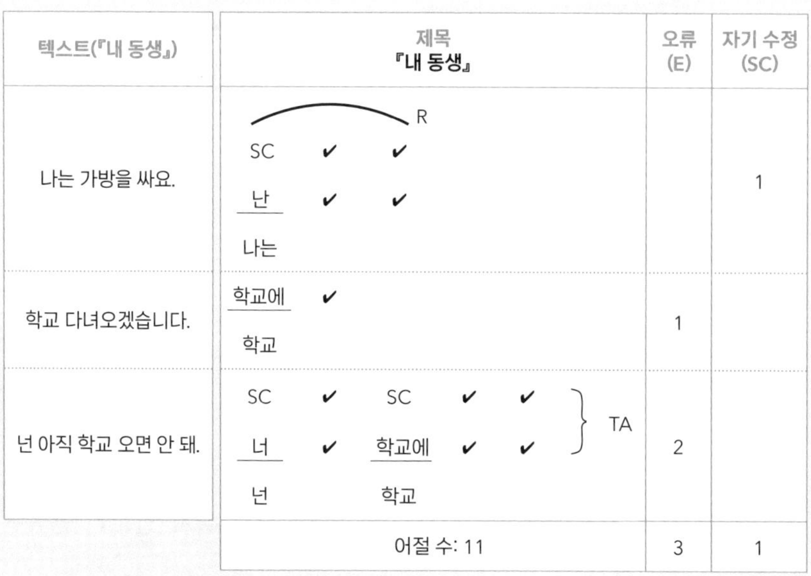

텍스트(『내 동생』)
제목
『내 동생』
오류
(E)
자기 수정
(SC)
나는 가방을 싸요.
R
SC ✔ ✔
난 ✔ ✔
나는
1
학교 다녀오겠습니다.
학교에 ✔
학교
1
넌 아직 학교 오면 안 돼.
SC ✔ SC ✔ ✔
너 ✔ 학교에 ✔ ✔
넌 학교
TA
2
어절 수: 11
3
1

[그림 14] 오단서 코딩 사례

오단서 코딩에서 유의할 점은 모든 오단서가 오류인 것은 아니라는 점이다. 생략, 대체, 추가, 교사의 재시도 요구(TA)나 말해 주기(T)에 의한 자기 수정은 오류이지만 반복은 오류가 아니며, 시도는 최종적으로 성공했는지 여부에 따라 오류가 되기도 하고 성공적인 반응이 되기도 한다. 교사의 재시도 요구에 의한 자기 수정을 오류로 처리하는 이유는 교사가 재시도를 요구하지 않았다면 자기 수정이 이루어지지 않았을 것이기 때문이다. 또한 자기 수정은 오류에 뒤이어 나타나므로, 자기 수정이 이루어진 경우에는 앞선 오단서를 오류로 코딩하지 않는다.

오단서의 기록과 코딩이 끝나면 오단서 기록을 분석하고 해석한다. 오단서 기록의 분석과 해석은 '오류와 자기 수정 점수 산출', '오류와 자기 수정 분석'을 통해 이루어진다.

오류와 자기 수정 점수 산출: 정반응 수, 오류 수, 자기 수정 수를 활용하여 오류비, 자기 수정비(이하 자수비), 읽기 정확도를 산출하고, 그 결과를 토대로 아이의 읽기 수행 수준을 판별하는 과정이다. 오류비와 자수비를 산출하는 절차는 [표 11]과 같이 네 단계를 거친다.

특히 3단계에서 산출하는 읽기 정확도는 현재 읽고 있는 텍스트에 대한 아이의 읽기 수행 수준을 판별하는 기초 자료가 된다. 읽기 따라잡기는 아이가 텍스트를 교수적 수준(읽기 정확도 86% 이상 93% 미만)과 독립적 수준(읽기 정확도 93% 이상)으로 읽는 것을 목표로 한다. 이 정도 수준으로 텍스트를 읽을 때 읽기의 너비와 깊이를 키울 수 있기 때문이다. 좌절적 수준(읽기 정확도 86% 미만)의 읽기는 아이가 읽기에 어려움을 느끼는 수준으로, 읽기 발달을 촉진하지 못한다. 그러므로 읽기 따라잡기 교사는 이 기준을 통해 아이에게 제공된 텍스트가 아이의 수준에 알맞은 것인지 판단해 볼 수 있다.

[표 11] 오류비와 자기 수정비 산출 절차(엄훈, 2018)

단계	내용	공식	예시
1. 어절 수 세기	• 제목을 제외한 본문 전체의 어절 수를 셈		11
2. 오류비 산출	• 전체 어절 중 오류가 몇 개인지를 세고, 그것의 비를 산출함 • 오류비 산출에서 오류는 자기 수정을 제외함 • 교사의 도움이나 개입을 통해 자기 수정이 이루어진 경우 선행 오류는 오류 수에 산입함	$\frac{\text{오류}}{\text{어절}}$	$\frac{3}{11}$ 3 : 11 11개 중 3개
3. 정확도 산출	• 정확도는 성공적으로 읽은 어절의 비율을 뜻함 • 1에서 오류비를 뺀 수치에 100을 곱한 백분율(%)로 산출함 • 정확도에서 소수점 이하는 반올림함 • 정확도는 독자의 읽기 수행 수준을 판정하는 기준이 됨	(1 − 오류비) × 100	$(1 - \frac{3}{11}) \times 100$ = 73%
4. 자수비 산출	• 자수비는 자기 수정비의 준말임 • 오류와 자기 수정을 합산한 것 중에서 자기 수정이 이루어진 것의 비를 산출함	$\frac{\text{자기 수정}}{(\text{오류} + \text{자기 수정})}$	$\frac{1}{1+3}$ 1 : 4 3개 중 1개

아이가 좌절적 수준을 보였다면 교사는 해당 텍스트를 재빨리 제거하고 아이에게 사과해야 한다. 그리고 다음 수업에서 더 낮은 수준의 텍스트를 제공해야 한다. 어떤 교사들은 좌절적 수준의 책이더라도 여러 차례 반복해서 지도하면 아이가 읽게 될 거라고 생각한다. 하지만 이 경우 아이는 텍스트를 읽는 대신 외워 버린다. 그 결과 좌절적 수준을 벗어난 것처럼 보일 수 있겠으나, 이것을 읽기 발달이라고 하기는 어렵다. 아이가 텍스트를 읽으면서 읽기 단서 교차점검하기, 읽기 문제 해결하기, 의미 구성하기 등

을 하지 못했을 가능성이 크기 때문이다. 게다가 좌절적 수준을 반복적으로 경험한 아이는 읽기를 즐기지 못하거나 읽기에 대한 오개념을 가질 수 있다. 그리고 한참이 지난 후 좌절적 읽기 경험을 했던 책을 다시 읽으면 당시 읽기에 어려움을 겪게 했던 문제들이 다시 발생하곤 한다. 따라서 읽기 따라잡기에서는 교사가 좌절적 수준의 텍스트를 바로 재시도하는 일을 피해야 한다고 강조한다.

읽기 따라잡기에서는 아이의 읽기 수행 수준을 누가기록하고 그래프로 그려 보길 권한다. 수준 평정 그림책의 BFL에 따른 읽기 수행 수준을 그래프로 그려 보면 아이의 읽기 발달 양상과 수준 변화를 쉽게 분석할 수 있고, 아이에게 알맞은 수준의 텍스트를 제공하고 있는지도 확인할 수 있다. [그림 15]는 읽기 따라잡기 수업에서 한사랑이 읽은 텍스트(수준 평정 그림책)의 수준과 그 텍스트에 대한 읽기 수행 수준을 회차별로 나타낸 그래프이다. 이 그래프는 사랑이 수업 초반에 수준 평정 그림책 BFL 1~3을 읽는

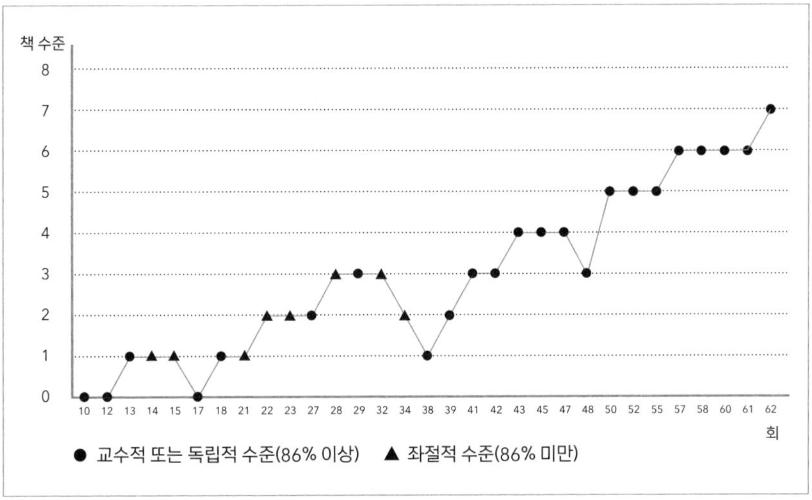

[그림 15] 읽은 책 수준의 변화: 한사랑의 사례

데 어려움을 겪었음을 보여 준다. 34회에 텍스트 수준을 낮췄음에도 사랑의 읽기 수행은 좌절적 수준이었다. 이후 P교사는 35~37회 수업까지 새로운 책을 시도하지 않았으며, 읽기 과정 분석도 별도로 실시하지 않았다. 대신 익숙한 책 읽기를 통해 유창성 발달을 촉진하고 문해 활동에 대한 문제 해결 능력을 향상하는 데 초점을 두고 지도하였다. 사랑은 38회에 1단계 책을 읽으며 좌절적 수준에서 벗어났고 그 이후 가속화된 발달을 보였다. 앞서 사랑이 40회를 넘어서는 지점부터 교실 수업에서 평균 수준을 따라잡기 시작했다고 밝힌 부분과의 연관성을 생각해 볼 수 있다.

한편, 4단계에서 산출하는 자수비는 전체 오류 수와 자기 수정 수를 합산한 것 중에서 자기 수정이 이루어진 것의 비를 뜻한다. 자수비는 아이가 텍스트를 읽으며 얼마만큼 자기 모니터링을 하고 교차점검을 하고 있는지를 보여 준다. 자기 모니터링과 교차점검은 문제 해결적 읽기 활동의 지표이기 때문에, 자수비는 단순한 수치 이상의 의미를 지닌다.

오류와 자기 수정 분석: 오류비와 정확도, 자수비를 산출한 후에는 오류와 자기 수정 사례들을 분석하고 해석하는 과정을 거쳐야 한다. 그래야 아이가 사용하는 읽기 전략의 장단점을 파악하고 이에 대한 교수적 처방을 내릴 수 있다. 특히 읽기 따라잡기에서는 아이가 사용한 읽기 단서의 정보 유형을 근거로 아이의 읽기 발달 양상을 분석하는데, 이를 '읽기 정보 유형 분석' 또는 'MSV 분석'이라고 한다.

MSV 분석은 읽기 과정 분석 기록을 토대로 아이가 활용한 의미적 단서(M), 통사적 단서(S), 시각적 단서(V)의 오류와 자기 수정을 분석하는 것이다. 교사는 MSV 분석을 통해 아이가 읽기에서 단서 체계와 전략들을 어떻게 활용하고 교차점검했는지를 파악하고, 이에 대한 짧은 분석 글을 쓴다. 이와 같은 분석 과정은 아이가 주로 의존하는 읽기 단서와 아이에게 지도할 필요가 있는 전략들을 알아내는 데 도움이 된다.

유창한 독자는 읽으면서 문자 언어의 세 가지 단서를 통합적이고 복합적으로 이용한다(Goodman, 1965). 그래서 읽기 따라잡기 교사는 아이가 하나의 단서에만 과도하게 의존한다고 판단할 경우, 아이의 주의를 다른 것들로 이끌기 위한 질문을 던져 다양한 전략을 활용할 수 있도록 돕는다. 즉, 읽기 과정 분석을 통해 적절한 교수적 처방 전략을 선택하여 아이의 읽기 문제 해결 능력을 촉진하고, 문해력을 균형적으로 발달시킬 수 있게 상호작용하는 것이 이 단계에서 해야 할 일이다. 초기 문해력이 발달하는 과정에 있는 우리 아이들은 언어의 여러 측면으로부터 다양한 실마리를 통합해 읽기에 성공하게 된다.

다음은 읽기 과정 분석 수업의 사례이다.

수업 사례

패턴화된 수업 2단계 읽기 과정 분석

일시/회차 2021.12.22.(수) 연꽃님 22회차 수업
읽기 과정 분석 대상 『토요일 아침』(BFL 2)

연꽃님 (어절 단위로 손가락 짚기를 하며) **토요일 아침.** (표지 그림을 보며) 강아지 귀여워.

P교사 응.

연꽃님 (속표지의 그림을 보며) 엄마, 아빠가 씻길 수 있는 거 강아지 씻길 수 있으면 강아지 입양해 준다고 했는데. (속표지의 제목을 어절 단위로 손가락 짚기를 하며) **토요일 아침.** (한 장을 넘기고 삽화를 보더니) 아침에 무슨 이래요? (다시 표지 그림을 가리키며) 사과밖에 없고, 커피밖에 없어.

아침이 뭐 이래요?

P교사 아침을 간단히 먹네.

연꽃님 (1쪽을 다시 펴며) 시간이 없어 그런 거 아니에요?

P교사 그런가?

연꽃님 (어절 단위로 손가락 짚기를 하며) **엄마랑 아빠는 커피를 마셔요.** (책장을 넘기며) 우리 엄마도 커피 마시는 커피 자주 마시는데 아빠는 그렇게 자주 안 마셔요.

〔중략〕

연꽃님 (어절 단위로 손가락 짚기를 하며) **동생과 나는 사과일** 사 사 뭐지? **동생과 나는 과일을 먹어요.** (책장을 넘기고) **멍멍** (삽화를 보고) **멍멍개가 나 나를 쳐다봐 보 쳐다보네요.** (삽화를 가리키며) 어, 진짜 쳐다봐. (강아지를 가리키며) 야, 너 고개 들어.

P교사 (문장의 처음과 끝부분을 가리키며) 요기서부터 요기 다시 읽어 볼까?

연꽃님 (어절 단위로 손가락 짚기를 하며) **멍멍이가 나를 쳐다보네요.** (삽화를 보고 책장을 넘기며) 고개를 안 들고 있는데 어떻게 쳐다보지?

연꽃님 (어절 단위로 손가락 짚기를 하며) **나는 사과 한 쪽을 떨어뜨 떨어** (허공을 바라보다 텍스트를 다시 보고 손가락 짚기를 하며) **뜨려 뜨렸었어요.**

분석

읽기 과정 분석 기록지

이름	연꽃님	날짜	2021.12.22.(수)	학년/학기	1학년 2학기
학교	S초등학교	기록자	P교사		

책 제목	『토요일 아침』

읽기 수행 수준	오류 / 어절	오류비	정확도	자수비
교수적 수준	2 / 16	1 : 8	88%	1 : 2

오류 및 자기 수정 분석
사용되거나 영향을 미친 정보 [의미적 (M), 통사적 (S), 시각적 (V)]

아이가 가장 많이 사용하는 단서는 M과 V 단서로 분석된다. 특히 오류 어절을 분석해 볼 때 M과 V 단서를 사용해 해독을 시도하다 실패한 경우 오류가 발생하는 것으로 보인다. 자기 수정에 성공한 사례들도 V 단서를 주로 사용해 수정에 성공하였다. "떨어뜨렸어요."의 경우 해독이 어려워 여러 차례 시도하였고 끝내 "떨어뜨렸었어요."라고 읽었다. 이는 통사적 측면에서 매우 어색한 읽기이다. 읽기가 종료되며 아이는 이 부분에 어색함을 느낀 것으로 보이지만 자기 수정을 하지는 못했다.

정보에 대한 교차 점검 분석

아이는 독립적으로 읽기에 몰입하면서 그 내용을 문장과 삽화를 통해 확인하고 추론하는 모습을 보였다. 문장을 읽을 때 주로 M과 V 단서를 서로 교차점검하며 읽는 것으로 분석된다. 자신이 알고 있고 삽화에서 확인된 M 단서를 V 단서로 해독하며 텍스트가 말이 되는지를 점검하는 것처럼 보이기 때문이다. 3쪽에서 "과일"을 읽을 때 그 현상이 관찰되었다. '과일'을 '사과'라고 읽어도 내용상 오류는 없다. 삽화에 사과가 그려져 있기도 하다. 하지만 텍스트에는 '과일'로 적혀 있다. 아이는 M 단서를 활용해 '사과를 먹어요.'라고 예측하고 '사과'로 읽었지만, V 단서를 활용해 텍스트를 바라보고 '사과'로 표기되어 있지 않음을 발견했을 것이다. 이렇게 M과 V 단서를 교차점검하여 오류를 발견하고 문장의 첫머리부터 다시 읽어 오류를 수정하였다. 반대로 V 단서로 해독한 경우, 삽화로 이야기 내용을 점검하기도 한다. 5쪽을 읽으며 "어, 진짜 쳐다봐. 야, 너 고개 들어.", "고개를 안 들고 있는데 어떻게 쳐다보지?"와 같은 혼잣말들에서 이와 같은 현상을 관찰할 수 있었다. 또한 아이에게 S 단서를 활용한 교차점검이 명확하게 일어나고 있지 않다고 판단되어, 읽기가 종료된 후 텍스트를 가리고 '떨어뜨렸어요'를 활용할 수 있는 상황을 만들어 주고, 상황에 알맞은 말하기 연습으로 통사적 감각을 키우는 촉진을 이어 갔다.

제목 **『토요일 아침』**	오류 (E)	자기 수정 (SC)	정보 유형 E MSV	정보 유형 SC MSV
✔ ✔ ✔ ✔				
R ✔ ✔ SC ✔ ✔ ✔ 사과일 과일을		1	M V	V
SC ✔ ✔ SC 멍멍개가 나✔ 쳐다봐, 보 } TA 멍멍 멍멍이가 나를 쳐다보네요	1	1	M V M V	V
✔ ✔ ✔ ✔ 떨어뜨 떨어 뜨려 뜨렸었어요. 떨어뜨렸어요.	1		M V	
어절 수: 16	2	2	4 0 4	0 0 2

3단계 낱말·글자·말소리 탐색

읽기 과정 분석이 끝나면 낱말·글자·말소리 탐색 활동을 한다. 이는 읽기의 시각적·상징적 측면에 숙련되지 않은 아이들을 위한 것으로, 글자 지식과 소리-글자 관계를 확립하는 교수 학습 활동이다. 낱말·글자·말소리 탐색 활동에서도 '아이로부터 출발하라'라는 읽기 따라잡기의 원칙이 중요하다. 그래서 교사는 낱말·글자·말소리를 탐색할 대상을 판별할 때 아이가 아는 것에서 학습이 시작되도록 수업을 설계한다. 그리고 말소리를 탐색할 때는 글자를 노출하지 않고 '소리'에만 집중해 말소리를 대상화한다. 다음 사례들은 모두 이 원칙을 기반으로 하여 진행되었다.

소리 탐색하기

이 단계에서는 말소리를 다루는 능력을 촉진하는 활동을 전개해도 좋다. 교사는 말놀이나 탐구의 형식으로 아이와 말소리 탐색 활동을 한다. 아이가 말소리를 얼마만큼 다룰 수 있느냐에 따라 다양한 활동(지도 교사의 말소리 듣고 따라 하기, 말소리의 개수 파악하기, 소리의 위치 알아보기, 소리 만들기, 소리 분리하기, 소리 삭제하기, 소리 바꾸기, 같은 소리 찾기, 자신이 말하는 소리 듣기 등) 중 적절한 것을 선택하여 진행한다. 교사가 흥미로운 말놀이 방법을 고안한다면 아이가 보다 자연스럽게 말소리를 탐색해 나갈 수 있을 것이다.

그리고 다른 학습 과정과 마찬가지로 말소리를 탐색하는 과정에서도 학습의 주도권이 아이에게 점진적으로 이양되어야 한다. 말소리 듣기, 발화, 생산 활동을 모두 아이가 주도적으로 할 때 학습의 효과가 극대화될 수 있고 아이가 자기 확장 시스템을 형성할 수 있다.

말놀이 활동: 말놀이는 문해력 발달에 효과적인 교수법이다. 다양한 말놀이는 아이들의 어휘력, 음운 인식, 언어 표현, 읽기 능력, 읽기 태도 반응을 향상시키는 데 기여한다. 또한 이미 학습한 내용을 지루하지 않게 재확인하면서 메타 언어적·메타 인지적 능력을 극대화하여 궁극적으로 언어 사용 능력을 신장시킨다(지청숙, 1999; 김미혜, 2021 등). 말놀이 활동을 통해 아이들은 말소리를 탐색하고 더 많은 어휘를 재미있게 배울 수 있으며, 우리말의 구조와 문법을 자연스럽게 익히고 연습하면서 다양한 문장을 구사할 수 있게 된다.

이에 착안하여 읽기 따라잡기 교사는 음절 또는 음소 단위, 단어 단위, 구절 단위, 문장 단위와 같이 여러 형태로 말놀이를 만들어 아이들의 문해력 발달을 촉진한다. 말놀이의 형태는 끝말잇기, 말 덧붙이기, 거꾸로 말하기, 길게 늘어트려 말하기, 어미 붙여 말하기, 어간 바꾸기, 반대말이나 비슷한 말로 말하기, 단어 합성하기, 의성어와 의태어 말하기, 소리 빼기, 소리 더하기, 소리 찾기, 참참참 말놀이, ㅇ자로 시작하는 말 등 무궁무진하다.[6] 다음은 P교사와 한사랑의 말놀이 수업 사례로, 소리의 위치를 찾고 발음을 명확히 하며 유사 발음들과의 식별력을 높이기 위한 목적으로 전개한 활동이다.

수업 사례

패턴화된 수업 3단계 낱말·글자·말소리 탐색

말놀이 활동

일시/회차	2021.04.30.(금) 한사랑 3회차 수업
내용	• 목적: 소리의 위치 찾기 • 말놀이: 끝말 찾기

P교사 사랑아, 우리 끝말 찾기 해 볼까? 선생님이 말을 하면 사랑이가 끝말을 찾는 거야.

〔중략〕

P교사 잘 들어 봐. 끝말이 뭔지.

한사랑 네.

6 EBS 문해력 통합 교육 서비스 〈당신의 문해력〉에서 제공하는 "내 아이를 바꾸는 소리의 비밀: 말놀이 팁"을 참고하였다. 이 영상은 〈당신의 문해력〉 웹사이트(https://literacy.ebs.co.kr/yourliteracy)의 '문해력 꿀팁 영상' 게시판에서 확인할 수 있다.

P교사 지우개.

한사랑 개.

P교사 우와, 잘했어.

일시/회차 2021.10.22.(금) 한사랑 62회차 수업

내용
- 목적: 'ㅜ' 소리의 발음 정확도를 높여 'ㅗ' 소리와 구분할 수 있는 바탕 만들기
- 말놀이: 참참참 놀이를 변형한 우우우 놀이

P교사 오늘 우리는 '우우우 놀이'를 할 거야.

한사랑 네.

〔중략〕

P교사 입술을 정확하게 해야 해. 입술에 '우'는 어제 어떤 거라고 했어? 입술에 뭐가 폈다고 했잖아.

한사랑 우, 꽃.

P교사 입술에 꽃이 폈지?

한사랑 우우우.

〔중략〕

한사랑 (손을 펴고 왼쪽으로 움직이며) 우우우.

P교사 (손짓과 같은 방향으로 고개를 돌림)

한사랑 (손을 펴고 오른쪽으로 움직이며) 우우우.

P교사 (손짓과 같은 방향으로 고개를 돌림) 와. 우리가 지금 무슨 소리 했지?

한사랑 우우우.

P교사 정확히 소리 내네? '우' 소리 들어가는 말 뭐가 있을까?

한사랑 우주몽, 우주선.

소리 상자: 읽기 따라잡기에서 사용하는 소리 상자는 러시아의 심리학자 다닐 엘코닌(Daniil Elkonin)이 개발한 엘코닌 박스를 변형한 것이다. 원래 엘코닌 박스는 종이나 칠판에 그린 여러 칸의 사각형으로, 각 칸은 하나의 음소를 나타낸다(박지희, 2019). 읽기 따라잡기의 소리 상자는 우리말의 특징을 고려하여 하나의 사각형에 음절 또는 음소를 나타낼 수 있게 하였다. 즉, 아이의 읽기 발달 수준과 필요에 따라 음절 또는 음소 단위로 사용 가능하다. 읽기 따라잡기에서 소리 상자는 단어 속 음절들의 변별적 인식, 하나의 음절에서 음절체와 말미자음의 변별적 인식, 그리고 한 음절을 구성하는 초성, 중성, 종성의 변별적 인식을 촉진하는 수단으로 활용된다.

우선 교사는 아이가 의미를 명확히 알고 있고 소리를 잘 내는 익숙한 단어를 찾는다. 그 단어가 '할머니'라고 해 보자. 교사는 연습 공간에 세 칸으로 된 소리 상자를 그린 뒤, 각 칸 아래에 소리 단추를 하나씩 갖다 놓는다. 그리고 아이가 '할머니'라는 단어의 각 음절을 천천히 말하면서 소리 단추를 하나씩 적합한 칸 안에 집어넣도록 촉진한다.

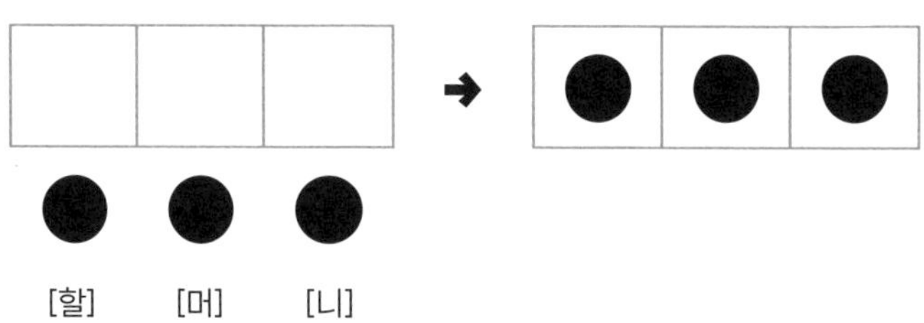

이러한 방식으로 아이가 단어를 구성하는 음절을 구분할 수 있게 되었다면, 이제 하나의 음절을 하위 요소로 변별해 볼 수 있다. 예를 들어 교사는 두 칸으로 된 소리 상자를 그려 '할머니'의 '할'을 음절체인 '하'와 말미

자음(받침)인 'ㄹ'로 구분하는 활동을 모델링한다. 교사는 천천히 '하-을'하고 소리를 내며 소리 단추를 소리 상자에 순서대로 놓는다.

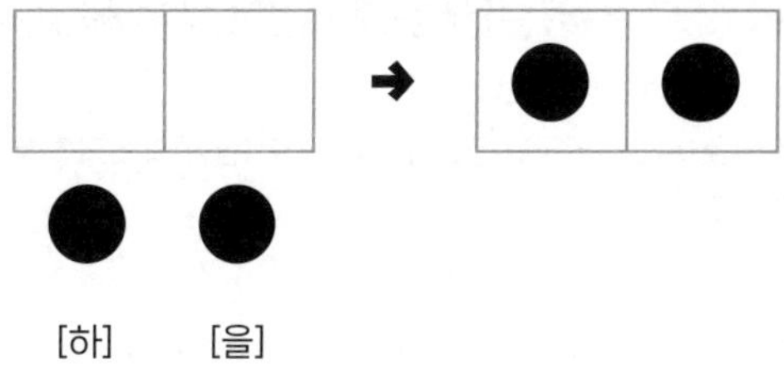

나아가 하나의 음절을 초성, 중성, 종성으로 변별하는 학습을 위해 교사는 다시 세 칸으로 된 소리 상자를 그려 '할'을 'ㅎ' 소리와 'ㅏ' 소리와 'ㄹ' 소리로 구분하는 활동을 모델링한다. 교사는 천천히 '흐-아-을'이라고 소리를 내며 소리 단추를 소리 상자에 순서대로 놓는다.

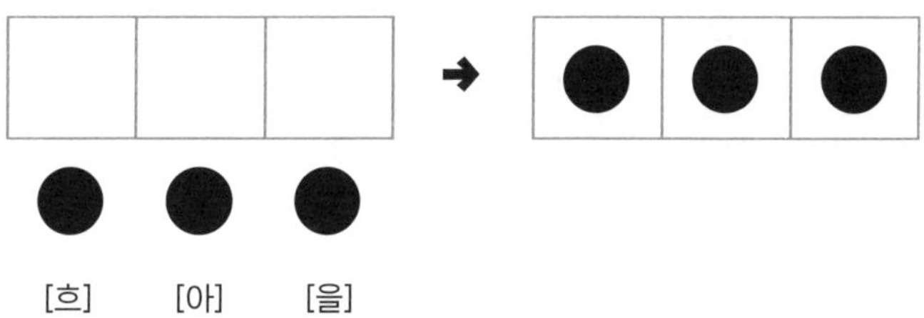

소리 상자는 아이가 소리를 말하면서 소리 단추를 물리적으로 움직이는 활동이다. 이는 단어를 물리적으로 가리키면서 읽는 행위가 아이의 단어 인식 능력을 발달시키는 것과 동일한 원리로 효력을 발휘한다. 소리 상자와 소리 단추로 연습하는 과정에서 아이는 소리를 순서대로 듣게 되고, 형체가 없는 소리를 대상화할 수 있게 되며, 음운 인식 능력을 높일 수 있다. 음운 인식 능력의 발달은 소리와 글자를 연결하는 데 도움을 준다.

수업 사례

패턴화된 수업 3단계 낱말·글자·말소리 탐색

소리 상자 활동

일시/회차	2021.09.24.(화) 한사랑 24회차 수업
내용	• 목적: 뜻이 있는 낱말의 음절체와 말미자음(받침)의 소리를 분리하고 합성하기 • 지도 요소: 손

P교사 이번엔 '손' 해 볼 거야. (손을 내밀어 흔들며) 이거 뭐야?

한사랑 손.

P교사 '손' 해 보자, '손'. '손' 해 보세요.

한사랑 손.

P교사 앞하고 뒤로 나눠 보세요.

한사랑 (매우 천천히 자신의 말소리를 들으며) 소오은.

P교사 응. 어 지금 나눴어. 잘 나눴어.

한사랑 (소리 단추를 소리 상자 뒤 칸에 놓으며) 뒷소리는 '은'.

P교사 앞소리는?

한사랑 소은. 송.

P교사 (손을 보여 주며) 다시.

한사랑 소은. 송. 소.

P교사 그렇지.

한사랑 (소리 단추를 소리 상자 앞 칸에 놓으며) '소'.

P교사 맞았어.

한사랑 (소리 단추를 소리 상자에서 움직이며) 소은. 손.

P교사 (하이파이브를 요청하듯 손을 내밀고) 한 번 더.

한사랑 소은. 송. (발음이 불분명하여 '솜'으로도 들림)

P교사 입술이 붙으면 안 돼. 손.

한사랑 손.

P교사 정확했어. 한 번 더 손.

한사랑 손.

P교사 (손뼉을 치며) 내 손.

한사랑 (손뼉을 치며) 내 손.

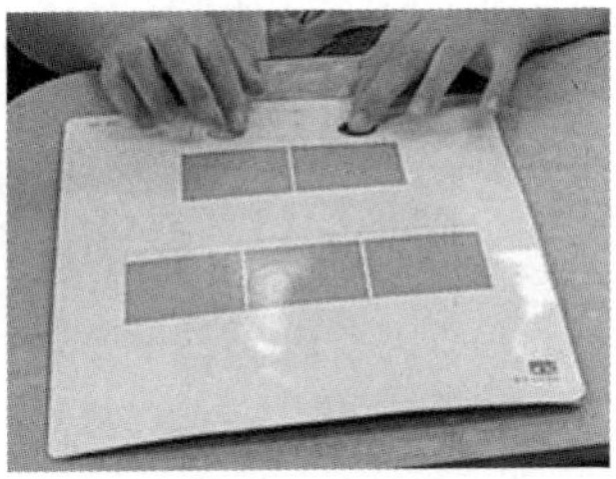

소리와 글자 대응 관계 탐색하기

읽기 따라잡기에서는 말소리 탐색을 바탕으로 하는 소리와 글자의 대응 관계 학습을 강조한다. 초기 아동기 문해력 단계의 아이들은 대부분 아직 음운 체계가 완성되지 않았기 때문이다. 어른은 소리와 글자의 대응 과정이 이미 자동화되어 있어서 소리를 명확하게 탐색하지 않아도 너무나 당연하게 자신이 들은 말을 바로 소리 낼 수 있고 쓸 수 있다. 하지만 아직 음운 체계가 확립되지 않은 아이들은 말소리를 명확하게 탐색하고 소리-글자의 관계를 학습해야 소리를 올바르게 듣고 말하며 글자로 쓸 수 있게 된다. 읽기 따라잡기 수업에서 아이는 교사의 올바른 모델링과 적절한 촉진을 통해 이 과정을 정교화하고 자동화하는 연습을 하게 될 것이다.

소리와 글자 구별하기: 소리와 글자를 구별하고 그 관계를 탐색하는 과정에서 교사나 아이가 소리와 글자의 개념을 혼동해 학습에 어려움을 겪는 경우도 있다.

교사: 마지막에 어떤 소리가 들리지? 물. ('물'을 천천히 소리 냄)

학생: 'ㅁ'이요.

교사: 아니, 다시 들어봐. 무을. ('물'을 음절체와 말미자음으로 분리하며 천천

히 소리 냄)

학생: 'ㄴ'이요.

교사: 아니, 다시 들어봐. 무을. ('물'을 음절체와 말미자음으로 분리하며 천천히 소리 냄)

학생: 'ㄹ'이요.

교사: 맞았어.

위 사례를 보면 교사는 '소리'가 무엇인지 묻는데 아이는 '글자'로 답한다. 소리와 글자 연결이 자동화된 상태라면 문제가 없겠지만, 아이는 아직 소리와 글자를 연결하는 데 능숙하지 않다. 아이는 소리를 들어야 함에도 글자를 떠올리고, 교사 역시 소리 듣기를 강조하면서도 아이가 글자를 떠올리기를 기대한다. 소리와 글자의 개념이 분리되지 못하고 혼돈된 형태로 학습을 이어 가고 있는 것이다. 이 경우 아이는 소리를 들려주더라도 그에 맞는 글자를 찾기에 바쁘다. 그래서 여러 글자를 그저 찍듯이 대답한다. 소리와 글자의 개념이 혼돈된 채 학습을 지속하면 아이는 소리와 글자의 관계를 연결 짓지 못하고, 교사의 반응을 교차점검의 대상으로 삼아 글자를 이것저것 대답하며, 오류 빈도수가 많아지고, 결국 지치게 된다.

아이에게 글이나 낱말을 써 보길 권했을 때 아이는 간혹 "못 써요." 또는 "기억이 안 나요."라고 말하며 시도하는 것조차 거부하곤 한다. 이 아이는 소리와 글자 관계를 파악하기보다 형태 자체를 외워서 사용했을 가능성이 크다. 글자를 형태적으로만 접근하면, 글자의 형태가 떠오르지 않을 때 아이는 글자 쓰기를 전혀 시도하지 못한다. 글자를 떠올릴 매개를 찾지 못하기 때문이다. 그래서 아이는 그것을 '할 수 없는 것'으로 결론짓는다. 이러한 문제를 해결하기 위해서는 다음과 같은 학습 과정이 필요하다.

교사: 마지막에 어떤 소리가 들리지? 물. ('물'을 천천히 소리 냄)

학생: 'ㅁ'이요.

교사: 아니, 글자가 아니라 들리는 소리가 무엇인지 말해 줄래? 다시 소리를 들어봐. 무을. ('물'을 음절체와 말미자음으로 분리하며 천천히 소리 냄)

학생: '을'이요.

교사: 맞았어. '을' 소리가 들리지? 그러면 '을' 소리 나는 글자는 무엇이지?

교사가 명확한 개념을 가지고 접근해야 아이가 소리와 글자 관계를 올바르게 모델링할 수 있다. 아이는 교사의 모델링을 바탕으로 음운 인식을 발달시키기 때문에 올바른 모델링이 무엇보다 중요하다.

올바른 탐색 과정을 거쳐 소리와 글자의 관계를 학습한 아이는 자신이 쓰려는 글자를 쉼 없이 소리 낸다. 아이는 소리를 내며 그 소리를 탐색하고, 소리에 맞는 글자를 찾는다. 그러므로 처음에는 교사가 소리 내기를 시작하더라도, 학습의 주도권을 점차 이양하여 아이가 스스로 소리를 내고 글자를 탐색할 수 있도록 해야 한다.

자석 글자: 자석 글자를 활용해 글자와 소리의 관계를 탐구하고, 자모 지식을 습득하고, 음절 글자의 구조를 익힐 수 있다. 읽기 따라잡기에서는 낱

[그림 16] 자석 글자

글자 각각의 형태가 명확한 자석 글자를 사용하길 권한다. 하나의 낱글자가 방향에 따라 다른 낱글자로 인식될 수 있는 경우, 아직 글자에 대한 방향성이 확립되지 않은 아이들이 학습에서 혼란을 경험할 가능성이 크기 때문이다. 자석 글자는 말소리를 탐색하고 그에 대응하는 낱글자나 낱말을 찾는 데 용이하다. 그리고 고정된 음절체에 여러 가지 말미자음을 결합해 보면서 음절 글자의 구조를 익히거나 확장할 수 있다. 자석 글자는 아이의 조작 활동을 자극해 뇌 활동을 활성화하므로 학습 효과를 높이는 데에도 도움이 된다.

자모 카드 만들기: 자모 카드를 만드는 활동은 아이가 아는 것을 최대한 활용하여 소리와 글자의 관계를 익히고 학습 자산을 늘려 가는 방법이다. 아이가 잘 알고 있는 낱말에서 소리를 분석하고, 그 소리와 짝을 이루는 자음자 또는 모음자를 찾아 카드 형태로 만든다. 이렇게 만든 자모 카드에 해당 낱글자의 소리가 담긴 낱말을 상징하는 그림으로 그려 넣는데, 이 또한 아이가 잘 알고 있는 것으로 한다. 교사는 특정 글자로 시작하는 익숙한 낱말의 예를 여러 개 제시할 수도 있다. 일반적인 자모 카드는 낱말을 글자로 적어 넣지만 읽기 따라잡기에서는 그림으로 그려 넣기를 제안한다. 그래야 낱말

[그림 17] 자음 카드

[그림 18] 모음 카드

을 떠올릴 때 낱글자의 소릿값에 더 집중할 수 있기 때문이다. 자모 카드는 낱말이나 낱글자를 저장하는 자료가 아니라 낱글자와 소리 관계를 파악하는 데 목적을 둔 자료이다. 앞으로 아이는 이 자모 카드들을 보면서 낱글자의 소리를 떠올릴 수 있을 것이다. 또 자신이 알고 있는 것을 활용하여 새로운 것을 만들어 내는 법을 터득하게 될 것이다.

수업 사례

패턴화된 수업 3단계 낱말·글자·말소리 탐색

자모 카드 만들기 활동

일시/회차	2021.06.01.(화) 한사랑 19회차 수업
내용	• 목적: 소리와 낱글자를 연결하기 • 지도 요소: 'ㅏ'

P교사 'ㅏ' 소리가 들어 있는 낱말 찾아봐. 사슴.

한사랑 사.

P교사 이야, 다 성공했어. (하이파이브) 소리 찾기 잘했어. 이미 사랑이가 그 소리가 어떤 글자인지 알았어. 자, 어떤 글자야? 손으로 한번 써 봐.

한사랑 (허공에 낱글자 'ㅏ'를 크게 써 보이며)

P교사 그렇지, 이미 알고 있는 거야.

한사랑 (자석 글자를 바라보며) 가나다라 맨날 찾는 (발음이 불분명함) 주인공. (자석 글자에서 'ㅏ'를 찾아 화이트보드에 가져다 놓음)

P교사 (자모 카드에 'ㅏ' 그리며) 얘 이름은 뭘까요?

한사랑 아.

P교사 소리는 뭘까요?

한사랑 아.

〔중략 - 'ㅏ' 글자를 색칠함〕

P교사 우리 여기 'ㅏ' 소리 나는 거 뭐 그릴까?

한사랑 앞, 앗.

P교사 아이스크림 그릴까?

한사랑 네. (아이스크림 모양을 'ㅏ' 카드에 그려 넣음)

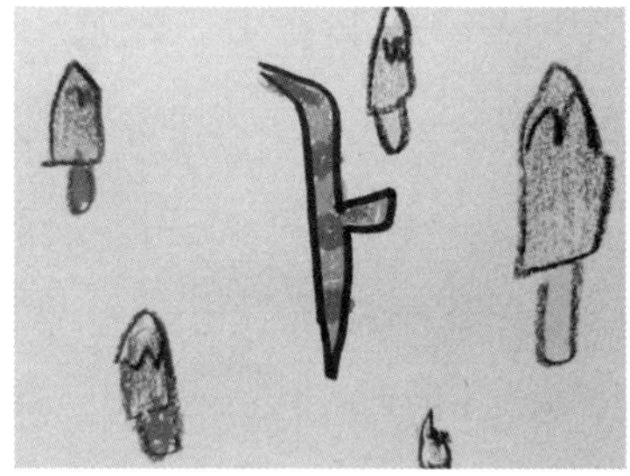

4단계 문장 쓰기

'읽지도 못하는 아이가 쓰기를 시도할 수 있을까? 심지어 단어도 아닌 문장을 쓰게 하는 것이 가능할까?' 이는 많은 교사가 지닌 의문이자 고민이다. 아이를 지도하는 교사들에게 문장 쓰기를 권하면, 일부 교사는 아이가 거부 의사를 밝히거나 하지 못할 것이라고 단정한다. 문장 쓰기라는 말에서 받아쓰기 시험을 떠올리기 때문이다. 받아쓰기는 아이의 맥락과 동떨어진 문장을 외워서 쓰게 하는 방식이다. 하지만 아이로부터 출발하는 문장 쓰기는 받아쓰기와는 다르며, 아이가 쓸 수 있게 만든다.

읽기 따라잡기 수업에서는 활동의 주도권이 아이에게 있다. 문장 쓰기 단계에서도 마찬가지이다. 문장을 구성하는 것부터 아이에게 주도권을 주고 아이가 자신의 메시지를 만들어 낼 수 있도록 돕는 것이 교사의 역할이다. 아이가 쓰려고 하는 내용이 아이 자신의 메시지일 때, 비로소 유의미한 쓰기가 될 수 있기 때문이다. 자신의 것이 아닌 글은 아이에게 무의미한 글자들에 불과하다. 받아쓰기 급수장을 오랜 시간 외워 쓰게 하더라도 받아쓰기 시험에서 좋은 결과를 내지 못하는 읽기 부진 학생에게는 특히 그렇다. 받아쓰기 시험에서 100점을 맞는 것이 자기 주도적 글쓰기의 힘이 되지 못하는 이유이기도 하다.

받아쓰기 시험 방식의 쓰기가 표기에 중심을 둔 쓰기라면, 읽기 따라잡기에서 추구하는 쓰기는 작문이다. 작문이란 머릿속 아이디어로부터 출발하여 발화된 단어들이 인쇄된 메시지가 되는 것을 뜻한다(Clay, 2001). 이와 같이 아이가 자신의 생각을 문장으로 만들어 작성하는 활동은 아이가 독자에서 필자로 한 걸음 나아가는 계기가 된다. 문장 쓰기 단계는 문장 구성하기, 문장 작성하기, 문장 재구성하기의 세 가지 활동으로 이루어진다.

문장 구성하기

문장 구성하기는 실제적인 맥락에서 아이의 주도적인 참여를 통해 이루어져야 한다. 아이가 자신의 메시지를 구성하는 방법에는 크게 두 가지가 있다. 하나는 아이의 일상에서 소재를 가져오는 것이고, 다른 하나는 이제 막 읽은 그림책과 관련짓는 것이다. 이 중 아이의 일상에서 소재를 가져오는 것은 아이의 표현 욕구를 자극하고, 아이에게 쓰기의 주도권을 주며, 아이가 유의미한 문장을 쓰게끔 하는 가장 좋은 방법이다.

문장을 구성할 때 주도권은 언제나 아이에게 있어야 한다. 교사는 아이와의 대화를 통해 흥미를 촉발하거나 아이디어를 제공하거나 아이가 발화한 문장을 조금 더 섬세하게 다듬어 주는 역할을 할 수 있다. 다만 교사의 가르치려는 의도가 많이 개입될수록 아이의 발달이나 생각과 멀어질 수 있음에 유의해야 한다. 읽기 따라잡기 수업의 목표는 아이가 한 글자 한 글자를 익히는 것이 아니다. 아이가 내일도 읽고 싶고, 내일도 쓰고 싶게 만드는 것이 목표이다. 다음은 문장 구성하기 활동의 사례와 그 분석 내용이다.

수업 사례

패턴화된 수업 4단계 문장 쓰기

문장 구성하기

일시/회차	2022.01.05.(수) 연꽃님 30회차 수업
내용	• 구성한 문장: 선생님 비타민 열 개 주세요.

P교사 오늘은 무얼 해 볼까요?

연꽃님 (선생님 옷을 만지며) 나 이거 갖고 싶다.

P교사 무얼 해 볼까요?

연꽃님 (여전히 선생님 옷을 만지며) 음….

P교사 '나 이거 갖고 싶다.' 쓸까요?

연꽃님 (몸을 좌우로 흔들며) 아니요.

P교사 (요즘 비타민 먹기에 관심이 많은 것에 착안하여) '그럼 비타민 주세요.' 쓸래요? '비타민 다섯 개 줄래요.' 쓸래?

연꽃님 비타민 열 개 주세요.

P교사 그거 쓰면 열 개 줄게. 진짜.

연꽃님 진짜요?

분석

이전 수업보다 적극적으로 참여하며 반응 속도가 빨라짐. 교사의 제안을 수용하고 자기 언어로 전환하는 속도도 빨라지고 있음. 하지만 여전히 문장을 구성할 때 교사가 먼저 제안하거나 동기를 부여하는 과정을 거쳐야 함. 교사의 제안을 아이가 조금 더 정교화하는 수준이므로 아이가 보다 주도적으로 문장을 구성할 수 있는 방안을 고민할 필요가 있음.

문장 작성하기

구성된 문장을 바로 작성할 수도 있지만, 아이가 구성한 문장을 자주 잊거나 혼란스러워한다면 말마디 막대, 메시지 상자, 소리 단추 등의 보조도구를 활용한다. 아이는 보조도구를 이용해 자신이 작성할 문장의 단어나

여기서 잠깐 | 말마디 막대, 메시지 상자, 소리 단추

말마디 막대란 쉽게 말해 어절 막대이다. 교사는 아이가 말마디 막대를 활용해 자신이 구성한 문장을 어절 단위로 놓아 보게 한다. 이 과정은 아이가 문장의 구성을 구체적으로 인식하게 하고, 아이의 띄어쓰기 감각을 키운다. 아이가 문장을 어절 단위로 조직화하면서 자연스럽게 어디에서 띄어쓰기를 해야 할지 생각하게 되기 때문이다. 특히 아직 음절 단위로 소리를 명확히 구분하지 못하거나 의미 단위로 단어를 인식하는 자모 이전 단계의 아이들에게 말마디 막대를 사용하면, 문장의 구성과 조직을 이해하는 데 도움을 줄 수 있다.

청주교육대학교 문해력지원센터에서 개발한 메시지 상자는 가로 10칸씩 3줄을 배열한 형태로 되어 있으며, 1칸이 한 음절을 의미한다. 메시지 상자와 소리 단추는 문장 쓰기의 전 과정에서 활용될 수 있고, 음절 분리나 음절수를 직관적으로 파악하기 어려운 아이에게 유용하다. 아이는 자신이 구성한 문장의 말소리를 메시지 상자에 소리 단추로 나열하며 음절을 구분하고 그 수를 파악하면서 음운 인식 능력을 높이고 문장 구성력 및 띄어쓰기 감각을 발달시킬 수 있다.

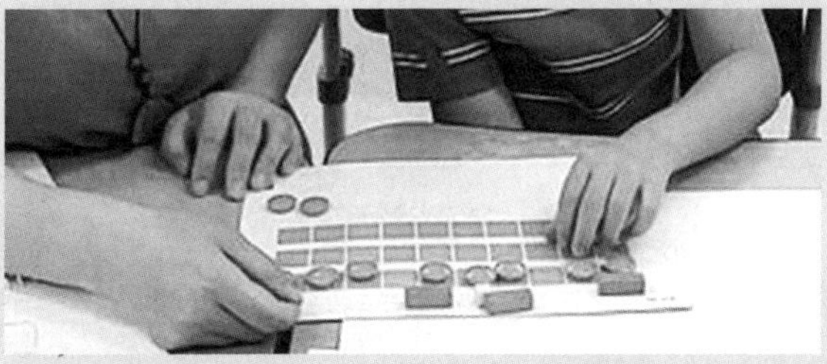

[그림 19] 말마디 막대, 메시지 상자, 소리 단추

글자들을 배열하고 본격적으로 쓰기 활동에 돌입하게 된다. 다만 보조도구는 목적이 아니라 수단이므로, 아이의 발달 상황에 따라 한두 가지만 사용하거나 생략할 수 있다.

문장 작성하기 수업을 하면서 아이는 쓰기 인식에 관한 몇몇 단계를 거치고, 자신이 구성한 문장에 넣을 새로운 단어들을 풀어내는 다양한 방식을 배운다. 처음에는 대부분의 아이들이 자음과 모음의 모든 글자를 쓰는 법을 모르며, 일부 아이들은 단지 몇 개의 소리를 글자와 연결할 수 있다. 따라서 초기 수업에서는 소리와 글자에 대한 인식을 확장하는 데 초점을 맞춘다. 아이는 문장에 나오는 단어 속의 소리들을 듣고 소리와 대응하는 글자를 찾고 글자들의 형태를 만들어 쓰거나, 고빈도어를 활용하여 단어들을 유창하고 쉽게 풀어내는 연습을 한다.

읽기 따라잡기 교사는 아이들이 단어를 풀어내고 학습하기 위해 유추를 사용하도록 촉진하기도 한다. 예를 들어 어떤 아이는 '토요일'을 구성할 때 '토요'까지 쓴 후 '일'을 찾다가 망설일 수 있다. 이때 읽기 따라잡기 교사는 아이의 친구 경일의 이름을 생각하고 아이에게 "네 친구 이름 중에도 그 말이 있어."라고 촉진하는 말을 건넨다. 여기에서 아이가 "아, 경일이의 '일'이네요."라고 말하게 된다면, 아이는 자신이 잘 아는 단어의 일부분을 활용하여 문제를 해결하는 유추의 방법을 터득한 것이다. 이것은 일종의 연합 전략이다. 아이들은 이러한 연합 전략을 활용하여 새로운 단어와 글자 마디를 학습하고 문장을 작성하며 일련의 연합 전략 과정을 경험한다.

수업이 진전될수록 아이는 단어 속에 있는 더 많은 소리를 들을 수 있게 된다. 그리고 최종적으로 그 소리들을 순서대로 듣고 단어들을 연합하는 법을 배운다. 예를 들어 교사는 아이에게 "네가 만약 '방'을 쓸 수 있다면 '강'도 쓸 수 있어. 네가 만약 '만'을 쓸 수 있다면 '말'도 쓸 수 있어."라고 말해 줄 수 있다. 하나의 단어로부터 다른 단어를 만들어 내는 이러한 아이디어를 아이가 충분히 이해할 때까지, 교사는 아이에게 유추 사례를 반복적으로 제시한다. 쓰기 활동에서 시각적 세부, 소리, 그리고 유추에 주목하는 것은 읽기 활동으로 전이되어 아이가 더 어려운 단어와 문장들을 읽는 데 도움이 된다. 아이는 점차 텍스트 안에서 처음 접한 어휘들도 다룰 수 있게 되는데, 이는 어휘의 확장을 돕고 가속화된 발달을 촉진한다.

아이는 단어들을 정확하게 표기할 수 있도록 소리를 내고 글자들을 채워 넣는다. 또 필요할 때마다 교사의 도움을 받으면서 문장 쓰기 공간[7]에 그날의 문장을 쓴다. 이때 교사는 아이의 쓰기 능력을 조력하는 상호작용을 꾀한다. 교사와의 상호작용은 여러 가지 방식으로 아이의 쓰기 능력이 가속화되도록 돕는다. 혼자서 외롭게 작업하는 어린 필자는 다음에 뭘 해야 할지 몰라 자주 난관에 봉착한다. 아이는 자신이 쓴 것을 종이에 구멍이 날 때까지 지우개로 지우고 그 구멍에 대해 걱정한다. 아이는 이미 깎아 놓은 연필을 또 깎으면서 아무것도 쓰지 못하고 그냥 앉아 있다. 왜냐하면 아이는 'ㅈ'이 어떻게 생겼는지 힘겹게 생각해 내는 과정에서, 혹은 '숲'의 철자가 어떻게 되는지 떠올리는 과정에서, 쓰려고 했던 문장을 잊어버리기 때문이다. 반면, 교사가 항상 아이 곁에 앉아 아이의 쓰기 활동을 조력하는 상호작용을 한다면, 아이는 자신에게 필요한 초점으로 돌아올 수 있다. 이렇게 발달을 촉진하는 상호작용을 거듭하다 보면 아이가 좋은 쓰기의 리듬을 학습하고 내일도 쓰고 싶어 하게 될 것이다.

7 읽기 따라잡기에서는 문장 쓰기 공간으로 스케치북을 제공한다. 스케치북에는 어떠한 보조선도 없다. 보조선이 있으면 아이가 통제해야 할 요소들이 많아 오히려 쓰기에 부담을 느낄 수 있기 때문이다. 다만 아이의 발달을 촉진하는 데 필요하다고 생각되는 경우, 교사가 음절 또는 어절 단위 등으로 보조선을 그어 줄 수 있다. 그러나 이 또한 발달을 거듭할수록 제거해야 하는 요소이다.

교사는 또한 아이에게 적합한 수준에서 단어 속 소리 듣기의 과정을 모델링한다. 만약 아이가 단어의 첫소리를 듣는 데서 어려움을 겪는다면, 단어의 첫소리를 듣고 떠오른 글자를 표기하는 과정을 아이에게 보여 준다. 예를 들어 교사는 "북. 나는 '북'의 시작 부분에서 [브] 소리를 들어."와 같이 말한 다음 아이의 문장에 글자 'ㅂ'을 적어 줄 수 있다. 아이에게 'ㅂ'을 쓰라고 하는 것이 아니라 교사가 직접 쓰는 까닭은 그 소리를 들은 사람이 교사이기 때문이다. 아이는 교사의 시범을 보고 스스로 소리를 내고 들으면서 소리의 글자들을 떠올리고 쓰게 된다. 이러한 모델링은 교사와 아이가 함께 소리를 듣는 것으로서, 아이가 혼자 하는 것보다 단어 속의 소리들을 더 많이 듣는 데 도움이 된다. 교사가 '바나나'라는 단어의 첫 번째 '나'를 듣고 쓰는 과정을 모델링하면, 아이는 그다음에 있는 두 번째 '나'를 독립적으로 듣고 쓸 수 있을 것이다. 교사의 일상적인 소리 듣기 모델링과 이어지는 해당 철자 쓰기는 아이의 쓰기를 빠르게 가속화한다.

이와 같은 상호작용적 쓰기 활동에서 아이는 철자를 정확하게 쓰는 법을 배운다. 정확한 철자는 아이에게 책에 쓰인 그대로의 단어들을 보는 확장된 기회를 제공한다. 물론 아이들이 자기가 할 수 있는 최선의 방식으로 단어를 쓰고 부정확한 철자도 허용되는 창안적 글자 쓰기는 음운 인식을 발달시키고 생각을 표현하는 기쁨을 느끼도록 하는 1학년 교실 수업의 훌륭한 기법이다. 그런데 교사가 매일 일대일로 개별 아동과 상호작용하는 읽기 따라잡기에서는 단어들을 모두 정확하게 쓰게끔 가르치는 것이 가능하다. 교사와 아이가 함께 단어를 풀어내는 작업을 하면서 교사가 필요한 글자들을 재빠르게 채워 넣어 줄 수 있기 때문이다. 아이는 자신의 문장 쓰기 공책에 글을 쓸 때 정확한 철자와 띄어쓰기로 적힌 단어들을 본다.

교사와 아이의 상호작용적 쓰기 활동을 위해서는 아이가 문장 쓰기를

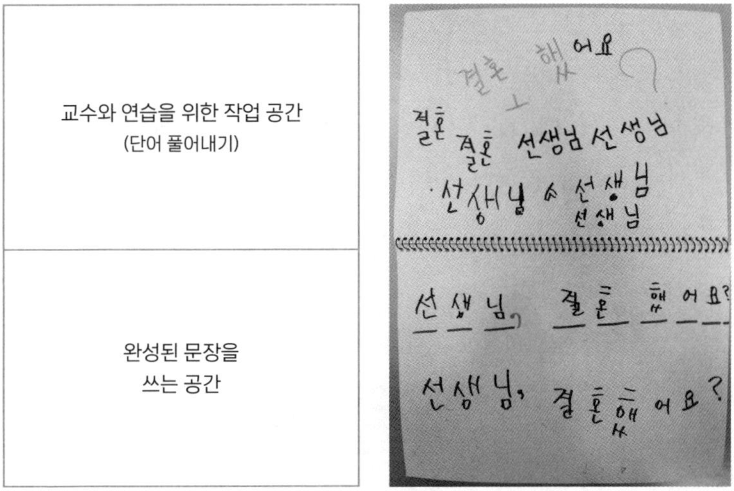

[그림 20] 문장 쓰기 공책의 구성(왼쪽)과 사례(오른쪽)

연습하는 공간과 완성된 문장을 쓰는 공간을 각각 확보해야 한다. 교사는 연습 공간을 활용하여 아이가 완성된 문장 쓰기로 나아가는 징검다리를 놓아 준다. 연습 공간은 완성된 문장을 쓰는 공간 위에 두는 것이 좋다. 거기에서 아이는 어려운 글자 형태를 적어 보거나 자주 사용하는 단어를 써 보는 등 읽기와 쓰기 학습을 가속화하는 쓰기 요소라면 무엇이든 연습할 수 있다. 특히 아이가 쓴 문장에 나오는 고빈도어 중 교사가 중점 지도 요소로 선택한 단어를 여러 번 써 보는 연습은 쓰기 유창성을 향상시킨다. 아이는 단어들을 쉽게 쓰는 학습을 하면서 쓰기에서 유창성을 경험하기 시작하고, 읽기에서 단어들을 모니터링하는 토대를 만들어 간다. 어떤 단어를 유창하게 쓸 수 있게 되면 아이는 그것을 텍스트에서 더 쉽게 재인식한다. 그리고 텍스트를 읽을 때, 이미 읽거나 써 보았던 글자들에 대응하는 소리의 연쇄를 재빨리 예측하는 능력이 발달한다.

낱말·글자·말소리 탐색 단계에서 사용한 소리 상자는 문장 작성하기에서 글자 상자로 변용할 수 있다. 아이는 자신이 쓰고자 하는 낱말의 소리를 탐색하고, 그 소리에 맞는 낱글자를 글자 상자에 찾아 넣는 활동을 한다. 이를 통해 아이는 이전 단계에서 학습한 경험을 자연스럽게 활용하여 소리와 글자의 관계를 익힐 수 있다. 이처럼 읽기 따라잡기 수업의 각 단계는 분절적이지 않고 유기적이며 통합적이다. 다음은 문장 작성하기 활동의 사례와 그 분석 내용이다.

수업 사례

패턴화된 수업 4단계 문장 쓰기

문장 작성하기

일시/회차	2022.01.05.(수) 연꽃님 30회차 수업
내용	• 작성한 문장: 선생님 비타민 열 개 주세요.

P교사 뭐 쓴다고?

연꽃님 (말마디 막대를 놓으며) 비타민.

P교사 선생님.

연꽃님 아! 아닌데.

P교사 '선생님 비타민 열 개 주세요.'야.

연꽃님 (말마디 막대 한 개를 놓으며) 선생님. (말마디 막대 한 개를 놓으며) 비타민. (말마디 막대 한 개를 놓으며) 열개.

P교사 '열'하고 '개'는 띄우는 거야.

연꽃님 응? 응?

P교사 열. (말마디 막대 한 개를 더 놓아 주며) 개.

연꽃님 (말마디 막대 한 개를 놓으며) 주세요.

〔중략〕

P교사 (연습 공간을 가리키며) '비타민' 쓸 수 있어요? 없으면 여기에 쓰는 거야.

연꽃님 (소리를 내며 완성 공간에 글자를 씀) 선생님 비타민 (말마디 막대를 만지며) '주세요.' 맞죠?

P교사 열.

연꽃님 아! (숫자 10으로 씀)

P교사 아, 숫자로 썼네. (연습 공간을 가리키며) 글로 써야지. '열' 여기다 써 봐. (10 옆에 괄호 그리며) 여기다 숫자 썼으니까 글로 쓸 거야. (연습 공간을 가리키며) '열' 여기다 써 보세요. 모르면 연습하기.

연꽃님 (소리를 내지 않고 연습 공간에 '알' 씀)

P교사 여기 읽어 보세요.

연꽃님 알.

P교사 '알' 쓸 거예요? '열' 쓸 거예요?

연꽃님 열.

P교사 소리를 나눠 보세요. (연습 공간에 글자 상자를 그려 주며) 앞소리 뒷소리를 나눠 보세요. 앞에 어떤 소리가 나나요?

연꽃님 여.

P교사 그래요.

연꽃님 응?

P교사 '열'의 앞소리는 '여'예요, '여'. '여'를 써야지. '아'가 아니라.

연꽃님 (망설이다 손바닥에 글자를 쓰고 보여 주며) 여기요?

P교사 다시 뭐라고? (연습 공간을 가리키며) 여기다 써 봐.

연꽃님 (연습 공간에 '여'를 씀)

P교사 그렇지.

연꽃님 (글자 상자 첫 칸에 '여'를 씀)

P교사 '여'에다 끝소리 뭐였어?

연꽃님 (천천히 소리를 냄) 여…을…을! 그거 을! (글자 상자 뒤 칸에 'ㄹ'을 써 넣음)

P교사 응. 합쳐 써 봐.

연꽃님 (소리를 내며 연습 공간에 '열' 씀) 열.

P교사 다시 한번 더.

연꽃님 (소리를 내며 연습 공간에 '열' 씀) 열. '개'는 어떤 걸 써야 하죠?

분석

구성한 문장을 구어와 연결하고, 띄어쓰기를 생각하면서 말마디 막대를 놓았음. '열∨개'를 문법적으로 설명했을 때 아이가 어려움을 느낄 것으로 짐작되어 설명 대신 문어의 언어 구조로 받아들이길 시도했으나, 꽃님에게는 잘 수용되지 않았음. 학습에 부담을 주어 방해 요소로 작용할 수 있다고 판단하여 문장을 작성할 때 별도로 강조하지 않음.

'열'을 쓸 때 소리를 내지 않고 바로 '알'이라고 쓰는 것으로 보아, 꽃님은 여전히 글자를 형태적으로 접근하여 떠올리고 있다고 짐작하였음. 따라서 소리를 내며 음절체와 말미자음을 분리 지각하도록 촉진하였음. 그 결과 글자 찾기에 성공했으나, 아직 형태적 접근에 대한 탈(脫)학습이 이루어지지 않은 것으로 파악됨. 음운론적 접근 방법을 강화할 수 있는 촉진 방법을 고안해야 함.

문장 재구성하기

문장 쓰기 단계의 마무리로 문장 재구성하기 활동을 한다. 교사는 학생의 문장을 띠지[8] 위에 옮겨 적고, 아이가 문장을 다시 구성할 수 있도록 띠

8 띠지는 폭 5cm, 길이 40~50cm 정도 되는 길쭉한 형태의 보조선 없는 빈종이이다. 읽기 따라잡기 교사들은 사절지나 스케치북을 가로로 잘라 사용한다.

지를 몇몇 부분으로 자른다. 초기 수업에서는 문장을 어절 단위로 잘라 아이가 의미를 기반으로 문장을 재조직하고 확인해 볼 수 있게 한다. 수업이 진전되면 개별 어절들도 잘라서 아이가 어절을 구성하는 단어와 조사를 나누고 결합할 수 있게 한다. 이후에는 어절들을 음절 단위로 잘라 낼 수도 있다. 필요하다면 하나의 음절을 구성하는 음절체와 말미자음을 나누는 것도 가능하다. 어떻게 문장을 자를지에 관해서는 아이와 상의하거나 아이에게 주도권을 주어도 좋다.

문장을 재구성하는 활동은 단순히 글자 퍼즐을 맞추는 것 이상의 효과가 있다. 아이는 이 활동을 통해 정확한 어절, 단어 혹은 음절 글자를 찾으면서 문장 구성 과정을 모니터링하는 법과 단어들을 면밀하게 보는 법을 익힌다. 또 띄어쓰기 감각을 형성하고 주어부와 술어부의 관계, 수식어와 피수식어의 관계 같은 문장의 구조에 관해서도 학습한다. 그리고 자신이 말한 단어와 쓰인 단어 간의 일대일 대응을 확립하고, 특정한 구절이 문맥 안에서 다른 단어들과 어떤 관계를 맺고 있는지를 이해하게 된다. 이와 같은 학습은 고정된 단어들을 공부하는 경우에는 나타나기 어렵다.

교사는 때로 아이가 연습한 문장 조각들을 봉투에 담은 뒤, 봉투 겉면에 완전한 문장을 써서 집으로 보내기도 한다. 아이는 집에서 부모와 함께 문

[그림 21] 문장 재구성하기

장 재구성하기를 다시 한번 연습한다. 이 과정에서 아이는 글자-소리 관계의 재인식은 물론 통사 감각까지 키울 수 있다. 다음은 문장 재구성하기 활동의 사례와 그 분석 내용이다.

수업 사례

패턴화된 수업 4단계 문장 쓰기

문장 재구성하기

일시/회차 2022.01.05.(수) 연꽃님 30회차 수업

내용
- 재구성한 문장: 선생님 비타민 열 개 주세요.
- 자른 모양:

선생님		비	타	민		열		개		주	세	요.

P교사 (띠지에 문장을 쓰고 가위로 자름) 만들어요. 화이팅!

연꽃님 (소리 내어 말하고 글자 조각을 놓으며) '선생님 비타민 열개 주세요.' 했어요.

P교사 우와! 10초도 안 걸렸네? 잘했어요. 다시 한번.

연꽃님 (어절 단위로 손가락 짚기를 하고 소리를 내며) 선생님 비타민 열개 주세요.

분석

소리를 내며 글자를 찾고 문장을 재구성하는 것으로 볼 때, 소리와 글자의 연결이 강화되고 있는 것으로 생각됨. 다만 '열'과 '개'를 띄우지 않고 붙여 놓음. '열'과 '개'의 띄어쓰기가 완벽하지 않았지만 문장을 스스로 완성한 것에 의미를 두고 활동을 마무리하였음. 앞으로 이 부분에 대한 학습을 촉진하는 방법으로 익숙한 책 읽기를 통해 띄어쓰기를 학습할 수 있는 기회를 제공하고자 함.

5단계 새로운 책 읽기

읽기 따라잡기 수업은 새로운 책 읽기로 마무리된다. 새로운 책은 학생의 활동을 면밀하게 관찰하여 수집한 자료를 기반으로 선정한다. 교사는 매 수업 시간이 끝난 후에 그날의 수업에 대해 생각한다. 익숙한 책 읽기, 읽기 과정 분석, 낱말·글자·말소리 탐색, 문장 쓰기에서 나타난 아이의 반응, 학습 정도, 학습 내용을 일상 수업 기록지에 적는다. 이를 토대로 아이의 읽기 및 쓰기 유창성, 학습에 대한 자신감 등을 판단하고, 다음 수업에서 아이가 이미 알고 있는 읽기 전략과 지식을 견고하게 발달시키기 위해 어떻게 도울 것인지, 새로운 학습 요소를 어느 수준까지 도입할 것인지를 결정한다. 교사는 아이의 지속적인 발달을 위해 오늘 했던 새로운 책보다 약간 더 높은 수준의 새로운 책을 선택할 수도 있고, 기존에 학습한 요소를 강화하기 위해 비슷한 수준의 새로운 책을 선정할 수도 있다. 이러한 유연성은 읽기 따라잡기가 집중적인 개별화 교육 프로그램이기 때문에 가능한 일이다.

새로운 책을 선정할 때 교사가 반드시 해야 할 일이 있다. 바로 책을 미리 읽어 보는 것이다. 교사가 책을 미리 읽어 보아야 아이의 발달을 촉진하는 데 적합한 수준인지를 알 수 있고, 아이의 문해력 처리 시스템에 혼란을 가중하는 텍스트인지를 확인할 수 있다. 새로운 책이 선정되었다면 교사는 아이에게 읽기 전·중·후로 나누어 새로운 책 읽기 활동을 전개한다.

읽기 전 활동

읽기 전 활동은 교사가 아이와 함께 책을 훑어보는 것이다. 먼저 교사는 책 제목을 확인하고 내용을 예측해 보면서 아이의 배경지식을 활성화한다. 그런 다음 책장을 한 쪽 한 쪽 넘기면서 각 장면의 그림을 살피고(picture walking), 그림과 이야기에 대해 의견을 나눈다. 이때 교사는 아이가 중요한 개념이나 단어, 문장, 사건 등에 주의를 기울이도록 독려한다. 또 그림과 관련된 한두 개의 단어를 텍스트에서 찾아보게 하는 것도 도움이 된다. 이를 통해 아이는 의미와 시각적 단서의 교차점검을 경험하고, 텍스트의 내용을 맥락적으로 추론하고 확인하며 읽는 의미 중심의 읽기를 학습한다.

읽기 전 활동을 하면서 아이는 새로운 책에 스스로 주목하는 방법을 깨닫고, 새로운 텍스트의 구성과 전개, 의미 구성에 필요한 어휘를 학습할 기회를 부여받는다. 그리고 교사와 상호작용하며 텍스트의 내용과 자신의 생각 또는 느낌을 연결하고 표현해 보는 동시에 사전지식을 축적한다. 나아가 이야기 줄거리와 낱말, 문장, 문체에 익숙해져서 본격적인 읽기 활동을 할 때 해독의 부담을 덜고 더 수월하게 읽을 수 있게 된다.

새로운 책을 선정하고 소개를 시작하는 것은 교사이다. 그래서 처음에는 교사가 주도권을 가지고 있는 것 같지만, 책 소개 활동이 계속될수록 아이에게 주도권이 이양된다. 책 소개는 교사 일방에 의해서가 아니라 아이와 상호작용하며 이루어지기 때문이다. 읽기 따라잡기는 교사가 공감을 바탕으로 대화를 이어 가고 아이에게도 질문할 기회를 제공하는 상호작용을 강조한다.

읽기 중 활동

읽기 전 활동을 통해 읽을 준비를 마친 아이는 읽기 중 활동으로 접어든다. 아이는 이제 새로운 책을 가능한 한 독립적으로 읽는다. 다만 첫 시도인 만큼 교사의 도움을 받아 가며 읽게 될 것이다. 교사는 아이가 새로운 텍스트를 유창하게 읽고 이해하도록 돕는다. 즉 아이가 글, 그림, 낱말, 이야기를 탐색하며 읽기 문제들을 해결할 수 있게 독려하고, 아이가 자신의 문해력 시스템을 활용하고 확장하도록 지원한다. 더불어 아이가 최대한 독립적으로 읽어 볼 기회를 제공한다.

아이가 한 단어나 구절에서 어려움을 보이는 경우, 교사가 질문을 던짐으로써 아이의 읽기 전략 개발을 도와줄 수 있다. 수업 초반에는 책에 나오는 단어들을 하나하나 가리키게 하는 등의 기본적인 촉진 질문을 통해 아이가 글을 보는 데 익숙해지게 한다. 그러다 점차 의미에 대해("그림을 봐. 맞는 것 같아?"), 언어 구조에 대해("앞뒤 말이 자연스럽게 들려?"), 그리고 읽기의 시각적 요소에 대해("여기 이 글자를 봐. 뭐라고 읽어야 할 것 같아?") 생각하고 인식하도록 요구하는 중급 수준의 질문을 한다. 그리고 프로그램이 종료될 무렵에는 아이가 스스로 읽기 전략을 불러내도록 지시하는 촉진 질문("그 단어를 풀어내려면 어떻게 해야 할까?")을 한다. 다양한 읽기 전략과 관련한 물음들은 앞으로 아이가 읽기 활동을 하며 자기 자신에게 질문을 던지는 자기 모니터링의 힘이 된다. 또한 교사와 아이가 새로운 도전 과제를 가지고 상호작용할 수 있게 한다.

읽기 후 활동

읽기 후 활동으로 교사는 아이와 함께 몇 가지 사항에 대해 논의한다. 이 논의는 교사가 질문하는 형식이지만, 정답을 확인하거나 심문하는 느낌이 아니라 간단한 대화처럼 진행되어야 한다. 우선 교사는 책 속의 인물이나 사건에 대해 다음과 같이 물어볼 수 있다.

"이제 주인공은 어떻게 되었을까?"

"너라면 어땠을 것 같아?"

이러한 질문에 답하는 과정에서 아이는 텍스트의 내용과 자신의 경험을 연결하고, 의미 중심 읽기의 중요성을 인식하게 된다. 그리고 교사는 아이의 반응을 보며 아이가 무엇에 주의를 집중하는지, 전반적인 내용을 이해하고 있는지 등을 파악할 수 있다.

또한 교사는 다음과 같이 아이가 자신의 읽기를 스스로 모니터링하도록 돕는 질문을 할 수 있다.

"오늘 읽기는 어떤 것 같아?"

다만 이 질문은 아이가 읽기를 잘 수행한 이후에 제시하는 것이 좋다. 텍스트를 성공적으로 읽은 아이는 이 질문에 답하면서 자신의 읽기에 만족감을 느끼고, 앞으로의 읽기 활동을 기대하게 된다.

마지막으로 교사는 아이가 짚고 넘어가야 하는 부분에 관해 다음과 같이 질문할 수 있다.

"혹시 다시 읽고 싶은 곳이 있어?"
"이 단어가 뭐일 것 같아?"
"이거 다시 읽어 볼까?"

이처럼 교사는 아이가 주의를 집중할 부분을 짧고 분명한 표현으로 가리키고, 다시 한번 해결해 보도록 촉진한다. 만약 아이가 해결하지 못하고 어려움을 토로한다면 교사가 시범을 보여 가르쳐 줄 수 있다.

새로운 책 읽기 단계를 패턴화된 수업의 마지막에 배치하는 데는 여러 이유가 있다. 첫 번째 이유는 이전 단계에서 학습한 지식과 전략을 활용할 수 있기 때문이다. 수업이 끝날 무렵이면 아이는 익숙한 책 읽기 단계를 통해 읽기 단서들을 활용하고 교차점검하는 경험을 했을 것이다. 또한 낱말·글자·말소리 탐색 단계와 문장 쓰기 단계를 통해 글자 지식 및 소리와 글자의 관계를 파악하고, 잘라 낸 문장 재구성을 통해 자기 모니터링 행동을 수행했을 것이다. 이 다음 단계로 새로운 책을 읽을 경우, 아이는 이전의 학습 활동에서 축적한 자신의 반응 목록들을 가장 일찍, 가장 접근하기 쉬운 형태로 활용하면서 새로운 책과 씨름하게 된다. 이는 아이가 또 다른 전략들을 학습하고, 더욱 독립적으로 책을 읽으며, 문제 해결에 보다 능동적으로 참여하게 한다.

두 번째 이유는 텍스트 읽기 처리 행동을 반복 연습하거나 다시 학습할 가능성이 커지기 때문이다. 우리 아이들은 아직 숙련된 독자가 아니다. 아이는 한 권의 책을 읽을 때마다 책장을 오른쪽에서 왼쪽으로 넘기고, 글과 그림을 구분하고, 문장이나 단어 속의 글자들을 왼쪽에서 오른쪽으로 확인한 뒤, 자신의 구어 정보와 연결 지어 소리 내어 읽는다. 그리고 소리 연쇄가 글자 연쇄와 일치하는지, 뜻이 통하는지를 확인하며 성공적 읽기를 가늠한다. 이와 같은 처리 과정이 빠를수록 읽기 유창성이 높아지는데, 우리가 지도하는 최저 수준의 아이는 이 속도가 매우 느린 편이다. 그러므로 아이의 텍스트 읽기 처리 행동을 능숙하게 만들기 위해 다양한 차원에서 기회를 제공할 필요가 있다. 새로운 책을 수업이 마무리되는 시점에 배치하는 것은 이전에 익힌 텍스트 읽기 처리 행동을 반복하게 함으로써 처리 과정에 능숙해지도록 돕는다.

마지막 세 번째 이유는 오늘 읽은 책을 다음 날 다시 읽을 때 생길 수 있는 간섭 효과(interference effect)를 최소화하기 위해서이다. 처음 보는 책을 읽을 때는 오류가 발생할 소지가 크다. 일반적으로 발생된 오류를 발견 즉

시 반복 학습하면 바로 교정되리라 생각하지만, 오히려 오류를 더 고착화하거나 오류 간 간섭 효과를 가중하는 경우가 있다. 반면 오늘 발생한 오류가 다음 날에는 다시 발현되지 않는 경우도 있다. 읽기 따라잡기는 이와 같은 경우에 주목하여 새로운 책을 한 번만 읽고 간단한 대화로 읽은 후 활동을 한 뒤 마무리한다. 패턴화된 수업의 마지막 단계에서 새로운 책 읽기 활동을 하는 것은 다음 날 읽기 과정 분석 단계에서 아이가 책을 읽으며 발생할 수 있는 오류의 간섭 효과를 최소화할 가능성을 높인다.

새로운 책 읽기를 마지막으로 읽기 따라잡기의 패턴화된 수업은 마무리된다. 다음은 새로운 책 읽기 수업의 사례와 그 분석 내용이다.

수업 사례

패턴화된 수업 5단계 새로운 책 읽기

일시/회차 2021.12.20.(월) 연꽃님 21회차 수업
새로운 책 읽기 목록 『토요일 아침』(BFL 2)

읽기 전 활동

연꽃님 토요일 아침.

P교사 응, 토요일 아침 가족들이 모여 있는 모습이야. 토요일 아침에 이 가족은 뭘 할까? 볼래? 이 장면으로 봐 봐. 뭐 하고 있는 것 같아? 누구누구 있는 것 같아?

연꽃님 (표지 삽화를 손가락으로 가리키며) 엄마, 아빠, 딸, 오빠. 근데 여기에 오빠는 강아지가 여기 있어 가지구 귀여워서 쳐다보고 있어.

P교사 귀여운 멍멍이를 쳐다보고 있네. 아빠는 뭘 먹을까? 엄마랑.

연꽃님 커피.

P교사 커피, 어떻게 알았어?

연꽃님 이건 애기는 사과 먹으려고, 배인가? 사과인가?

P교사 그렇구나, 커피인지 어떻게 알았대? 진짜 커피인지 보면 알겠지?

〔중략〕

P교사 마지막에 어떤 일이 벌어졌을까요? (삽화를 가리키며) 어떤 일이 있을까? 강아지를 봐 봐. 뭐 하고 있어?

연꽃님 (삽화를 가리키며) 사과 먹고 있어.

P교사 사과 먹고 있어. 어떻게 사과를 먹게 되었을까?

연꽃님 사과를 떨어뜨려 가지구.

P교사 누가 떨어뜨려 줬구나? 누가 누가 떨어뜨려 줬는지 읽어 보면 알 수 있겠지?

연꽃님 (고개를 끄덕임)

〔중략 - 자기 수정하고 교차점검하며 잘 읽어 냄〕

읽기 중 활동

연꽃님 (어절 단위로 손가락 짚기를 하다 음절 단위로 손가락 짚기를 하며) **나는 사과 한 쪽을 떨어뜨리서요.** (읽고 난 후 교사를 쳐다봄)

P교사 말이 되게. 지금 잘 읽거든. 좀 더 자연스럽게 말이 되나 생각하면서 (문장의 첫머리부터 끝을 가리키며) 여기서부터 여기까지 읽어 볼까?

연꽃님 (어절 단위로 손가락 짚기를 하다 음절 단위로 손가락 짚기를 하며) **나는 사과 한 족 쪽을 떨어뜨리서요.**

P교사 뭔가 어색한 데가 있어? 어디가 어려워?

연꽃님 ('렸어요.'를 손가락으로 가리키며) 여기.

P교사 응, 여기. (손가락으로 가리키며) '떨어뜨렸어요.' 하고 읽으면 돼.

연꽃님 뜨으….

P교사 떨어뜨렸어요.

연꽃님 떨어뜨렸어요.

P교사 그렇지. '떨어뜨렸어요.'니까. 다시 읽어 볼까?

연꽃님 **나는 사과 한 쪽을 떨어뜨렸어요.**

P교사 오, 잘 읽었어. 그렇게 하면 돼.

읽기 후 활동

연꽃님 그래서 강아지가 배고팠는지 먹고 있어.

P교사 그러네, 배고팠는지 핥아 먹고 있다. 그치? 누가 떨어뜨려 준 거야?

연꽃님 오빠, 나!

분석

삽화를 보며 책 내용을 예측하는 활동에 잘 참여하고, 교사의 질문에 대한 반응 속도가 이전보다 빨라졌으며, 정반응의 비율이 매우 높음. 또한 삽화의 내용을 텍스트에서 확인하는 교차점검 과정을 경험한 다음 이를 텍스트 읽기에 잘 활용하고 있음. 읽기 오류가 발생했을 때 자기 스스로 인지하였으며 M 단서와 V 단서를 사용해 자기 수정도 잘함. 마지막 문장에서 '떨어뜨렸어요.'를 구어에 사용하긴 했지만 해독에는 어려움을 느끼고 있었음. S 단서를 활용해 해독해 보길 촉진했음에도 잘 이루어지지 않았음. 따라서 S 단서를 사용한 교차점검이 이루어지도록 지도할 필요가 있음.

아울러 텍스트의 화자가 누구인지 파악하고 있으며, 새로운 책의 구성과 전개에 대해 이해하고 있음. 이전에 읽은 『놀이터』(BFL 1)에서 화자를 찾는 학습 경험이 이번에 활용된 것으로 보임. 처음 만나는 텍스트지만 독립적 수준으로 읽어 내는 것으로 볼 때, 앞으로 텍스트 수준을 높여 제공하는 것이 읽기 발달의 가속화를 가져올 수 있을 것으로 생각됨. 텍스트 선정 시 이 부분을 신중히 고려할 필요가 있음.

---

4 읽기 따라잡기 프로그램 종료

읽기 따라잡기 프로그램의 종료는 양적·질적 자료에 기반하여 매우 신중하게 판단해야 한다. 교사는 교실 수업 상황에서 아이가 학습 활동에 얼마나 적응하고 참여하는지를 관찰하고, 초기 문해력 검사 도구와 수준 평정 그림책을 활용하여 읽기 발달 수준을 파악한 다음 프로그램 종료 여부와 시기를 결정해야 한다.

담임교사는 한 학급 내에서 서로 다른 속도로 움직이는 아이들을 관리한다. 일대일 수업에서 제공하는 상호작용이나 학습 활동은 교실 수업에서 전형적이지 않으며 거의 불가능에 가깝다. 그러므로 아이가 교실 수업 상황에서 추가적인 지원 없이도 학습 활동에 잘 참여하고 계속해서 발달할 수 있도록 준비시킬 필요가 있다. 읽기 따라잡기 교사는 프로그램의 종료를 앞둔 시점부터 아이가 자신의 읽기와 쓰기를 모니터하기, 통사 구조를 예측하기, 다양한 종류의 정보를 탐색하기, 스스로 새로운 것들을 발견하기, 하나의 정보 자원과 다른 정보 자원을 교차점검하기, 첫 번째 시도에서 모든 정보 자원을 함께 활용하기, 모든 측면에서 주도권을 갖고 자기 수정하기, 여러 수단을 활용해 새로운 단어를 풀어내기 등을 할 수 있는지 확인하고, 이 모두를 자신감 있게 독립적으로 활용하도록 촉진한다. 그리고 이러한 능력을 교실 수업 상황에서 얼마만큼 펼치는지 관찰한다.

또한 초기 문해력 검사의 사후 결과와 수준 평정 그림책의 읽기 발달 수준을 양적 자료로 활용한다. 우선 지도 대상을 선정할 때 사용했던 초기 문해력 검사 도구로 동질검사를 실시한다. 실시 시점은 일반적으로 학기 말이나 학년 말, 혹은 프로그램 운영 횟수에 따라 60회 또는 100회를 기준으로 한다. 아니면 아이의 발달도에 따라 별도의 시기를 정할 수도 있다. 교사

[표 12] 규준별 추출 시기 및 유효 구간(엄훈·정종성, 2019)

	1학년용			2학년용	
	Pre-I 규준	I-1 규준	I-2 규준	II-1 규준	II-2 규준
추출 시기	3월	7월	12월	7월	12월
유효 구간	1월~3월	4월~9월	10월~ 다음 해 3월	4월~9월	10월~ 다음 해 3월

는 초기 문해력 검사 결과 산출된 원점수를 가지고 적합한 학년별 규준을 찾아 구분점수를 분석하여 아이의 평균 수준 도달 여부를 판별한다. 읽기 따라잡기는 각 규준의 구분점수가 5 이상이면 평균 수준 이상으로 판별하고 있다. 초기 문해력 검사가 제공하는 다섯 가지 규준의 추출 시기(검사 시기)와 유효 구간은 [표 12]와 같다. 이에 관한 자세한 설명은 부록 2에 수록되어 있다.

또 다른 양적 자료인 수준 평정 그림책은 그 종류마다 읽기 발달 수준을 판별하는 기준이 다를 것이다. 현재 읽기 따라잡기 프로그램은 2018년 출판된 '책 발자국 K-2' 시리즈의 BFL을 아이의 읽기 발달 수준을 판별하는 기준으로 삼고 있다. 1학년 아이의 경우 1학기 말 무렵에 수준 평정 그림책 BFL 5를, 학년 말에 BFL 9를 읽는다면 평균 수준이라고 판별한다. 2학년 아이의 경우 1학기 말에 BFL 9를, 학년 말에 BFL 13을 읽는다면 평균 수준이라고 판별한다. '책 발자국 K-2'의 수준 평정 기준은 [그림 22]에 구체적으로 제시되어 있다.

읽기 따라잡기는 아이가 학급 평균 수준에 도달해 교실 수업에 잘 적응해 나가는 것을 목표로 하기 때문에, 프로그램의 종료 여부를 판단하기 위해서는 교실 수업에서 아이가 보이는 발달 양상을 살펴보는 것이 무엇보다

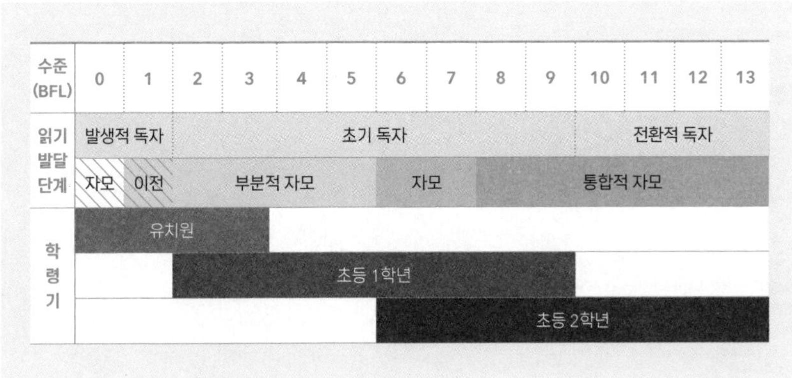

[그림 22] '책 발자국 K-2'의 수준 평정 기준

중요하다. 이를 파악하는 가장 결정적인 자료는 담임교사의 관찰이다. 교실 수업에서 담임교사는 학습에 어려움을 느끼는 아이에게 학습 문제 해결에 필요한 시간을 연장해 주거나, 더 쉬운 학습 자료를 제공하거나, 아이의 동료 집단에 학습을 지원해 줄 것을 요구하거나, 다른 아이들과 협력할 방안을 모색하는 등 다양한 방식으로 아이를 도와줄 것이다. 하지만 읽기 따라잡기 수업을 통해 아이가 평균 수준 이상으로 발달해 가면 이러한 도움이 현저히 줄어든다. 그러다가 별도의 추가적인 지원 없이도 아이가 교실 수업에 잘 적응하고 문제를 해결하는 모습을 보인다면, 아이를 평균 수준으로 판별할 수 있다. 따라서 담임교사는 교실 수업 상황에서 지원 수준이 어떻게 변화하는지, 아이의 참여도는 어떠한지 등을 분석해 보아야 한다.

4부

읽기 따라잡기를 통한 교사, 학생, 학교의 성장

4부에서는 읽기 따라잡기 프로그램을 만난 한 교사의 이야기를 자세하게 서술해 보려고 한다. '입학하자마자 읽기와 쓰기가 너무 어려워 교실 수업을 도저히 따라갈 수 없는 하위 20% 정도의 아이들'이라는 말에 다 담지 못한, 아이 한 명 한 명의 세계를 보여 주기 위함이다. 다큐멘터리 PD 김현우는 저마다의 삶을 살아가는 사람들의 모습을 영상에 담을 때 '그들의 목소리로 그들의 삶을 말하는 것'을 원칙으로 삼으며, 숫자가 아닌 사람에 대한 부담을 껴안기 위해 노력한다고 한다. 마찬가지로 우리도 '하위 20%'라는 통계 단위 뒤에 가려진 사람에 대한 부담을 느낄 필요가 있다. 여기서 전하는 내용은 읽기 따라잡기 프로그램을 만나 교사로서 아이들을 지도하면서 바뀐 생각, 아이들의 성장 과정, 정책으로서의 가능성 실험 등 어쩌면 지극히 개인적인 이야기이지만, 이것이 숫자가 아닌 아이들의 삶과 세계에 대해 멈추어 생각해 보는 기회가 되기를 바란다.

11장

학습 부진 문제를 대하는 관점의 변화[1]

> 사람들은 흔히, 교육이라는 것은 자신도 받은 일이 있는 바로 그것이라는 이유에서, 교육학에는 자신이 알고 있는 것 이외의 '학문적 논의'라는 것이 있다는 것을 인정하려 들지 않습니다.
>
> (이홍우, 2008: 10)

누구나 조금씩은 교육과 관련해서 자신도 전문가라는 생각을 하는 이유가 이 짧은 글에 담겨 있다. 그리고 어쩌면 교사인 나도, 가르치고 배우는 일을 학문적 논의가 아닌 내가 받은 교육의 범위 안에서 오랜 시간 이해해 왔는지도 모른다. 학습 부진 문제를 대하는 나의 관점은 어린 학생 시절에

1 4부는 읽기 따라잡기 프로그램을 접하면서 성찰하고 변화한 교사의 경험을 생생하게 전달하기 위해 1인칭으로 서술하였다.

경험한 일, 교사가 되어 근무한 학교의 여건, 교실에서 만난 학생들과 겪은 일 등과 깊이 관련되어 있다. 그래서 교사가 된 직후부터 읽기 따라잡기 연수를 받고 실행 연구를 계속하고 있는 지금까지, 나의 생각이 어떻게 변해 왔는지를 시기별로 나누어 정리해 보려고 한다. 다양한 아이를 만나고 공부를 하면서 혼란을 겪고 헤맨 나날이지만, 그런 과정이 없었다면 나의 관점이 지금처럼 변화할 수 없었을 것이다. 그걸 알기에 이제는 그러한 혼란을 마주할 때 조금은 반가운 마음이 든다.

이홍우(2008: 107)는 교육의 본질적 특성을 밝히면서, 교육의 목적 자체가 교육을 근본적으로 어려운 일로 만든다는 점을 설명했다. 세상의 다른 직업과 구별되는 교육의 본질은 가르치는 사람과 배우는 사람이 똑같은 일을 한다는 것이다. 좀 더 자세히 말하면, 배움이란 여러 학문을 통해 총체로서의 세계가 어떤 곳인지를 알아 가는 것이다. 그렇기에 100년도 채 살지 못하는 한 인간의 배움은 완성될 수 있는 성격의 일이 아니다. 그리고 교사는 학생들보다 조금 먼저 배움의 세계에 입문했을 뿐, 여전히 총체로서의 세계를 알아 가는 과정에 있다. 그런 의미에서 교사와 학생은 똑같은 일을 하는 사람이다. 교사는 우주의 한 톨 먼지만큼도 안 되는 것을 먼저 알게 된 후, 마치 배움이 완성된 것처럼 학생들 앞에 '선생(先生)'으로 서서 세계에 입문하는 초대장을 내밀어야 하는 숙명을 가진 존재이다. 이것이 바로 교육의 목적이자 근본적인 어려움이다.

읽기 따라잡기를 만나 실행 연구를 거듭한 시간은 책을 읽고 어렴풋하게 느끼던, 어렵지만 뭔가 멋진 교육의 본질을 매일의 삶에서 힘겹게 확인하는 시간이었다. 학습 부진 문제를 대하는 관점의 변화를 기술하는 것 역시 배움의 과정에서 쓰는, 결코 완성일 수 없는 내용이기에 아이들을 만나는 것만큼이나 어려웠다. 그러다 우연히 다음 글을 보고 위로와 용기를 얻었다.

화가로서 바랄 수 있는 것은 커다란 전체에 여러분이 가진 작은 부분을 보태는 것이다. 그 어떤 사람도 최종적 존재가 될 수는 없다. 하지만 자신의 진전을 기록할 수 있고, 그 기록은 무엇이 되었든 전체를 찾아내기 위한 노력의 결과물이어야 한다. 그가 남겨 놓은 것은 남들을 위한 징검다리 혹은 피해야 할 오류가 된다.

(Henri, 1923/2010: 23)

현대 미국 미술의 아버지라 불리는 로버트 헨리(Robert Henri)가 수많은 제자의 간곡한 요청으로 58세에 집필한 책에서 제자들에게 힘주어 하는 이야기 중 일부이다. 그림을 그리든 집을 짓든 영화를 만들든 글을 쓰든, 그 일은 세상이라는 커다란 전체에 각자가 노력하여 얻은 작은 부분을 보태는 일이다. 헨리의 말처럼 지금까지 내가 노력해서 찾아낸 결과물이 같은 고민을 하는 교사들에게 징검다리 혹은 피해야 할 오류가 되기를 바라는 마음으로 지난 경험들을 정리해 본다.

1 잘 몰라서 행복했던 교사, 그리고 학습 부진아였던 어린 시절

2002년 처음 초등학교에 부임한 후 첫 학교에서의 시간을 나는 교사로서 정말 신명나게, 자신감 넘치게 보냈다. 하지만 지금 그 시절을 돌이켜 보면 과연 아이들이 배워 가는 과정을 하나하나 자세히 들여다보려는 노력을 했는가 하고 자문하게 된다. 아마도 마냥 신나는 마음으로 대하기 어려운 아이들이 꽤 있었을 것이다. 학습 격차에 관심을 가지고 공부를 하면서 자주 떠오르는 기억이 있다. 첫 학교에서 있었던 그날의 일은 내가 아이들을 어떻게 바라보는 교사였는지를 단적으로 보여 준다.

3, 4학년 음악 교과 전담교사를 할 때의 일이다. 교과 전담을 맡아서 여러 반을 수업하다 보면 나도 모르게 학급별로 비교하게 된다. 그리고 그중에는 꼭 수업을 하기 힘든 반이 있다. 늘 웃으며 아이들과 동료를 대하는 50대 초반 교사가 담임을 맡은 3학년의 어떤 반에는 유난히 흥이 넘치는 아이들이 많았다. 그 반이 더는 수업을 이어 갈 수 없을 만큼 힘들게 느껴지던 날, 나는 수업을 중단하고 담임에게 전화를 걸어 일부러 아이들이 듣게끔 큰 소리로 말했다. "선생님, 이 아이들을 데리고 도저히 수업을 할 수가 없어요. 어떻게 이렇게 시끄럽고 말도 안 듣고 엉망일 수가 있는지 모르겠어요." 담임교사는 이렇게 대답했다. "선생님, 우리 반 아이들 때문에 많이 힘들구나. 그럼 애들 교실로 돌려보내요. 내가 단단히 이야기할게요."

지금 생각하면 얼굴이 화끈거리는 장면이다. 교사로서의 무능함과 무례함을 만천하에 떠들었다고 해야 할까? 아이들이 하교한 후 담임교사가 이야기를 나누면서 해결책을 찾아보자고 교과 전담실로 왔다. "선생님, 우리 반 애들 때문에 많이 힘들죠? 근데 어떤 아이가 가장 힘들게 하는지 얘기 좀 해 줄 수 있어요? 다 그런 건 아닐 거 아니야." 나는 그 질문에 대답하기 힘들었고, 그제야 내가 아이들을 한 덩어리로 바라보고 있다는 것을 깨달았다. 그 일로 개과천선했다면 참 좋았겠지만 교과서를 열심히 들여다보고, 교수-학습 과정안을 멋지게 짜고, 새로운 것을 배우러 쫓아다니느라 바빠서 선배의 예리하고도 따뜻한 조언을 금세 잊어버리고 말았다.

첫 학교에서 나는 대학 때부터 해 오던 풍물을 살려 학교 안에 풍물반을 만들고 아이들과 연습하고 공연하며 신나는 시간을 보냈다. 또 박물관 연계 교육에 푹 빠져서 교육과정을 재구성하고 아이들과 박물관을 샅샅이 찾아다니며 프로젝트 수업에 열의를 올렸다. 멋진 교육 방법이 있는지 탐색하고 시간이 되는 대로 공개 수업을 찾아다니며 내 수업을 개선하려고 애썼으며, 독서와 토론 교육의 중요성을 크게 느껴 연수를 받고 수업에 적용해 보기도 했다. 아이들이 전체적으로 잘되어 가는 모습에 신이 나서 더 열정적으로 배우고 수업하던 날들이었지만, 그때는 조용히 아이들을 들여다보는 시간을 가져야 한다는 생각까지는 하지 못했다.

다른 종류의 고민에 푹 빠져서 살아가고 있는 지금에 와서 돌아보면, 그렇게 바쁘고 신나게 지내면서 좀 괜찮은 교사라고 자화자찬하던 내가 제대로 살펴보지 못한 아이들이 있었던 것 같아 마음이 무겁다. 공부가 너무 어려워 매일의 수업이 힘든 상황을 견디며 학교생활을 했을 아이들 말이다. 당시에는 한 명 한 명의 사정을 깊이 들여다보기보다, 학교에 오고 싶어지는 즐거운 활동을 마련하거나 어떤 일이든 한 가지라도 잘하게 해 주면 늦더라도 결국 잘될 것이라고 믿었다. 나의 그런 믿음에는 나름의 이유가 있었다. 초등학교 시절 학습 부진아로서 겪었던 나 자신의 경험에 비추어 아이들의 문제에 접근했던 것이다. 나는 5학년 중반까지 학습 부진을 겪었는데, 당시 3학년과 5학년 두 분의 담임선생님은 나에게 극단적으로 다른 기억으로 강하게 남아 있다.

3학년 때 담임은 중년의 무서운 여자 선생님. 거의 매일 방과 후에 나를 남겨 문제가 빽빽한 수학 학습지를 풀게 했다. 그리고 선생님은 언제나 바빴다. 책상에 앉아 코를 박고 무언가를 쓰거나, 신발 소리를 크게 내며 여기저기를 잰걸음으로 돌아다녔다. 그 기억 때문에 지금도 나는 실내화를 고를 때 발소리가 나는지 안 나는지 살펴보고, 딱딱거리는 실내화 소리를 내면서 바쁘게 돌아다니는 선생님을 보면 이유 없이 싫어진다. 아무도 없는 교실에서 선생님이 알려 주어도 이해하기 어려운 문제들을 혼자서 끙끙거리며 풀어야 했던 그 시간이 나는 참 싫었다. 다 풀면 이야기하라는 선생님께 문제를 풀다 말고 중간에 모르겠다고 질문을 하는 건 어린 나에게 너무나 어려운 일이었다. 친구들이 다 돌아간 교실에서 혼자 남아 문제를 푸는 그 시간은 선생님이 있을 때든 없을 때든 한없이 외롭고 길게 느껴졌다.

특히 내가 구구단을 정확하게 못 외우던 것이 선생님에게는 너무 큰 과제였던 모양이다. 집에서 아무리 완벽하게 외워 가도 선생님 앞에만 서면 무섭고 긴장되어 머릿속이 하얗게 변해 버렸다. 결국 나는 3학년 내내 혼만 나다가 결국 4학년이 되어서야 구구단을 외울 수 있었다. 아마도 선생님은 이렇게 생각했을 것 같다. '큰소리도 질러 보고, 자를 세워 손등도 때려 보고, 남겨서 시켜 봐도 안 되는 아이가 있더라. 부모는 학교에만 맡겨 두고 뭘 하는지 모르겠다.' 나는 지금도 긴장하면 4 곱하기 6을 자주 틀린다. 왜 그런지도 알고, 어렸던 나를 충분히 위로해 주었다고도 생각하지만, 긴장한 상황에서 저절로 그렇게 되는 건 여전히 조절하기 힘들다. 그래서 나는 방과 후에 혼자 교실에 남아 학습지를 푸는 아이들을 보면 마음이 많이 불편하다.

5학년 때 담임은 중년의 남자 선생님. 다른 학교에서 전근을 온 그 선생님은 학생들을 정말 다정하게 대해 주었다. 교사가 된 지금 짐작해 보면, 학생들의 어려운 가정 형편이나 학습 부진 상황을 처음부터 자세히 살폈던 것 같다. 선생님은 악기를 잘 연주하고 체육을 잘하는 나의 장점을 빨리 찾았고 늘 칭찬했다. 그리고 음악 시간에 피아노 반주나 리코더 연주를 해 보게 하는 등 내가 잘하는 것으로 친구들 앞에 설 수 있는 기회를 자주 만들어 주었다.

체육 시간에 손 짚고 옆 돌기 시범을 보였던 순간은 아직도 잊히지 않는다. 선생님은 새로운 운동을 배우기로 되어 있는 체육 시간 전날이면 나를 따로 남기곤 했다. 나는 선생님이 사 주는 아이스크림과 박카스를 먹어 가며 학교 운동장에서 그 운동을 완벽해질 때까지 연습했다. 다음 날 선생님은 아이들에게 오늘 배울 운동에 대해 자세히 설명한 뒤 "혹시 친구들 앞에서 시범 보여 볼 사람?"하고 물어보았다. 나는 자신 있게 "저요!"하고 앞으로 나가 친구들 앞에서 시범을 보였다. 친구들은 나의 놀라운 실력에 탄성을 지르며 박수를 쳤다. 아름드리 플라타너스 나무 아래에서 손 짚고 옆 돌기를 완벽하게 해내어 박수갈채를 받던 그 순간은 '내 인생 최고의 순간'으로 각인되어 있다. 그 이후 나는 어떤 일이든 정말 열심히 하는 사람이 되었다. 내 존재를 있는 그대로 온전하게 믿어 주는 어른이 학교에 있다는 것은 어린 나에게 엄청난 응원의 힘이었다.

학습 부진아로 긴 시간을 보냈던 경험, 극단적으로 다른 두 분의 선생님을 만나 겪었던 일, 그 이후의 성장 과정. 교사가 된 나는 이러한 나의 경험에 비추어 두 가지 신념을 가지고 학습 부진 문제를 바라보았다. 하나는 방과 후에 남겨서 따로 지도하는 것은 아이를 힘들게 하는 좋지 않은 방법이라는 믿음, 다른 하나는 아이가 잘하는 것을 찾아 자신감을 키워 주면 늦더라도 잘하게 될 거라는 믿음이다. 나름대로 교사로서 열심히 노력한다고 믿었고, 학생과 학부모, 동료들의 평가도 나쁘지 않았기 때문에 큰 문제를 느끼지 못한 채 15년 가까이 교사 생활을 했다. 개인적인 경험에 비추어 확신을 가지는 것이 얼마나 위험한가를 보여 주는 시간이다. 특히 읽기 교육에 대해 몇 년을 연구하면서 짐작해 보건대, 나의 경우에는 수 개념과 감각이 떨어져 수학 부진을 오래 겪긴 했지만 국어는 크게 어렵지 않았기 때문에 심각한 부진의 늪에서 벗어날 수 있었을 것이다.

2 풀리지 않는 문제에 직면하다

2015년 나는 대도시를 떠나 소위 '오지'라고 불릴 법한 산골로 삶의 터전을 옮겼다. 그 뒤에 내가 발령받은 곳은 읍의 절반과 그 주변 지역 학생들이 다니는 읍내의 초등학교였다. 그 학교는 조손 가정, 한부모 가정, 다문화 가정의 비율이 꽤 높았다.[2] 나는 발령 첫 해에 6학년 담임과 기초학력 업무를 맡았다. 우선 담임으로서 6학년 학생들과 수업을 하는데, 심각한 학습 격차와 학습 부진 문제 때문에 지금까지 하던 방식으로는 제대로 된 수업을 해 나갈 수가 없었다. 해결이 어려운 심각한 학습 부진 학생이 다수인 교실에서 나는 어느 수준에 맞추어야 할지, 어떤 교육 방법을 적용해야 할지 갈피를 잡지 못해 혼란스러웠다. 교사가 되어 처음 겪어 본 좌절이었고, 나름대로 최선을 다했지만 헤매기 일쑤였다. 이대로 중학교에 진학시킬 수 없겠다는 생각이 드는 아이들을 보며 나 자신이 너무 무능하다는 생각에 끊임없이 사로잡히곤 했다.

기초학력 업무 담당자로서도 고민이 있었다. 시골의 작은 학교이다 보니 학습 부진 학생을 한 명 한 명 자세히 들여다보는 일이 그리 어렵지는 않았다. 그러다 뜻하지 않게 종단 연구를 하게 되었는데, 3학년 때 학습 부진 학생 명단에 오른 아이들이 그해에는 구제가 되었다가 이듬해에 다시 명단에 오르는 현상을 확인할 수 있었다. 매년 이런 일을 반복하다가 졸업할 때까지 개선되지 않은 채로 중학교에 진학하는 아이들이 다수였다. 그런 아이들은 엄훈의 『학교 속의 문맹자들』에 등장하는 '창우'[3] 같은 학생이

2 가정의 배경 자체가 학습 부진의 원인은 아니지만, 발생적 문해력의 개념에 비추어 보았을 때 이러한 가정은 문해력 발달을 위한 촉진이 풍부하게 이루어지기 어려운 환경인 경우가 많다.

3 창우는 엄훈이 중학교 교사 시절에 만난 '읽어도 읽지 못하는 아이'이다. 엄훈은 창우가 겪고 있

되는 번호표를 받아 놓은 것이나 마찬가지였다. 아마 대도시의 학교에서도 비슷한 문제가 있었을 테지만, 내가 다른 것들에 푹 빠져 있느라 보지 못했을 것이다.

6학년에서 해결책을 찾기 어려웠던 나는 '저학년 선생님들은 도대체 뭘 가르친 거냐'고 속으로 큰소리를 땅땅 치면서 내가 제대로 해 보리라 마음먹고 이듬해에 2학년 담임교사가 되었다. 새로 맡게 된 아이들의 명부를 살펴보는데, 비고란에 '심각한 국어·수학 부진과 정서·행동 문제'라고 적혀 있는 아이를 발견했다. 나는 그 아이를 집중 연구 대상으로 삼아 효과적이라고 하는 원격 연수와 책, 동료들의 조언을 바탕으로 열심히 지도했다. 그림책과 옛이야기 읽어 주기, 받아쓰기, 좋은 글 필사하기, 수학 연산 문제 해결하기 등 기초학력 향상을 위해 매일 할 수 있는 활동들을 마련하여 한 해를 보냈다.[4] 아이는 학년 초에 자주 보였던 사나운 눈빛이 부드러워지고 학습 능력도 많이 향상되었다. 그래도 이 정도면 최선을 다해 잘한 거라고 생각하고 2학년을 마무리하였다. 하지만 아이는 3학년 진급 후 기초학력 진단평가에서 다시 학습 부진으로 판정되었다.

나는 잘할 수 있다고 자신만만해하던 스스로를 돌아보며 무능함을 자책했고, 아이에게도 상당한 미안함을 느꼈다. 이 아이와 함께한 1년은 처음

는 문제에 대해 설명할 길이 없었다. 그러다 이 아이가 7년간 학교를 다니면서 수천 번의 수업 시간 동안 겪었을 고통에 생각이 미쳤을 때, 엄훈은 무언가 하지 않으면 안 된다는 결론을 내렸다. 그때부터 그는 학생들의 읽기 행동을 주의 깊게 관찰하기 시작했고, 청주교육대학교 국어교육과 교수가 되어서도 이 문제를 해결하기 위한 연구를 이어 갔다. 창우는 읽기 따라잡기 프로젝트의 출발점이 되어 준 고마운 학생이자, 한국 공교육이 다 함께 사죄해야 할 미안한 학생이다. 내가 2015년에 만난 6학년 교실의 예비 '창우'들에게도 고맙고 미안하다.

4 여러 활동을 마련하여 루틴을 만들었지만, 문해력 교육에서 가장 중요한 '실제적 맥락'과 '아이 스스로 읽고 쓸 수 있는 수준'을 간과했음을 뒤늦게 깨달았다.

으로 내가 뭔가 잘못하고 있다는 걸 깨닫고 반성하며, 제대로 된 방법을 찾고 싶다고 생각하는 계기가 되었다.

이듬해 학교 사정상 또 6학년 담임을 맡아 비슷한 혼란을 겪으며 고민하는 한 해를 보냈다. 산골 학교에서의 첫 3년은 교사로서의 자존감이 바닥으로 떨어지고 아이들에게 한없이 미안한 시기였다. 그래도 그때의 좌절과 고민 덕분에 지금 다른 삶을 살아가고 있기에 내게는 감사한 시간이기도 하다.

3 읽기 따라잡기 연수를 만난 이후

학습 부진 문제를 해결할 방법을 애타게 찾던 중 우연히 읽기 따라잡기를 만나게 되었다. 2018년 1월 겨울방학 독서토론 연수에서 털어놓은 나의 고민에 대한 한 선생님의 말이 나를 읽기 따라잡기 교사의 길로 안내했다. "선생님, 읽기 따라잡기라는 연수가 있대요. 그 연수를 받으면 이 문제를 해결하는 요술 방망이 같은 걸 하나 쥔 것 같은 마음을 느낄 수 있다네요. 1년 동안 하는 실행 연수라 많이 힘들기는 하대요. 그런데 받고 나면 교사로서 전문성을 가졌다고 생각하게 되고 든든하다고 합니다. 1학년 담임을 맡아서 아이를 지도해야 연수를 들을 수 있다고 하니 준비하셨다가 공문이 오면 신청해 보세요." 해결이 어려운 문제를 만나 나름의 방법으로 시도해 본 시간, 실패를 겪고 나를 돌아보며 성찰한 시간, 제대로 된 방법을 찾기 위해 노력한 시간, 그 고민을 용기 내어 밖으로 드러내 도움을 청했던 시간, 이런 시간들이 모여 나를 읽기 따라잡기를 공부하는 길로 이끌었다.

읽기 따라잡기 연수의 가장 큰 특징은 이론을 바탕으로 한 실행 연구와 사례 나눔이다. 사실 처음 접해 보는 방식의 연수라 많이 버거웠다. 조금씩 배워 가며 아이를 지도하다 보니 내가 잘하고 있는지 끊임없이 의심이 들었고, 아이가 빠른 속도로 성장하지 않으면 미안한 마음에 계속 자책했다. 연수를 통해 읽기가 무엇인지, 읽기와 쓰기가 어떤 관계인지, 일반적인 읽기 발달과 쓰기 발달이 어떠한지를 공부했지만, 이런 내용들을 아이 지도나 교실 수업에 바로 적용하기에는 역부족이었다. 또 연수에서는 교사가 교육 이론을 바탕으로 실행 연구를 하는 '교사 연구자'가 되어야 한다고 하는데, 학교에서 담임교사 역할을 하면서 여태 해 보지 않은 새로운 방식을 익히는 일은 참으로 녹록지 않았다. 특히 모범답안을 만들어 외우는 공부가 익숙한 나에게는 이론을 바탕으로 아이에게 맞는 방법을 계속해서 찾아가는 공부가 마치 남의 옷을 입은 것처럼 어색하게 느껴졌다. 수업 영상을 찍어서 공유하는 사례 나눔도 처음에는 거부감이 들고 어려웠다.

교사가 된 후에 받았던 연수들은 1정 연수나 원격 연수를 제외하면 그리 긴 시간을 요구하지 않았다. 읽기 따라잡기 연수는 90시간을 들어야 하는 데다가, 실행 연구와 사례 나눔이라는 낯선 방식으로 진행되었기 때문에 힘들 수밖에 없었다. 그러나 1년의 시간을 버텨 내고 난 지금 돌아보면, 새로운 전문성을 갖추기 위해서는 그런 방식의 연수가 필요하다는 것이 충분히 이해가 된다. 다만 처음 해 보는 공부 방식 외에 읽기 따라잡기 연수를 더욱더 어렵게 했던 물리적 여건을 짚고 넘어가고자 한다. 학년당 한두 학급이 있는 작은 학교에서 맡게 된 과중한 업무, 아이들 간의 문해력 격차, 특수교육 대상자일 가능성이 높으나 아직 검사 등의 절차를 거치지 않아 다른 지원을 받을 수 없는 학생 2명, 정서 행동 검사 결과 고위험군이라 즉시 상담이 필요한 학생 2명과 관심군 10명, 위(Wee)센터 상담이 필요한 아이들을 일주일에 한 번씩 센터에 데려다주는 일,[5] 관심군인 아이들과 정기적으로 상담하고 상담일지를 기록해야 하는 담임의 역할…. 이런 여건에서 일주일에 한 번씩 연수를 받고, 방과 후 개별화 지도 실행 연구를 이어 가는 데는 초인적인 힘이 필요했다. '이걸 누가 시키면 절대 못 하지. 나한테 절실하니 해 나가는 거지. 하지만 계속 이렇게 해야 한다면 못 할 거야. 교사가 무슨 성인군자인가?' 하는 생각이 불쑥불쑥 올라와 스스로를 틈틈이 다독여야 했다. 꼭 전담교사가 읽기 따라잡기 수업을 맡아야 한다고 생각하는 까닭이 여기에 있다.

아무튼 연수 이후에 만난 읽기 부진 아이들은 이제 걱정스러운 대상이라기보다 흥미롭고 반가운 대상이 되었다. 함께 공부하는 교사들도 새로운 아이를 만나면 '선물 보따리를 풀게 되었다'고 말하곤 한다. 힘든 학생을 도와줄 수 있다는 기쁨과 내 공부를 더 해 볼 수 있겠다는 흥미로운 반가움이 섞인 표현이다. 연수에서 익히 들은 것처럼 아이들은 읽기에 어려움을 겪게 된 원인이 다 다르고 학습 과정에서 보이는 양상도 제각각이다. 그래서 아이들을 대할 때마다 내가 완벽한 전문성을 갖추었다고 자만하는 대신, 아직 갈 길이 멀고 배울 게 많다고 생각하게 된다. 하지만 지금은 효과적인 방법을 찾아 헤매느라 여기저기 기웃거리고 제대로 가고 있는지 끊임없이 의심하던 때와는 분명히 다르다. 확신을 가지고 실행하는 방법이 있고, 그 안에서 부족한 부분을 찾아서 공부해 나가면 되니 다행이다.

읽기 따라잡기와의 만남 이후, 내가 학습 부진 문제에 대해 가지고 있던 두 가지 신념이 완전히 폐기되었다. 방과 후에 남아서 공부하더라도 성공

5 원칙적으로는 부모가 위센터에 데려가야 하지만, 맞벌이 가정이나 조손 가정은 그것이 어렵기 때문에 담임교사가 아이들을 데리고 가는 경우가 많다.

과 성장의 기쁨을 느끼게 되면 오히려 아이가 먼저 공부를 하자고 한다. 학급 평균을 충분히 따라잡아서 더는 개별화 수업이 필요하지 않아도 졸업하기가 아쉬워 간간이 책읽기 데이트를 신청하는 아이도 있었다. 또 입학하자마자 교실 수업을 따라가기 어려워하는 아이에게 학습의 기본 도구인 읽기와 쓰기를 제쳐 두고 다른 장점을 찾아서 자신감을 키워 주면 된다는 생각은 교사의 착각일 수 있다. 이제 나는 자신의 경험에만 근거한 확신이 얼마나 위험한지를 안다. 그래서 읽기 따라잡기라는 방법도 그럴 수 있음을 늘 염두에 두고, 다른 방법과 이론을 공부하는 것 또한 소홀히 하지 않으려 한다.

개별화 수업을 종료하면서 아이에게 소감을 물으면 모두가 이렇게 대답한다. "저는 글자를 모르는 사람이었는데, 이제는 글자를 알아서 책을 읽을 수 있는 사람이 되었어요." 읽기 따라잡기는 3~4개월 만에 한 사람의 정체성을 바꾸는 일을 가능하게 한다. 그래서 언제나 바쁘게 쫓기는 학교의 일상이지만, 하루 30분에서 1시간 정도 한두 아이에게 오롯이 집중해서 보내는 시간을 놓을 수가 없다. 하루 30분으로 한 아이의 삶을 바꿀 수 있는 나는 좀 괜찮은 사람인 것 같다고 생각하게 만드는 읽기 따라잡기는, 교사의 정체성을 바꾸는 프로그램이기도 하다.

4 초등학교 문해력 교육 전반에 대한 새로운 고민

읽기 따라잡기 실행 연구를 지속하면서 과제로 느껴지는 새로운 고민거리가 있다. 리딩 리커버리 프로그램이 도입된 나라들에서는 개별화 교육에서의 읽기 교육과 저학년 교실에서의 읽기 교육의 내용이 별반 다르지 않다. 그렇기 때문에 조기 집중 개입을 통해 읽기 발달이 가속화된 아이들이 교실로 돌아가면 무난하게 수업을 해 나갈 수 있다. 하지만 우리나라의 현실은 다르다. 교과서 중심의 교실 국어 수업 내용과 읽기 따라잡기에서 이루어지는 교육 내용 간에 차이가 크다. 그러니 아이의 입장에서 보면 자기는 최선을 다해 달렸는데 교실에 들어갔더니 또 다른 문제 상황이 기다리고 있는 것처럼 느껴질 수 있다. 담임교사가 방과 후에 아이를 지도하는 경우에는 교실 문해력 교육의 내용을 재구성하면서 어느 정도 조율해 나가면 된다. 그러나 전담교사가 지도하는 경우에는 담임교사와 계속해서 협의하며 학습 내용을 조율해야 하는데, 이는 결코 쉽지 않은 과제이다.

다음 고민거리는 과연 내가 읽기, 쓰기를 제대로 하고 있는 사람인가 하는 의문이다. 내가 어떻게 읽고 쓰는가를 자세히 들여다본 경험이 없고, 어디에 견주어 보아야 하는지도 잘 모르는 상황에서 아이에게 읽고 쓰기를 시범 보이고 연습하게 하려니 마음이 불편하다. 아이들을 지도할 때만이 아니다. 읽기 따라잡기 교사 연수에 참여한 연수생을 만나며 느끼는 불편함은 더욱 심하다. 읽기와 쓰기에 특별한 어려움을 겪는 아이들을 제대로 지도하는 전문성을 기르기 위해서는 읽기와 쓰기의 일반적인 발달 과정, 잘 읽고 쓴다는 것의 개념과 같은 기본 바탕을 갖추어야 한다. 그런데 나를 포함한 많은 연수생들이 그 기본 바탕 없이 일반적인 발달에서 벗어나 있는 아이들의 문제를 들여다보려고 한다. 그러니 그 일이 더 어렵게 느껴지고 자신감도 떨어질 수밖에 없다.

교과서 내용을 읽고, 내용을 확인하는 질문을 해결하고, 중심 내용을 외워 시험을 보는 방식의 공부를 해 온 내가 교사가 되었다. 가끔 특별한 프로젝트를 마련하여 교육과정을 재구성할 때도 있었지만, 보통 별다른 의심 없이 내가 배웠던 방식으로 수업을 해 왔다. 그건 아니라는 것을 처절한 실패를 통해 깨닫고 멈추어 돌아본 후, 지금은 읽기 따라잡기를 넘어 개별화 수업과 교실 수업이 같은 방향으로 나아가기 위한 과제를 살피고 초기 문해력 교육의 모델을 만들어 가기 위해 연구하고 있다. 연구를 거듭할수록 이는 현장의 교사들과 대학의 연구자들이 머리를 맞대고 해결해야 하는 과제라는 생각이 든다.

12장

수업에서 만난 아이들

아이들이 읽기와 쓰기에 어려움을 겪는 원인과 그 양상은 아주 다양하다. 그래서 교사는 어떤 관점에서 아이의 자산을 찾아야 할지, 어떻게 지도를 시작해야 할지 어렵고 막막할 때가 많다. 물론 개별 아이에게 적합한 지도 방법을 전부 제시해 줄 수는 없겠으나, 아이들이 겪는 어려움을 어느 정도 유형화하여 지도 방법을 구체화하는 것은 필요하다. 이것은 읽기 따라잡기 프로그램이 해결해야 하는 여러 과제들 중 하나이다. 이 장에서는 비록 한 교사가 만난 적은 수의 아이들이기는 하지만, 과제 해결을 시작하는 시도라고 생각하고 4년간 지도한 아이들의 사례를 유형화하여 소개한다. 단, 일반화된 지식을 무작정 적용하는 것보다 한 아이를 자세히 들여다보고 함께 체험하는 일이 훨씬 중요하다는 것을 다시 한번 강조해 둔다.

1 유치원 시절의 아픈 기억으로 연필 잡기를 거부하던 1학년 준이

큰 눈, 큰 입, 큰 목소리, 웃음이 가득한 얼굴로 신나게 말을 걸어오는 아이. 준이의 첫인상은 그저 밝고 자신감이 충만한 느낌이었다. 하지만 준이는 겉모습과 달리 아픈 과거를 안고 있었다. 글자를 모른다고 유치원 친구들이 놀려대는 바람에 그 아이들과 같은 학교에 입학하기를 완강히 거부했고, 결국 준이네 가족은 집 앞 학교를 두고 먼 읍내까지 이사를 왔다. 어머니 말씀에 따르면 준이는 6살 여름이 되어서야 말문이 트였다고 느껴질 만큼 말이 굉장히 늦었다. 학생 수가 몇 되지 않는 깊은 산골 학교의 병설 유치원에 다니면서 오랜 기간 어눌한 말로 놀림을 받았고, 읽기와 쓰기에도 어려움을 겪었다. 말하기, 읽기, 쓰기와 관련된 모든 부분에서 정서적으로 위축이 된 채로 유치원 생활을 했다. 특히 초등학교에 갈 준비를 해야 한다고 받아쓰기를 무리하게 하면서 연필을 잡는 것 자체에 심한 거부감을 가지게 되었다. 하지만 1학년 입학 후 관찰한 바에 의하면 준이는 말을 늦게 했다는 사실이 믿기지 않을 정도로 유창하고 정확하게 하고 싶은 말을 했다. 또 국어 이외의 과목에서는 학습 활동에 큰 어려움이 없었다.

그러나 준이에게서 가장 문제가 되었던 점은 읽기와 쓰기에 대한 정서적인 거부감이었다. '나는 아무것도 못 한다'는 생각 때문에 충분히 할 만한 어렵지 않은 활동도 시도하지 않았다. 학기 초부터 아이와 최대한 많이 대화를 나누었고, 수업 준비 과정에서도 아이의 수준에 맞는 수업 내용을 구성하고자 했다. 4월부터는 읽기 따라잡기 연수를 받으며 읽기 따라잡기 방법대로 지도하기 시작했다.

아이의 눈높이에서 머무르기 단계에서는 연필 잡기에 대한 거부감을 없애고 충분히 잘할 수 있는 읽기와 쓰기 활동이 많다는 것을 확인시키는 데 중점을 두었다. 말하기를 유난히 좋아하고 자기 이야기를 재미있게 들려주는 준이의 장점을 살려, 그 내용을 바탕으로 그림책을 함께 만들어 나갔다. 특히 물감을 섞어 붓으로 그림을 그리고 글씨를 쓰는 것에 흥미를 보이기에, 초반에는 수채 물감을 이용해 그림책을 만들었다. 다행히 붓으로 쓴 글자를 스케치북에 연필로 다시 써 보는 것은 거부하지 않고 잘 해냈다. 점차 붓을 다른 필기도구로 자연스럽게 바꿀 수 있었고, 연필에 대한 거부감도 서서히 줄어들었다. 이러한 변화는 교실 수업에서도 큰 도움이 되었다.

준이의 어머니는 아이 공부에 관심이 많아서 준이를 데리고 앉아 매일 그림책을 읽어 주었다. 준이가 한글을 얼른 깨쳐야 한다는 생각에 글자를 짚어 가며 책 읽어 주기를 반복하고, 책을 읽고 난 후에는 받아쓰기와 베껴 쓰기를 시킨다고 했다. 그래서 어머니에게 가정에서 그림책을 왜 읽는지 알려드리고 아이와 대화하면서 즐겁게 책을 읽는 방법을 안내했다. 아울러 읽기 따라잡기 수업에 이어 가정에서 복습하면 좋을 과제를 안내하여 학습을 충실하게 도와줄 수 있게 했다. 이러한 가정과의 협력이 아이가 가속화된 발달을 하는 데 도움이 되었다고 생각한다.

또 읽기 따라잡기의 원칙대로 아이가 가진 자산에 집중하여 성공 경험을 극대화할 수 있는 기회를 만드니 아이가 겪은 좌절감이 저절로 해소되어 갔다. 준이와의 공부에서 가장 기억에 남는 장면은 준이가 유치원 친구들이 놀려서 자기가 읍내에 있는 학교로 왔고, 그 아이들보다 공부를 잘하게 되면 찾아가서 코를 납작하게 만들어 주겠다고 주먹을 꽉 쥐면서 이야기하던 모습이다. 잘할 수 있는 것이 늘어갈수록 준이는 상처받은 이야기들을 솔직하게 털어놓았고, 그 이야기들이 글감이 되는 그림책을 만들어 깔깔 웃고 농담을 하며 옛날이야기처럼 읽었다. 이제는 예전에 살던 동네에 있는 학교에 가면 자기가 제일 잘할 수 있을 것 같다는 말을 할 즈음, 준이보다 읽기와 쓰기를 더 어려워하는 아이가 눈에 띄어 프로그램 종료를 계획했다.

종료 여부를 판단하기 위해 우선 교실 수업에서의 학습 양상을 면밀하게 관찰했다. 준이는 더 이상 교실 수업에서 위축된 모습을 보이지 않았고, 어떤 과제든 적극적으로 시작해서 잘 해결해 나갔다. 자신의 과제를 빨리 해결하고 어려워하는 친구를 친절하게 돕는 모습까지 보였다. 굳이 초기 문해력 검사를 하지 않아도 될 만한 상황이었지만 객관적인 확인이 필요한 듯하여 검사를 실시했다. 1학년 검사 도구로 사후 검사를 실시한 결과 준이는 구분점수가 4~7에 걸쳐 있었다([표 13] 참조). 따라서 남은 1학년 기간 동안 교실 문해력 교육을 충실하게 하고 읽기와 쓰기를 꾸준히 할 기회를 마련하면 문제가 없을 것이라 판단하고 개별화 지도를 종료했다.

준이의 초기 문해력 검사 결과에서 한 가지 눈에 띄는 점은 사전 검사 결과가 최저 수준이 아니었다는 점이다. 하지만 이 사전 검사는 읽기 따라잡기 수업을 시작한 뒤에 이루어졌다. 만약 그 전에 검사를 했다면 전혀 다른 결과가 나왔을 것이다. 자신이 아무것도 못 한다고 생각하는 정서적인

[표 13] 준이의 초기 문해력 검사 결과

검사 도구 (I-1 규준)	사전 검사(5/18)		사후 검사(7/5)	
	원점수	구분점수	원점수	구분점수
자모 이름 대기	34/40	5	38/40	7
단어 읽기	15/24	3	22/24	6
읽기 유창성	47/200	3	83/200	4
단어 받아쓰기	34/49	3	43/49	4

문제가 준이의 읽기와 쓰기 학습을 아주 강하게 가로막고 있었기 때문이다. 그러므로 이 사전 검사 결과는 읽기 따라잡기 수업을 통해 자기가 할 수 있는 것이 많음을 확인하고 자신감이 생기면서 나타난 급격한 성장의 결과라 할 수 있다. 준이와의 공부는 정서적인 문제가 학습에 끼치는 영향을 여실히 보여 준 사례이다.

준이는 방과 후 시간에 선생님과 나란히 앉아 30분씩 데이트하던 시간을 다른 친구에게 내주고 나니 약간 질투가 났는지 오며가며 자주 교실에 들렀다. 그러면서 친구가 읽는 책을 쓱 보고 "선생님, 저는 이거 옛~날에 공부했던 거죠? 제가 더 잘해서 이제 얘랑 공부하는 거죠, 그죠, 선생님?" 하고 웃으며 묻곤 했다. 그 자신감 넘치는 표정이란…. 또 준이는 내가 혼자 책상에 앉아 일을 하고 있으면 문을 살짝 열고 "선생님, 저 오늘 시간 조금 있어요." 하며 들어왔다. 방과 후 수업을 마치고 학원에 가기 전 애매하게 남은 시간에 같이 책을 읽자고 데이트를 신청하는 신호였다. 배워 가면서 가르치는 초보 읽기 따라잡기 교사에게 큰 성공 경험과 기쁨을 안겨 주었던 준이는 그 이후로도 개별적인 도움 없이 신나게 공부할 수 있었다. 그리고 준이는 3학년 2학기가 시작될 때 원래 살던 동네의 학교로 자신 있게 돌아갔다. 전학 소식을 듣고 아이를 찾아가 마음이 어떤지 물었더니, 이제는 친구들이 놀릴 리가 없다고 웃으며 큰소리를 땅땅 쳤다.

준이는 내가 처음으로 방과 후에 아이를 남겨 개별화 지도를 했던 사례이다. 준이 덕분에 나의 어린 시절 경험에서 비롯된 방과 후 지도에 대한 부정적인 인식이 확실하게 바뀌었다. 많은 사람들이 아이를 따로 남겨서 지도하면 못해서 남는다는 '낙인 효과'가 생길까 봐 우려한다. 간혹 그런 걱정을 하는 보호자도 있지만, 읽기 최저 수준의 학생과 부모님은 그동안 겪어 온 어려움 때문에 교사가 내미는 손을 감사하게 받아들인다.

2 5살부터 8살까지 병원에서 긴 시간을 보낸 2학년 두리

두리는 우리 반 학생을 대상으로 하는 읽기 따라잡기가 아닌, 전담교사로서 아이를 만나는 실험을 시도하고 처음 만난 아이이다. 초등학교 입학 전인 5살과 7살에 백혈병을 두 번이나 앓아 오랜 기간 병원에서 지냈고, 1학년도 5월 중순이 지나서야 등교할 수 있었다. 2학년이 되었을 때는 코로나19로 인해 건강 문제가 걱정되어 등교를 할 수 없는 형편이었다. 불행 중 다행으로 2학년 담임교사가 읽기 부진 문제에 관심이 많았다. 담임교사는 두리가 등교를 하지 않는데도 두리의 학습 상황을 유심히 살폈고 두리에게 시급히 해결해야 할 부분이 있음을 파악했다. 그는 1학년 담임 및 부모 면담을 통해 상황을 알아본 뒤, 자신이 두리를 지도하기에는 전문성이 부족하다고 판단했다. 그렇게 개별화 교사로서의 실험을 해 보려던 내가 두리를 만나게 되었다.

두리의 경우 건강을 염려하여 1학기 동안 등교를 하지는 않지만, 4월 중순부터 하루 30~40분 정도 학교에 나와서 읽기 따라잡기 수업을 하기로 하였다. 나는 두리를 만나기 전에 두리의 1학년 담임교사와 면담을 했다. 담임교사가 말하길 두리는 그리기 정도의 수준으로 쓰기를 수행했고, 읽기는 1년 내내 시도하지 않으려고 했다. 처음 봤을 때 5~6세 정도의 발달 양상을 보인다고 생각했는데 학년 말이 되어서도 그런 양상이 지속된다고 느꼈고, 소근육 발달도 많이 느려 학습과 생활 모두에서 어려움을 겪었다고 했다. 부모님 또한 공부를 강조하면 행여 스트레스를 받을까 봐 아이에게 책을 읽어 주는 등의 행동은 피하고 그저 건강하기만 하라는 마음으로 돌보았다.

두리와의 첫 만남에서 인상적이었던 점은 글자를 보려고 하지 않는 모습이었다. 책을 읽어 주고, 쓸 수 있는 글자를 자연스럽게 써 보게 하려고 시도했지만 두리는 이름 외에는 쓸 수 있는 것이 없다고 하였다. 두리는 2학년이었으나 아이의 수준을 파악할 수 있는 검사는 1학년용 초기 문해력 검사라고 판단하여 I-2 규준으로 검사를 했다. 그 결과 두리는 자음 13개의 이름과 기본 모음 8개의 이름을 알고 있었고, 자신의 이름과 '우유', '이모'의 '이'를 쓸 수 있었다. 단어 읽기와 읽기 유창성 검사에서는 "이런 건 안 배웠어요. 못 해요."라고 말하며 아예 읽어 보려고 하지 않았다. 정말 아무것도 못 하는 것인지, 정서적으로 위축되어 있는 것인지 판단하기가 어려웠다. 아무튼 이대로 2학년을 보내다가 교실에 들어갔다면 아이의 학교 수업이 어땠을지 아찔했다. 다행히 정확하게 이름을 익힌 자음과 모음이 있었기 때문에 거기서부터 출발할 수 있었다.

두리와의 공부는 아이의 눈높이에서 머무르기 단계부터 만만치 않았다. 두리는 함께 책을 읽고 써 보는 것을 낯설어했다. 처음 보는 교사와, 그것도 6학년 교실에서 단둘이 공부하는 상황이 어색했을 것이다. 또 글자를 다루는 것 자체를 피하고 싶어 하는 마음도 느껴졌다. 그러던 어느 날 두리에게 쓰고 싶은 것이 있냐고 물었을 때, 두리는 다가오는 엄마 생신에 직접 편지를 써서 주고 싶다는 이야기를 조심스럽게 꺼냈다. 써 보고 싶은 말이 생겼다는 것은 아주 큰 발전이었다. 내가 연습 공간에 "엄마 사랑해요. 생신 축하해요."를 쓰는 것을 도와주고, 두리가 완성된 문장을 쓰는 공간에 글을 옮겨 쓴 후 예쁜 편지지에 다시 정성 들여 쓰도록 했다. 이 활동은 아이의 성장에 기폭제가 되었다. 많은 아이들이 쓰기를 배울 때 자기 이름 다음으로 익히는 '엄마, 아빠, 사랑해요'조차 써 볼 시도를 하지 않은 2학년이 있다는 것이 꽤 충격적으로 다가왔다.

한창 호기심을 가지고 세상에 대해 이것저것 알아갈 중요한 시기를 병원에 있느라 놓쳐 버린 아이에게 읽기와 쓰기를 지도하는 것은 쉬운 일이 아니었다. 수준 평정 그림책이 없었으면 실제적인 읽기를 할 엄두를 못 냈을 것이다. BFL 0의 책부터 차근차근 아주 천천히 읽어 가면서 유창하게 읽을 수 있는 책을 늘려 가고, 책의 제목과 내용, 가족의 이름을 익히면서 자모를 천천히 확립해 갔다. 시간이 지날수록 한정된 경험과 집에만 머무르는 단조로운 생활로 인해 쓸 이야기를 구성하는 것이 힘들었다. 그래도 글이 없는 그림책 중에서 이야기를 수월하게 만들어 갈 만한 책을 골라 한 쪽씩 이야기를 만드는 방법으로 쓰기를 해 나갔다.

과연 이 방법으로 두리를 2학년 학급 평균 수준에 도달하게 만들 수 있을까 하는 걱정이 들곤 하던 어느 날, 두리의 어머니께 연락이 왔다. “선생님, 두리가 엘리베이터 안에 붙은 광고물 글자를 떠듬떠듬 읽기 시작했어요. 또 문구점에 가서 과자 이름도 조금씩 읽어요. 텔레비전 보다가도 몇 글자씩 읽네요. 정말 감사드려요.” 대부분의 아이들에 비하면 많이 느리지만, 성장하고 있음을 확인하는 순간이었다. 두리는 20회, 40회, 60회, 즉 한 달 단위로 가속화된 발달 양상을 눈에 띄게 보이며 성장했다. 비단 읽기와 쓰기만 느는 것이 아니었다. 목소리가 점점 커지는 것이 가장 반가운 성장의 증거였다.

『무궁화꽃이 피었습니다』(BFL 3)라는 책을 성공적으로 읽은 날이었다. 오랜만에 담임선생님께 인사를 드리자고 하면서 두리와 함께 2학년 교실을 찾았다. 마침 교실 칠판에는 아이들이 하고 싶은 놀이가 잔뜩 적혀 있었는데, 그중 ‘무궁화꽃이 피었습니다’가 눈에 들어왔다. 나는 두리에게 이 글자들을 얼마나 잘 읽는지 담임선생님께 보여 드리자고 제안했다. 당황한 두리는 글자를 쳐다보려고도 하지 않고 자기는 아직 글씨를 읽을 줄 모른다고 기어들어 가는 목소리로 말했다. 그 순간 아이에게 너무 미안했다. 그리고 아이가 정서적으로 위축된 부분을 고려하여 좀 더 조심스럽게 접근해야 했음을 깨달았다. 나는 두리가 2학년인 데다 학교를 나오지 않고 있어 읽기 따라잡기 수업이 유일한 배움의 시간이라는 점 때문에 마음이 바빴던 것이다. 그 일이 있은 후 나는 아주 천천히, 부담을 느끼지 않도록, 아이가 시도해 보고 싶어 할 때를 더 기다리자고 다짐했다.

30분을 공부하기 위해 매일 학교에 오는 성실함, 두리에게 필요한 것을 안내하면 그대로 챙겨 주는 가족들의 도움(간접경험을 넓힐 수 있도록 다양한 책을 읽어 주고 대화 나누기, 두리가 유창하게 읽을 수 있는 책을 읽히고 잘 들어주기, 수업에서 재구성한 문장을 집에서 다시 재구성해 보게 하고 받아쓰기 놀이하기, 어딘가 다녀오면 어디에서 무슨 일을 했는지 두리가 정확하게 기억할 수 있도록 충분히 대화하기 등)으로 두리는 가속화된 발달을 할 수 있었다. 또 교장 선생님을 비롯한 많은 선생님이 매일 같은 시간에 혼자서 운동장을 가로질러 공부하러 오는 두리의 모습에 감동을 받고 응원하였다.

두리는 2학기부터 등교를 시작했다. 그러면서 개별화 수업과 교실 수업 간 속도 및 학습 내용의 차이로 인해 처음에는 꽤 어려움을 겪었다. 담임교사와 나는 자주 협의했고 아이를 위해 각자 해야 할 일이 무엇인지 확인하며 수업을 재구성했다. 이 과정에서 담임교사가 교실의 국어 수업을 읽기의 본질에 좀 더 충실하게 바꾸어 가야겠다는 생각을 하게 된 것 또한 전담교사 실험을 통해 얻은 큰 수확이었다. 개별화 수업 후반부에는 읽기 따라잡기의 패턴을 유지하되, 교실 수업 교재도 활용하여 실제적인 도움을 주기 위해 노력했다. 두리는 점차 교실에서 자신감을 가지게 되었고, 친구들과의 관계도 원만하게 맺어 가기 시작했다.

9월 22일, 91회차 읽기 따라잡기 수업을 종료하면서 2학년용 초기 문해력 검사 도구로 사후 검사를 실시했다. 숫자로 나타나는 검사 결과가 전부는 아니지만, 2학년용 검사 도구를 사용했음에도 결과가 안정적이었다([표 14] 참조). 띄어쓰기나 연음 규칙 적용의 문제가 조금 남아 있었으나, 자모의 소릿값이 정확하게 확립되었기 때문에 앞으로 많은 노출과 연습의 기회가 제공되면 나아질 것이라 판단했다. 그리고 조금 더 욕심을 내고 싶었던 유창성 부분도 두리가 자기 모니터링을 하면서 문제 해결적인 읽기를 할 수 있는 전략을 충분히 갖추었다는 점을 고려하면 크게 염려되지 않았다. 특히 담임교사가 일상적으로 재미있게 받아쓰기를 하고, 학생 주도적인 읽기 기회를 최대한 많이 주도록 수업을 재구성하여 진행하고 있었기 때문에 안심하고 프로그램을 종료했다.

두리의 사례는 저학년 담임교사가 초기 문해력 교육에 대해 이해하고 있는 것이 얼마나 중요한가를 보여 준다. 두리는 발생적 문해력이 성장하는 시기에 배움의 기회를 놓쳐서 문해력 발달이 심각하게 뒤처진 아이였다. 이런 두리 같은 아이를 또래 평균 수준으로 끌어올리기 위해서는 전문성은 물론이고 긴 시간과 많은 노력이 필요하다. 문해력 발달 격차가 큰 저학년 학생들을 담임교사가 모두 개별적으로 지도하기는 어려울 것이다. 하

[표 14] 두리의 초기 문해력 검사 결과

검사 도구 (I-2 규준)	사전 검사(4/20)		검사 도구 (II-1 규준)	사후 검사(9/22)	
	원점수	구분점수		원점수	구분점수
자모 이름 대기	21/40	2	음절 글자 읽기	49/49	9
단어 읽기	0/24	1	구절 읽기	22/24	7
읽기 유창성	0/200	1	읽기 유창성	112/200	5
단어 받아쓰기	1/49	1	문장 받아쓰기	42/48	5

지만 담임교사가 아이들의 상황을 파악할 수 있는 전문성을 갖추고 지원 방법을 모색하는 일은 필수이며 의무라고 볼 수 있다.

두리의 부모와 상담을 하면서 받아 본 알림장과 받아쓰기 공책, 그리고 그 과정에 대한 이야기를 듣고 또 한 가지 알게 된 점이 있다. 1학년 내내 두리가 무의미한 쓰기에 노출되었다는 점이다. 소근육이 발달하지 않아 연필을 쥐기가 어렵고 자모의 소릿값도 모르는 상태에서 두리는 매일 긴 알림장을 쓰고, 받아쓰기 급수표를 따라 쓰는 숙제를 하고, 지속적으로 시험을 보았다. 두리의 입장에서 이 상황이 어떻게 느껴졌을지 생각해 보자. 두리에게 이러한 쓰기는 학습이라기보다 복잡한 그림을 무의미하게 베끼는 고된 노동에 불과했을 것이다. 성실함이 가장 큰 자산인 두리는 그 많은 내용을 모두 그리느라 최선을 다했지만, 써 놓은 글자는 누구도 읽어 내기 어려운 추상화 같은 모습이었다. 그렇게 1학년을 보낸 두리는 결국 글자를 쳐다보는 것 자체를 거부하고, 자신은 아무것도 모른다고 말하는 아이가 되었다. 아마도 많은 1학년 교실에는 두리 말고도 이런 고된 노동을 하고 있는 아이들이 있지 않을까?

3 읽는 건 되는데 쓰는 건 왜 이리 안 될까 싶은 2학년 훈이

두리의 지도를 마무리하려고 준비할 즈음, 두리 옆 반 선생님의 상담 요청이 있었다. 그 선생님은 자기 반에 훈이라는 아이가 있는데, 1학기 동안 매일 방과 후에 수준 평정 그림책을 반복해서 읽히고 그 책에 있는 문장으로 받아쓰기를 해 왔음에도 자신의 생각을 쓰는 부분이 도무지 늘지 않는다고 말했다. "1학기 내내 남겨서 나름대로 지도를 한다고 했어요. 읽기는 어느 정도 되는 것 같은데, 이상하다 싶을 정도로 쓰기가 영 늘지 않아요. 이유가 뭔지 도저히 알 수가 없네요. 그리고 훈이는 수업 시간에 알 수 없는 소리를 끊임없이 중얼중얼 내는 경향이 있어요." 아이들 각각의 성장에 관심을 기울이는 50대 중반 선배 교사의 고민은 깊었다.

나는 훈이의 1학년 담임교사와도 잠시 면담을 했다. 훈이는 학교에 잘 적응하는 편이었지만, 후반으로 가면서 자기 생각을 문장으로 쓰는 것을 많이 어려워했고 받아쓰기 실력도 잘 늘지 않았다. 그리고 훈이가 계속 중얼거리는 행동을 하는데, 몇 번을 말해도 잘 개선되지 않아 힘들었다고 했다. 이런 이야기를 들은 뒤 나는 훈이를 만나 보기로 했다.

첫 만남에서 느껴진 훈이의 언어 사용은 인상적이었다. 훈이는 스스로 읽기를 좋아한다고 말했고 역사에 관심이 많았으며 경험과 배경지식이 아주 풍부했다. 고속도로 휴게소 중에서 경치가 가장 멋진 곳은 '행담도 휴게소'이고, 이름이 가장 멋진 곳은 '삼국유사 군위 휴게소'라는 이야기를 종알종알 들려줄 정도였다. 역사와 위인 이야기를 특히 좋아한다고 해서 『단군 신화』 그림책을 함께 읽으며 대화해 보았는데, 2학년 또래 아이들보다 상식이 풍부하고 구어 발달도 잘되어 있다는 인상을 받았다. 하지만 2학년용 초기 문해력 검사 도구로 검사를 실시한 결과, 졸업을 준비하는 두리에 비해 원점수와 구분점수 모두 낮은 편이었고 담임교사의 말대로 쓰기 점수가 가장 낮았다.

읽기의 양상을 살펴보니 초성은 거의 확립되어 있었으나 글자 모양이 복잡한 경우에는 잘 읽어 내지 못했다. 예를 들면 '뉜, 괠'처럼 중성 이중 모음에 종성이 있거나, '쏼'처럼 초성 겹자음에 중성이 이중 모음인 글자는 읽지 못했다. 쓰기는 연음 규칙에 대한 이해가 부족한 것으로 보였다. 다만 훈이는 메타 인지가 잘 작동하여, 다 쓰고 난 후 쓰기가 잘되었는지 확인하는 절차를 거쳤다. 그런데 이 과정에서 자신의 생각을 밖으로 드러내어 끊임없이 말했다. 이것이 담임교사에게는 훈이가 계속 중얼중얼하는 모습으로 보였던 것이다. 어쨌든 훈이는 자기 모니터링이 되어 있었으며, 생각보다 알고 있는 것도 많고 배경지식도 풍부했다. 그래서 나는 부족한 부분을 채울 수 있도록 조금만 도와주면 금방 잘될 것이라고 가볍게 생각하고 읽기 따라잡기 수업을 시작하였다.

수준 평정 그림책은 1학기 동안 담임교사와 반복해서 읽은 바람에 거의 외우고 있어서 아이의 상황을 파악하기에 어려움이 있었다. 그래서 옛이야기가 담긴 그림책을 함께 읽으며 아이의 눈높이에서 머무르기를 진행했다. 『똥자루 굴러간다』라는 그림책을 한 문장씩 번갈아 읽으며 이야기를 나누다가 이상하다 싶은 부분을 발견했다. 훈이는 '어마어마한'을 '아마한'으로, '박힌 것이'를 '빅한 것이'로, '아무리 봐도 사람 똥인 거야'를 '아무리 사람 비사 똥이야'로 읽고는 아무 의심 없이 넘어갔다. 이렇게 의미가 전혀 통하지 않게 읽으면서도 너무 재미있다며 읽기를 즐기는 것이었다. 잘못 읽은 부분으로 돌아가서 무슨 뜻인지 물어보면 대답을 피하면서 얼렁뚱땅 넘기고 싶어 했다. 글자의 세부 사항을 잘 살펴보고 정확하게 읽는 것이 중요하고, 이를 아이에게 알려 줄 필요가 있다는 것을 확인하는 시간이었다.

앞서 언급했던 것처럼 훈이는 쓰기 과정에서 유난히 말을 많이 했다. 옆에 앉아 훈이가 조용히 하는 말을 들으니 훈이의 혼잣말이 자기 모니터링을 하는 언어라는 것을 알아챌 수 있었고, 훈이가 알고 있는 것과 모르는 것을 파악하여 지도 내용을 구성할 수 있었다. 그러다 학교 이름을 넣어서 이야기 쓰기를 하는 활동 중에 훈이가 '명'을 쓰는데 "며에다가, 뭐지? 명? 명 어디서 봤더라? 며 그다음에……, 명 어디서 봤더라?"라고 말하는 것을 들었다. 소리에 집중해 그 소리에 대응하는 자음을 찾는 것이 아니라, '명'이라는 글자를 본 경험을 기억해 내려고 애쓰는 것 같았다. 교사가 옆에서 "'명'을 천천히 소리 내 보자. '며 응'이니까 '응' 소리가 나는 글자를 찾아야겠지? '응' 소리를 쓰려면 어떤 글자를 데리고 와야 하지?"라고 물으며 자석 글자를 내밀자, 아이는 놀란 표정으로 눈을 동그랗게 뜨고 쳐다보았다.

소리와 글자의 대응 관계에 대해 전혀 모르겠다는 그 표정이 쓰기에서 유난히 어려움을 겪는 원인을 어느 정도 찾을 수 있게 해 주었다. 훈이는 여태까지 글자를 외워서 쓰려고 했고, 쓰기 과제를 받으면 글자를 통째로 기억해 내기 위해 계속 중얼중얼하면서 기억 창고에서 필요한 글자를 찾았던 것이다. 이렇게 "어디서 봤더라?" 하면서 글자를 기억해 내서 쓰려고 하는 양상은 이후에도 오래 지속되었다. 글자를 통째로 외워서 쓴다는, 쓰기에 대한 오개념이 깊이 자리 잡혀 있어서 지금까지 해 오던 방식에서 벗어나게 하는 데 어려움을 많이 겪었다.

만남 초반에 느껴졌던 풍부한 배경지식은 훈이가 읽기를 할 때 '심리언어학적 추측놀이'[1]처럼 읽는 데는 도움이 되었다. 하지만 그로 인해 훈이는 쉽게 해독할 수 있는 부분만 읽고, 멈추어서 힘을 들여야 하는 부분은 대충 넘어가면서 내용을 짐작하는 읽기 습관이 형성되어 있었다. 지도 횟수가 늘어갈수록 예상보다 긴 시간이 걸릴 수 있겠다는 생각이 들었다. 놀라울 정도로 자음과 모음을 확립하는 것이 어려웠고, 특히 자음의 경우 형태와 이름은 알지만 소릿값은 모르고 있음이 확인되었다.

1 굿맨(Goodman, 1996: 115)은 읽기를 심리언어학적 추측놀이(psycholinguistic guessing game)라고 부르면서 독자의 능동적인 역할을 강조했다. 그에 따르면 읽기는 연속적인 글자와 단어를 정확하게 식별하는 과정이라기보다, 독자가 텍스트를 이해하기 위해 여러 정보와 전략을 활용하여 추측 게임을 하는 역동적인 과정으로 바라볼 필요가 있다.

읽기 따라잡기 수업을 20회 정도 진행했을 때, 훈이의 어머니에게 상담을 요청했다. 어머니는 훈이가 5살 때부터 한글을 배웠다는 놀라운 말을 했다. 하지만 다른 아이들처럼 한글을 깨치지 못해 걱정이 많았고, 훈이가 6살 때 아버지가 교통사고로 돌아가셨는데 그 충격으로 아이의 학습이 어려워진 것 아닌가 하는 생각도 하고 있었다. 또 남편의 부재로 인해 자신이 갑자기 경제활동을 하게 되면서 훈이에게 신경을 많이 쓰지 못한 것 같다며 자책하였다. 하지만 어머니의 말을 종합해 보면 어머니는 훈이에게 매일 책을 읽어 주었고, 책과 생활을 주제로 한 대화도 많이 나누었으며, 틈나는 대로 여행도 데리고 다녔다. 훈이가 경험과 배경지식이 풍부했던 것은 모두 어머니의 노력 덕분이었다.

훈이 어머니와 대화를 나눈 후 개별화 지도를 어떻게 구성해 가야 할지 혼란스러웠다. 5살 때부터 한글을 가르쳤는데 어떻게 아직도 자모의 소릿값을 확립하는 것이 이토록 어려운지 이해가 되지 않았다. 더 길고 여유로운 호흡으로 아이를 만나야겠다고 마음먹고, 읽기 따라잡기 연수에서 배운 이론에 충실하게 수업을 진행했다. 특히 글자-소리 대응 관계를 확립하기 위해 훈이가 직접 소리를 다룰 수 있게 하는 데 많은 노력을 기울였다. 그러면서 글자를 기억해 내느라고 중얼중얼하던 훈이의 습관은 차츰 사라져 갔다.

9월부터 두 달 동안 40회쯤 개별화 지도를 하면 되지 않을까 예상했던 훈이와의 만남은 75회까지 이어져 이듬해 1월 말 종료되었다. 수업 종료 전날 실시한 초기 문해력 검사 결과를 보면 훈이는 한 학기 만에 크게 성장한 것으로 보인다([표 15] 참조). 그러나 읽기 유창성 영역은 다른 영역에 비해 구분점수가 크게 오르지 않았다. 또한 글자-소리 대응 속도를 높이는 것은 훈이에게 마지막까지도 아주 어려운 과제였다. 그래서 받아쓰기나 쓰기 속

[표 15] 훈이의 초기 문해력 검사 결과

검사 도구 (II-1 규준)	사전 검사(9/15)		검사 도구 (II-2 규준)	사후 검사(1/27)	
	원점수	구분점수		원점수	구분점수
음절 글자 읽기	32/49	2	음절 글자 읽기	45/49	5
구절 읽기	17/24	3	구절 읽기	24/24	9
읽기 유창성	76/200	2	읽기 유창성	100/200	3
문장 받아쓰기	25/48	1	문장 받아쓰기	45/48	6

도 면에서 아쉬운 지점이 있었다. 또래의 다른 친구들이 편안하게 읽고 쓸 때, 훈이는 최선을 다해 에너지를 쏟아야 정확하게 읽고 쓸 수 있는 상황이었다. 수업을 마무리하면서 어머니를 한 번 더 만나 훈이의 상황과 가정에서 꾸준히 도와주어야 할 부분을 구체적으로 알려드렸다.

훈이는 후반부로 갈수록 예전에 쓰기 때문에 속상했던 일들을 털어놓으면서 이제는 그렇지 않아서 다행이라고 말했다. 또 자기는 읽기, 쓰기를 잘 못하는 사람이었는데 이제 읽기와 쓰기를 잘하는 사람이 되었다며 정체성이 변화했음을 표현하였다. 책을 읽을 때마다 글을 쓸 때마다 고마운 선생님을 떠올리겠다는 이야기를 해 주고 졸업한 훈이. 가볍게 봤다가 엄청난 고민과 공부를 하게 만들었던 사례였다.

두리와 마찬가지로 훈이도 담임교사가 학생 개개인의 학습을 면밀히 들여다보는 분이었기에 중요한 시기를 놓치지 않을 수 있었다. 어쩌면 문제를 풀어 왔을 때 꼼꼼하게 다시 읽고 풀어 보라고 돌려보낸 아이들 중에 훈이 같은 문제를 겪고 있는, 그러나 읽는 소리나 쓰는 과정을 자세히 들여다보지 않아 놓쳐 버린 아이들이 있었을지도 모르겠다. 읽기 따라잡기 프로그램으로 아이들을 만날 때마다 모르고 지나갔던 일들이 떠올라서 힘이 든다.

4 공부가 너무 어려워서 사는 게 힘들다던 2학년 미니

2학년 담임으로 만난 첫날, 눈치 채기 어려운 별 것 아닌 자극에도 고래고래 소리를 지르고 욕을 하며 책상을 엎어 버리던 미니. 미니를 보고 있자면 '하…, 내가 올해 이 아이의 선생일 수 있을까' 하는 답답함이 한없이 밀려왔다. 1학년 생활이 어땠는지, 어떤 어려움이 있었기에 이러는지 탐색하는 것이 시급했다. 알고 보니 미니는 매일 이런 행동을 하면서 학교에 다녔을 뿐 아니라, 학습도 거의 이루어지지 않았다. 보호자와 면담을 하여 자세한 상황을 알아볼 필요가 있겠다 싶어 첫 주에 어머니를 만났다. 미니의 어머니는 학교에 대해 아주 부정적인 인식을 가지고 있었다. 가정과 학교의 관계를 개선해야 아이를 중심에 놓고 함께 고민해 나갈 수 있겠다고 판단했다. 어머니의 이야기를 충분히 들어주고 교사인 내가 할 수 있는 역할과 어머니가 해야 할 역할을 나누어 자세하게 설명했다. 미니가 공부를 심각하게 어려워하니 나는 미니의 학습을 돕고, 가정에서는 잘 먹이고 재워서 좋은 컨디션으로 학교에 올 수 있게 하기로 약속했다. 그리고 미니는 6살부터 군의 지원으로 주 1회 상담을 받고 있었는데, 이 부분도 계속 잘 챙겨 달라고 당부했다.

미니에게는 매 시간 교과서를 찾아서 가지고 오는 것, 공부하는 페이지를 찾는 것부터 어려운 일이었다. 그러니 계속 화가 날 수밖에…. 미니는 읽기와 쓰기뿐 아니라 듣기, 말하기, 오리기, 붙이기, 접기, 그리기, 놀이하기 등 모든 학습 과정을 버거워했다. 지난 한 해를 짐작해 보면 교사도 아이도 얼마나 힘들었을까 싶다. 교실에서는 내가 빠르고 편하게 접근할 수 있는 자리에 미니를 앉히고, 그 뒷자리에 미니를 도와주고 싶은 마음이 있는 아이를 앉혀 틈틈이 도움을 주게 하는 것으로 대책을 세웠다. 그리고 첫 주부터 읽기 따라잡기 수업을 시작했다. 방과 후에 하는 수업이었지만 다행히 미니는 힘들어하지 않고 교실에서와는 전혀 다른 모습으로 수업에 집중하며 즐겁게 공부했다. 3월 8일 실시한 미니의 1학년용 초기 문해력 검사 결과는 구분점수가 모두 2로 읽기 부진이 깊었다. 하지만 자음의 형태와 이름을 모두 알고 있는 것이 큰 자산이었고, 잘하고 싶은 마음 또한 강했다. 문제가 되는 부분은 모음 중 '어, 오, 이' 세 개만 정확하게 대답했다는 점이었다. 그래서 단어 읽기 검사 중 무의미 단어(가더, 수젤, 벙미 등)는 읽어 내지 못했다.[2]

감사하게도 미니는 알아 가는 기쁨을 크게 느꼈고 잘하고 싶다는 욕심도 많았다. 스스로 버거울 정도로 의욕이 앞서다 보니 화가 치솟아 힘들어하는 순간도 많았지만, 의지가 없는 것에 비하면 아주 긍정적인 반응이었다. 개별화 수업을 일주일 정도 이어 간 어느 날 저녁, 미니의 어머니에게 전화가 왔다. 어머니는 무슨 말을 하는지 알아듣기 어려울 정도로 울면서 이렇게 말했다. "미니가 집에 와서 대성통곡을 했어요. 한참을 꺼이꺼이 울고 나더니 사는 게 너무 힘들대요. 공부가 너무 어려워서 사는 게 힘들대요. 선생님, 이 일을 어쩌면 좋아요?" 나도 엄마도 함께 울었다. 그러고는 미니를 더 잘 도와 보자고 마음을 다잡았다. 미니가 열심히 해 보려고 하는데 마음처럼 되지 않아서 겪은 심한 성장통이었던 것 같다.

미니와의 공부에서 기억에 남는 장면이 있다. 모음을 하나하나 확립하기 위해 '와, 아, 어, 오' 등 읽고 쓸 수 있는 단어가 생길 때마다 모음 카드를

2 엄훈과 정종성(2019: 57)에 따르면 단어 읽기 검사 중 음운 변동이 없는 2음절 무의미 단어 '가더, 수젤, 벙미, 조번, 둔촐, 맏뚝'은 의미 실마리가 없는 상황에서 자소-음소 대응 규칙을 얼마나 정확하게 적용할 수 있는지를 검사하려는 목록이다.

만드는 수업을 하던 시기였다. 그 시기 미니의 등교 인사는 "'와' 들어가는 거 찾았어요! '과자'.", "'와' 들어가는 거 또 찾았어요! '윤지환'."이었다. 공부하고 있는 모음이 들어간 단어를 찾아오는 데 재미가 붙은 것이 눈에 보였다. '아'가 들어가는 단어로 '엄마'를 찾았다고 했던 날, 방과 후 개별화 수업 시간에 도대체 언제 이런 걸 찾느냐고 내가 물었다. "잘 때요. 아니 꿈꿨어요, 아야어여. 1학년 때 배운 거요." 나는 너무 큰 감동을 받았다고 말해 주었다. 1학년 때 배웠던 내용이 꿈에 나올 정도로 미니에게는 지금 하고 있는 공부가 중요하고 신나는 일이었던 것이다. 그리고 아무것도 학습되지 않은 것처럼 보였지만, 미니의 기억 한편에는 1학년 교실에서 배운 내용들이 잘 보관되어 있었음을 확인했다.

읽기 따라잡기와 초기 문해력 교육에 대한 공부와 실행 연구를 4년째 하다 보니, 교실 문해력 교육에 대한 고민이 깊어졌다. 읽기 최저 수준인 학생에 대한 개별화 지원뿐 아니라 교실 속 문해력 격차를 볼 수 있는 관점이 생기자 예전에는 고려하지 않았던 부분들이 보였다. 특히 국어 교과서를 주교재로 활용하여 평균에 맞춘 교육 내용을 구성했을 때, 그 내용에 꼭 들어맞는 학생이 몇 명이나 될 것인가 하는 의문이 생겼다. 고민 끝에 나는 읽기와 쓰기 교육의 본질을 바탕으로 모든 학생이 자기 수준에 맞는 실제적이고 주도적인 읽기를 하고, 자신이 하고 싶은 이야기를 구성하고 써 나가는 실제적인 쓰기를 할 수 있도록 교실 수업을 개선해 나갔다. 자연스럽게 미니도 교실 수업에서 자신이 할 수 있는 만큼의 읽기와 쓰기를 하게 되었다.

3월 초에 시작하여 주 4회 이상 지원한 개별화 수업은 10월 말까지 이어졌고 90회를 마지막으로 종료하였다. 그 기간 동안 미니에게 방과 후 개별화 수업 외에도 교실에서 주도적으로 읽고 쓸 수 있는 기회를 매일 주었다. 또 틈나는 대로 그림책, 옛이야기, 동화책을 읽어 주었다. 하지만 여전히 해결되지 않는 부분이 있었다. 미니는 완벽한 반듯함을 추구하느라 글씨를 쓸 때 지우고 다시 쓰기를 반복했는데, 그러다가 구성한 내용을 잊어버리면 화를 참지 못하곤 했다. 또 배경지식이 부족하고 어휘력이 약해 해독을 해도 의미를 잘 이해하지 못했다. 또 학습 과정에서 중요한 요소인 단기 기억도 약한 편이라 들은 내용을 기억해서 쓰는 데 어려움이 많았다. 수 감각과 수 개념이 잘 발달되어 있지 않아 연산도 산 넘어 산이었다. 정서적인 어려움, 읽기와 쓰기의 어려움, 공부에 필요한 여러 인지 자원의 부족 등 미니에게는 공부를 어렵게 하는 장애물이 많았다.

그러나 개별화 수업을 통해 성장한 면도 아주 많았다. 우선 사는 게 힘들 정도로 공부가 너무 어려웠던 것에서 벗어났다. 친구들과 의견이 맞지 않아 다툼이 생기면 자신의 생각을 정리해서 말할 수 있게 되었고, 해결이 안 될 때는 교사에게 도움을 요청하였다. 등교하면 오늘은 어떤 공부를 할 건지 먼저 묻고 책을 준비하면서 하루를 시작했다. 수업 시간에 늦더라도 자기 힘으로 과제를 끝까지 완벽하게 해결하려고 노력했다. 자신이 아는 것과 모르는 것을 구분할 줄 아는, 학습에서 가장 중요한 힘이 생겼다. 읽으면서 자기 모니터링을 하고 오류를 수정하는 문제 해결적인 읽기를 하게 되었다. 하고 싶은 이야기를 6~7문장 정도로 구성하여 혼자 힘으로 쓸 수 있었다. 스스로 잘 읽고 잘 쓰는 사람이 되었다고 생각했다.[3] 놀이에 참여하지 않거나 참여하더라도 결국 싸우고 화를 폭발시킨 후 운동장을 배회하

3 여름방학이 끝나고 2학기가 시작된 지 얼마 지나지 않은 8월 30일, 1교시 후 쉬는 시간에 미니와 내가 나눈 대화이다.

나: 미니야, 오늘부터 수업 끝나고 공부하자.

미니: 나 이제 글쓰기 잘하는데.

나: 우와, 방학 때 연습했어?

미니: 아니요. 그냥 점점 늘어갔는데. 2학년 2반 하다가.

던 아이가 아니라, 주도적으로 놀이를 제안하고 함께 노는 것을 즐길 줄 아는 아이가 되었다. 잘못한 일이 있어 교사가 정색을 하면 씩 웃으면서 자기가 잘못했고 고쳐 보겠다고 말했다. 읽기 공부를 끝내면 꼭 읽어 볼 거라 했던 여섯 권짜리 제법 긴 그림책 시리즈('가부와 메이 이야기')를 성공적으로 읽어 냈다. 책을 빌리기 위해 도서관에 자주 가면서 사서 선생님과 책 친구가 되었다.

자세히 들여다보면 미니는 굉장한 성장을 했고, 친구들도 더 이상 미니에게 "쟤는 원래 저런 애예요."라고 말하지 않는다. 그래도 개별화 지도를 하다 보면 내가 만나는 아이가 제일 잘하면 좋겠다는 부모 같은 욕심이 생긴다. 마무리를 하면서 늘 아쉬운 마음이 드는 이유이다. 미국 리딩 리커버리에 대한 연구 결과, 개별화 지도 후 학급 평균 수준에 도달하는 비율이 75% 정도 된다고 한다(엄훈, 2015). 읽기 따라잡기 프로그램에서 아직 이런 통계 연구까지 하지는 못했지만, 비슷할 것이라 가정한다면 미니의 경우는 평균 수준에 도달하지 못한 25%에 해당하지 않을까 생각한다. 여전히 교실 수업을 편안하게 참여하기에는 어려움이 있기 때문이다.

그러나 나는 미니의 엄청난 고통을 보면서, 아이들이 겪는 정서·행동 문제의 원인을 찾을 때 학습의 어려움을 면밀하게 살펴보아야 한다는 것을 깨달았다. 또 담임교사이자 개별화 교사이기도 한 입장에서 두 교사의 소통과 협력이 얼마나 중요한지도 절실하게 느꼈다. 만약 내가 둘 중 어느 한 쪽에만 서 있었더라면 아이의 어려움과 더딘 성장을 예민하게 알아챌 수 없었을 것이고, 아이는 아무리 노력해도 공부가 어렵기만 해서 화가 치밀어 오르다가 결국 다 놓아 버렸을 수도 있겠다 싶다. 그리고 두 교사 모두 좌절에 빠졌을지도 모른다.

또한 나는 미니의 사례를 통해 "한 사람을 돕는 것은 모두를 돕는 것이다."라는 말을 실감했다. 처음에 반 친구들은 미니가 소리를 질러도 "쟤는 원래 저런 애예요."라고 말하면서 아무 일 없는 듯이 행동했다. 하지만 미니의 교실 수업을 함께 도와주면서 아이들도 점차 변화했다. 주변에 도움이 절실한 사람이 있다면 그 사람을 도와주어야 한다는 사실을 배운 것이다. 오직 교과서에 실린 지식만을 배우기 위해서라면 굳이 아침 일찍 학교에 와서 딱딱한 의자에 앉아 있을 이유가 없다. 여럿이 모여 도움을 주고받으며 함께 성장하는 과정이 어떤 것인지를 배우러 오는 곳이 학교이다. 모두가 함께 미니의 어려움을 알아주고 도울 수 있는 일이 무엇인지 찾아 가며 한 해를 보내는 동안, 성장한 것은 미니만이 아니라고 확신한다.

5 아동명부 비고란에 '읽기 부진'이라고 적혀 있던 2학년 짱

새 학교에서 2학년 담임을 맡고 반 아이들 명부를 받았을 때, 비고란에 '읽기 부진, 학습종합클리닉센터 신청'이라고 적혀 있던 아이. 그 아이가 짱이었다. 보호자에게 전화해 상황을 공유한 후, 학습종합클리닉센터 신청을 철회하는 것으로 짱과의 만남이 시작되었다. 걱정했던 대로 글쓰기 장면에서 꽤 어려움을 겪고 있음이 눈에 들어왔다. 3월 첫 주부터 방과 후 읽기 따라잡기 수업을 시작했다.

3월 8일 2학년용 검사 도구로 초기 문해력 검사를 실시했는데, 보다 세밀한 부분을 알아볼 필요가 있겠다 싶어 다음 날 1학년용 검사 도구로 다시 검사하였다([표 16] 참조). 복잡한 이중 모음 세 개를 제외한 자모의 이름을 알고 있었고, 무의미 단어를 잘 해독하는 것으로 보아 해독에도 큰 문제

[표 16] 짱의 초기 문해력 검사 결과

검사 도구 (II-1 규준)	사전 검사(3/8)		검사 도구 (I-2 규준)	사전 검사(3/9)	
	원점수	구분점수		원점수	구분점수
음절 글자 읽기	31/49	2	자모 이름 대기	36/40	5
구절 읽기	14/24	2	단어 읽기	21/24	4
읽기 유창성	60/200	1	읽기 유창성	65/200	3
문장 받아쓰기	30/48	2	단어 받아쓰기	44/49	3

가 없어 보였다. 단어 받아쓰기에서는 종성을 나누어 듣고 글자를 대응하는 데 약간의 어려움이 있었다. 비고란에 적혀 있는 내용을 보고 걱정했던 것에 비해서는 안심이 되는 결과였다.

짱의 가장 큰 특징은 알고 있는 자모 지식에 비해 읽기 전략이 부족하다는 점이었다. 책을 읽을 때 자기 수정이 전혀 일어나지 않았으며, 어려운 부분이 있어도 그림을 살펴본다거나 맥락을 통해 추측하는 등의 전략을 사용하지 않고 해독 전략만 사용했다. 그래서 생각 말하기를 통해 자기 수정 과정을 시범 보인 뒤, 짱이 다시 시도해 보게 하였다. 또한 읽고 난 후 오류가 있었던 부분으로 다시 돌아가 의미를 파악했는지 질문하는 방법 등을 통해 멈추어 생각할 기회를 꾸준히 마련하였다. 짱은 읽기와 쓰기는 어려워했지만 구어 발달이 상당히 잘되어 있어서, 수업 중에 교사가 말하는 의도를 빠르게 파악하고 그 내용을 자신의 읽기와 쓰기에 바로 적용하였다. 사실 짱은 어머니가 베트남에서 오신 다문화 가정의 첫째 자녀라 구어 부분을 걱정했는데, 발음 문제를 제외하면 오히려 구어 발달이 더 잘되어 있었다.

짱은 내가 읽기 따라잡기로 만난 아이들 중에서 가장 빠른 성장을 보였다. 개별화 수업 2주 만에 교실 수업에서 놀라울 만큼 참여도가 높아졌고,

특히 글쓰기를 할 때 쓰고 싶은 말이 어마어마하게 늘었다. 다른 친구들이 집에 돌아간 후에도 한참 더 글을 써서 공책 한 바닥을 빽빽하게 채우고 마치는 날이 많았다. "바깥놀이를 갔어요.", "오늘 새 노래를 불렀어요." 등 한 문장으로 된 글도 제대로 쓰지 못하던 아이가 보인 변화라기에는 믿기지 않을 정도였다. 짱은 방과 후에 나와 미니가 공부하는 동안 매일 40분가량을 도서관에서 보냈는데, 점점 자기의 수준과 흥미에 맞는 책을 골라서 읽었고 빌려 오는 책도 많아졌다. 아이가 가진 장점인 호기심과 적극성이 개별화 수업과 만나 시너지 효과를 내면서 짱은 41회 만에 학급 평균 수준을 훌쩍 따라잡았고 그렇게 개별화 수업은 종료되었다. 이후 2학년 기간 동안 읽기와 쓰기가 어려워서 학습에 어려움을 겪는 일은 일어나지 않았다.

그러나 짱이 가진 꾸준한 어려움도 있었다. 짱과 긴 시간을 함께하며 살펴보니 짱이 정확하게 듣고 말하지 못하는 이유가 자모의 형태와 이름, 소릿값을 몰라서라기보다 평소에 듣는 발음이 다르기 때문임을 알 수 있었다. 짱의 주 양육자인 어머니와 대화를 나누어 보면 말소리에서 종성이 어눌했고 'ㄴ, ㄹ, ㅇ' 소리가 잘 구분되지 않았으며 'ㅁ, ㅂ' 소리도 구분이 어려웠는데, 짱의 발음에서도 비슷한 양상이 보였던 것이다. 그래서 짱은 다른 사람의 말을 들을 때도 종성을 제대로 듣지 못하거나 자신이 알고 있는 대로 듣곤 했고, 어휘도 부정확하게 알고 있는 경우가 많았다.

이를 알게 된 후 나는 짱의 발음 문제를 해결하고 소리-글자 대응을 확립하는 데 초점을 두었다. 읽기 따라잡기 수업에서는 소리를 들려주고 따라 하는 활동, 스스로 소리를 나누어 보는 활동을 꾸준히 제시했다. 그리고 교실 수업에서는 매일 받아쓰기와 글쓰기를 하면서 글자의 세부적인 부분을 자세히 살피는 학습 기회를 제공했다. 특히 틈날 때마다 소리 내어 읽어 보라고 했고, 글의 세부 사항에 주의를 기울이면서 읽고 있는지, 읽기 전략을 활용하여 내용을 이해하며 읽고 있는지 확인하는 것을 놓치지 않았다. 그럼에도 이 부분은 꽤 해결하기 어려웠다. 짱에게는 구어에서 잘못 사용하고 있는 어휘들을 읽기와 쓰기를 통해 확인하고 수정해 나가야 하는 과제가 아직 남아 있다.

나는 짱의 사례를 통해 다문화 가정의 학생이 언어 환경의 차이로 인해 소리를 듣는 것에서부터 어려움을 겪을 수 있음을 알게 되었다. 또한 다문화 가정의 학생을 지도할 때는 글의 세부 사항에 주의를 기울이면서 읽기를 할 수 있도록 이끄는 일이 더욱 중요하다는 생각을 하게 되었다. 이 외에도 다문화 가정의 특성에 맞는 지도 방법, 중도 입국 학생들을 위한 문해력 교육의 내용 등과 관련하여 더 많은 연구가 이루어져야 할 것이다.

6 짱의 동생이자 읽기 최저 수준인 1학년 작은 짱

2학년 우리 반 짱과 1학년 작은 짱은 연년생 남매이다. 나는 학교에서 기초학력 향상 업무를 담당하고 있어서 학습 부진을 겪는 다른 학년 학생들의 상황까지 들여다보는데, 초기 문해력 교육에 관심이 있다 보니 결정적 시기라고 생각하는 1학년에 더 많이 주목하게 된다. 1학년 1학기 말에 한글 미해득 상태였던 아이 3명 중 최저 수준인 아이 1명을 2학기에 읽기 따라잡기로 만나게 되었다. 그 아이가 우리 반 짱의 동생인 작은 짱이었다.

아이를 만나기 전에 담임교사와 면담하여 아이가 겪고 있는 어려움에 관해 들었다. 작은 짱은 읽기와 쓰기가 너무 어려워 못 하겠다고 말하면서 혼자서는 잘 시도해 보지 않고, 친구에게 물어보는 것도 꺼려서 교사에게 늘 도와달라고 하는 것이 가장 큰 문제였다. 하지만 전체 학생이 20명이 넘는 데다가 짱뿐만 아니라 개별화 지도가 필요한 학생 2명이 더 있는 학급이어서 교사에게는 힘들고 아이에게는 미안한 상황이 계속되었다고 한다.[4] 그래도 짱의 가장 큰 장점은 어떤 활동이든 의욕을 가지고 적극적으로 해 보는 점이라고 했다.

여름방학 직전인 7월 말에 잠시 작은 짱을 만났다. 누나의 선생님인 걸 알고 있어서인지 나를 편하게 대해 주어 다행이었다. 학교 공부가 어떤지 물어보니 많이 어렵고 글자를 쓰는 것이 특히 어렵다고 하였다. 초기 문해력 검사를 하고 2학기부터 매일 방과 후에 30분씩 공부를 해 보자고 제안했다. 작은 짱은 흔쾌히 그러고 싶다고 대답했다. "저 누나도 선생님이랑 공부한 거 알아요. 누나 이제 공부 잘해요. 저도 해 볼래요."

초기 문해력 검사 결과, 작은 짱은 자음의 이름을 모두 알고 있었고 초성과 기본 모음이 결합된 글자를 꽤 읽을 수 있었다. 그런데 읽기 유창성 검사를 시작하려고 하자마자 "이 긴 건 잘 모르는데. 이렇게 글자 많은 건 못 해요."라고 말하면서 읽을 시도조차 하지 않았다. 앞에 단어 읽는 모습을 보니까 자세히 들여다보면 읽을 수 있는 부분이 많은 것 같다고 이야기해 주면서 다시 한번 읽어 보자고 했다. 어절 단위로 글자 아래에 손가락을 짚어 주니 제법 글자들을 읽어 냈다. 그러나 얼마 지나지 않아 "모르겠어요. 저 이렇게 많은 건 하나도 몰라요."라고 말하며 그만하고 싶어 했다. 이 짧은 만남을 통해, 어쩌면 아이가 가지고 있는 자산이 담임교사가 알고 있는 내용이나 초기 문해력 검사 결과보다 훨씬 많을 수 있겠다는 생각을 하게 되었다. 짱에게는 '나는 몰라요. 나는 못 해요.'라는 마음의 장애물을 걷어

4 이런 교실에서는 여러 가지 기초학력 향상 정책 중 협력교사 제도가 필요하다.

낼 수 있는 성공 경험이 필요했다.

2학기부터 방과 후에 매일 30~40분씩 작은 짱을 만났다. 작은 짱은 수준 평정 그림책을 BFL 0부터 성공적으로 유창하게 읽는 경험을 하며 자신감이 늘자 구어가 폭발했다. 누나처럼 구어가 탄탄하게 발달되어 있었으므로 해독의 장벽만 넘기면 곧 능동적인 독자가 될 수 있겠다고 예상했다. 그런데 작은 짱은 읽기보다 쓰기를 어려워했고, 이야기 쓰기를 하는 시간이 되면 책상에 엎드린 채 "너무 어렵고 쓰고 싶은 이야기가 없어요."라고 말하기 일쑤였다. 모르는 부분은 선생님이 다 도와줄 테니까 아는 만큼만 쓰면 된다고 이야기해도 별 소용이 없었다. 내가 해 준 이야기는 자신이 아는 것과 모르는 것을 구분할 수 있는 메타 인지가 잘 작동하는 사람에게나 도움이 되는 말이었던 것이다. 그저 쓰기가 어렵기만 한 아이의 동기를 자극할 수 있는 말은 아니었다. 이를 깨달은 다음부터는 책을 읽으면서 하고 싶은 이야기가 폭발하는 아이라는 점을 이용하여, 그 이야기들을 담은 간단한 그림책 만들기를 자주 시도했다. 처음에는 책을 만든다는 것 자체에 거부감을 보이며 하지 않으려고 했지만, 금세 재미를 붙여 마치 놀이처럼 책을 만들었다. 그러면서 쓰기에 대한 부담도 차츰 사라졌다.

나는 짱과 작은 짱, 이 둘을 통해 읽기와 쓰기 학습이 지능과 크게 관련이 없다는 사실을 확실히 알게 되었다. 두 짱은 글자-소리 대응을 어려워했을 뿐, 다른 학습 영역에는 문제가 없었다. 그런데 심각하게 높은 해독의 장벽 때문에 자기는 공부를 못하는 사람이라는 정체성이 형성되고, 다른 장점들이 묻혀 버리는 상황이 된 것이다. 작은 짱 또한 글자-소리 대응이 조금씩 확립되자 교실 공부가 쉬워졌고 가장 먼저 수학 교과를 재미있어했다. 자기가 수학을 잘해서 선생님께 비타민을 받았다는 이야기, 받아쓰기 점수가 많이 올라서 또 비타민을 받았다는 이야기, 공부를 마치고 시간이 남아서 친구들과 교실 뒤에 가서 놀았다는 이야기 등을 하기 시작했다.

작은 짱의 읽기와 쓰기 과정에서 관찰된 가장 큰 특징은 생각을 외적 언어로 표현한다는 점이었다. 그 덕분에 나는 아이가 어떠한 생각들을 거쳐 읽기와 쓰기를 수행하는지를 공부할 수 있었다. 특히 30회가 넘어가면서 읽기 중에 멈추는 상황이 자주 생겼다. "여기 틀린 것 같은데. 틀린 거 맞죠, 선생님? 말이 안 되는데 어떻게 읽어야 말이 되지? 도와주세요, 선생님." 자신의 읽기를 점검하고 의미를 파악하며, 아는 것과 모르는 것을 구분해 가며 읽는 능동적인 독자의 모습이었다. 그리고 작은 짱은 점차 교사가 알려 준 문제 해결 방법들을 활용하면서 자기 주도적으로 읽었다. 혼자 해결할 수 있는데 교사가 기다리지 못하고 도와주려고 할 때는 "잠깐만요. 도와주지 마세요. 제가 혼자 할 수 있어요."라고 단호하게 말하며 교사의 손을 탁 치우는 멋진 아이가 되어 갔다.

나는 틈틈이 담임교사에게 작은 짱의 교실 수업 상황을 들었다. 따로 봐주어야 하는 일이 줄어들었고 친구들과의 관계가 원만해진 것이 가장 긍정적이었다. 아직 자기 생각을 문장으로 표현하는 것에 어려움을 보이긴 하지만, 1학기 때처럼 아예 못 한다고 교사에게 써 달라고 하는 행동은 없어졌다고 했다. 학년 말이 다가와 60회로 개별화 수업을 종료해야겠다고 계획하고 마지막으로 담임교사와 면담을 했을 때는 이런 말을 해 주었다. "1학기 마칠 때는 작은 짱이 최저 수준이었는데, 지금은 오히려 작은 짱보다 잘했던 아이가 공부를 더 어려워해요. 작은 짱은 이제 교실에서 평균 수준의 아이들과 비교해도 전혀 뒤처지지 않아요. 정말 놀라워요. 이건 진짜 진짜 부진이 심했던 아이가 열심히 노력해서 서울대에 간 거나 마찬가지예요. 저도 선생님이 하시는 공부를 해야겠다는 생각을 했어요." 담임교사의 말처럼 작은 짱은 60회의 개별화 수업으로 놀라운 성장을 했다. 초기 문해력

[표 17] 작은 짱의 초기 문해력 검사 결과

검사 도구 (I-1 규준)	사전 검사(3/8)		검사 도구 (I-2 규준)	사후 검사(1/4)	
	원점수	구분점수		원점수	구분점수
자모 이름 대기	24/40	2	자모 이름 대기	38/40	6
단어 읽기	7/24	1	단어 읽기	20/24	4
읽기 유창성	0/200	1	읽기 유창성	75/200	3
단어 받아쓰기	13/49	1	단어 받아쓰기	44/49	3

검사 결과의 숫자만 보아도 그렇다([표 17] 참조).

그래도 종료하면서 아쉬운 점은 있다. 개입 시기가 1학기 5월 정도로 빨랐다면 아이가 자기는 공부를 못하는 사람이라고 생각하며 겪었던 고생을 좀 더 일찍 덜어 줄 수 있었을 것이다. 또 정확한 발음, 글의 세부 사항에 집중하며 읽기 등 아직 지도할 부분이 남았는데 시간에 쫓겨 종료해야 하는 상황을 만들지 않아도 되었을 것이다. 작은 짱은 '입학하자마자 읽기와 쓰기가 어려워 교실 수업을 따라갈 수 없는 최저 수준의 학생들에 대한 조기 개입'에서 '입학하자마자'라는 조기 개입의 시기 문제가 얼마나 중요한가를 보여 주는 사례였다.

7 2학년에 이어 읽기 최저 수준으로 다시 만난 6학년 뀨

아동명부 비고란에 적힌 내용이 아이보다 먼저 오는 경우, 아이를 직접 만나기 전에 선입견이 생기고 이것이 관계에 크게 작용한다. 그러므로 비고란을 적을 때는 담임교사가 꼭 알아야 하는 내용인지, 서류에 기입하지 않고 정보를 전달할 수 있는 방법은 없는지 고민해 보아야 한다. 아무튼 뀨는 아동명부 비고란에 적힌 '심각한 국어·수학 부진과 정서·행동 문제'라는 내용으로 먼저 도착한 아이였다. 학습 부진 문제를 저학년에서 끝장내듯 해결해 보리라 결심하고 2학년 담임을 맡았던 나에게는 무척 반가운 아이이기도 했다.

3월 2일. 첫 만남을 기념하기 위해 사진을 찍으러 운동장에 나갈 때부터 문제가 생겼다. 뀨가 하는 행동과 다른 아이들의 '원래 걔는 저런 애야'라는 반응이 섞여 묘한 분위기가 형성되는 것을 느꼈다. 주먹을 꽉 쥔 채 사나운 눈빛으로 친구들을 노려보는 뀨의 모습에서 마음속에 꽉꽉 들어찬 화가 느껴졌다. 어쩌면 갈 길이 꽤 멀 수도 있겠다는 생각이 드는 순간이었다.

다행히 뀨는 어떤 일이든 끝까지 하는 성실한 자세를 가지고 있었다. 그리고 운동이라면 뭐든 잘해서 기를 활짝 펴는 시간도 많았다. 내가 5학년 때 경험한 것처럼, 잘하는 모습을 친구들 앞에서 자랑스럽게 펼쳐 볼 수 있는 기회를 최대한 많이 만들었다. 뀨는 그런 경험들을 통해 나와 라포(rapport)가 형성되었고, 자신감 또한 눈에 띄게 늘면서 주먹을 쥐는 횟수가 줄어들고 눈빛도 부드러워졌다.

학습 면에서는 매일 그림책을 읽어 주며 아침을 열었고 시를 한 편씩 필사하도록 했다. 또 뀨의 공부를 틈틈이 도와줄 공부 짝을 자원받아, 수업 중에 내가 봐줄 수 없을 때 도와주게 했다. 나도 뀨가 어려워하는 부분을 수업 시간이나 쉬는 시간에 따로 지도했으며, 기초 연산 학습지를 푸는 것과 책에서 뽑은 좋은 글귀를 필사하는 것을 매일 과제로 내 주었다. 나의 3학년 트라우마로 인해 방과 후에 아이를 남겨서 지도하겠다는 계획은 없었다. 뀨를 포함해 모두가 함께 웃는 날이 많았고 뀨도 공부를 그리 힘들어하지 않았기 때문에, 나는 잘하고 있다고 굳게 믿으며 그 이상의 방법을 찾아보려는 노력을 하지 않았다. 그렇게 2학년을 마쳤다.

다음 해에도 기초학력 업무를 담당했던 나는 3학년이 된 규의 진단평가 결과를 바로 받아 볼 수 있었다. 규가 여전히 학습 부진 명단에 올라가 있는 것은 충격적인 일이었다. '국어 부진'이었다. 내가 나름대로 마련했던 방법이 잘못되었음을 깨달았고, 학습 부진을 가지고 고학년에 올라온 아이들을 보면서 '저학년 선생님들은 도대체 뭘 가르친 거냐'고 생각했던 오만이 부끄러웠다. 이 아이와의 만남 덕분에 알게 된 읽기 따라잡기를 공부하고 있는 지금, 규와 보낸 1년을 되돌아보면 이제 이유가 보인다. 아이로부터 출발해 가속화된 발달을 할 수 있도록 지원해야 한다는 사실을 모른 채, 그저 2학년 교육과정에 해당하는 학습 과제를 어떤 방법으로든 해결하면 성공했다고 믿었던 것이다. 그리고 '읽기를 통한 읽기 교육'이라는 명제를 놓치고 실제적인 읽기를 할 기회를 제공하지 못한 것이 실패의 가장 큰 이유였다.

이 1년간의 실패 경험을 통해 나는 새로운 방법을 만나 성장해 갔다. 그런데 그동안 규는 계속해서 공부에 심각한 어려움을 겪었다는 사실을 만 3년이 지난 후에야 알게 되었다. 코로나19 팬데믹으로 개학이 미뤄지다 급기야 온라인 개학을 하게 된 2020년, 나는 6학년 담임으로 규를 다시 만났다. 규는 여전히 성실했고 학습 과제를 충실히 해결하기 위해 매 시간 연락을 해 왔다. 얼마나 답답했으면 그냥 자기만 학교에 와서 공부하면 안 되겠냐고 묻기까지 했다. 그 말에 눈치를 채고 온라인에서라도 아이의 눈높이에 맞추려는 노력을 해야 했는데, 처음 겪는 일에 우왕좌왕하느라 또 아이를 힘들게 하는 교사가 되고 말았다. 이후에 등교 개학을 하고 여러 진단 활동을 하면서 규의 심각한 읽기 부진을 파악하게 되었다. 학급 평균 수준에서 한참 아래로 뚝 떨어진 읽기와 쓰기 능력은 지금껏 어떻게 공부를 해 왔을까 싶을 정도였다. 그래도 표정이 밝고 친구들과의 관계가 좋아서 다행이긴 했지만, 뀨를 통해 다른 삶을 살아가는 교사로 성장할 수 있었던 나는 여간 미안한 일이 아니었다. 나는 뀨에게 나의 이야기와 마음을 털어놓고 진심으로 사과하고 고마움을 전하는 시간을 가졌다. 그리고 매일 30분씩만 남아서 나와 책을 읽고 글을 쓰는 공부를 해 보지 않겠느냐고 제안했다. 뀨는 그 제안을 선뜻 받아들였다.

혹시나 하는 걱정으로 2학년용 초기 문해력 검사 도구로 사전 검사를 실시하였다. 2학년용 검사 도구임에도 뀨의 결과는 안정적인 평균 수준이라고 보기 힘들었다([표 18] 참조). 뀨는 음절 글자 중 '쿸, 깝, 톤, 뺕, 눤, 뒹, 색, 렌'을 정확하게 읽지 못했다. 6학년이 될 때까지 자음과 모음의 소릿값이 확립되지 않았던 것이다. 이를 통해 자모의 소릿값을 정확하게 확립하는 일이 저학년 교육과정의 중요한 과제임을 다시 한번 절감했다.

막상 방과 후 개별화 수업을 시작하자 뀨가 주도적으로 읽을 수 있는 수준의 책을 찾는 것부터 어려웠다. 뀨는 책을 읽는 건 자기한테 사약인데 어떡하면 좋으냐고 말하긴 했지만, 고맙게도 자신이 읽을 만한 책을 적극적으로 골라 주었다. 2학년 아이들이 좋아하는 300~400어절 내외의 그림책

[표 18] 뀨의 초기 문해력 검사 결과

검사 도구 (II-2 규준)	사전 검사(6/24)	
	원점수	구분점수
음절 글자 읽기	42/49	4
구절 읽기	20/24	4
읽기 유창성	125/200	6
문장 받아쓰기	43/48	5

으로 시작해 보기로 하고, 혼자 읽기는 부담스러워해서 한 문장씩 번갈아 가며 읽어 나가기 시작했다. 그러다가 뀨가 읽기 전략을 거의 갖추지 못하고 있음을 알게 되어, 책을 읽으면서 머릿속에 떠오르는 생각들을 소리 내어 말해 주는 일을 의도적으로 반복했다. 뀨가 "어, 이 책은 2학년 때 선생님이 읽어 줬던 책인데. 이 책 기억나요!"라고 들뜬 목소리로 말해 줘서 행복한 순간도 있었다. 6학년이라 조급해지는 마음을 최대한 버리고 뀨가 가진 자산에 집중하려 했고, 읽고 쓰는 전략을 개발하고 활용할 수 있도록 개별화 수업을 구성하여 한 학기 동안 즐겁게 읽고 쓰기를 이어 갔다. 2학기에는 친구 3명을 영입하여 나를 포함해 5명이서 '깨끗한 화장실'[5]이라는 북클럽을 만들어 매일 함께 책을 읽고 이야기하며 생각을 써 나갔다.

6학년이 되어 함께한 1년은 자기에게 책은 사약이라던 뀨가 선생님, 친구들과 책을 읽고 웃으며 대화할 수 있는 사람으로 성장하는 소중한 시간이었다. 하지만 학교 공부를 수월하게 해 나가는 데는 여전히 어려움이 많았고, 그 어려움을 안고 중학교로 진학했다. 누적된 부진을 근본적으로 해결하여 제 학년의 학습을 편안하게 할 수 있도록 지도하는 것은 불가능하다는 생각이 들 만큼 어려운 과제였다. 물론 초기 문해력 교육에만 집중하여 전문성을 키웠던 탓에 고학년 학습 부진 문제를 해결하는 방법을 몰랐

5 한 학기 동안 둘이서 책을 읽고 글을 쓰다 보니 조금 지루해지는 느낌이 들어 책을 함께 읽고 싶은 친구 1명을 섭외해 작은 북클럽을 만들었다. 우연히 그 모습을 본 친구 2명이 함께하고 싶다고 하여 5명의 북클럽이 만들어졌다. 북클럽에서는 각자 읽고 싶은 책을 가져와서 그 책을 고른 이유를 설명한 뒤 투표를 통해 함께 읽을 책을 결정했다. 처음 선정된 책이 뀨가 고른 『엄마의 마흔 번째 생일』이었는데, 그 책에서 가장 재미있는 부분이 엄마가 화가 나면 화장실에 들어가 화가 풀릴 때까지 몇 시간이고 칫솔로 화장실을 청소하는 장면이었다. 그래서 만장일치로 북클럽의 이름을 '깨끗한 화장실'로 정했다. 뀨가 졸업할 때까지 유지된 이 북클럽은 아이가 한 단계 성장하는 기회가 되었다.

던 것일 수도 있다. 어찌 됐든 뀨에게 나는 2학년 때도 6학년 때도 제대로 된 도움을 주지 못한 담임교사였다. 뀨는 문해력 교육에서 전문성을 갖춘 교사가 조기 개입하는 것이 얼마나 중요한가를 5년에 걸쳐 여실히 보여 준 고마운 아이이다.

다음은 수업과 학교 혁신, 한국 교육 생태계의 변화를 위해 연구하고 실천해 온 교육자 이혁규가 '교사 되기'에 관해 한 말이다.

> 20대쯤 4년을 배워서 얻은 교사 자격증으로 평생 학생을 가르칠 수 있다는 인식 자체가 근본에서 해체되어야 하지 않을까? 이 점에서 미래의 교사는 잘 가르치는 사람이 아니라 잘 배우는 사람이어야 한다. 교사는 계몽의 주체로 학생 앞에 서 있는 사람이 아니라 학생들과 더불어 배우기를 잘하는 존재여야 한다. 따라서 한 번 교사는 영원한 교사라는 말은 틀린 말이다. 교사는 매일매일 '되기'를 연습하는 역동적인 학습자여야 한다. 여기서 '되기'는 철학자 들뢰즈와 가타리에게 배운 개념이다. 되기는 하나의 정체성에 안주하는 것이 아니라 변이와 창조, 새로운 것의 탐색과 실험을 끊임없이 추구하는 과정이다.
>
> (이혁규, 2021: 14)

나는 2학년 뀨와 보낸 1년을 반성했고, 6학년 뀨와 보낸 1년을 또 반성했다. 그리고 지금도 계속 '교사 되기' 연습을 하고 있다. 이 시간들을 통해 내가 꼭 얻고 싶은 것이 있다. 그건 바로 저학년 시기를 놓쳤더라도 전문성을 충분히 갖춘 교사의 도움을 받아 함께 노력하면, 학습 부진에서 벗어날 수 있다고 확신하며 말해 보는 것이다.

13장

개인의 실천을 넘어, 정책화의 마중물 실험

청주교육대학교 교육연구원은 '교사의 자기 주도적 교수 역량 강화를 위한 전문성 개발 체제(professional development system: PDS) 구축 연구'라는 프로젝트명 아래, 수업 개선과 학교 문화 혁신을 목표로 실행 연구를 전개해 왔다. 이 프로젝트는 실행 연구라는 방법론과 체계적이고 자율적인 공동체 학습이라는 접근을 통해 교육 현장의 문제를 해결할 수 있는 PDS를 구축하고자 한다. 읽기 따라잡기 프로그램은 이 프로젝트의 일부분이다(심영택 외, 2019).

엄훈은 2018년부터 읽기 따라잡기 2단계 프로젝트를 시작하며 새로운 도약을 꿈꾸었다. 2단계의 추진 과제는 '읽기 따라잡기 교사 리더 양성 과정 개설'과 '지역 기반의 사이트(site) 구축'이었다.[1] 이 중 읽기 따라잡기 교

1 엄훈은 전문적인 초기 문해력 교육을 위해 읽기 따라잡기 PDS 구축을 계획하였고, 청주교육대

사 리더 양성 과정에서 리더로 양성되고 있던 나는 2단계 추진 과제의 다른 한 축인 지역 기반의 사이트 구축을 가능한 범위에서 실험해 보고 싶었다. 지역 기반의 사이트란 읽기 따라잡기 프로그램의 운영과 관리, 읽기 따라잡기 교사 연수가 독립적으로 이루어질 수 있는 학교 권역 규모의 단위이다(엄훈, 2019b: 40). 나는 이 프로젝트가 정책화되어 자리 잡힐 때까지 기다릴 수만도 없고 시도된 적 없는 일이라 가능성에 대한 의구심도 있었기 때문에, 지역 기반의 사이트 구축이 실제로 가능한가를 직접 확인해 보고 싶었던 것이다. 모르고 있던 부분을 자세히 들여다보기 시작하자 예전에는 안 보이던 아이들의 문제가 계속해서 보였다. 점점 마음이 급해졌고, 읽기 따라잡기가 정책화되기 전에 그 마중물 역할을 할 수 있는 작은 실험들이 필요하다고 생각하였다.

엄훈은 읽기 따라잡기 교사 연수 모델을 개발할 목적으로 현장 사례 연구를 진행하였다. 첫 현장 사례 연구였던 전북 지역 연구를 정리한 글에서 그는 '원천 체험(originality experience)'이라는 개념으로 교사들과 함께 연구하며 공유한 경험을 설명하였다.

> 원천 체험은 두려움, 기쁨, 열정, 자부심 같은 복잡한 태도와 감정이 동반될 수 있으며 무엇보다도 앞으로 나아갈 수 있는 힘을 만들어 낸다. 비유컨대 원천 체험은 새로운 싹이 자라나는 살아 있는 씨앗이다. 이번 실행 연구를 통해 연구자가 경험한 원천 체험의 특징은 다음과 같다. 실행을 통해 신념을 획득한다는 것, 실행을 하는 과정에서 추진력이 생긴다는 것, 실행을

학교는 교육대학원에 아동문학과 초기 문해력 전공을 개설하고 대학 트레이너가 교사 리더를 양성할 수 있는 기반을 마련하였다.

하는 과정에서 프로그램이 뿌리를 내린다는 것, 그리고 실행의 네트워크가 점점 확장될 가능성이 보인다는 것이다. 그것은 이미 뿌리가 내리고 싹이 자라나기 시작한 흙 속에 자리 잡은 작은 씨앗이었다.

(엄훈·정종성, 2015)

읽기 따라잡기 연수를 통해 '원천 체험'을 하게 된 나도 읽기 부진 문제의 해결에 관한 복잡한 태도와 감정을 얻게 되었다. 해결이 불가능하다고 여겼던 학습 부진 문제를 해결할 수 있는 열쇠를 찾았다. 그리고 예전에는 보이지 않던, 학교 공부가 너무 어려운 아이들이 계속 보였다. 그러나 교사 개인이 지속하기에는 교사를 둘러싼 여건이 개선될 기미가 보이지 않았다. 나 스스로도 언제까지 지속할 수 있을지가 의심스러웠다. 이런 복잡한 생각 속에서 혼란이 많았지만, 소리 내지 못한 채 상처받는 아이들과 격차가 심화되어 점점 더 해결이 어려워지는 아이들, 3~5개월의 개별화 지도로 즐겁게 공부하게 된 아이들, 이 아이들 하나하나를 오롯한 존재로 바라보아야 한다는 관점과 특별한 눈을 가지게 되었기 때문에 그 이전으로 돌아갈 수가 없었다. 마침 근무하던 학교 전체가 학습 부진 문제에 대한 고민이 깊었던 터라, 읽기 따라잡기 PDS를 구축하는 실험을 해 보기로 하였다.

이 실험을 소개하면서 우려되는 점이 있다. 정책의 가능성 실험을 '현장 교사 혼자서 충분히 할 수 있는 일'이라고 해석하지 않을까 하는 걱정이다. 기초학력과 학습자 개개인의 능력에 맞춘 교육이 강조되는 경향은 반가운 일이다. 하지만 현장 교사의 피부에 와닿는 현실은, 이러한 교육을 실현하기 위해 어떤 여건을 마련해야 하는가 하는 논의는 빠진 채 교사들의 역할과 의무만 늘어 가고 있다는 것이다. 미국의 읽기 교육 연구자인 루이자 모츠(Louisa Moats)는 교사의 읽기 쓰기 발달에 관한 지식이 마치 로켓을 만드는 데 필요한 고도의 전문 지식과도 같다고 비유했다(Moats, 1999; 김영숙, 2017: 11에서 재인용). 일반적인 읽기 쓰기 교육이 이렇게 어려운 일이라면 읽기 부진을 겪는 아이들을 가속화하는 것은 차원이 다른 어려움을 가진 일, 말하자면 초고도의 전문성이 필요한 일이다. 이 일을 교사가 하는 것과 그러한 교사 전문성을 키우는 것 모두 정말 어려운 과업이라는 사실을 전제한 실험임을 밝히고 이야기를 시작한다.

1 읽기 따라잡기 PDS의 개요

읽기 따라잡기 PDS의 개요는 『읽기 따라잡기를 위한 표준과 가이드라인』(읽기 따라잡기 위원회, 2021)에서 살펴볼 수 있다. 이 표준과 가이드라인은 읽기 따라잡기 프로그램이 높은 수준의 질을 유지하고 전국적으로 확산 가능한 체계성을 확보하기 위해 마련되었다. 여기에는 읽기 따라잡기 프로그램의 운영 방법과 실행 단위, 그리고 읽기 따라잡기의 실행 주체들이 갖추어야 할 조건과 지켜야 할 규정 등이 명시되어 있다. 그중 조직과 전문 인력에 관한 사항은 [그림 23]과 같다.

읽기 따라잡기 전문 인력은 세 단계의 읽기 따라잡기 실행 시스템에 의해 관리되고 작동된다. 1단계 시스템은 학교를 기반으로 읽기 따라잡기 교사가 읽기 따라잡기 수업을 실행하는 수준이다. 2단계 시스템은 읽기 따라잡기 실행의 기본 단위인 지역 센터를 기반으로 교사 리더가 읽기 따라잡기 교사를 양성하고 관리하는 수준이다. 3단계 시스템은 독립된 권역에서 읽기 따라잡기 트레이닝 센터를 기반으로 읽기 따라잡기 트레이너가 교사 리더를 양성·선발하고 관리하는 수준이다. 다음은 각 단계의 전문 인력에

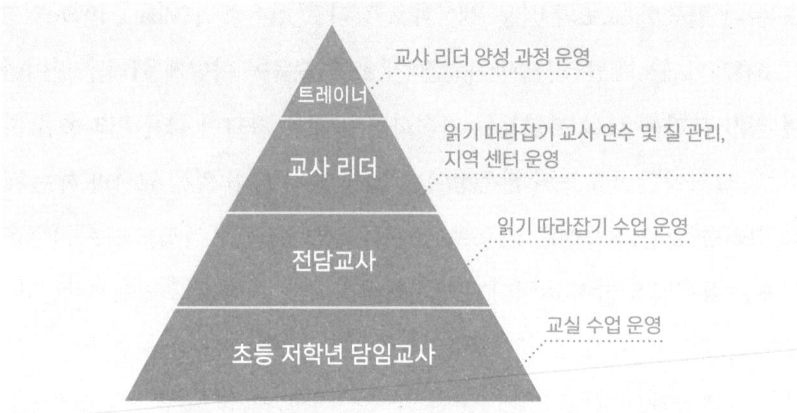

[그림 23] 읽기 따라잡기 PDS의 조직과 전문 인력의 역할

대한 설명이다.

- 읽기 따라잡기 교사: 읽기 따라잡기 수업 전문성을 갖추고 읽기 따라잡기 수업을 실행하는 교사.
- 읽기 따라잡기 교사 리더: 읽기 따라잡기 수업 전문성과 읽기 따라잡기 교사 양성 전문성을 갖추고, 읽기 따라잡기 지역 센터의 사업을 실행할 자격을 갖춘 교사. 저학년 읽기 부진 학생을 대상으로 한 읽기 따라잡기 수업을 일상적으로 수행해야 하며, 읽기 따라잡기 교사 연수에 연수 요원으로서 지속적으로 참여해야 한다.
- 읽기 따라잡기 트레이너: 읽기 따라잡기 교사 및 교사 리더 양성에 필요한 전문성과 자격을 갖추고, 독립된 권역에서 대학 혹은 시도교육청의 읽기 따라잡기 트레이닝 센터를 운영하는 사람. 읽기 따라잡기 트레이닝 센터는 해당 권역의 읽기 따라잡기 프로젝트를 실행하고 관리한다.

2 2020년, 읽기 따라잡기 PDS 실험

당시 내가 근무하던 학교에서 교사들이 합의한 가장 큰 과제는 '기초학력 향상'이었다. 앞서 말했듯 우리 학교는 조손 가정, 한부모 가정, 다문화 가정의 비율이 꽤 높은 읍내의 학교였기 때문에 학생들의 가정 문해 환경이 전반적으로 취약한 편이었다. 따라서 학교가 그 부분을 메우기 위해 노력할 필요가 있었다. 다행히 기초학력 향상을 위해 해야 할 일을 모든 교사가 함께 고민하는 문화가 형성되어 있어서 어느 정도 실험이 가능한 여건이었다.

읽기 따라잡기 PDS에서는 교사 리더가 지역 센터를 운영하게 되어 있다. 나는 이 계획대로 교사 리더가 지역 센터의 사업을 실행할 수 있을지 궁금했다. 그래서 우선 이를 실험해 보되, 교사 리더 1명의 실험이라 지역 센터를 설립하기보다는 지역에서 교사 리더가 할 수 있는 일들에 초점을 맞추어 탐색하기로 했다.

또한 나는 읽기 따라잡기 연수를 받은 후 담임교사로서 우리 반 학생을 지도하는 경험만 해 보았기 때문에, 전담교사로서 개별화 지도를 한다면 어떤 차이가 있을지 알아보고 싶었다. 그리고 개별화 지도 외에도 교내에서 교사 리더에게 요구되는 역할이 있을 거라고 생각했다. 그에 따라 나는 학교에서 교사 리더가 할 수 있는 일들을 구상하고 실험해 보았다.

교사 리더로서 지역 센터 운영 실험

읽기 따라잡기 PDS는 앞으로 읽기 따라잡기가 나아가고자 하는 정책의 큰 그림이다. 최종적으로 도달하려는 정책을 교사 리더 개인이 구축할 수 없는 현실을 고려하여, 지역 센터의 형태 자체보다는 할 수 있는 일에 집중하여 계획을 세웠다.

일단 우리 학교와 인근 학교에서 읽기 따라잡기 연수를 이수(10시간의 읽기 따라잡기 기초실행과정 연수 포함)한 교사 6명과 연구회를 조직하였다. 우리는 매주 월요일 저녁 6시에 만나 세 시간 동안 읽기 따라잡기와 초기 문해력 교육에 관한 이론적 바탕을 공부하고, 각자 진행한 개별화 수업 영상을 함께 보면서 서로의 수업을 컨설팅하며 전문성을 개발하기 위해 노력하였다. 이러한 시간이 축적되면서 우리는 짧은 지역 연수 개설도 가능하겠다고 판단했다. 우리 지역과 인근 지역 두 개 권역에 읽기 따라잡기 기초실행과정 연수(10시간)를 개설하여 함께 연수를 진행하였다.

막상 시작하고 보니 처음 계획할 때 예상했던 것보다 훨씬 많은 일을 할 수 있었다. 인력과 예산을 갖춘 공식적인 지역 센터가 개설된다면, 읽기 따라잡기 PDS에서 추구하는 목표를 충분히 달성할 수 있겠다는 확신을 갖게 된 실험이었다.

교사 리더로서 학교 내 역할 실험

학교를 하나의 지역 센터로 상정하고 교내에서 교사 리더로서 수행했던 역할에는 크게 세 가지가 있었다. '1, 2학년 담임교사·특수교사·기초학력 지도강사 컨설팅, 교내 읽기 따라잡기 연수, 읽기 따라잡기 전담교사로서의 실행 연구'가 그것이다. 이를 하나씩 살펴보자.

첫째, 1, 2학년 담임교사와 특수교사를 읽기 따라잡기 전담교사로 바라보고, 교사 리더로서 지속적으로 컨설팅을 실시하였다. 이는 우리 학교 2학년 담임교사 1명과 특수교사가 읽기 따라잡기 연수를 이수했기 때문에 가능한 실험이었다. 지역 특성상 선발한 기초학력 지도강사[2] 또한 컨설팅 대상이었다. 다만 물리적으로 개별화 수업을 직접 보고 컨설팅할 시간을 확보하기가 어려웠다. 그래서 교사들이 읽기 따라잡기 수업을 하는 과정에서 문제가 생기거나 질문이 있을 때 그 부분의 수업 영상을 함께 보면서 문제를 고민하고 해결하는 방식으로 진행하였다.

비록 온전한 수업을 참관하고 컨설팅하지는 못한, 다소 단순화된 실험이었지만 돌아보면 서로의 성장에 많은 도움을 준 시간이었다. 교내에 초기 문해력 교육에 대한 전문성을 갖춘 교사가 배치되어 관련된 일에만 집중할 수 있는 여건이 마련된다면, PDS 구축 계획 이상의 역할을 할 수도 있겠다고 생각했다.

둘째, 1, 2학년 교사, 특수교사, 읽기 부진 문제에 관심이 있는 교사, 학교 관리자, 기초학력 지도강사를 대상으로 3회에 걸쳐 교내 연수를 진행하였다. 초기 문해력의 개념, 학력 격차의 원인과 심화 기제, 읽기 따라잡기의 개요 등을 중심으로 연수를 구성하였다. 학교에 개별화 교육 지원팀이 구성되려면 어떤 이해가 필요한지, 또 그것이 현실적으로 작동할 수 있는지를 가늠해 보려는 목적이었다. 특히 학교 관리자에게 PDS 구축 실험을 미리 설명하고 연수에 꼭 참석해 달라고 요청했는데, 이를 통해 학교 관리자가 실험에 대해 잘 이해하게 된 것이 이후의 과정을 수월하게 진행하는 데 큰 도움이 되었다. 개별화 교육 지원팀이 형식적으로 존재하는 것을 넘어 실제적으로 운영되기 위해서는 철학과 이론의 기반이 공유되어야 함을 확인할 수 있었다.

2 내가 근무하던 학교에서는 교사들만으로 개별화 지도가 필요한 모든 학생을 지원하기 힘들다고 판단하고, 이 학생들을 매일 지도해 줄 기초학력 지도강사를 채용하였다. 지도강사는 전문성을 갖춘 강사를 찾기가 어려워 유치원 교사 자격을 갖춘 학부모 중에서 선발하였다.

연수 이후, 문해력 교육 부분에 어려움이 있거나 평가 방법 및 내용 구성 등에 궁금한 점이 있을 때 선생님들 간에 쉽게 질문하고 생각을 공유하는 분위기가 형성되었다. 아이들의 읽기와 쓰기 성장에 대해 자연스럽게 이야기를 나누고 좋은 책을 추천하는 분위기도 생겨났다. 학교 내 전문적 학습공동체를 통해 추구하는 학교 문화가 바로 이것인데, 공통된 관심사를 가지고 공부하는 분위기가 자연스럽게 만들어진 것이다.

셋째, 담임교사로서 하고 있던 개별화 지도와 별개로, 내가 담임을 맡고 있지 않은 아이를 선정하여 전담교사로서 개별화 지도를 해 보기로 했다. 그때까지 직접 전담교사가 되어 실험해 보지 않았다는 것이 교사 리더로서 연수를 진행하는 중에도 계속 마음 한 구석을 불편하게 만들었기 때문이다. 사실 담임과 전담교사를 병행하는 대신 전담교사 역할에만 집중함으로써 읽기 따라잡기 프로그램의 효과성을 온전히 경험해 보고 싶었지만 사정상 그러지는 못했다.

나는 전담교사로서 한 학기에 1명을 지도하기로 하고, 2학년 담임교사들과 협의하여 읽기 최저 수준인 학생을 선정했다. 2학년 학생 중에서 선정한 이유는 문해력의 기초 기능 확립이 완성되는 시기가 2학년임을 고려했기 때문이다.[3] 즉, 2학년 중 최저 수준인 아동이 가장 시급한 개별화 교육 지원 대상이라고 판단했다. 앞에서 소개한 '두리'가 바로 1학기에 선정된 학생이었다. 두리는 사전 검사로 실시한 1학년용 초기 문해력 검사 결과

3 엄훈(2019a)에 따르면, 초기 문해력 시기는 가정에 머무르는 시기와 학교 교육이 시작되는 K-2 시기로 나눌 수 있다. 가정에 머무르는 시기에는 가정의 문해 환경이 문해력 발달에 결정적으로 작용한다. K-2 시기에는 교육과정에 기반한 교사와의 상호작용이 시작되고, 읽기를 위한 학습(learning to read)이 이루어지면서 문해력의 기초 기능들이 확립된다. 이 K-2 시기는 이후의 문해력 발달에 지속적이고도 결정적으로 영향을 미친다.

원점수 자체가 아주 낮아 구분점수가 대부분 1이었다([표 14] 참조).[4] 6학년 담임을 맡고 있던 나는 수업 중에 풀아웃 방식으로 아이를 지도할 수 없었으므로 우리 반의 5, 6교시를 최대한 교과 전담 시간으로 조정하여 시간을 확보한 다음, 두리의 수업이 끝나는 시간에 맞춰 만났다. 이러한 지도 학생 선정과 시간표 조정은 교내 연수를 통해 관리자를 비롯한 학교 구성원들의 실험에 대한 이해도를 높인 덕에 가능한 일이었다. 개별화 교육 지원팀의 구성이 꼭 필요함을 이 대목에서도 확인할 수 있다.

두리에 이어 2학기에도 2학년 학생 1명을 대상으로 전담교사로서 읽기 따라잡기 수업을 진행하였다. 수업 진행 과정에서 담임교사와 일주일에 한 번 이상 만나 아이의 성장과 어려움, 가정에 안내해야 할 내용 등에 대해 의논하였다. 내가 담임교사와 읽기 따라잡기 교사를 병행할 때는 몰랐던 부분들을 확인하였고, 전담교사 제도가 시행된다면 두 교사의 소통이 필수적임을 알게 되었다. 특히 실제적인 읽기와 쓰기 중심으로 이루어지는 개별화 수업과 교실에서 이루어지는 교과서 중심 국어 수업의 내용 차이로 인해 아이가 어려움을 겪는다는 점을 파악할 수 있었다. 교실 수업도 실제적인 읽기와 쓰기를 중심으로 학습 격차를 고려하여 재구성해야 한다는 인식까지 담임교사와 공유했던 것은 매우 고무적이었다. 또 담임교사와 전담교사가 힘을 합쳐 자녀의 공부를 돕는다는 사실을 알게 된 보호자가 가정에서 적극적으로 자녀의 학습을 돕게 된 것 역시 긍정적인 효과였다.

....

4 엄훈·정종성(2019), Clay(2013)는 구분점수를 바탕으로 문해 지도가 필요한 정도를 제시하였다. 구분점수 1~2에 속하는 아동은 또래에 비해 심각하게 뒤처진 상태로, 집중적인 문해 교육을 받지 않을 경우 학교생활에 심각한 어려움을 겪을 가능성이 높다. 이들은 즉각적이고 집중적인 문해 교육을 받아야만 또래 수준의 문해력을 습득할 수 있다. 구분점수 3~4에 속하는 아동 또한 현재의 문해 수준을 벗어나기 위해서는 교사의 개입이 필요하다.

3 지역 센터 구축의 실현 가능성 확인과 공교육의 책무성

이 한 해 동안의 실험을 통해 제도화된 지역 센터가 없는 상황에서도 자격과 역량을 갖춘 읽기 따라잡기 교사 리더 1명이 생각보다 많은 일을 할 수 있고, 읽기 따라잡기 표준과 가이드라인에 명시된 역할을 대부분 실현할 수 있음을 확인했다. 하지만 담임교사 역할을 하면서 교사 리더로서의 실험을 하는 동안 내 안에서 끊임없이 아우성치는 소리가 있었다. '이걸 누가 시키면 할 수 있을까? 딱 한 해만 하자고 작정했으니 어찌 됐든 해 보는 거지, 더 길면 나가떨어지지.' 같은 소리들이었다. 개인적으로 몇 년에 걸쳐 절실하게 고민했던 문제를 풀 수 있는 방법을 만났지만, 처음의 마음을 유지하기가 참 힘겨웠다. 그래도 읽기 따라잡기가 정책이 되어 제도로 자리잡기 위해서는 누군가 꼭 마중물 역할을 해야 한다는 생각이 있었기에 1년간의 실험을 해낼 수 있었다.

2021년 8월 말 국회 본회의에서 의결된 「기초학력 보장법」은 2022년 3월 25일부터 시행되고 있다. 이 법은 모든 학생의 기초학력을 보장하여 능력에 따라 교육을 받을 수 있도록 그 기반을 조성하는 것을 목적으로 한다. 여기서 기초학력이란 대통령령이 정하는 바에 따라 "학교 교육과정을 통하여 갖추어야 하는 최소한의 성취기준을 충족하는 학력"을 말한다. 배움의 과정에서 소외되는 학생이 없도록 기초학력 보장에 대한 국가의 책무성을 강화하고, 기초학력 진단 결과를 토대로 학습 지원 대상 학생을 체계적으로 지원하고자 하는 법이 「기초학력 보장법」이다.

그러나 '모두 성장하는 맞춤형 학력 향상', '한 아이도 놓치지 않고 기초학력 책임지겠습니다.' 등의 슬로건과 담임 책임 지도제 등의 정책은 늘 있었다. 이런 말들은 학교 현장에서 그저 듣기 좋은 미사여구가 되어 있는 경우가 많다. 어떤 정책이든 그 내용과 취지가 아이들에게 제대로 가닿으려면 교사들이 움직여야 한다. 그런데 과연 교사들이 당장 다른 방법으로 움직일 수 있는 여건을 마련하고 있을까? 아니, 어떤 여건을 마련해야 하는지를 살펴보고나 있을까? 기초학력 보장 문제를 고민하고 여러 해 동안 노력해 온 현장 교사로서 의심하지 않을 수 없다.

공교육의 책무성을 이야기할 때 너무나 쉽게 '교사의 책임'을 운운한다. 그러나 '공교육이 곧 교사'라는 등식은 성립될 수 없다. 교육을 통해 아이들의 기초학력을 보장하는 것이 교사의 책무라는 사실은 부정할 수 없지만, 이 책무를 실현할 수 있도록 제반 여건을 조성하는 것은 교사 혼자서 할 수 있는 일이 아니다. 아이들에게 어떤 어려움이 있는지, 교사들이 교육에 집중하려면 어떤 지원이 필요한지, 학습에 심각한 어려움을 겪는 아이들을 교육하기 위해 갖추어야 할 전문성은 무엇인지 등을 고민하고 연구하고 해결하는 것은 공교육과 관련된 모든 사람이 함께 해야 하는 일이다.

지금껏 우리는 '책임'이라는 말을 너무 자주 그리고 쉽게 사용해 와서 그 말에 조금 무뎌졌을지도 모른다. '책임'에 대해 자세히 설명하는 다소 긴 글을 인용하여, 책임진다는 것이 얼마나 섬세해야 하는 일인지를 말해 보려고 한다. 다음은 고병권이 장애인의 배움과 자립을 위한 학교인 노들장애인야학에서 철학 교사로 지내며 사유한 내용을 담아 펴낸 에세이집 『묵묵』의 일부분이다.

> 지난번 영어책을 읽다가 문득 '책임', 즉 'responsibility'라는 말에 눈이 갔다. 이 말은 'response'(응답)라는 말과 'ability'(할 수 있음)라는 말의 합성어다. 요컨대 '책임'을 글자 그대로 풀면 '응답할 수 있음'이 되는 것이다.

(중략) '응답한다'는 것은 그 전에 '말 걸어옴'이 있다는 뜻이다. '응답'은 일종의 '말하기'이지만 단순한 말하기가 아니라 '듣기'를 전제한 말하기라고 할 수 있다. 듣지 않고 말할 수는 있지만 듣지 않은 것을 응답할 수는 없기 때문이다. 요컨대 책임은 '듣기'를 전제로 해서만 성립하는 '말하기'라고 할 수 있다. 바꾸어 말하면 들을 수 없는 존재는 책임질 수도 없다. 듣지 못할 때 우리는 근본적으로 무책임하다.

한발 더 나아가 보자. 책임이 '듣기'를 바탕으로 성립한다면, 우리는 책임이라는 말을 통해 타자의 '말 건넴'을 인정하는 것이다. 다시 말해 우리는 우리에게 다가온 타자가 목소리를 가진 존재라는 걸 인정하는 것이다. 이것은 책임이라는 말이 우리에게 요청하는 태도다. 목소리가 들리지 않는다고 해서 우리는 타자가 목소리를 내지 않았다고, 심지어 그에게는 목소리가 없다고 간주해서는 안 된다.

타자에게 책임 있게 다가간다는 것은 타자가 이미 내게 다가와 있음을 인정하는 것이다. 즉 타자가 목소리를 내고 있으며, 다만 내게 들리지 않고 있음을 인정하는 것이다. 그러므로 책임이란 단지 '들을 수 있음'을 통해서만 성립하는 것이 아니라 '들으려 함'에서 성립한다는 것을 알 수 있다. 단순히 타자의 말을 들을 수 있는 청취 능력이 아니라, 타자의 말을 들으려는 의지, 욕망, 노력이라는 것이다.

이는 우리 사회의 소수자들을 '목소리 없는 자들'로 간주하는 것이 얼마나 위험하며 무책임한 태도인지를 깨닫게 한다. 책임 있는 행동이란 타자를 대신해서 말하는 것이 아니다. 그것은 타자가 목소리를 내는 존재라는 걸 인정하고 그 목소리를 들으려 노력할 때만 성립한다.

(고병권, 2018: 48)

이 구절을 보면 지금까지 공교육에서 슬로건처럼 내세웠던 '책임'이 실패한 이유를 찾을 수 있다. 우리는 아이들이 왜 어려운지, 무엇이 어려운지, 그래서 무엇이 필요한지를 들으려고 하지 않았다. 그러니 우리는 아이들의 말을 듣지 않는 존재, 즉 아이들을 책임질 수 없는 존재였는지도 모른다. 12년 학교생활을 그저 견디고만 있는 아이들이 있다는 걸 우리 사회가 정말 몰랐을까? 교사들은 학교생활과 공부가 어려운 아이들에게 무엇이 얼마나 어렵고 힘든지를 진심을 담아 물어보지 않았다. 또 교육 당국은 교사들에게 아이들의 어려움을 돕는 일을 가로막고 있는 것이 무엇인지, 어떤 지원이 필요한지를 진지하게 물은 적이 없었다. 결국 근본적으로 우리 교육은 학습에 어려움을 겪는 아이들에게 무책임했던 것이 아닐까?

책임을 다하기 위해서는 우선 교실에서 매일의 시간을 견디는 것이 힘든 아이들이 있음을 사회와 교사가 알아야 한다. 또한 아이들이 분명히 내고 있지만 쉽게 들리지 않는 목소리, 그 소리를 애써 들으려는 교사의 노력이 필요하다. 애초에 잘 들리는 소리였다면 그동안 시행된 여러 정책이 학습 부진 문제를 이미 해결했을 것이다. 하지만 그 소리는 고도의 전문성을 갖추고 아이의 곁에 앉아 세심하게 마음을 포개야 비로소 들리는 소리이다. 동시에, 그 교사의 목소리를 적극적으로 들을 수 있는 공적인 통로 또한 필요하다. 그래야만 「기초학력 보장법」이 목표로 하는 지점에 도달하게 해 줄 제반 여건을 조성할 수 있다. 결론은 공교육의 책무란 수많은 사람이 '함께 제대로' 책임져야 할 성격의 일이라는 것이다.

4 시작을 위해 가장 필요한 한 걸음

입학하자마자 학교 공부가 너무 어려운 아이들, 그러다가 결국 교실에서 소외되어 버리는 아이들이 얼마나 힘든가를 설명해 주는 흥미로운 연구를 보았다. 퍼듀대학교 심리학과 교수인 키플링 윌리엄스(Kipling Williams)는 우연히 공놀이 게임에 합류해서 함께 놀다가 어느 순간 배제된 자신의 경험을 바탕으로, 캘리포니아대학교의 나오미 아이젠버거(Naomi Eisenberger) 박사와 실험을 진행했다. 그리고 그 결과를 2003년 과학 저널 『사이언스(Science)』에 「거절은 우리를 아프게 하는가? 사회적 배제에 대한 기능적 자기공명영상 연구(Does Rejection Hurt? An fMRI Study of Social Exclusion)」라는 제목의 뇌과학 논문으로 발표했다.

방에 들어간 실험 참가자는 컴퓨터로 공 던지기 게임을 합니다. 모니터 화면에서는 참가자를 포함해 게임에 참여한 세 명의 사람을 보여줍니다. 참가자는 누구에게 공을 던질지 선택할 수 있습니다. 그러나 참가자를 제외한 두 사람은 사실 다른 참가자가 아니라 컴퓨터 프로그램이었습니다. 게임이 시작되면 화면 속 세 사람은 서로 공을 주고받다가, 어느 순간부터 실험 참가자를 배제하고 나머지 두 사람만이 서로 공을 주고받습니다. 연구팀은 이 과정에서 기능적 자기공명영상(fMRI) 기계로 참가자 뇌의 어느 부위에 피가 모여 활성화되는지 관찰합니다. 즉 사회적 관계에서 고립되고 따돌림을 겪어 감정적 고통을 느낄 때 인간의 뇌가 어떻게 변화하는지 확인한 것입니다.

그 결과 신체적인 고통에 반응하는 전측 대상회 피질이 활성화되는 것으로 나왔습니다. 폭행을 당하는 것과 같은 물리적 고통을 느낄 때 활성화되는 부위인 전측 대상회 피질이 심리적 고립에 따른 감정적인 고통을 겪는 동안 활성화되었던 것입니다. 이 논문은 간결한 실험 디자인과 직관적인 결과를 보여 주며 사회적 배제가 인간의 몸을 어떻게 변화시키는지에 대한 역사적인 연구로 인정받게 됩니다.

(김승섭, 2022: 101-102)

읽기 따라잡기 연수를 받으면서 개별화 지도를 하는 교사들이 입을 모아 하는 이야기가 있다. 아이들의 읽기 문제가 조금씩 해결되면서 교우 관계나 행동 면도 눈에 띄게 좋아진다는 이야기이다. 컴퓨터 프로그램 속 공놀이에서 배제되는 경험도 폭행을 당하는 고통과 맞먹는다는데, 아이들 삶의 대부분을 차지하는 교실에서의 일상적인 배제와 소외가 아이들에게 주는 고통이란 겪어 보지 않은 사람이 감히 형언할 수 없는 정도일 것이다. 학교에서 자신이 겪는 어려움을 곁에 앉아 들어 주고 지지해 주는 사람이 있다는 것, 자기 속도대로 공부하면서 '나도 할 수 있구나'를 확인하는 시간을 가지는 것은 아이들의 삶을 바꾸는 일임에 틀림없다.

깊은 슬픔과 분노, 고민이 부조리한 사회를 바꾸는 동력인 것은 분명하지만, 그 자체로는 힘을 가지지 못한다. 함께 걸으며 그의 목소리를 충분히 듣고 지지하는 사람이 기록과 분석을 통해 대안을 내놓는 과정이 있어야 그 힘이 더 나은 변화로 이어질 수 있다. 학교에서 어려움을 겪는 아이들과 함께 걸으며 그 목소리와 성장 과정을 기록하고 분석할 사람은 교사밖에 없다. 그래서 다시 읽기 따라잡기 프로그램의 원칙으로 돌아가 보려고 한다.

1. 아이로부터 출발하라.
2. 교사를 세워라.

읽기 따라잡기에서 추구하는 내용 및 방식과 유사한 기초학력 전담교사 제도가 여러 지역에서 다양한 이름으로 시행되기 시작하였다. 이는 물론 반가운 일이지만 그러한 역할을 하는 교사의 전문성을 기르기 위한 방법, 그 교사가 학교 내에서 제 역할을 할 수 있는 여건을 조성할 방법 등에 대한 고민과 연구는 빠진 채 사회의 필요에 따라 제도를 시행하기에만 급급한 형편이다. 지금까지 학습 부진 문제를 해결하기 위해 만들어진 수많은 정책이 실패했던 바로 그 방식을 되풀이하고 있는 것이다.

깊이 생각하지 않아도 자명한 사실이 있다. 학교에서 어려움을 겪는 아이 옆에 앉아 아이의 목소리를 들을 수 있는 사람은 교사이다. 그리고 아이로부터 출발하고 아이 옆에 교사가 설 수 있는 공간은 학교이다. 따라서 교사가 전문성을 갖추고 제 역할을 다하기 위해서는 학교가 필요한 여건을 갖추어야 한다. 새로운 방법을 시도할 때 모든 여건을 완벽하게 갖추고 시작하는 것은 불가능한 일일지도 모른다. 하지만 하나의 학교를 제대로 된 모델로 만들어서, 새로운 방식을 도전해 보는 사람들과 실행 중에 어려움을 겪는 사람들이 비추어 볼 수 있게 하는 것은 꼭 필요하다. 그리고 학교 모델 연구는 지금까지 준비된 여건에서 충분히 실현 가능하고 가장 빠르게 접근할 수 있는 길이다.

시작을 위해 가장 필요한 한 걸음은 읽기 따라잡기를 연구하는 대학의 연구자, 읽기 따라잡기를 공부하여 전문성을 갖춘 교사, 읽기 부진 문제를 안고 있는 학교의 구성원, 교육청의 담당자가 모여 머리를 맞대는 것이다. 그런 다음 새로운 방법을 실현하기 위한 여건과 그 여건을 조성하는 데 필요한 지원을 자세하게 확인해야 한다. 특히 대학의 연구자와 교사는 아이가 개별화 지도를 통해 개별화 교실과 교실 수업에서 성장해 가는 과정을 상세히 기록하고 분석해야 한다.

이것이 기존의 연구학교나 실험학교와 무엇이 다른가 하는 의문이 생길 수도 있다. 제일 큰 차이는 현장 연구 역량을 지닌 전문가로서의 교사와 현장의 문제를 들여다보고 연구하는 대학 연구자의 존재이다. 우리가 새로운 교육을 모색할 때 자주 참고하는 핀란드의 경우, 수준 높은 교사 자질이 세계적인 교육 모델의 기반을 이루고 있다. 핀란드에서는 일찍부터 5년제 석사 과정으로 교사를 양성하는 개혁을 단행하였고, 지금도 교사를 현장 연구 역량을 지닌 자율적 전문가로 길러 내기 위해 노력한다. 예를 들어 교생 실습만 놓고 보더라도 교사 훈련 학교(teacher training school)가 아닌 일반 학교에서는 교육 실습생을 지도할 수 없다. 이 교사 훈련 학교의 교사가 되려면 2년가량 연수를 받아 별도의 교육 실습생 지도 자격증을 취득해야 한다(이혁규, 2022: 199). 핀란드 교육의 핵심은 교사를 현장 연구 역량을 지닌 전문가로 양성하고, 이 전문성이 발휘될 수 있는 현장의 여건을 만들어 가는 것임을 알 수 있다.

읽기 따라잡기에 대한 길고 긴 이야기의 시작점이자 종착점은 '아이로부터 출발할 수 있는 교사 전문성'이다. 이 이야기를 깊이 이해해 보려는 어른들이 많아지기를 바라는 마음으로, 이 부의 첫머리에 언급한 다큐멘터리 감독 김현우의 글을 소개한다. 초등학교에 입학하자마자 읽기와 쓰기가 어려워서 고군분투하는 아이들을 이해하려는 교사들이 늘어나고, 그들이 원래의 자리로 돌아오지 못하는 일이 많아졌으면 한다.

> '이해하다'라는 뜻을 지닌 understand의 어원은 '(어떤 것의) 한가운데에 서다, 사이에 서다'라는 뜻이다. 그러니까 이해의 대상 '안으로' 들어가서 대상의 위치에 서 보는 것이 이해다. 그것은 위치의 이동을 전제하는 행위이고 기존의 위치, 즉 나의 맥락을 벗어날 것을 요구한다. 이해란 머리나 마음

이 아니라 행동으로, 몸으로 하는 것이다. 때로 그렇게 자리를 이동하고 나면 내가 원래 있던 자리로 돌아오지 못할 수도 있다. 이해한다는 것은 그만큼 어떤 의미에서는 위험한 행동이기도 하다. 그런 위험을 감수하지 않은 채, 자기가 앉은 자리에서 조금도 움직이지 않은 채 남발하는 이해가, 그런 이해를 바탕으로 전하는 이야기나 행동이 공허한 이유다. 그때 채워지는 것은 자기 자리를 벗어나지 않은 사람의 자기만족밖에 없다.

(김현우, 2021: 138-139)

에필로그

조금 늦게, 읽기 따라잡기를 시작하는 교사들

지금까지 우리는 학교 속의 문맹자들, 즉 학교라는 공간에서 조금 늦게 읽기를 시작하는 아이들을 위한 읽기 따라잡기 프로그램을 이해하는 여정을 함께해 왔다. 이 여정을 마무리하기에 앞서, 사구아로 선인장이 숲을 이루기 전의 "뜨겁고 메마른 사막"으로 다시 돌아가 보자.

제르마노 쥘로(Germano Zullo)가 글을 쓰고 알베르틴(Albertine)이 그림을 그린 『작은 새』(2013)에는 날마다 사막을 가로질러 새들을 실어 나르는 트럭 운전사가 등장한다. 그림책의 첫 장을 펼치면, 보이는 것이라곤 지평선밖에 없는 황량한 사막 한가운데 외줄기 길이 놓여 있다. 많은 차들이 오가면서 자연스럽게 생겨났을 그 길 위로 빨간 트럭 한 대가 달린다. 사막 위를 달리다가 모래 절벽 앞에 멈춰 선 트럭에는 운전사만 타고 있다. 그리고 아래에 "보통 때와는 다른 날들이 있습니다."라는 이 책의 첫 문장이 등장한다. 빨간 트럭을 몰고 사막을 달려온 운전사는 오늘 처음 이곳에 온 것이 아니며, 아마도 같은 트럭을 몰고 매일 똑같은 길을 오가는 일상에 무감각해져 있었을 것이다. 하지만 그런 보통의 날들에도 크고 작은 균열이 일어나기 마련이다.

트럭에서 내려 뒤쪽으로 걸음을 옮긴 운전사가 짐칸 문을 열자, 크고 검은 새 한 마리가 기다렸다는 듯 힘껏 날개를 펴고 날아오른다. 그 뒤를 이어 트럭에 실려 먼 길을 오느라 갑갑했을 각양각색의 새들이 날개를 활짝 펴고 하늘을 향해 날아간다. 새들이 앞다투어 날아가고 조금 늦게 짐칸을 벗어난 새도 차츰 트럭에서 멀어지는 모습을 물끄러미 지켜보던 운전사가 오늘 해야 할 일을 끝낸 것에 안도하며 짐칸 문을 닫으려는 순간, 어둠 속에서 두 개의 눈이 반짝인다. 무심코 문을 닫았다면 이날도 보통 때와 똑같은 날이 되었겠지만, 운전사는 그 많은 새들을 날려 보낸 후에도 어둠 속을 살핀다. 운전사의 눈앞에 비로소 모습을 드러낸 것은 "보잘것없"이 사소하고 작은 새 한 마리였다.

운전사는 허리를 잔뜩 굽혀 작은 새와 눈을 맞추고는, 다른 새들처럼 멀리 날아가라며 하늘을 가리키고 팔을 활짝 벌려 날갯짓하는 시늉을 해 본다. 하지만 작은 새는 운전사를 쳐다만 볼 뿐 미동도 하지 않는다. 당신이라면 이제 어떻게 하겠는가? 당신은 못 본 척, 아무 일도 없었다는 듯 작은 새를 짐칸에 남겨 둔 채 문을 닫고 왔던 길을 따라 집으로 돌아갈 수도 있다. 시간이 약간 지체되었지만 지금이라도 늦지 않았으니까. 아니면 작은 새를 꺼내 사막에 내려놓은 다음 트럭을 몰고 출발할 수도 있다. 당신의 일은 짐칸에 싣고 온 새들을 자연으로 돌려보내는 것이지 자연으로 돌아간 새들이 앞으로 어떻게 살아갈지 걱정하는 것은 당신의 의무가 아니며, 걱정한다고 해도 새들의 운명을 바꿀 수는 없을 테니까. 어차피 자연환경에 적응한 개체만이 살아남는 자연선택(natural selection)은 일어나기 마련이고, 작은 새가 나는 법을 배우지 못한 것도 당신 탓이라고 할 수는 없지 않은가. "대부분의 사람들은 작은 것들을 알아보지"도 못하는데, "눈에 잘 띄지"도 않던 이 새를 못 본 척 지나친다고 해서 당신을 비난할 사람은 없을 것이다.

『작은 새』의 운전사는 어떤 선택을 할까? 잠시 작은 새의 곁에 앉아 사막을 바라보던 운전사는 주머니에서 빵을 꺼내 작은 새와 나눠 먹고는 하늘을 나는 법을 가르치기 시작한다. 운전사가 날갯짓하는 시범을 보이다가 앞으로 넘어지자, 그 모습을 지켜보던 작은 새가 마침내 날개를 펴고 서툴지만 조심스럽게 날아오른다. 운전사가 하늘을 나는 법을 알려 줄 수는 있지만 작은 새를 대신해서 날아 줄 수는 없다. 그런데 운전사의 시범을 지켜보던 작은 새가 자신의 날개를 어설프게 파닥이나 싶더니 스스로 날아오른 것이다. 어느새 작은 새는 제법 멋지게 하늘을 날고 운전사는 가만히 서서 미소를 띤 채 작은 새가 높이, 그리고 멀리 날아가는 모습을 지켜본다. 언뜻 운전사를 돌아본 작은 새는 이내 자신보다 먼저 날아오른 새들의 무리와 합류하고, 운전사는 다시 트럭을 몰고 왔던 길을 되돌아가기 시작한다. 잠시 후 사막을 달리는 빨간 트럭 뒤로 작은 새가 나타나더니 그 뒤를 이어 트럭을 떠났던 새들이 떼 지어 쫓아온다. 그리고 차에서 내린 운전사는 자신이 날려 보냈던 새들에게 이끌려 하늘로 날아오른다. 『작은 새』의 이야기는 작은 새와 함께 하늘 높이 날아가는 운전사를 보여 주며 끝을 맺는다.

매일 똑같이 반복되는 일상에 찾아온 이 마법과도 같은 사건으로부터 우리는 어떤 의미를 찾아낼 수 있을까? 교사들의 "보통 때"를 생각해 보면, 1년 내내 같은 교실에서 같은 시간에 같은 아이들과 하루를 시작하고 마무리한다. 이런 반복적인 일상에서 아이들 하나하나가 들려주는 목소리에 귀를 열고 마음을 기울이기란 쉽지 않다. 황량한 사막을 홀로 오가야 했던 『작은 새』의 운전사처럼, 혼자서 많은 아이들을 데리고 여러 과목을 가르치며 쏟아지는 잡무까지 처리해야 하는 교사들에게 매일의 일상은 평소와 똑같은 날일 뿐이어서 그다지 특별하게 느껴지지 않는다. 그래서 눈에 잘 띄지 않지만 누군가 자신을 알아봐 주기를 기다리고 있는 교실 속 '작은 아이'를 발견하지 못할 수도 있다. 혹여 발견한다고 해도 다른 아이들을 돌보느라, 남아 있는 업무에 치여서, 또는 어떻게 도와줘야 할지를 몰라서 그 아이에게 선뜻 손을 내밀기 어려울 것이다.

하지만 힘이 든다는 이유로 교사가 먼저 손을 내밀지 않는다면, 학교에서 자신이 할 수 있는 것들을 보여 줄 기회를 잃어버린 아이들, 기능적 문맹 상태에서 벗어날 기회를 잃어버린 채 숨어 있거나 숨겨진 아이들은 영영 자신의 날개로 나는 법을 배우지 못할 수도 있다. 그러나 교사가 알아보기 시작하면 아이들은 자신이 어떤 존재인지, 무엇을 할 수 있는지 재잘재잘 이야기를 들려줄 것이고 교실은 물론 세상을 바꾸는 마법을 펼쳐 보일 것이다.

읽기 따라잡기는 교실 속 '작은 새'를 알아보고, 또 그 '작은 새'에게 나는 법을 가르치고 싶은 교사들을 위한 프로그램이다. 어두운 짐칸 속에 웅크리고 있었을 '작은 새'가 다정한 운전사의 도움으로 하늘 높이 날아오를 수 있었던 것처럼, 우리 학교 속 문맹자들도 다른 아이들보다 조금 뒤처져 있을 뿐 자신만의 속도로 세상을 향해 날아오를 능력을 가지고 있다. 그들이 더는 자신을 숨기지 않게 손을 잡아 주고, 스스로 날개를 펼치도록 다독여 주고, 또 날 수 있게 차분히 가르쳐 주고, 비행에 익숙해질 때까지 지켜봐 주기만 한다면 말이다. 작은 새는 하늘을 나는 법을 배웠지만 우리 아이들은 글을 읽고 쓰는 법을 배우게 된다는 것이 다를 뿐이다. 혼자 힘으로 글을 읽고 쓸 수 있게 되면 우리 아이들은 당당하게 자신의 삶을 개척해 나갈 것이다.

교사가 특별하고 화려한 기술을 갖추려고 애쓸 필요는 없다. 그저 아이들 앞에 놓인 문을 살짝 열어 주고 그 곁에 다정히 머무르는 것에서부터 변화는 시작된다. 아이의 눈높이에서 머무르고 당신 자신이 문해력 교육의 전문가가 되기 위해 노력하는 것, 모든 1학년이 아니라 꽃님, 두리, 훈이를 위한 문해력 수업을 만드는 것이 그 변화의 시작점에서 교사가 해야 할 일이다. 늦었다고 생각하지 말고 지금 당신의 교실에 앉아 있는 아이들과 가만히 눈을 맞춰 보자. 그리고 꽃님, 두리, 훈이가 자신의 모습을 드러내면 그 아이가 가지고 있는 자산에서부터 수업을 시작해 보자. 교실 속 '작은 새' 또는 '앨리스의 토끼'를 위해 읽기 따라잡기 수업을 실행하고 연구하는 교사들 한 명 한 명의 전문성이 모여, 읽기 따라잡기 프로그램의 이론과 실천이 더욱 풍요로워지고 깊어지기를 기대한다.

부록 1 일상 수업 기록지

읽기 따라잡기 교사는 각 학생의 지도 사례를 연구자의 시선으로 바라보고 고민한다. 또 교수 학습 활동 전반에서 일어난 일, 특히 아이의 활동에서 본 것들을 상세히 기록한다. 그리고 이 기록을 면밀하게 분석하여 읽기와 쓰기에 관한 선행 학습의 정도, 확립된 것들, 문제 상황에 대해 최대한 많은 내용을 수집하면서 일상 수업 기록지를 꼼꼼하게 채워 넣는다. 일상 수업 기록지는 수업 중 또는 수업 직후에 작성한다. 다만 교사가 수업을 하면서 기록하는 것은 쉽지 않은 일이기도 하고, 수업 중 기록에 집중하다 보면 아이를 관찰하는 데 소홀해지거나 중요한 장면을 놓칠 수 있다. 그래서 수업이 끝난 직후에 작성하길 권한다.

이렇게 작성된 일상 수업 기록지는 학습 과정에서 아이가 어떤 발달을 보였는지, 어떤 어려움을 겪고 있는지를 알려 줌으로써 다음 수업의 안내자 역할을 한다. 세분화되고 면밀한 관찰을 바탕으로 한 일상 수업 기록지는 아이가 읽기 따라잡기 수업에서 특별한 어려움에 부딪쳤을 때 참조 자료의 역할을 하기에 충분하다.

일상 수업 기록지 양식은 다양하게 만들어 사용할 수 있다. 제시한 예시 자료는 청주교육대학교 문해력지원센터에서 읽기 따라잡기 교사 연수에 참여하는 교사들에게 배부하는 양식으로, 교사의 필요에 따라 얼마든지 변형하여 사용해도 좋다. 현재 읽기 따라잡기 교사 연수에서 사용 중인 일상 수업 기록지의 작성 방법과 그 예시는 다음과 같다.

일상 수업 기록지 작성 방법

일상 수업 기록

(　　　　)회차　　　　　　　　　　　　　　　　　　　　날짜:　　/　　/

익숙한 책 읽기 (읽기 과정 분석 포함)	읽기에서의 전략적 행동		자모 확립하기, 낱말의 분석과 재구성	자음(19개)		모음(21개)	
	관찰된 행동	교사의 촉진					
아이가 읽은 책들 (☆: 읽기 과정 분석 대상 도서)	익숙한 책 읽기에서 보이는 아이의 전략적 행동 (칭찬할 만한 읽기 행동, 문제 행동, 자기 모니터링, 세 가지 단서 체계의 활용 양상, 자기 수정 행동 등 전략 사용 양상)	아이의 장단점이나 전략적 행동에 대한 교사의 촉진 행동 (▲: 적용한 것 / ☼: 미처 적용하지 못했지만 앞으로 필요한 것)	자모를 확립하기 위한 활동(나의 자모 책 만들기), 읽은 책에서 교사가 선택한 낱말을 가지고 한 활동	ㄱ	ㅌ	ㅏ	ㅐ
				ㄴ	ㅍ	ㅑ	ㅔ
				ㄷ	ㅎ	ㅓ	ㅖ
				ㄹ	ㄲ	ㅕ	ㅘ
				ㅁ	ㄸ	ㅗ	ㅙ
				ㅂ	ㅃ	ㅛ	ㅚ
				ㅅ	ㅆ	ㅜ	ㅝ
				ㅇ	ㅉ	ㅠ	ㅞ
				ㅈ		ㅡ	ㅟ
				ㅊ		ㅣ	ㅢ
				ㅋ		ㅒ	
구성한 이야기(문장 쓰기)	**쓰기를 위한 단어 풀어내기**	**잘라 낸 이야기 조합하기**	**새로운 책 읽기**	**기타 수업에 대한 논평**			
문장 쓰기 활동에서 완성한 이야기 (쓰기 공책의 하단에 쓴 것)	문장 쓰기 활동에서 교사와 학생이 협력하면서 해결한 단어들, 유창한 쓰기를 위해 연습한 것들 (쓰기 공책의 상단에 쓴 것)	잘라 낸 문장으로 한 재구성하기 활동	새로 소개한 책 제목, 새로운 책 읽기 활동에서 특기할 만한 행동과 반응	아이의 행동과 반응, 교사의 수업 활동과 판단에 대한 전반적인 성찰 기록			

일상 수업 기록

(14) 회차　　　　날짜: 2018 / 9 / 5

익숙한 책 읽기 (읽기 과정 분석 포함)	읽기에서의 전략적 행동 — 관찰된 행동	읽기에서의 전략적 행동 — 교사의 촉진	자모 확립하기, 낱말의 분석과 재구성
1) 놀이터 2) 상자를 열었더니 3) 이게 뭐야? (읽기 과정 분석)	· 손가락 짚기를 함. · 음절별로 읽어. 유창한 읽기가 잘 안 됨. · 있어요. → 멈칫하며 [이써요] → [있어요]로 읽어야함.	→ 실감나게 상황을 생각하며 읽어 보기를 권함. 여러 차례 반복해 읽고. 점차 빨리 감정을 넣어 읽고. 손가락을 떼고. 읽도록 함. → 자연스럽게 소리내고. 쓰기와 읽기가 다를 수 있다고 지도 함.	「아게 뭐야?」에 나오는 낱말. '오이' , '당근' 1) 오이 { '오리'라고 처음 적음. 글자 쓰는 순서지도. 2) 당근 { 'ㅇ' 끝소리 찾아보기 · '당'을 소리를 분절해 학습 함. 'ㄷ ㅏ ㅇ', '다+ㅇ' = 엘코닌 박스 이용. → 큰 화이트 보드에서 자석 글자로 만듦.

구성한 이야기(문장 쓰기)	쓰기를 위한 단어 풀어내기	잘라낸 이야기 조합하기	새로운 책 읽기	기타 수업에 대한 논평
나는 복숭아가 좋아요. 독립적으로 작성.	'복숭아'를 도움받아씀. — 소리로만 지도했음에도 스스로 찾아내 씀.	문장 쓰기 한 것 음절 별로 잘라 조합하기 함 — 한 번에 쉽게 함 - 띄어쓰기 헷갈려하기에 선생님에게 불어줄 때 띄어쓰기까지 부르게 함.	(제목) 여기 있었네. 제목은 아는 글자인데 집중력이 다소 떨어져 읽지 못함. — 내용 궁금했는지 책장을 넘겨봄. 그림책의 그림을 전체적으로 보기보다 눈에 띄는 것만 보고 물음에 답함.	활동에 성실히 참여하는 편이지만 많은 흥미를 보이지 않음. 매번이 지루함을 유발한 것 같음. 교사의 칭찬에도 표정 변화가 많지 않음. 교사의 질문에 여전히 '몰라요'라는 대답을 번저하지만 후속 질문에 대해서는 생각해 답을 찾는 시간차가 짧아짐.

자음(19개)		모음(21개)	
ㄱ 확립	ㅌ	ㅏ 확립	ㅒ
ㄴ	ㅍ	ㅑ	ㅖ
ㄷ	ㅎ	ㅓ	ㅔ
ㄹ	ㄲ	ㅕ	ㅘ
ㅁ	ㄸ	ㅗ	ㅙ
ㅂ	ㅃ	ㅛ	ㅚ
ㅅ	ㅆ	ㅜ	ㅝ
ㅇ 끝소리 확립	ㅉ	ㅠ	ㅞ
ㅈ		ㅡ	ㅟ
ㅊ		ㅣ	ㅢ
ㅋ		ㅐ	

부록 2 초기 문해력 검사 도구의 규준

1학년용 검사 도구

초기 문해력 단계는 자소와 음소의 대응 규칙을 습득함으로써 단어 해독 능력을 완성해 가며 텍스트 읽기의 다양한 전략과 관습을 익혀 나가는 시기로, 우리나라의 경우 초등학교 1학년 아이들이 이 시기에 속한다. 이 시기의 아이들은 자신에게 익숙한 고빈도어를 익히면서 음절 글자를 인식하게 된다. 한글 읽기 발달 연구들(윤혜경, 1997a; 신혜정 외, 2009; 엄훈, 2011)을 종합해 볼 때 우리 아이들의 음절 글자 인식은 음절을 음절체와 말미자음으로 분리하여 지각하고, 기본 자음자와 모음자로 구성된 음절체 글자를 분석하며, 이 음절체 글자에 말미자음을 결합하고 분리하는 순서로 발달한다. 그리고 아이가 자소와 음소의 대응 규칙을 완전히 습득하면 새로운 낱말을 분석적으로 읽어 내는 능력을 조직화하고 자동화하게 된다. 1학년 아이들의 이와 같은 발달 양상을 고려하여 1학년용 초기 문해력 검사는 자모 이름 대기(40문항), 단어 읽기(24문항), 읽기 유창성(200음절), 단어 받아쓰기(10문항)의 네 가지 소검사로 구성되어 있다.

자모 이름 대기는 자음자 19문항, 모음자 21문항으로 나뉘며, 자소들의 이름과 소릿값을 정확하게 알고 있는지를 측정하는 검사이다. 자모 이름은 쌍자음을 제외하면 그 자체로 소릿값을 나타내기 때문에 이 검사를 통해 자소-음소 대응 관계에 대한 지식을 알아볼 수 있으며, 검사 결과는 아이의 해독 능력에 대한 좋은 예측치를 제공한다(김애화 외, 2011).

단어 읽기는 시간제한이 없는 상태에서 단어 목록을 정확하게 읽는 능력을 측정하는 것이 목적이며, 단어 읽기의 자동화 수준에 대한 측정은 포함하지 않는다. 단어 목록은 모두 2음절 단어로 이루어져 있으며, 자소-음소가 일치하는 의미 단어와 무의미 단어, 음운 변동 규칙이 적용되는 의미 단어로 구성된다. 특히 자소-음소 일치 의미 단어 목록에는 받침 없는 단어와 받침 있는 단어가 포함되어 있다.

읽기 유창성은 글을 빠르고 정확하고 리듬감 있게 읽는 능력을 측정하는 검사이다. 200음절로 된 설명문 「거북의 알 낳기」*를 읽게 한 후 30초 이내에 정확하게 읽은 음절수를 측정한다. 평가자는 아이의 모든 읽기 반응을 기록한다. 즉 오류, 대체, 추가, 생략 등의 반응을 전부 기록하며, 아이의 소리 내어 읽기 특성을 구체적으로 서술한다. 매케나와 스탈(McKenna & Stahl, 2015)에 따르면 읽기 유창성 검사는 해독의 자동화 정도를 반영하고 텍스트 이해 수준을 가늠할 수 있게 한다.

단어 받아쓰기는 글자-소리 연결 능력을 측정하는 검사이다. 단어 읽기 검사와 마찬가지로 노출 빈도가 높은 2음절 단어로 이루어져 있다. 자소-음소 일치 의미 단어(4개), 무의미 단어(3개), 음운 변동 의미 단어(3개) 쓰기로 구성된다. 음소 일치 의미 단어에는 받침 없는 단어(2개)와 받침 있는 단어(2개)가 포함된다. 단어 받아쓰기는 자소-음소 대응 관계의 활용 수준을 알아보는 데 초점을 둔다. 따라서 단어 전체를 정확하게 썼는지를 채점하는 방식이 아니라, 음절 글자를 구성하는 자모 하나하나를 변별하여 채점하는 '자모 채점 방식'을 사용한다. 이 방식에서는 단어를 구성하는 각각의 음소에 대하여 점수를 부여한다. 음절을 구성하는 초성, 중성, 종성에 1점씩

* 이 텍스트는 7차 교육과정에 의거하여 집필된 초등학교 1학년 『읽기』 교과서에 수록된 설명문을 일부 수정한 것이다.

배점하고 음가가 없는 초성 'ㅇ'에는 배점하지 않는다. 단어 받아쓰기 검사는 단어 읽기 발달 단계뿐 아니라 철자 쓰기 발달 단계의 특성도 반영한다. 이제 막 한글 자모를 익히기 시작하여 창안적 쓰기를 하는 아이들의 문해력 발달 양상을 고려하여, 방향성이나 형태가 정확하지 않더라도 다른 자소와 변별 가능하게 자모를 쓴 경우에는 채점 시 정답으로 처리한다. 예를 들면 'ㄷ'을 뒤집어 쓰거나 'ㄹ'에 꼬리를 붙이거나 'ㅈ' 또는 'ㅊ' 위에 모자처럼 'ㅗ'를 추가하는 경우가 있다. 이 같은 사례들도 정답으로 채점한다.

각 소검사 영역의 원점수는 구분점수(stanine scores)로 환산된다. 구분점수당 비율은 구분점수 5가 20%로 가장 높고, 양쪽 급간으로 갈수록 줄어든다(구분점수 1: 4%, 구분점수 2: 7%, 구분점수 3: 12%, 구분점수 4: 17%, 구분점수 5: 20%, 구분점수 6: 17%, 구분점수 7: 12%, 구분점수 8: 7%, 구분점수 9: 4%). 구분점수 9가 최상위 성취를 보이는 집단이고, 구분점수 1이 가장 낮은 성취를 보이는 집단이다.

구분점수는 검사 실시 후 아동의 문해력 발달 정도를 곧바로 확인할 수 있게 해 준다. 교사들은 구분점수 1과 2에 속하는 아이들을 눈여겨보아야 한다. 이들은 또래 집단에 비해 심각한 읽기 부진 상태에 놓여 있기 때문에 즉각적이고 집중적인 읽기 지도를 받지 않으면 학교생활에서 지속적으로 어려움을 겪을 수 있다(Clay, 2002). 구분점수 3과 4에 속하는 아동은 집중 지도 대상은 아니지만, 교사는 이들의 읽기 발달 양상을 지속적으로 점검하고 읽기 성취가 두드러지게 감소할 경우 즉각 개입해야 한다. 초기 문해력 검사를 학교 현장에 보급한다면 담임교사가 검사의 실시, 채점, 해석을 주도함으로써 읽기 부진 아동을 조기에 발견할 가능성이 높아질 것이다.

초등학교 1학년용 초기 문해력 검사는 Pre-I, I-1, I-2의 세 가지 규준을 제공한다. 다음은 각 규준의 영역별 구분점수와 원점수 분포이다.

• Pre-I 규준의 영역별 구분점수와 원점수 분포

구분점수	1	2	3	4	5	6	7	8	9
자모 이름 대기	0~1	2~8	9~16	17~25	26~29	30~34	35~36	37~38	39~40
단어 읽기	0~2	3~7	8~14	15~17	18~19	20~21	22	23	24
읽기 유창성	0	1~8	9~38	39~55	56~69	70~95	96~112	113~138	139~
단어 받아쓰기	0	1~8	9~20	21~35	36~44	45~47	48	49	

(유효 구간: 1학년 1월~3월)

• I-1 규준의 영역별 구분점수와 원점수 분포

구분점수	1	2	3	4	5	6	7	8	9
자모 이름 대기	0~19	20~26	27~29	30~33	34~35	36	37~38	39	40
단어 읽기	0~11	12~14	15~17	18~19	20~21	22	23		24
읽기 유창성	0~12	13~43	44~69	70~86	87~99	100~115	116~131	132~145	146~
단어 받아쓰기	0~18	19~31	32~42	43~45	46~47	48	49		

(유효 구간: 1학년 4월~9월)

• I-2 규준의 영역별 구분점수와 원점수 분포

구분점수	1	2	3	4	5	6	7	8	9
자모 이름 대기	0~17	18~28	29~32	33~35	36~37	38	39		40
단어 읽기	0~3	4~17	18~19	20~21	22	23	24		
읽기 유창성	0~10	11~59	60~77	78~99	100~115	116~130	131~141	142~158	159~
단어 받아쓰기	0~8	9~40	41~45	46~47	48	49			

(유효 구간: 1학년 10월~다음 해 3월)

2학년용 검사 도구

엄훈(2017)에 따르면 초등학교 2학년은 초기 문해력이 완성되는 시기로, 음운 인식과 글 인식 능력이 발달하고 구어와 문어를 체계적으로 대응시키는 기능적 능력이 발달한다. 즉, 초등학교 1학년은 해독의 기초 기능이 갖추어지고 글 읽기가 시작되는 시기이고, 초등학교 2학년은 해독 능력이 완성되고 유창한 글 읽기가 기대되는 시기라 할 수 있다. 2학년 아이들의 이와 같은 발달 특성에 맞추어 2학년용 초기 문해력 검사는 음절 글자 읽기(49문항), 구절 읽기(12문항), 읽기 유창성(200음절), 문장 받아쓰기(4문항)의 네 가지 소검사로 구성되어 있다. 각 소검사는 1학년 검사 도구와 다음과 같이 계열화되어 있는데, 이는 저학년 아이들의 문해력 발달 양상을 종합적이고 상호보완적으로 측정하기 위함이다.

1학년용		2학년용
자모 이름 대기	→	음절 글자 읽기
단어 읽기	→	구절 읽기
읽기 유창성	→	읽기 유창성
단어 받아쓰기	→	문장 받아쓰기

'자모 이름 대기 → 음절 글자 읽기' 계열은 자소-음소 대응 규칙을 활용하는 해독 기능을 측정하는 것이 목적이다. 자모 이름 대기가 자소들의 이름과 소릿값을 정확하게 알고 있는지 측정하는 검사라면, 음절 글자 읽기는 자소-음소 대응 규칙의 완성 정도를 측정하기 위한 검사이다. 한국어의 음절 구조는 기본적으로 음절체와 말미자음으로 구분된다는 특성이 있

다. 그래서 자소-음소 대응 규칙은 음절 글자를 기본 단위로 하여 발달하는 양상을 보인다. 이런 까닭에 아이가 음절 글자를 모두 읽어 낸다면 자소-음소 대응 규칙을 완성한 것으로 판단할 수 있다. 엄훈(2011)에 따르면 자소-음소 대응 규칙은 대체로 초등학교 2학년 시기에 완성되지만, 발달이 느린 아이들은 초등학교 3학년까지도 완성되지 않는다. 따라서 음절 글자 읽기를 통해 자소-음소 대응 능력을 측정하는 것은 2학년 아이들의 읽기 발달 양상을 확인하는 데 필수적이다.

음절 글자 읽기는 모두 49개의 음절 글자로 구성되어 있다. 한국어의 초·중·종성은 형태와 음가 및 환경에 따라 기본적인 것부터 복잡한 것까지 변별할 수 있는데, 음절 글자 읽기 검사는 이러한 자소-음소의 복잡도를 반영하여 산출한 세 수준의 음절 글자를 포함한다. 1수준은 받침 없는 음절 글자(14개), 2수준은 기본 자소로 구성된 받침 있는 음절 글자(21개), 3수준은 쌍자음과 복잡한 자소로 구성된 받침 있는 음절 글자(14개)이다.

'단어 읽기 → 구절 읽기' 계열은 해독 기능을 넘어선 포괄적 기능인 단어 재인에 중점을 둔다. 스카버러(Scarborough, 2002)에 따르면 단어 재인은 음운 인식, 해독, 그리고 단어에 대한 시각적 인식 능력을 필요로 한다. 구절 읽기에는 문맥 속에서 실현되는 음운 변동의 양상이 부가되어 있다. 초등학교 2학년 아이들은 낱말 이상의 단위를 관습에 맞게 읽고 쓰는 능력이 빠르게 발달한다. 이러한 발달 양상을 측정하기 위해 음운 변동이 반영된 12개의 구절을 개발하였다. 하나의 구절은 두 개의 어절로 이루어져 있으며, 다양한 음운 변동(연음, 된소리화, 구개음화, 비음화, 기식음화, 설측음화, ㅎ탈락, ㄴ첨가 등)이 적용된 단어를 포함한다. 특히 된소리 규칙이 가장 많이 적용되었는데, 우리말에서 된소리화가 가장 흔한 현상이기 때문이다. 또한 구절 읽기 검사 5번 문항의 경우 의미 단서를 활용해야만 정확하게 읽을 수 있다. '잠자리에 들어요.'라는 구절은 의미를 알고 읽는다면 [잠짜리에 드러요]인데, 문맥을 파악하지 못하면 '잠자리'를 [잠자리]로 읽을 가능성이 크다.

'읽기 유창성' 계열은 능숙한 읽기의 특성인 유창성 발달 정도를 측정하는 것이 목적이다. 1학년과 동일하게 200음절로 된 설명문 「거북의 알 낳기」를 읽게 한 후 30초 이내에 정확하게 읽은 음절수를 측정하며, 해독의 자동화 정도를 통해 텍스트 이해 수준을 파악한다.

'단어 받아쓰기 → 문장 받아쓰기' 계열은 들은 것을 이해하고 기억하고 철자법에 맞게 표기해야 하는 받아쓰기를 통해 이해와 단어 재인, 그리고 정서법을 종합적으로 측정하고자 한다. 문장 받아쓰기에서는 낱말 쓰기, 띄어쓰기, 구두점 찍기 세 가지를 모두 평가한다. 1학년용 검사 도구의 단어 받아쓰기는 초·중·종성에 1점씩 배점했지만, 문장 받아쓰기는 1음절당 1점을 배점한다. 그리고 띄어쓰기 1회에 1점, 구두점에 1점을 부여한다. 예를 들어 '달 밝은 밤입니다.'를 정확하게 쓸 경우 낱말 쓰기에서 7점, 띄어쓰기에서 2점, 구두점 찍기에서 1점을 받아 총 10점을 획득하게 된다. 문장 받아쓰기 검사에 사용되는 문장들은 초등학교 2학년 발달 단계에 적합하도록 대부분 2~3어절로 되어 있다.

1학년용 검사와 마찬가지로 2학년용 검사에서도 각 소검사 영역의 원점수는 구분점수로 환산된다. 구분점수당 비율 역시 1학년 검사와 동일하다. 다만 초등학교 2학년용 초기 문해력 검사는 2학년의 학령 특성을 고려하여 II-1, II-2의 두 가지 규준을 제공한다. 다음은 각 규준의 영역별 구분점수와 원점수 분포이다.

• II-1 규준의 영역별 구분점수와 원점수 분포

구분점수	1	2	3	4	5	6	7	8	9
음절 글자 읽기	0~23	24~32	33~39	40~42	43~45	46	47~48	49	
구절 읽기	0~12	13~16	17~18	19	20	21	22	23	24
읽기 유창성	0~67	68~78	79~97	98~110	111~125	126~135	136~150	151~170	171~
문장 받아쓰기	0~26	27~33	34~38	39~41	42~43	44~45	46~47	48	

(유효 구간: 2학년 4월~9월)

• II-2 규준의 영역별 구분점수와 원점수 분포

구분점수	1	2	3	4	5	6	7	8	9
음절 글자 읽기	0~31	32~36	37~40	41~44	45	46~47	48	49	
구절 읽기	0~14	15~16	17~18	19~20	21	22	23	24	
읽기 유창성	0~72	73~94	95~111	112~121	122~135	136~151	152~166	167~183	184~
문장 받아쓰기	0~30	31~35	36~39	40~42	43~44	45~46	47	48	

(유효 구간: 2학년 10월~다음 해 3월)

부록3 '책 발자국 K-2'의 수준 평정 기준

BFL 0	BFL 1	BFL 2	BFL 3	BFL 4	BFL 5	BFL 6	BFL 7	BFL 8	BFL 9	BFL 10	BFL 11	BFL 12	BFL 13
발생적 독자		초기 독자								전환적 독자			
유치원													
		초등 1학년											
						초등 2학년							

BFL 0~1	BFL 2~3	BFL 4~5	BFL 6~7	BFL 8~9	BFL 10~11	BFL 12~13
• 대부분의 취학 전 아동에 해당함. • 환경 인쇄물과 글에 주목하기 시작하며 익숙한 책을 읽는 시늉을 함. • 부모 및 교사와 함께 비형식적인 방법으로 읽기와 쓰기 활동을 학습함. • 말소리와 글에 대한 메타 인지적 인식의 기초가 형성됨.	• 단어와 음절 수준에서 구어와 문어를 대응시키며, 자소와 음소의 대응 관계를 터득하기 시작함. • 읽고 쓸 수 있는 쉬운 단어들의 목록이 늘어남. • 자신의 읽기에 대한 모니터링과 교차 점검을 시도함. • 유치원 수준이지만 1학년 경계 수준과 겹침.	• 자주 접한 단어들을 재빠르게 읽어 내며, 아는 것을 활용하여 새로 접하는 단어를 풀어냄. • 복잡하지 않은 음절체 글자들을 읽으며, 기본적인 말미자음을 처리함. • 자신의 읽기에 대한 모니터링과 교차 점검을 시도함. • 1학년 시작 수준임.	• 재빠르게 읽을 수 있는 단어 리스트가 지속적으로 확장됨. • 자소-음소 대응 관계의 기초가 확립됨. • 구어적으로 아는 새로운 단어들을 어렵지 않게 읽어 내며, 익숙한 책을 유창하게 읽음. • 옛이야기를 읽기 시작함. • 자기 모니터링과 교차 점검을 활용함. • 1학년 수준이며 2학년 경계 수준과 겹침.	• 자동적으로 처리하는 단어가 늘어남. • 구어적으로 아는 거의 모든 단어를 읽을 수 있으며, 철자법에 반응하기 시작함. • 정보 텍스트를 읽기 시작함. • 문제 해결을 위해 자기 모니터링과 교차 점검을 활용함. • 처음 접한 단어의 의미를 추측함. • 2학년 시작 수준과 겹침.	• 묵독이 익숙해지기 시작하며, 적절한 수준의 텍스트를 유창하게 소리 내어 읽음. • 상당히 많은 단어들을 자동적으로 인식함. • 자기 모니터링을 하며 문제 해결을 위해 교차 점검을 능숙하게 함. • 설명 텍스트에 아이들이 모를 수도 있는 새로운 정보가 제시되기 시작함. • 2학년 1학기 기대 수준이며 3학년 경계 수준과 겹침.	• 묵독이 익숙해지며, 적절한 수준의 텍스트를 유창하게 소리 내어 읽음. • 상당히 많은 단어들을 자동적으로 인식함. • 자기 모니터링을 하며 문제 해결을 위한 교차 점검을 능숙하게 함. • 설명 텍스트에 아이들이 모를 수도 있는 새로운 정보가 제시되기 시작하며, 서사 텍스트에 역사적 배경이 있는 옛이야기가 등장함. • 2학년 2학기 기대 수준이며 3학년 시작 수준과 겹침.

부록 4 읽기 과정 분석 기록지

읽기 과정 분석 기록지 양식

읽기 과정 분석 기록지

이름		날짜		학년/학기	
학교		기록자			

책 제목	

읽기 수행 수준	오류 / 어절	오류비	정확도	자수비

오류 및 자기 수정 분석 사용되거나 영향을 미친 정보 [의미적 (M), 통사적 (S), 시각적 (V)]

정보에 대한 교차 점검 분석

제목	**오류 (E)**	**자기 수정 (SC)**	**정보 유형**	
			E MSV	**SC MSV**
어절 수:				

읽기 과정 분석 기록지 작성 예시

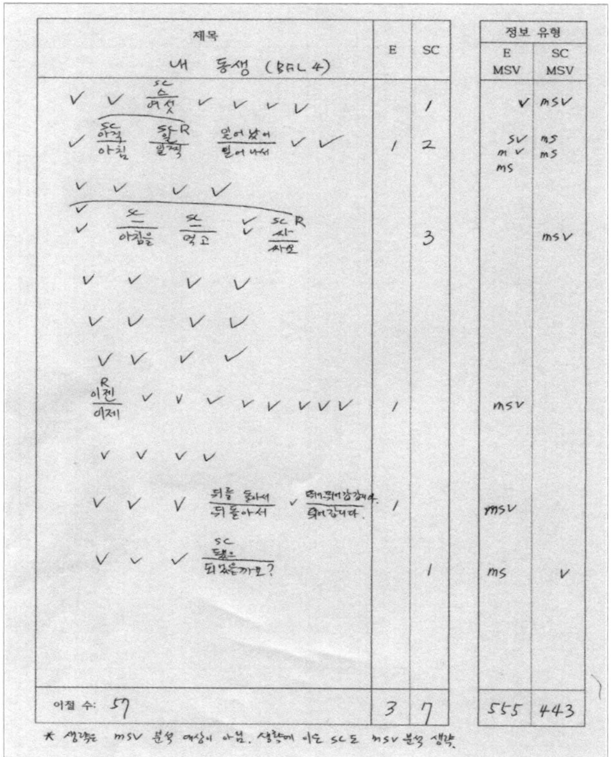

엄훈의 작성 사례 A(2019년 1월)

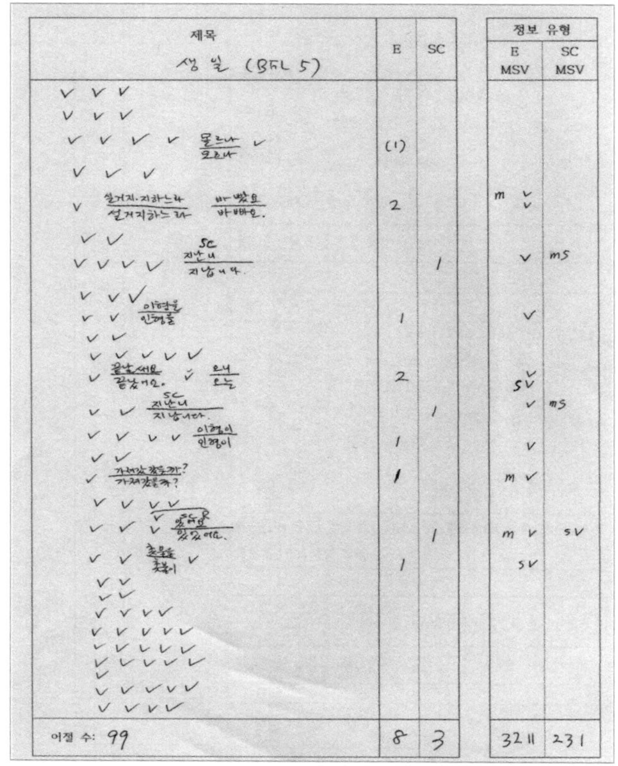

엄훈의 작성 사례 B(2019년 1월)

제목 이게 뭐야?	E	SC	정보 유형 E MSV	정보 유형 SC MSV
V V				
V V V				
마트에서 / 그건에서 / 시장에서	1			
V V V				
SC 이건 / 이게 V		1		
V				
V				
SC 이건 / 이게 V		1		
V				
SC 감자야 / 감자감자.		1		
어절 수: 37				

	E	SC	E MSV	SC MSV
SC 이건 / 이게 V		1		
V				
V				
이건 / 이게 V	1			
V				
V				
V V				
V V 알겠지? / 알았지?	1			
이게 / 지금 V 야? / 해	2			
SC 아이게 아 / 아이코		1		
V V V				
어절 수:	5	5		

책 제목	이게 뭐야?

읽기 수행 수준	오류/ 어절	오류 비	정확도	자수비
교수적 수준.	5 / 37	1 : 7.5	87 %	1 : 2

오류 및 자기 수정 분석

사용되거나 영향을 미친 정보 [의미적 (M), 통사적 (S), 시각적 (V)]

읽지 못하는 낱말의 경우, 의미적 단서(이야기 맥락, 그림)를 이용하여 글을 읽었지만 오류를 범했다.

(예) '시장에서' : 아이의 입장에서 물건을 사는 곳은 시장보다 마트가 익숙했던 것 같다.

'이건'이 '이게'보다 구어적으로 익숙했던 것 같다. 그래서 '이게'를 '이건'으로 읽지만 시각적 단서를 통해 4번 중 3회 자기 수정에 성공했다.

정보에 대한 교차 점검 분석

잘 알지 못하는 낱말의 경우 그림자료(의미적 단서)를 확인하면서 점검하고 읽어 나갔다.

구어에 더욱 쉽게 그리고 익숙한 어휘의 경우, 글자의 시각적 단서를 점검해 수정했다.

(예) '이게' : 이건 → 이게 (SC)

박지희의 작성 사례(2018년 9월)

참고문헌

고병권(2018), 『묵묵』, 돌베개.

교육부(2013), 「2013 국가 기초학력 보장체제 구축 기본계획(안)」, 교육부.

교육부(2017a), 「경제·사회 양극화에 대응한 교육복지 정책의 방향과 과제」, 교육부 보도자료.

교육부(2017b), 「출발선 평등을 실현하기 위한 '유아교육 혁신방안'」, 교육부 보도자료.

교육부(2019), 「행복한 출발을 위한 기초학력 지원 내실화 방안」, 교육부.

김동일(1998), 「학습장애 아동의 교육상담」, 『교육논총』 15, 167-189.

김동일(2000), 『기초학습기능 수행평가체제(BASA): 읽기검사』, 학지사심리검사연구소.

김동일(2021), 『BASA와 함께하는 기초학습기능 검사와 중재』, 학지사.

김동일·신혜연·김희주·조은정(2018), 「읽기부진 아동을 위한 통합 파닉스 접근법(Synthetic Phonics Approach)에 기반한 음운인식 프로그램 효과성 분석」, 『특수아동교육연구』 20(2), 25-50.

김동일·이대식·신종호(2003), 『학습 장애 아동의 이해와 교육』, 학지사.

김동일·최서현·신재현(2021), 「기초학습기능 수행평가체제(BASA)의 발자취와 미래 비전: 데이터기반교수(DBI) 적용과 확장을 위한 서설」, 『학습장애연구』 18(2), 119-150.

김미경·윤치연·안성우(2003), 「한글 읽기장애 아동의 음운인식 능력과 명명속도 결손에 관한 비교 연구」, 『언어치료연구』 12(2), 241-254.

김미혜(2021), 「말놀이 동시의 효용적 가치와 초기 문해력 교육」, 『문학교육학』 73, 57-87.

김성규·정승철(2015), 『소리와 발음』, 한국방송통신대학출판부.

김수정(2021), 「읽기와 쓰기를 통한 초기 문해력 지도: 기초학력전담교사 지도 사례를 중심으로」, 『초등국어교육』 28, 41-59.

김승섭(2022), 『미래의 피해자들은 이겼다』, 난다.

김애화·김의정·유현실(2010), 「취학전 및 초등학교 1학년 아동의 음운인식 구조 탐색 연구」, 『초등교육연구』 23(3), 173-192.

김애화·김의정·유현실·황민아·박성희(2011), 「초등학생의 단어인지와 읽기유창성에 대한 예측 변인 연구」, 『초등교육연구』 24(1), 277-303.

김영숙(2017), 『찬찬히 체계적·과학적으로 배우는 읽기 & 쓰기 교육』, 학지사.

김용욱·우정한·신재한(2015), 「난독증 연구에 대한 고찰」, 『특수교육저널: 이론과 실천』 16(2), 213-242.

김인순·박순호·손영숙·홍순옥(2009), 『유아교사를 위한 유아언어교육』, 교육과학사.

김정아(2021),「초·중학생 기초학력 미달의 종단적 변화 유형과 영향 요인 분석」, 『교육학연구』 59(4), 131-161.
김중훈(2016),「난독증 아동 교육에 대한 부모의 요구와 전문가 양성」,『한국학습장애학회 학술대회지』 5, 65-81.
김현우(2021),『타인을 듣는 시간』, 반비.
김효숙(2018),「초등 저학년 읽기 중재프로그램을 통한 읽기 능력 변화 연구」,『독서연구』 49, 229-261.
김희진(2009),「학령 전 아동의 음운처리과정과 초기읽기의 발달 패턴에 관한 연구」, 서울대학교 석사학위논문.
김희진·김동일(2009),「읽기 학습장애 위험아동 조기선별을 위한 음운처리과정과 초기읽기의 발달패턴 분석」,『한국특수교육학회 2009년도 추계 학술대회 자료집』, 123-147.
노명완·박영목 외(2008),『문식성 교육 연구』, 한국문화사.
노명완·이차숙(2002),『문식성 연구: 읽기·쓰기에 대한 교육·심리학적 분석』, 박이정.
노원경·김경주·김성경·김태은·김경령·윤선인·황매향(2021),「KICE 연구리포트: 교육의 출발선 평등을 위한 교수학습 지원 체제 구축 (I)」, 한국교육과정평가원.
문연희·박용한(2020),「발음중심 한글지도 프로그램이 읽기 어려움을 겪는 초등학교 1학년 초기 문해력에 미치는 효과」,『초등교육연구』 33(4), 169-194.
박세근(2021),『독서와 난독증의 뇌과학』, 북랩.
박지희(2019),「읽기 따라잡기 개관」,『초기 문해력 교육』 창간 준비호, 청주교육대학교 문해력지원센터, 48-58.
서울대학교 교육연구소(1998),『교육학 대백과사전』, 하우동설.
신혜정·박희정·장현진(2009),「4세~6세 아동의 음절 및 음소인식 능력 발달 연구」, 『언어치료연구』 18(3), 99-114.
심영택(2010),「초등학교 저학년 기초 문식성 교수 학습 방법: '개미[ㅐ]와 베짱이[ㅔ]'가르치기」,『한국초등국어교육』 42, 129-161.
심영택·구원회·박영희·나귀수·황연주 외(2019),『교사학습공동체의 이론과 실제』, 교육공동체벗.
안성우·허민정(2011),「4세-7세 유아들의 한글 낱자 지식과 자소-음소대응규칙 지식 발달 특성 연구」,『특수아동교육연구』 13(2), 267-287.
엄훈(2011),「초등학교 저학년 읽기 발달 양상 연구: 해부호화 능력을 중심으로」, 『한국초등국어교육』 46, 191-217.
엄훈(2012),『학교 속의 문맹자들: 한국 공교육의 불편한 진실』, 우리교육.
엄훈(2015),「미국의 리딩 리커버리 프로그램 운영 실태에 대한 참여관찰적 연구」,『독서연구』 36, 39-67.

엄훈(2017), 「초기 문해력 교육의 현황과 과제」, 『한국초등국어교육』 63, 83-109.
엄훈(2018), 『초기 문해력 교육을 위한 수준 평정 그림책의 활용』, 교육공동체벗.
엄훈(2019a), 「아동기 문해력 발달 격차에 대한 문제해결적 접근」, 『독서연구』 50, 9-39.
엄훈(2019b), 「초기 문해력 교육 삼부작」, 『초기 문해력 교육』 창간 준비호, 세종PNP.
엄훈·정종성(2015), 「현장 교사들과 함께 하는 읽기 따라잡기 프로그램의 개발」, 미출판 원고.
엄훈·정종성(2016), 「초기 문해력 측정을 위한 간편 읽기 검사 개발」, 『독서연구』 40, 259-277.
엄훈·정종성(2019), 『초등 저학년을 위한 초기 문해력 검사 1, 2학년용 교사용 지침서』, 인싸이트.
엄훈·정종성·김미혜(2016), 「초기 문해력 교육을 위한 그림책의 수준 평정 기준 개발 연구」, 『한국초등국어교육』 61, 259-287.
엄훈·정종성·김미혜·정연희(2018), 『책 발자국 K-2 전권』, 교육공동체벗.
여승수(2018), 『읽기 장애 조기 선별검사의 측정학적 적합성 연구』, 집문당.
염은열·김미혜(2021), 「초기 문해력 지원을 위한 읽기 따라잡기 프로그램 연구: 학술잡지 『초기문해력 교육』을 중심으로」, 『독서연구』 60, 197-228.
윤혜경(1997a), 「아동의 한글읽기발달에 관한 연구: 자소-음소대응규칙의 터득을 중심으로」, 부산대학교 박사학위논문.
윤혜경(1997b), 「한글 획득에서 '글자 읽기' 단계에 대한 연구」, 『인간발달연구』 4, 66-75.
이경화(2006), 「균형적 기초문식성 교육 내용 연구」, 『국어교육』 120, 139-168.
이경화(2007), 「기초문식성 지도 내용 및 지도 프로그램 개발 연구」, 『한국초등국어교육』 35, 157-178.
이경화·전제응(2007), 「국어교과서 개발을 위한 기초문식성 지도 실태와 인식 조사」, 『학습자중심교과교육연구』 7(1), 277-308.
이수진(2020), 「국어교육분야에서의 읽기 부진 연구 동향: 주제범위 문헌고찰(Scoping Review)」, 『독서연구』 57, 145-169.
이영아·최숙기(2011), 『읽기 부진 진단 및 보정 교육 연구: 북미 사례를 중심으로』, 한국교육과정평가원.
이영자·이종숙(1985), 「비지시적 지도방법에 의한 유아의 읽기와 쓰기 행동의 발달」, 『덕성여대논문집』 14, 367-402.
이옥섭(2000), 「균형 있는 문해 프로그램이 유아의 읽기·쓰기 발달에 미치는 효과 연구」, 서울여자대학교 박사학위논문.
이차숙(1992), 「유아의 그림이야기책 읽기 활동에서 어머니의 매개적 역할이 유아의 문식성 발달에 미치는 영향」, 고려대학교 박사학위논문.
이차숙(2003), 「한글의 특성에 따른 한글 해독 지도 방법 탐색」, 『유아교육연구』 23(1), 5-26.
이차숙(2004), 『유어언어교육의 이론적 탐구』, 학지사.

이혁규(2021),『한국의 교사와 교사 되기』, 교육공동체벗.
이혁규(2022),「《한국의 교사와 교사 되기》에서 못다 한 이야기」,『오늘의 교육』66, 197-211.
이홍우(2008),『교육의 목적과 난점』(6판), 교육과학사.
읽기 따라잡기 위원회(2021),『읽기 따라잡기를 위한 표준과 가이드라인』(5판).
장의선·김기철·박진용·박태준·이인태(2020),「KICE 이슈페이퍼: 민주시민성 지표에 따른 교사와 학생의 민주시민교육 실태 분석」, 한국교육과정평가원.
정수정·최나야(2013),「초등학생의 읽기이해력과 읽기태도가 교과 성적에 미치는 영향」,『아동교육』22(4), 257-275.
정종성·엄훈(2018),「초기 문해력 측정을 위한 2학년용 검사 도구 개발」,『독서연구』49, 9-28.
정하은·전지혜·최윤정·강민경(2022),「난독 아동의 읽기 평가 및 치료 현황과 부모의 지원 요구 분석」,『언어치료연구』31(1), 63-77.
조병영(2021),『읽는 인간 리터러시를 경험하라』, 쌤앤파커스.
조선하·우남희(2004),「한국 유아의 창안적 글자쓰기 발달 과정 분석」,『유아교육연구』24(1), 315-340.
조항로·김병찬(2012),「학습부진아 지원 정책 운영과정에 대한 질적 사례 연구」,『교육행정학연구』30(4), 73-102.
지청숙(1999),「말놀이 학습을 통한 언어 사용 능력 신장 방안」, 서울교육대학교 석사학위논문.
천경록(1999),「읽기의 개념과 읽기 능력의 발달 단계」,『청람어문학』21(1), 263-282.
천경록·김혜정·류보라(2022),『독서 교육론』, 역락.
최미숙·원진숙·정혜승·김봉순·이경화·전은주·정현선·주세형(2016),『국어 교육의 이해: 국어 교육의 미래를 모색하는 열여섯 가지 이야기』(3판), 사회평론아카데미.
최숙기(2017),「청소년 읽기 부진 학생들의 읽기 특성 분석 및 읽기 부진의 유형 분류」,『독서연구』44, 37-67.
한국독서학회(2021),『독서교육 전문가를 위한 독서교육의 이론과 실천』, 박이정.
홍유진(2007),「실행 연구를 통한 읽기 부진아 문제의 본질 고찰」, 청주교육대학교 석사학위논문.
Aaron, P. G., Joshi, R. M., & Williams, K. A.(1999), "Not All Reading Disabilities Are Alike", *Journal of Learning Disabilities, 32*(2), 120-127.
Adams, M. J.(1990), *Beginning to Read: Thinking and Learning About Print*, MIT Press.
Alison, R.(2015), *What is Shared Reading?*. https://learningattheprimarypond.com/blog/what-is-shared-reading
Alvermann, D. E.(2001), "Effective Literacy Instruction for Adolescents", Executive Summary and Paper Commissioned by The National Reading Conference.

Anderson, R. C., Hiebert, E. H., Scott, J. A., & Wilkinson, I. A. G.(1985), *Becoming a Nation of Readers: The Report of the Commission on Reading*, National Institute of Education.

Boujon, C.(2002), 『아름다운 책』, 최윤정(역), 비룡소(원서출판 1990).

Brooks, M. D., & Frankel, K. K.(2018), "Why the 'Struggling Reader' Label Is Harmful (and What Educators Can Do About It)", *Journal of Adolescent & Adult Literacy, 62*(1), 111-114.

Brown-Chidsey, R., & Steege, M. W.(2016), 『효과적인 교수와 학습컨설팅을 위한 RTI 원리와 전략』, 이명숙·김동일·이기정(역), 아카데미프레스(원서출판 2011).

Carr, T. H., Brown, T. L., Vavrus, L. G., & Evans, M. A.(1990), "Cognitive Skill Maps and Cognitive Skillprofiles: Componential Analysis of Individual Differences in Children's Reading Efficiency". In T. H. Carr, & B. A. Levy(eds.), *Reading and Its Development: Component Skills Approaches*, Academic Press.

Chall, J. S.(1996), *Stages of Reading Development*(2nd ed.), Harcourt Brace.

Clay, M. M.(1966), "Emergent Reading Behaviour", Unpublished doctoral dissertation, University of Auckland.

Clay, M. M.(1972), *Reading: The Patterning of Complex Behavior*, Heinemann.

Clay, M. M.(1975), *What did I write?*, Heinemann.

Clay, M. M.(1982), *Observing Young Readers*, Heinemann.

Clay, M. M.(1983), "Getting a Theory of Writing". In B. M. Kroll, & G. Wells(eds.), *Exploration in a Development of Writing*, Wiley.

Clay, M. M.(1991), *Becoming Literate: The Construction of Inner Control*, Heinemann.

Clay, M. M.(1993a), *An Observation Survey of Early Literacy Achievement*, Heinemann.

Clay, M. M.(1993b), *Reading Recovery: A Guidebook for Teachers in Training*, Heinemann.

Clay, M. M.(2000), *Concepts About Print: What Have Children Learned About the Way We Print Language?*, Heinemann.

Clay, M. M.(2001), *Change Over Time in Children's Literacy Development*, Heinemann.

Clay, M. M.(2002), *An Observation Survey of Early Literacy Achievement*(2nd ed.), Heinemann.

Clay, M. M.(2005), *Literacy Lessons Designed for Individuals Part One: Why? When? and How?*, Heinemann.

Clay, M. M.(2013), *An Observation Survey of Early Literacy Achievement*(3rd ed.), Heinemann.

Clay, M. M.(2016), *Literacy Lessons Designed for Individuals*(2nd ed.), Heinemann.

Cowen, J. E.(2003), *A Balanced Approach to Beginning Reading Instruction: A Synthesis of*

Six Major U.S. Research Studies, International Reading Association.

Crowder, R. G., & Wagner, R. K.(1992), *The Psychology of Reading: An Introduction*, Oxford University Press.

Daneman, M.(1991), "Individual Differences in Reading Skills". In R. Barr, M. L. Kamil, P. Mosenthal, & P. D. Pearson(eds.), *Handbook of reading research*(Vol. 2), Longman.

DeBaryshe, B. D., Binder, J. C., & Buell, M. J.(2000), "Mothers' Implicit Theories of Early Literacy Instruction: Implications for Children's Reading and Writing", *Early Child Development and Care, 160*(1), 119-131.

Ehri, L.(2005), "Development of Sight Word Reading: Phases and Findings". In M. J. Snowling, & C. Hulme(eds.), *The Science of Reading: A Handbook*, Blackwell.

Ehri, L., & McCormick, S.(2004), "Phases of Word Learning: Implications for Instruction With Delayed and Disabled Readers". In R. B. Ruddell, & N. Unrau(eds.), *Theoretical Models and Progress of Reading*(5th ed), International Reading Association.

Ehri, L., Nunes, S., Stahl, S., & Willows, D.(2001), "Systematic Phonics Instruction Helps Students Learn to Read: Evidence from the National Reading Panel's Meta-Analysis", *Review of Educational Research, 71*(3), 393-447.

Entwisle, D. R., & Alexander, K. L.(1993), "Entry into School: The Beginning School Transition and Educational Stratification in the United States", *Annual Review of Sociology, 19*, 401-423.

Foorman, B. R., Francis, D. J., Fletcher, J. M., Schatschneider C., & Mehta, P.(1998), "The Role of Instruction in Learning to Read: Preventing Reading Failure in At-Risk Children", *Journal of Educational Psychology, 90*(1), 37-55.

Foorman, B. R., & Torgesen, J.(2001), "Critical Elements of Classroom and Small-group Instruction Promote Reading Success in All Children", *Learning Disabilities Research & Practice, 16*(4), 203-212.

Fountas, I. C., & Pinnell, G. S.(2006), *Leveled Books*, Heinemann.

Freeman, E. B., & Hatch, J. A.(1989), "Emergent Literacy: Reconceptualizing Kindergarten Practice", *Childhood Education, 66*(1), 21-24.

Gaffney, J. S., & Askew, B.(2012), *Marie Clay: Teacher, Researcher, Author, and Champion of Young Readers*. https://readingrecovery.org/reading-recovery/teaching-children/marie-clay

Galda, L., Cullinan, B. E., & Strickland, D. S.(1993), *Language, literacy and the child*, Harcourt Brace.

Goodman, K. S.(1965), "A Linguistic Study of Cues and Miscues in Reading", *Elementary*

English, 42(6), 639-643.

Goodman, K. S.(1994), "Reading, Writing, and Written Texts: A Transactional Sociopsycholinguistic View". In K. S. Goodman, & Y. M. Goodman(eds.)(2013), *Making Sense of Learners Making Sense of Written Language*, Routledge.

Goodman, K. S.(1996), *On Reading*, Heinemann.

Goodman, Y. M.(1980), "The Roots of Literacy". In S. Wilde(ed.)(1996), *Notes from a KIDWATCHER: Selected Writings of Yetta M. Goodman*, Heinemann.

Grossen, B.(1997), *30 Years of Research: What We Now Know About How Children Learn to Read*, Center for the Future of Teaching and Learning.

Guiberson B. Z., & Lloyd, M.(1995), 『선인장 호텔』, 이명희(역), 마루벌(원서출판 1993).

Harris, T. L., & Hodges, R. E.(1995), *The Literacy Dictionary: The Vocabulary of Reading and Writing*, IRA Inc.

Henri, R.(2010), 『예술의 정신』, 이종인(역), 즐거운상상(원서출판 1923).

Johnston, R. S., McGeown, S., & Watson, J. E.(2012), "Long-Term Effects of Synthetic Versus Analytic Phonics Teaching on the Reading and Spelling Ability of 10 Year Old Boys and Girls", *Reading and Writing, 25*(6), 1365-1384.

Krashen, S. D.(2013), 『크라센의 읽기 혁명』, 조경숙(역), 르네상스(원서출판 2004).

Lee, J., Grigg, W., & Donahue, P.(2007), *The Nation's Report Card: Reading 2007(NCES 2007-496)*, National Center for Education Statistics.

May, H., Blakeney, A., Shrestha, P., Mazal, M, & Kennedy, N.(2022), *Response to Long-Term Impacts of Reading Recovery Through Third and Fourth Grade: A Regression Discontinuity Study From 2011-12 Through 2016-17.* https://readingrecovery.org/wp-content/uploads/2019/10/Response-to-May-LongTerm-Impact-study-April-2022.pdf

May, H., Sirinides, P., Gray, A., & Goldsworthy, H.(2016), "Reading Recovery: An Evaluation of the Four-Year i3 Scale-Up", Consortium for Policy Research in Education. https://repository.upenn.edu/cgi/viewcontent.cgi?article =1089&context=cpre_researchreports

McGee, L. M.(2006), Research on Reading Recovery: What Is the Impact on Early Literacy Research?, *Literacy Teaching and Learning, 10*(2), 1-50.

McKenna, M. C., & Stahl, K. A. D.(2015), *Assessment for Reading Instruction*, Guilford Publications.

Moats, L. C.(1999), "Teaching Reading Is Rocket Science: What Expert Teachers of Reading Should Know and Be Able to Do", American Federation of Teachers.

Morphett, M., & Washburne, C.(1931), "When Should Children Begin to Read?", *Elementary*

School Journal, 31(7), 496-503.

National Early Literacy Panel(2008), *Developing Early Literacy: Report of the National Early Literacy Panel*, National Institute for Literacy.

National Reading Panel(2000), *Teaching Children to Read*, National Institute of Child Health and Human Development, National Institutes of Health.

Perfetti, C. A., Beck, I., Bell, L. C., & Hughes, C.(1987), "Phonemic Knowledge and Learning to Read Are Reciprocal: A Longitudinal Study of First Grade Children", *Merrill-Palmer Quarterly, 33*(3), 283-319.

Pikulski, J. J., & Chard, D. J.(2005), "Fluency: Bridge between Decoding and Reading Comprehension", *The Reading Teacher, 58*(6), 510-519.

Rasinski, T. V.(2012), "Why Reading Fluency Should Be Hot!", *The Reading Teacher, 65*(8), 516-522.

Reading Recovery Council of North America(2012), *Standards and Guidelines of Reading Recovery® in the United States*(6th ed.).

Reading Recovery Council of North America(2015), *Standards and Guidelines of Reading Recovery® in the United States*(7th ed.).

Reading Recovery Europe(2022), *Report for Reading Recovery in Europe 2020-21*, UCL Institute of Education, London.

Riley, J.(1996), *The Teaching of Reading: The Development of Literacy in the Early Years of School*, Paul Chapman Publishing Ltd.

Scanlon, D. M.(2011), "Response to Intervention as an Assessment Approach". In A. McGill-Franzen, & R. L. Allington(eds.), *Handbook of Reading Disability Research,* Routledge.

Scarborough, H. S.(1998), "Predicting the Future Achievement of Second Graders with Reading Disabilities: Contributions of Phonemic Awareness, Verbal Memory, Rapid Naming, and IQ", *Annals of Dyslexia, 48*(1), 115-136.

Scarborough, H. S.(2002), "Connecting Early Language and Literacy to Later Reading (Dis)abilities: Evidence, Theory, and Practice. In S. B. Neuman, & D. K. Dickinson(eds.), *Handbook of Early Literacy Research*(vol. 1).

Schwanenflugel, P. J., & Knapp, N. F.(2021), 『독서 교육의 이론과 실제를 위한 독서심리학』, 서혁·윤준채·이소라·류수경·오은하·편지윤·윤희성·변은지·한지수(역), 사회평론아카데미(원서출판 2016).

Scieszka, J., & Smith, L.(1996), 『늑대가 들려주는 아기돼지 삼형제 이야기』, 김경연(역), 보림(원서출판 1989).

Smith, L.(2011), 『책이 뭐야?』, 황의방(역), 문학동네(원서출판 2011).

Snow, C. E., Burns, M. S., & Griffin, P.(eds.)(1998), *Preventing Reading Difficulties in Young Children*, National Academy Press.

Spache, G. D.(1981), *Diagnosing and Correcting Reading Disabilities*(2nd ed.), Allyn and Bacon.

Spear-Swerling, L. E.(2004), "A Road Map for Understanding Reading Disability and Other Reading Problems: Origins, Prevention, and Intervention". In R. B. Ruddell, & N. J. Unrau(eds.), *Theoretical Models and Processes of Reading*(5th ed.), International Reading Association.

Spiegel, D. L.(1998), "Silver Bullets, Babies, and Bath Water: Literature Response Groups in A Balanced Literacy Program", *The Reading Teacher, 52*(2), 114-124.

Stanovich, K. E.(1988), "Explaining the Differences Between the Dyslexic and the Garden-Variety Poor Reader: The Phonological-Core Variable-Difference Model", *Journal of Learning Disabilities, 21*(10), 590-604.

Stanovich, K. E.(2004), "Matthew Effects in Reading: Some Consequences of Individual Differences in the Acquisition of Literacy". In R. B. Ruddell, & J. U. Norman(eds.), *Theoretical Models and Progress of Reading*(5th ed), International Reading Association.

Stowe, C. M.(2020), 『난독증의 이해와 교육방법』, 박재혁·이종윤·홍정표(역), 글로벌콘텐츠(원서출판 2000).

Swanborn, M. S., & de Glopper, K.(1999), "Incidental Word Learning While Reading: A Meta-Analysis", *Review of Educational Research, 69*(3), 261-285.

Sweet, A. P., & Snow, C. E.(eds.)(2007), 『독서 교육에 관한 새로운 이해』, 엄해영·이재승·김대희·김지은(역), 한국문화사(원서출판 2003).

Teale, W. H., & Sulzby, E.(1989), "Emergent Literacy: New Perspectives". In D. S. Strickland, & L. M. Morrow(eds.), *Emerging Literacy: Young Children Learn to Read and Write*, International Reading Association.

Thorndike, E. L.(1917), "Reading as Reasoning: A Study of Mistakes in Paragraph Reading", *Journal of Educational Psychology, 8*(6), 323-332.

Tinker, M. A., & McCullough, C. M.(1962), *Teaching Elementary Reading*(2nd ed.), Appleton-Century-Crofts.

UK Essays(2018), "Differentiation Made among Poor Readers into Dyslexics". https://www.ukessays.com/essays/psychology/differentiation-made-among-poor-readers-into-dyslexics-psychology-essay.php?vref=1

UNESCO(2004), "The Plurality of Literacy and Its Implications for Policies and Programs", UNESCO Education Sector Position Paper.

Vellutino, F. R.(2007),「초등학교 아동들의 독해력 개인차」,『독서교육에 대한 새로운 이해』, 엄해영·이재승·김대희·김지은(역), 한국문화사(원서출판 2003).
Wagner, R. K., & Torgesen, J. K.(1987). "The Nature of Phonological Processing and Its Causal Role in the Acquisition of Reading Skills", *Psychological bulletin, 101*(2), 192-212.
Wharton-McDonald, R.(2011), "Expert Classroom Instruction for Students with Reading Disabilities". In A. McGill-Franzen, & R. L. Allington(eds.), *Handbook of Reading Disability Research,* Routledge.
What Works Clearinghouse(2007), "WWC Topic Report Beginning Reading", U.S. Department of Education. http://ies.ed.gov/ncee/wwc
Wren, S.(2005), "The Double Deficit Hypothesis for Decoding Fluency", Personal manuscript.
Yopp, H. K., & Yopp, R. H.(2015),『학습부진 및 난독증 학생을 위한 읽기 이해 교수방법』, 양민화(역), 학지사(원서출판 2010).
Zullo, G., & Albertine(2013),『작은 새』, 이준경(역), 리잼(원서출판 2010).

출전

* 이 책의 일부는 아래에 제시된 엄훈의 저작을 토대로 재구성한 것이다.

엄훈,「초등학교 저학년 읽기 발달 양상 연구: 해부호화 능력을 중심으로」,『한국초등국어교육』 46, 2011.
엄훈,『학교 속의 문맹자들: 한국 공교육의 불편한 진실』, 우리교육, 2012.
엄훈,「미국의 리딩 리커버리 프로그램 운영 실태에 대한 참여관찰적 연구」,『독서연구』 36, 2015.
엄훈,「초기 문해력 교육의 현황과 과제」,『한국초등국어교육』 63, 2017.
엄훈,『초기 문해력 교육을 위한 수준 평정 그림책의 활용』, 교육공동체벗, 2018.
엄훈,「문해력과 공교육」,『아름다운 서재』 15, 인문사회과학출판인협의회, 2019.
엄훈,「초기 문해력 교육 삼부작」,『초기 문해력 교육』 창간 준비호, 세종PNP, 2019.
엄훈,「에디터 시론: 한글 교육에 관한 세 가지 미신」,『초기 문해력 교육』 창간호, 우리교육, 2019.

찾아보기

ㅈ